Studien zur Mobilitäts- und Verkehrsforschung 14

*Claudia Nobis und Barbara Lenz (Hrsg.)*
Wirtschaftsverkehr: Alles in Bewegung?

**Studien zur Mobilitäts- und Verkehrsforschung**

*Herausgegeben von Matthias Gather, Andreas Kagermeier und Martin Lanzendorf*

**Band 14**

Claudia N o b i s  &  Barbara L e n z

# Wirtschaftsverkehr: Alles in Bewegung?

Mit 52 Abbildungen und 20 Tabellen

2007

Verlag MetaGIS Infosysteme, Mannheim

Umschlagfoto: OKAPIA KG
Bildbearbeitung: Randolf Warwel

> Geographisches Institut
> der Universität Kiel
> ausgesonderte Dublette

© 2007
Printed in Germany
Satz: DLR, Berlin
Umschlaggestaltung: Wencke Krause und Claudia Nobis

Verlag: Verlag MetaGIS Infosysteme, Mannheim
ISBN: 978-3-936438-14-7

Inv.-Nr. 07/A 40629

### Bibliografische Information Der Deutschen Bibliothek
Die Deutsche Bibliothek verzeichnet diese Publikation in der Deutschen Nationalbibliografie; detaillierte bibliografische Daten sind im Internet über http://dnb.ddb.de abrufbar.

### Bibliographic information published by Die Deutsche Bibliothek
Die Deutsche Bibliothek lists this publication in the Deutsche Nationalbibliografie; detailed bibliographic data are available in the Internet at http://dnb.ddb.de.

### Information bibliographique de Die Deutsche Bibliothek
Die Deutsche Bibliothek a répertorié cette publication dans la Deutsche Nationalbibliografie; les données bibliographiques détaillées peuvent être consultées sur Internet à l´adresse http://dnb.ddb.de.

# Inhaltsverzeichnis

*Claudia Nobis & Barbara Lenz*
Einführung – Wirtschaftsverkehr: Alles in Bewegung? ........................................... 7

**A    Wirtschaftsverkehr in der Geographie**

*Markus Hesse*
Geographie und Raumwissenschaften – Ein anderer Blick auf Gütertransport und Logistik ............................................................................................................. 13

**B    Regionaler Wirtschaftsverkehr**

*Bianca Rodekohr*
Transportorganisation unter schwierigen Rahmenbedingungen – Ergebnisse eines Forschungsprojekts in Westniedersachsen ............................................................ 27

*Tobias Haneklaus*
Transportmittelwahl im Güterverkehr – Eine Analyse unternehmerischer Präferenzen am Beispiel der Region Weser-Ems ........................................................................ 45

**C    Städtischer Wirtschaftsverkehr**

*Heike Flämig*
Wirtschaftsverkehrssysteme in Verdichtungsräumen – Eine Bilanz integrierter Planung ................................................................................................................. 61

*Christof Hertel*
Städtische Umweltzonen: Ein Ansatz zur stadtverträglichen Gestaltung des Wirtschaftsverkehrs? ............................................................................................ 79

*Rudolf Juchelka & Anja Gerads*
Ist die Idee der City-Logistik noch aktuell? – Evaluierung von City-Logistik-Projekten in der Metropolregion Ruhrgebiet ........................................................................... 99

**D    Personenwirtschaftsverkehr**

*Imke Steinmeyer*
Personenwirtschaftsverkehr – Veränderte Mobilitätsmuster in der Dienstleistungsgesellschaft und deren Berücksichtigung in der Forschungslandschaft .................... 113

*Claudia Nobis & Torsten Luley*
Personenwirtschaftsverkehr in Deutschland – Empirische Befunde auf Grundlage der KiD 2002 und MiD 2002 ............................................................................................. 131

### E  Güterfernverkehr

*Gunnar Knitschky & Bernd Sewcyk*
Verlagerungspotenziale des Straßengüterfernverkehrs auf die Schiene .................... 153

### F  Modelle im Wirtschaftsverkehr

*Wulf-Holger Arndt*
Modellierung im Wirtschaftsverkehr – Überblick über Modellansätze im Wirtschaftsverkehr ............................................................................................................. 169

*Christian Varschen, Michael Spahn, Andreas Lischke, Gunnar Knitschky, Barbara Lenz, Astrid Gühnemann*
Ein gekoppeltes Wirtschafts- und Güterverkehrsnachfragemodell unter Verwendung empirischer Daten ................................................................................................ 193

*Theo Janßen & Reiner Vollmer*
Entwicklung eines kleinräumigen Wirtschaftsverkehrsmodells ............................ 211

### G  Wirtschaftsverkehr und Nachhaltigkeit

*Jürgen Deiters*
Güterverkehr zwischen Wachstum und Nachhaltigkeit ............................................ 229

*Martin Lanzendorf*
Mehr Nachhaltigkeit im Güterverkehr? – Ein Kommentar zum Beitrag von Jürgen Deiters „Güterverkehr zwischen Wachstum und Nachhaltigkeit" ........................... 245

Verzeichnis der Autorinnen und Autoren ................................................................. 257

# Einführung

## Wirtschaftsverkehr: Alles in Bewegung?

*Claudia Nobis & Barbara Lenz (Berlin)*

Tief greifende Veränderungen der nationalen und globalen Wirtschaftssysteme führen seit Jahren zu einer kontinuierlichen Zunahme von Güter- und Warenströmen. Dies hat dazu geführt, dass der Wirtschaftsverkehr sowohl für die Forschung als auch für Politik und Praxis zu einem aktuellen und drängenden Thema geworden ist. Die wachsende Notwendigkeit, sich mit diesem Teilbereich des Verkehrs intensiv auseinanderzusetzen, wird durch zwei Aspekte unterstrichen:

- Der Wirtschaftsverkehr zeichnet sich durch eine besondere Wachstumsdynamik aus. Während Berechnungen für die Bundesverkehrswegeplanung zwischen 1997 und 2015 von einem 20%igen Anstieg der Verkehrsleistung im Personenverkehr ausgehen, wird für den Güterverkehr ein Anstieg um 64% erwartet. Der weit überwiegende Anteil des Güterverkehrswachstums findet auf der Straße statt.
- Forschung und Praxis sind im Bereich des Wirtschaftsverkehrs weniger vorangeschritten, als dies im Bereich des Personenverkehrs der Fall ist.

Der vergleichsweise geringe Kenntnisstand im Wirtschaftsverkehr ist maßgeblich der zunehmenden Komplexität dieses Bereiches geschuldet. Sinkende Transportkosten und die Revolutionierung der Organisation von Produktions- und Distributionsprozessen durch die Nutzung von Informations- und Kommunikationstechnologien haben in den letzten Jahrzehnten zu grundlegenden Veränderungen geführt. Die Ausstattung des Raumes und nahräumliche Beziehungen spielen immer weniger eine Rolle. Vielmehr kommt es im Rahmen von EU-Osterweiterung und der fortschreitenden Globalisierung zu einer Internationalisierung von Produktions- und Warenketten, die das Phänomen Wirtschaftsverkehr schwerer greifen und auf eine gut zu analysierende Einheit herunter brechen lassen. Die ohnehin aufgrund unterschiedlicher Bedingungen in verschiedenen Wirtschaftszweigen vorhandene Vielfalt wird durch die zunehmende Zahl an Akteuren sowie zu berücksichtigenden Einflüssen der Politik unterschiedlicher Länder verstärkt. Gleichzeitig wird eine steuernde Einflussnahme immer schwieriger.

Ein wesentliches Merkmal des Wirtschaftsverkehrs ist seine Heterogenität. Diese kommt in unterschiedlichen Arten des Wirtschaftsverkehrs zum Ausdruck (Güterverkehr, Personenwirtschaftsverkehr, Personenbeförderungsverkehr), in unterschiedlichen räumlichen Bezügen (Nah- und Fernverkehr), vor allem aber in der Tatsache, dass der

Transportbedarf im Güterverkehrsbereich ganz unterschiedlichen Bedingungen und Anforderungen, je nach Art und Menge der zu transportierenden Gütern, zu folgen hat. Entsprechend schwierig ist es, eine gute Datenbasis als Grundlage für weitergehende Analysen zu erstellen. Somit sind auch die Merkmale und Probleme und damit die Lösungsmöglichkeiten der unterschiedlichen Bereiche des Wirtschaftsverkehrs verschieden.

Die geringer werdende Bedeutung von räumlichen Ausstattungsmerkmalen auf Seiten der Produktion bei gleichzeitiger Zunahme der Bedeutung von Erreichbarkeit im nationalen und globalen Standortsystem stellt eine Herausforderung für eine geographische Sichtweise der Problematik des Wirtschaftsverkehrs dar. Dies gilt sowohl für die Analyse von Wirtschaftsverkehr und seinen Ursachen als auch für die Entwicklung von Konzepten zu seiner Reduzierung.

Der vorliegende Band dokumentiert die Vorträge der Jahrestagung 2005 des Arbeitskreises Verkehr der Deutschen Gesellschaft für Geographie. In gemeinsamer Organisation von Deutschem Zentrum für Luft- und Raumfahrt, Institut für Verkehrsforschung, und Arbeitskreis Verkehr hat die Tagung an der Humboldt-Universität zu Berlin stattgefunden. Die Beiträge geben das breite Spektrum unterschiedlicher Themenfelder des Wirtschaftsverkehrs wieder. Es geht um städtischen, regionalen und überregionalen Wirtschaftsverkehr. Es wird der Güterverkehr genauso wie der Personenwirtschaftsverkehr thematisiert. Es geht um empirische Erhebungen und Analysen sowie um Modelle. Auf dieser Basis soll gemäß dem Titel dieses Bandes und der gleichnamigen Tagung ein Einblick gegeben werden, was im übertragenen Sinne im Wirtschaftsverkehr „alles in Bewegung" ist und vor allem, ob die Richtung der Bewegung stimmt.

Trotz der Offenheit des Call for paper für andere Disziplinen, ist ein Großteil der Autoren im Fachgebiet Geographie „zu Hause". Entsprechend diesem fachlichen Hintergrund geht es neben spezifischen Fragestellungen des Wirtschaftsverkehrs auch um den grundlegenden Stellenwert der Wirtschaftsgeographie innerhalb der Geographie sowie die Einordnung der Geographie in den Kanon aller, sich mit dem Thema Wirtschaftsverkehr auseinandersetzenden Disziplinen.

**Markus Hesse** setzt sich im ersten Beitrag mit der übergreifenden Frage auseinander, welchen Beitrag die Geographie für die Auseinandersetzung mit Gütertransport und Logistik leisten kann. Beide Bereiche wurden lange Zeit vorwiegend von Betriebswirtschaftlern und Ingenieuren betrachtet. In der Folge standen kosten- und zeitgerechte Transporte im Vordergrund der Diskussion. Hesse beschreibt die derzeit stattfindenden grundlegenden Veränderungen technisch-organisatorischer Art und die Vorteile, die eine raumwissenschaftliche Betrachtung mit sich bringt. Damit die Vorteile der geographischen Perspektive zum Tragen kommen, bedarf es jedoch einer erheblichen Erweiterung der bislang verfolgten traditionellen verkehrs- und wirtschaftsgeographischen Ansätze.

Im zweiten Themenblock geht es um die Betrachtung des regionalen Wirtschaftsverkehrs. Untersuchungsgebiet beider Arbeiten ist die Region Weser-Ems. Auf Basis einer schriftlichen Unternehmensbefragung und Experteninterviews geht **Bianca Rodekohr** der Frage nach, wie sich die gegenwärtigen Rahmenbedingungen – insbesondere der Zustand der Verkehrsinfrastruktur, Angebote des kombinierten Verkehrs sowie die Einführung der Lkw-Maut – auf die Unternehmen der Transportwirtschaft auswirken und wie die Angebote des Kombinierten Verkehrs genutzt werden. Dabei werden sowohl allgemeine als auch regionsspezifische Einschätzungen des Transportgewerbes herausgearbeitet und Lösungsstrategien aufgezeigt.

**Tobias Haneklaus** untersucht mittels einer Conjoint-Analyse, unter welchen Bedingungen die Entscheidungsträger der Transportwirtschaft den kombinierten Verkehr dem reinen Straßengüterverkehr vorziehen würden. Die in der Region Weser-Ems befragten Spediteure und Verlader messen vor allem den Transportkosten, aber auch der Pünktlichkeit und Sicherheit einen hohen Stellenwert bei. Der Kombinierte Verkehr ist aus Unternehmenssicht besser als sein Ruf. Neben der inhaltlichen Betrachtung des Kombinierten Verkehrs liefert der Beitrag eine ausführliche Beschreibung der Methode sowie eine positive Bewertung ihres Nutzens für die Verkehrsforschung.

Im dritten Themenblock wird der Blick von der regionalen auf die städtische Ebene gelenkt. Angesichts der hohen Nachfrage nach Gütern auf engem Raum treten die Probleme des Wirtschaftsverkehrs in Verdichtungsräumen ganz besonders zutage. **Heike Flämig** untersucht in ihrem Beitrag die Erfolge und Misserfolge der integrierten Herangehensweise bei der Gestaltung des städtischen Wirtschaftsverkehrs und geht der Frage nach, warum bisher wenig bis keine Maßnahmen in diesem Bereich umgesetzt wurden. Ihre Analyse basiert auf der Verknüpfung von systemtheoretischen und politikwissenschaftlichen Ansätzen und erfolgt in einem Mix aus quantitativen und qualitativen Methoden. Unterschieden nach der Maßnahmen-, Wirkungs- und Handlungsebene zeigt sie vor dem Hintergrund der Komplexität des Wirtschaftsverkehrssystems die Defizite und auch Grenzen von Steuerungsmöglichkeiten auf.

**Christof Hertel** setzt sich mit Umweltzonen, d.h. räumlich definierten Zonen, in denen der Verkehr umwelt- und stadtverträglich gestaltet werden soll, auseinander. Basis seiner Arbeit ist eine umfangreiche, europaweite Recherche zu bestehenden Umsetzungsbeispielen. Im ersten Teil seines Beitrags stellt er exemplarisch die für den Wirtschaftsverkehr geltenden Regelungen in den Umweltzonen von Kopenhagen, Stockholm, London und den Niederlanden vor. Im zweiten Teil seines Beitrags geht er auf in Deutschland bestehende Planungen ein, wobei er insbesondere die Planungen für die Einrichtung einer Umweltzone in Berlin darstellt.

City Logistik Konzepte waren in den 1990er Jahren der bevorzugte Ansatz, um den Güterverkehr in Ballungsräumen zu optimieren. **Rudolf Juchelka** und **Anja Gerads** gehen in ihrem Beitrag der Frage nach, warum diese Konzepte häufig gescheitert sind und heute nur noch selten verfolgt werden. Auf Basis einer Befragung der Kreise und kreisfreien Städte im Ruhrgebiet untersuchen sie den Status quo von City Logistik Projekten, die Organisationsformen, aufgetretene Verkehrseffekte sowie die Gründe für die Einstellung der meisten Projekte. Der Beitrag endet mit Optimierungsansätzen, die eine zukünftige, erfolgreiche Umsetzung fördern können.

Der vierte Themenblock widmet sich dem Personenwirtschaftsverkehr. Obwohl das Verkehrsaufkommen in Städten und Regionen zu einem weit höheren Anteil durch Personenwirtschaftsverkehr verursacht wird als durch Güterverkehr, hat das Themenfeld bislang wenig Aufmerksamkeit erhalten. **Imke Steinmeyer** stellt in ihrem Beitrag zunächst die Datenlage zum Wirtschaftsverkehr im Allgemeinem und dem Personenwirtschaftsverkehr im Besonderen vor. Dabei konstatiert sie Datenlücken, die z. T. durch aktuelle Erhebungen geschlossen worden sind. Im Weiteren trägt sie die Erkenntnisse aus aktuellen Studien zusammen und betont die Notwendigkeit, diese stärker als bisher in Forschung und Planung zu berücksichtigen.

**Claudia Nobis** und **Torsten Luley** widmen sich dem Thema Personenwirtschaftsverkehr auf Basis der beiden bundesweiten Erhebungen „Kraftfahrzeugverkehr in Deutschland" (KiD 2002) und „Mobilität in Deutschland 2002" (MiD 2002). Beide Studien liefern wertvolle aktuelle Ergebnisse zur Beschreibung dieses bisher vernachlässigten Bestandteils des Wirtschaftsverkehrs. Die Darstellung der Ergebnisse wird ergänzt durch eine Diskussion der Möglichkeiten, aber auch der Grenzen, die Ergebnisse der Studien mit ihrem jeweils unterschiedlichen Erhebungsdesign zu einem erweiterten Gesamtbild zusammen zu führen.

Der Beitrag von **Gunnar Knitschky** und **Bernd Sewcyk** beschäftigt sich mit der Frage, wie viel zusätzlicher Güterverkehr auf Basis bestehender Planungen in den nächsten 15 bis 20 Jahren von der Schiene aufgenommen werden kann. Grundlage für ihre Potenzialberechnungen ist das im Integrationsszenario des BVWP 2015 angegebene Tonnageaufkommen von Straße und Schiene. Mit dem Modell NEMO werden schrittweise Gütererhöhungen auf der Schiene simuliert und die Auswirkungen von kapazitätserweiternden betrieblichen und baulichen Maßnahmen bewertet.

In den folgenden drei Beiträgen geht es um die Entwicklung von Modellen für die Simulation des Wirtschaftsverkehrs. **Wulf-Holger Arndt** stellt in einem Überblick die derzeit für den Wirtschaftsverkehr bestehenden Modellierungsansätze vor. Seinem Beitrag ist eine allgemeine Einführung in die Verkehrsmodellierung sowie eine Beschreibung der Bestimmungsgrößen des Wirtschaftsverkehrs vorangestellt. Sein Beitrag zeigt, dass es wenig „reine" Wirtschaftsverkehrsmodelle gibt. Als problematisch erweist sich die derzeit noch unzureichende Datenlage sowie die Ungenauigkeit bestehender Modellalgorithmen. Einen Ausweg sieht er im verstärkten Einsatz von mikroskopischen Aktivitätenmodellen.

Ein solch mikroskopisches, agentenbasiertes Modell wird von **Christian Varschen et al.** vorgestellt. Während mikroskopische Verkehrsmodelle im Personenverkehr inzwischen weit verbreitet sind, stellt dieser Ansatz im Wirtschaftsverkehr noch die Ausnahme dar. Der Vorteil liegt insbesondere in der Möglichkeit, Marktakteure und ihre Entscheidungen abzubilden sowie in einer höheren zeitlichen und räumlichen Auflösung. Im ersten Teil des Beitrags werden das Konzept sowie die Anwendungsmöglichkeiten des „Wirtschaftsverkehrssimulationsmodells" (WiVSim) des DLR-Instituts für Verkehrsforschung vorgestellt. Da der mikroskopische Ansatz mit einem erhöhten Datenbedarf verbunden ist, werden im zweiten Teil des Beitrags Ergebnisse einer qualitativen Unternehmensbefragung vorgestellt, die die Grundlage für eine spätere quantitative Analyse bilden.

**Theo Janßen** und **Reiner Vollmer** stellen ein kleinräumiges Wirtschaftsverkehrsmodell vor. Ziel der Modellentwicklung war es, ein einfach anwendbares Instrumentarium zu schaffen, das es Planern erlaubt, den städtischen Wirtschaftsverkehr für regionale Untersuchungsräume zu berechnen. Das Modellsystem setzt sich aus den Modulen Personenwirtschaftsverkehr, Lkw-/Güterverkehr und „Sonderverkehr" zusammen und wurde für die Städte Bonn, Bremen und Dortmund exemplarisch erprobt. Die Umsetzung des Modells in eine PC-lauffähige Software, eine benutzerfreundliche Oberfläche sowie Schnittstellen, die eine Integration des Modells in bereits vorliegende Programmsysteme erlauben, erleichtern die Anwendung.

Die beiden abschließenden Beiträge setzen sich mit den Möglichkeiten einer nachhaltigen Entwicklung im Güterverkehr auseinander. **Jürgen Deiters** geht in seinem Beitrag zunächst auf die Voraussetzungen und die Notwendigkeit einer Entkopplung von Wirtschaftswachstum und Transportleistungen ein. Im Mittelpunkt seines Beitrags stehen die Vorstellung verschiedener Szenarien und erste empirische Befunde zur Abschätzung der Wirksamkeit von Instrumenten und Maßnahmen zur Vermeidung und Verlagerung von Güterverkehr. Die Ergebnisse zeigen, dass unter den marktwirtschaftlichen Instrumenten vor allem solche zu mehr Nachhaltigkeit führen, die zu einer deutlichen Verteuerung des Straßengüterverkehrs und zu einem fairen Preiswettbewerb beitragen. Der Internalisierung der externen Kosten wird daher große Bedeutung beigemessen.

Im Rahmen der Jahrestagung wurde neben Vorträgen und Diskussion erstmals die Methode der Kommentierung von Vorträgen angewandt. Der Beitrag von **Martin Lanzendorf** stellt einen solchen Kommentar des Beitrags von Jürgen Deiters dar. Er betont die Notwendigkeit, die im Güterverkehr bisher kaum berücksichtigten sozialen und ökonomischen Teilziele des Nachhaltigkeitskonzepts stärker zu integrieren sowie neben der Internalisierung externer Kosten vermehrt planerische Instrumente anzuwenden. Als zukünftige wichtige Forschungsthemen werden die Nicht-Rationalität von Entscheidungen, eine stärkere Fokussierung der Nachfrageseite sowie eine integrierte Planung im Bereich des Güterverkehrs genannt. Im Ausblick wird an den Beitrag von Markus Hesse angeknüpft. Der wesentliche Beitrag der geographischen Verkehrsforschung wird in der Analyse sozial-räumlicher Prozesse im Rahmen eines transdisziplinären Forschungsverbundes gesehen.

Die Beiträge dieses Bandes lassen die große Spannbreite an Themen bei der Auseinandersetzung mit Aspekten des Wirtschaftsverkehrs erkennen. Trotz vieler Erfolge und Fortschritte wird deutlich, dass nicht zuletzt wegen der dynamischen Fortentwicklung in diesem Bereich und der Komplexität des Themas weiterhin sowohl grundlegende als auch praxisorientierte Forschungsarbeiten notwendig sind.

Abschließend möchten wir die Gelegenheit nutzen, uns bei Wencke Krause vom DLR-Institut für Verkehrsforschung zu bedanken. Mit ihrer Arbeit hat sie sowohl bei der Vorbereitung und Durchführung der Tagung als auch bei der Erstellung des vorliegenden Bandes maßgeblich zum Gelingen beigetragen. Des Weiteren bedanken wir uns bei allen Kolleginnen und Kollegen aus unterschiedlichen Feldern der Verkehrsforschung, die sich als Reviewer zur Verfügung gestellt haben und auf diese Weise die Qualität des Bandes maßgeblich verbessert haben. Und schließlich danken wir den Autorinnen und Autoren der Beiträge für ihre Geduld mit der langwierigen Drucklegung und die gute Zusammenarbeit während der Entstehung des Buches.

Nobis, Claudia und Barbara Lenz (Hrsg.): Wirtschaftsverkehr: Alles in Bewegung? Mannheim 2007, S. 13-25 (= Studien zur Mobilitäts- und Verkehrsforschung, Bd. 14)

# Geographie und Raumwissenschaften

## Ein anderer Blick auf Gütertransport und Logistik[1]

*Markus Hesse (Berlin)*

## Zusammenfassung

Gegenstand dieses Beitrags ist der Güter- und Wirtschaftsverkehr im Kontext von Geographie und Raumwissenschaften. Aus dieser Perspektive betrachtet geht es nicht allein um eine möglichst rationale Transportabwicklung sowie die ihr vor- und nachgelagerte Disposition (Logistik), sondern um das gesamte System von Informations- und Transportströmen, Standorten als Knotenpunkten und Schnittstellen, logistischen Ketten und Netzwerken sowie Politik und Institutionen. Sie werden je spezifisch räumlich konfiguriert, sind verschieden raumabhängig bzw. raumwirksam. Vor diesem Hintergrund ist die raumbezogene Betrachtung begründet. Wie der paradigmatische Wandel in der geographischen Wissenschaft von einer raumbasierten zur relationalen Perspektive gezeigt hat, sind jedoch gegenüber den traditionellen verkehrs- und wirtschaftsgeographischen Ansätzen erhebliche Erweiterungen erforderlich. Abschließend wird versucht, den Mehrwert einer explizit geographischen Betrachtung gegenüber Ansätzen von Verkehrswissenschaften, Wirtschaftsingenieurwesen oder BWL herauszuarbeiten.

## Summary

This paper aims at analyzing freight transport and commercial traffic from the perspective of geography and spatial science. In this respect, the main focus is not directed toward goals such as the most efficient way of organizing logistics and distribution. Instead, the entire system of information and goods flow, hubs and locations, logistic chains and networks, and also policy and institutions is being assessed. They are spatially constructed, space dependent, and exert spatial impacts. In this context, a particular geographical approach is useful. Different from traditional thinking in transport and economic geography, it follows a broader view, as the paradigmatic shift from place-

---

[1] Der Beitrag beruht auf dem durch ein Habilitandenstipendium der Deutschen Forschungsgemeinschaft (DFG) geförderten Forschungsvorhaben „Gütertransport und Logistik im Urbanisierungsprozess. Untersuchungen zur Standortdynamik und zu den siedlungsräumlichen Implikationen des Strukturwandels in der Logistik, mit zwei Fallstudien in Berlin-Brandenburg und Nordkalifornien" (vgl. HESSE 2006a). Für eine ausführliche Erörterung der räumlichen Entwicklungsdynamiken und Funktionslogiken der Distribution siehe auch HESSE (2006b).

based to relational geographical thinking may have demonstrated. The paper closes by discussing the particular added value of such a geography-related perspective, compared with approaches from transportation sciences, traffic engineering or business management.

# 1 Einführung

Warum reden wir über Logistik, Distribution und Gütertransport aus Sicht der Geographie? Erstens: Dieser Bereich hat immer eine zentrale Rolle für die Raumentwicklung gespielt, er war historisch gesehen sogar viel bedeutender als der Personenverkehr. Zweitens: Im raumwissenschaftlich-geographischen Diskurs ist dieses Feld lange Zeit vernachlässigt worden. Die Auseinandersetzung mit Logistik und Gütertransport war traditionell eine Domäne der BWL und des Ingenieurwesens – es ging und geht dabei um betriebliche Materialwirtschaft und Verkehrsplanung. Dementsprechend hat die Denktradition dieser Disziplinen auch den Umgang mit diesem Gegenstand geprägt: im Zentrum des Interesses steht der kostengünstige und zeitgerechte Transport bzw. eine in jeder Hinsicht effiziente und wettbewerbsfähige Warenwirtschaft.

Die Geographie hat in der Vergangenheit Teilaspekte des Güterverkehrs behandelt, weniger die Logistik an sich. Stellt die Verkehrsgeographie auch heute noch eine eher schwache Subdisziplin im Kanon der Humangeographie dar, so gilt dies innerhalb dieses Themenfeldes erst recht für den Gütertransport. Im Blickfeld geographischer Analysen standen vor allem strukturelle Objekte wie Verkehrsnetze und -infrastrukturen, was nicht zuletzt aus den Forschungstraditionen der Anthropogeographie bzw. Länderkunde resultierte. Allein die Entwicklung der Hafenstandorte war mehr oder minder systematisch Gegenstand geographischer Betrachtungen. Dies überrascht grundsätzlich, wurden doch zentrale Theorien mit Blick auf die Raumdifferenzierung durch Transportkosten formuliert (Industriestandortlehre, Zentrale Orte, Bodenrente). Erst recht wurden die veränderten räumlichen Strukturlogiken, die den logistischen Standortsystemen zugrunde liegen, nur ausschnitthaft behandelt. Geographische Analysen des Gütertransportsystems blieben insofern tendenziell selektiv und deskriptiv. De facto bildet die Distribution eine Art „missing link" – ein fehlendes Glied zwischen der traditionell sehr starken industriegeographischen Forschung (Produktion) und der Einzelhandelsgeographie, die mit ihren Arbeiten eher am anderen Ende der Kette (Konsum) ansetzt.

Für eine aktive Auseinandersetzung mit Logistiksystemen, Güterverkehr und ihrer Raumwirksamkeit spricht auch die große Entwicklungsdynamik dieses Bereichs – sowohl gemessen an den quantitativen Wachstumszahlen als auch an qualitativen Strukturveränderungen. Vor diesem Hintergrund will ich im folgenden einige Eckpunkte einer raumwissenschaftlichen Betrachtung der Logistik setzen. Ihr Gegenstand sind logistische Netzwerke, Warenströme und der Standort logistischer Aktivitäten[2]. Ziel ist, den

---

2 Der Schwerpunkt der Darstellung liegt auf den Standortsystemen der Gütertransportwirtschaft; Warenströme werden vorrangig in ihrer Interdependenz mit Standortsystemen betrachtet; auf die dienstleistungsbezogenen (Personen-) Wirtschaftsverkehre wird nicht weiter eingegangen.

Mehrwert eines geographischen Zugangs herauszuarbeiten, auch im Vergleich zu klassischen betriebswirtschaftlichen und verkehrswissenschaftlichen Ansätzen.

## 2 Technisch-organisatorischer Wandel der Logistik

Der Bedeutungszuwachs des Güter- und Wirtschaftsverkehrs der vergangenen Jahrzehnte ist Ausdruck veränderter ökonomisch-technischer Randbedingungen, unter denen die räumliche Organisation von Güterproduktion und Dienstleistung sowie die veränderte Planung und Steuerung der (zwischen-) betrieblichen Transport- und Logistikketten die zentrale Rolle spielen. Hinzu kommen Innovationen im Verkehrssystem: Stark gesunkene Transportkosten, der massive Ausbau der Verkehrswege sowie die Einführung moderner Verkehrs- und Kommunikationstechnologien haben diese Entwicklung erst möglich gemacht.

Im Zuge der Entwicklung der modernen Logistik (d. h. der Organisation der Warenwirtschaft) und der physischen Distribution (dem raum-zeitlichen Transfer der Güter vom Ort der Produktion zum Ort des Konsums) haben sich Wertschöpfungsprozesse fundamental verändert[3]. Fertigung und Absatz von Gütern werden zunehmend ganzheitlich organisiert, um den Material- und Informationsfluss möglichst effizient zu steuern. Dies geschieht im Licht der Tatsache, dass die Produktion in immer komplexeren Fertigungspyramiden oder „-modulen" erfolgt. Im Groß- und Einzelhandel wurden neue Warenwirtschaftssysteme eingeführt, mit denen die Logistikketten optimiert und die Lagerhaltung am Verkauf nahezu vollständig abgebaut wurde. Dank der modernen Informations- und Kommunikationssysteme lassen sich auf diese Weise Kapitalbindung reduzieren und Kosten senken. Kernstück dieser Entwicklung ist der Wandel von der traditionellen Lieferkette zur modernen Supply-Chain – gekennzeichnet durch die Integration aller Segmente, eine aufwärts gerichtete, vom Konsum ausgehende Steuerung sowie die starke Reduktion von Warenbestand und Kapitalbindung (LÄPPLE 1995).

Mit dem Logistiksystem wird ein wichtiger Bestandteil bzw. prototypischer Ausdruck des laufenden raumwirtschaftlichen Strukturwandels untersucht[4]. Technologische Innovationen spielen dabei eine führende Rolle. In den 1960er Jahren galt dies für die Einführung des Containers und des intermodalen Transportsystems, heute gilt dies für Barcode, computergestützte Warenwirtschaftssysteme, die Sendungsverfolgung oder aktuell für die Funkerkennung RFID. Diese Innovationen haben die Warenwirtschaft in den letzten 15-20 Jahren erheblich verändert. Als vorläufige Konsequenz steigt die Bedeutung des Logistiksystems, innerhalb des tertiären Sektors und auch als Bindeglied

---

3 Der Begriff der Distribution wird hier im angelsächsischen Sinne der „physical distribution" verwendet (vgl. MCKINNON 1988). Er umfasst alle Tätigkeiten der Verteilung von Gütern vom Ort der Produktion zum Ort des Konsums; die Produktionslogistik bleibt demnach unberücksichtigt. Der Begriff der Logistik zielt auf die der Distribution vorgelagerte Steuerungsebene und Organisationsstruktur.
4 Suarez-Villa (2003) hat die gegenwärtige Restrukturierung „Technocapitalism" genannt. Dieser zeichnet sich durch die technologisch angetriebene Weiterentwicklung globaler Verwertungsdynamiken aus. Sinnigerweise besitzen darin die bereits von Marx beschriebenen Systeme der Zirkulation (von Geld, Waren, ...) einen zentralen Stellenwert.

der vernetzten Ökonomie. Zum anderen sind Internationalisierung und Globalisierung wichtige Impulsgeber in räumlicher Hinsicht, denn die technologisch angetriebene Ökonomie ist zunehmend auch eine globale. Das Volumen des Welthandels wächst seit Jahrzehnten schneller als der weltweite Output (vgl. DICKEN 2003, S. 35). War die räumliche Arbeitsteilung ein Merkmal der Entstehung der modernen Industriegesellschaften, hat sie im Zeitalter von Internationalisierung und Globalisierung weiter zugenommen. Die Zunahme der Import-, Export- und Produktionsverflechtungen in der Weltwirtschaft hat zwangsläufig einen Anstieg des Güterverkehrs zur Folge. Die weltweit gespannten Produktionsnetze der Textil- oder Automobilindustrie praktizieren flexible Fertigung über große Distanzen hinweg (vgl. SCHAMP 2000). Hinzu kommen Deregulierung und Liberalisierung der großen Wirtschaftsräume: Der Abbau von Zollschranken, Handelsbarrieren und Marktzugangsgrenzen war ausdrücklich auf den freien Warenverkehr gerichtet. Es überrascht daher nicht, dass die Schaffung von Binnenmärkten wie in der Europäischen Union oder der nordamerikanischen Freihandelszone NAFTA mit einem Anstieg des Güterverkehrs einherging. Diese Entwicklung dürfte auch in Zukunft weiter voranschreiten.

## 3 Neue Dynamiken in Logistiknetzen und Distributionsstandorten

Die Zunahme von Warentausch und Gütertransport und die veränderten Organisationsstrukturen der Logistik bringen auch einen Wandel in der physischen Distribution mit sich. Zunächst verändern sich die Struktur und Topologie logistischer Netze: Sie sind zunehmend hierarchisch, großräumig konfiguriert, wechseln von der lokalen bzw. regionalen zur überregionalen Struktur (ALICKE 2003). Im Zuge dieses „Maßstabssprungs" werden lokale durch regionale Beziehungen ersetzt, regionale durch globale Interaktionen. Damit einher geht die funktionale Zentralisierung der Distribution.

Aus Sicht der Geographie kommt der Veränderung der logistischen Netztopologie eine besondere Bedeutung zu: Die immanente Rationalisierungslogik der neuen logistischen Netze bedingt einen hohen Grad an Zentralisierung. Als Folge der grobmaschigen Konfiguration der Logistiknetze und parallel zur Internationalisierung der Warenströme wachsen die Distributionsgebiete (vgl. DE LIGT, WEVER 1998), die Zahl der Umschlagstandorte nimmt ab. Dies führt bei den Standortsystemen aufgrund der realisierbaren Skaleneffekte zu einer ausgeprägten Tendenz zur Dekonzentration. Zugleich kommt es zur Veränderung lagebedingter Zentralität. Auf diese Weise verändert der technischorganisatorische Wandel in der Logistik auch die Standortsysteme von Gütertransport und Distribution (vgl. GLASMEIER, KIBLER 1996; HESSE 2006a).

Aus dem veränderten Distributionssystem und den neuen Netztopologien ergeben sich neue Anforderungen an die logistische Leistungserstellung. Als Konsequenz werden neue Einrichtungen zum Warenumschlag errichtet, Distributionszentren oder Distribution Centres (DCs), lokalisiert an strategisch wichtigen Standorten. Anders als bei konventionellen Lagerhallen dienen diese Anlagen nicht der Vorhaltung von Beständen, sondern der Optimierung des Warenstroms (HESSE 2005). DCs leisten die Ausschöpfung von Skaleneffekten und die Substitution von Warenbestand durch Warenbewegung. Sie stellen insofern aufgrund von Größe und Verkehrsfrequenz besondere Anforderungen an Standort und Erschließung, und sie lassen sich nicht mehr am traditionellen Standort des Warenumschlags lokalisieren. Vereinfacht ausgedrückt: Während innerstädtische Güterbahnhöfe aufgegeben und Stadthäfen sowie „warehousing districts" zunehmend gentrifiziert werden, wandert die Distribution an strategisch günstige Areale jenseits der Stadt. Städtische Standorte werden in diesem Kontext zunehmend durch regionale Standorte ersetzt (s. Tabelle 1, Tabelle 2). Im mehrdimensionalen, multiskalaren System der modernen Logistik lassen sich diese Veränderungen auf verschiedenen Maßstabs- und Funktionsebenen beobachten: an den globalen Netzknoten, in Agglomerationen und in Peripherregionen.

Tab. 1: Städtische Standorte von Logistik und Güterumschlag

| Funktionstyp | Bedeutung | Standortstruktur | Beispiele |
|---|---|---|---|
| Stadt als Marktplatz | Traditionelle Orte des Warenumschlags (Stadt = regionales Versorgungszentrum) | Historische Stadtzentren; temporäre Nutzungen für Lagerei und Umschlag | Marktplätze, städtischer Handel, Lagerplätze, „Scheunenviertel" |
| Hansestädte | Traditionelle Orte des Warentauschs (Stadt = Ort des Fernhandels) | Kreuzungen bedeutender Fernhandelswege | Markt- und Messeplätze |
| Seehafen- und Binnenhafenstädte | Import- und Exportabwicklung, Rohstoff- und Materialzufuhr der Industrie | Küstenstandorte, Zugänge zu großen Binnengewässern | Klassische Hafeninfrastruktur, Lager- und Speicherhäuser |
| Städte mit Kanalanschluss | | Kanäle; Industrie- und Binnenhäfen | Schiffsaffine Industrie- und Gewerbestandorte |
| Güterbahnhof als Umschlagzentrum (Bundesbahn, Bundespost, Raiffeisen) | Wichtiger Umschlagpunkt im Prozess der industriellen Urbanisierung | in aller Regel im Bahnhofsumfeld (im Stadtkern oder am Zentrumsrand) | Bis Anfang der 1990er Jahre in allen Städten mit Anschluss ans Eisenbahnnetz |

*Quelle: eigene Darstellung*

Tab. 2: Regionale Standorte von Logistik und Güterumschlag

| Funktionstyp | Bedeutung | Standortstruktur | Beispiele |
|---|---|---|---|
| Großmärkte, Speditions-Gewerbegebiete | Erste Aussiedlung der Distributionsfunktionen aus der Kernstadt (Suburbanisierung) | Moderne Gewerbestandorte am Rand der Kernstadt | Großmarkt („Metro"), Gewerbeflächen für transportintensive Nutzungen |
| „Neue" Zentren der Distribution an der Peripherie der Städte | Räumlicher „Anker" moderner Logistik- und Distributionsnetze (zweite Aussiedlung) | Standort am Schnittpunkt von Nähe zum Einzugsgebiet, Flächenreserven und BAB | Frachtzentren von Speditionen, Deutscher Post u. a.; Industrielager |
| Großmaßstäbliche Distribution von Handel und Transportgewerbe | Abkopplung der Distribution von der Marktfunktion der Städte/vom Zentrensystem | Standorte mit Autobahnanschluss und großen Flächenreserven, vermehrt in Peripherregionen | nationale HUBs des Transportgewerbes; Shopping Malls mit überregionalem Einzugsgebiet |
| Überregionale „Mainports" | „Gateways" bzw. Netzknoten für den globalen / internationalen Güterfluss | Wenige See- und Binnenhäfen, Frachtflughäfen, Kreuzungspunkte wichtiger Fernverkehrstrassen | Hafen Rotterdam, Flughafen Schiphol, Flughafen Köln-Bonn (Frachtverkehr) |

*Quelle: eigene Darstellung*

## Global integrierte Netzknoten

Zu den traditionellen Knotenpunkten des Güterverkehrs gehören vor allem Seehafenstandorte, Containerhäfen, die großen Frachtflughäfen in Industrieländern, aber auch die neuen Containerhubs z. B. in den aufstrebenden Ökonomien Ostasiens. Sie dienen als große Drehscheiben der internationalen Güterströme und stehen unter dem besonderen Druck der Restrukturierung und Rationalisierung der Wertschöpfungsketten. Dabei verändern die Knotenpunkte sukzessive ihre Funktionen: Sie dienen nicht mehr nur oder primär der Organisation des physischen Güterstroms für bestimmte Raumeinheiten, sondern sind in die raum-zeitliche Koordinierung komplexer Produktions- und Distributionsnetze integriert.

Aus geographischer Sicht ist die Integration der Wertschöpfungsketten von zentraler Bedeutung: wachsende Wertschöpfungsteile werden verstärkt auf der See oder im Binnenland, also jenseits des Hafenareals organisiert. Mit der Automatisierung vieler Arbeitsprozesse durch Transport- und Behältertechnologien (Container) sowie der Flussorientierung in der logistischen Wertschöpfung sind solche Tätigkeiten nicht mehr an den Hafenstandort gebunden. Die globalen Funktionsnetze, in die sie integriert werden, stehen auch nicht mehr zwangsläufig unter der Kontrolle örtlicher Reedereien oder Hafengesellschaften, sondern werden von internationalen Dienstleistern gesteuert, die über ein globales Infrastrukturnetz verfügen. Damit bedroht der Wettbewerbsdruck auch die klassischen Gateways: Mit dem Hinterland verlieren sie ihre traditionelle Vormachtstellung in der Transportkette und wandeln sich zu Netzknoten eines übergreifenden Funktionssystems (vgl. NUHN 2005).

Als Antwort darauf konkurrieren alle große Seehäfen und Hubs um Anteile an den internationalen Umschlagmengen. Dazu wird der stetige Infrastrukturausbau forciert, vor allem bezüglich der Hafen- bzw. Umschlagflächen sowie des Tiefgangs, der zur Aufnahme der immer größeren Containerschiffe benötigt wird. Diese Strategien sind jedoch begrenzt: Flächen sind an den traditionellen Hafenstandorten knapp und teuer, Erweiterungsspielräume in den Kernstädten kaum gegeben. Hinzu kommt, als Folge des Mengenwachstums, die Verkehrsdichte, die die Funktionalität des Standorts in Frage stellt. Infolge dessen versuchen die Hafenstandorte, diesen Engpässen auszuweichen: durch seeseitige Landgewinnung, die Errichtung von sog. Off-shore Häfen oder neuer Küstenhäfen (s. Jadeweserport Wilhelmshaven). Diese räumliche „Dehnung" setzt aber voraus, dass die Transportkorridore zum Hinterland ausgebaut werden, um das Wachstum der Transportmengen zu bewältigen und kurze Transportzeiten sicherzustellen. Zu diesen neuen Korridoren gehören z. B. die „Betuwelinie" oder der „Eiserne Rhein" zwischen den Niederlanden und Deutschland und der „Alameda Corridor" in Los Angeles/Long Beach.

### *Regionale Distributionskomplexe*

Auch in den Agglomerationen bzw. Verdichtungsräumen sind organisatorische und räumliche Restrukturierungsprozesse zu beobachten. Ausgangspunkt ist traditionell die hohe Dichte der Empfangsstandorte (Kundennähe), die diese Areale für die Distribution prädestinieren (vgl. HESSE 1999). Auch hier erhöht die Integration der Wertschöpfungs- und Logistikketten, die Politik der Skaleneffekte sowie die Tendenz zur Expansion der Schnittstellen ins Hinterland den Druck auf das Logistiksystem. Als Reaktion darauf entstehen im Umland der Verdichtungsräume neue Konzentrationen von Distributionszentren (DCs), teilweise mehr oder minder zusammenhanglos, teilweise auch geplant als Güterverkehrszentren (vgl. HESSE 2004). Die Standortentscheidungen für neue Distributionszentren sind ganz wesentlich gespeist von den Faktoren Fläche und Erreichbarkeit, die sich in den Kernstädten zunehmend kritisch darstellen.

Unter den Bedingungen der flussorientierten Ökonomie hat sich diese Absetzbewegung verstärkt, da die Kernstädte mit der hohen Dichte des Massenverkehrs immer mehr Hindernisse für den Güterfluss bilden. MCKINNON untersuchte die Entwicklung der Lagerhaltung in England (MCKINNON 1983) und hat ihre räumliche Verteilung in der Industrie und bei Dienstleistern nachgezeichnet. Teilräume im Umland der Stadtregionen („conurbations") und an wichtigen Autobahnkorridoren hatten überdurchschnittliche Wachstumsraten (MCKINNON 1983, S. 392). Dies gilt z. B. für den nördlichen Großraum London, wohin die lokale Distribution aus der Kernstadt bzw. aus zentralen Bereichen verlagert wurde, um dann zur regionalen Distribution zu werden. In den Niederlanden zeigte sich anhand einer Untersuchung zur räumlichen Verteilung von Großhandelsbeschäftigung, dass die drei großen Städte der Randstad (Amsterdam, Rotterdam, Den Haag) an Bedeutung verloren, während vier Regionen in Südholland hingegen Beschäftigungsgewinne verzeichneten (RIEMERS 1998, S. 90). Die Umlandstandorte profitieren nicht nur von Lage und Anbindung, sondern auch durch die Ausweis von „City distribution centres" an den Stadträndern und parallelen Restriktionen für den Lkw-Verkehr in den Stadtzentren; dagegen verlieren periphere Landesteile an Bedeutung. Eine ähnliche Raumlogik zeigen die Standortstrukturen von Transport und Logistik in Flandern/Belgien, nördlich von Paris, um London oder Mailand (s. DEBERNARDI, GUALINI 1998). In Deutschland hatten 1999 die Kreise Groß-Gerau (bei Frankfurt/M.), Saalkreis (bei Halle/Saale) und Unna (NRW) die höchste Dichte logistikrelevanter Beschäftigung in Deutschland (BERTRAM 2001).

### *Periphere Wachstumszentren*

Die Reorganisation der Logistik- und Transportnetze auf nationaler bzw. europäischer Ebene lässt schließlich auch Standorte außerhalb der Agglomerationen zur Lokalisierung logistischer Funktionen als geeignet erscheinen. Ländliche Regionen haben mit dem nahezu flächendeckenden Ausbau des Autobahnnetzes in den letzten Jahrzehnten die zeitliche Erreichbarkeit der Marktgebiete trotz peripherer Lage erheblich verbessern können. Dies macht solche Standorte gerade für nationale Netze attraktiv. Außerdem sind die Engpassfaktoren „Fläche" und „Arbeitskraft" dort kaum gegeben, Flächenreserven sogar sehr viel günstiger verfügbar als im Verdichtungsraum. Auch vormals grenznahe Räume sind hier stark vertreten, die seit dem Wegfall der Staatsgrenzen über neue Lagevorteile verfügen. Hierzu gehört beispielhaft der Standort Nord- bzw. Mittelhessen, der seit 1990 für distributive Nutzungen sehr attraktiv geworden ist. Der Raum um Bad Hersfeld fungiert heute als Drehkreuz für nationale Distributionsnetze von Paketdiensten, Groß- und Einzelhandel. Als internationales Pendant hierzu gelten Venlo in den Niederlanden, zwischen der Randstad und dem Ruhrgebiet gelegen, oder Westflandern in Belgien (vgl. CABUS, VANHAVERBEKE 2003).

In den Peripherregionen werden aber nicht nur die Nutzen der logistischen Modernisierung sichtbar, sondern auch ihre Kosten. Einerseits sind ländliche Regionen heute attraktive Ansiedlungsräume für Verlagerungen aus der Agglomeration, können mithin vom Bedeutungszuwachs der Logistik profitieren. Auf diese Weise können sie die Tendenz der „Auflösung regionaler Produktionsketten" (H. NUHN) kompensieren, denn der traditionelle Industriebesatz peripher-ländlicher Räume, z. B. zur Verarbeitung landwirtschaftlicher Produkte, ist im Zuge der Zentralisierung von Fertigung und Distribution stark abgebaut worden. Andererseits sind die wenig kapitalintensiven Investments der Logistikunternehmen oft auf kurze Nutzungs- und Abschreibungszyklen ausgelegt. Die positiven Effekte ihrer Ansiedlung müssen keineswegs von Dauer sein, außerdem setzen sie kostspielige Infrastrukturen voraus.

Abb. 1: Regionales Distributionszentrum im Patterson-Pass Business Park, Tracy, Nordkalifornien

*Quelle: Markus Hesse, 4.9.2001*

## 4 Von Verkehrsnetzen und Transportkosten zur Geographie der Distribution

### 4.1 Räumliche Strukturlogiken

Die Restrukturierung der Wertschöpfungsketten, d. h. ihre Zerlegung und Re-Integration sowie die Tendenz zur Mobilisierung der Wertschöpfungsverhältnisse haben direkte raumzeitliche Implikationen: zum einen im Bedeutungsgewinn interregionaler und globaler Verflechtungen gegenüber regionalem bzw. lokalem Austausch, zum anderen indem sie neue Standortmuster hervor bringen, vor allem räumliche Dekonzentration bei Schnittstellen und Umschlagstandorten infolge funktionaler Zentralisierung in der Kette. Für die geographische Betrachtung ist hier nicht primär das Resultat der Restrukturierung von Relevanz (z. B.: mehr Transportleistung oder weniger als Folge dieser Zentralisierung?), sondern die Raumlogik, die ihr zugrunde liegt. Zur Einschätzung dieser Raumlogik stellen sich mindestens die drei folgenden Fragen:

Ad 1) Ist die Funktionsweise bzw. der Charakter der Distribution „immanent" oder abgeleitet? Stellt die flussorientierte Distributionsökonomie einen eigenständigen Sektor dar, der eigene Funktionslogiken aufbaut, oder bleibt sie organisatorisch und räumlich von den Vorgaben der Verlader in Industrie und Handel abhängig? Folgt die Distribution also der Produktion, oder kehrt sich dieses Verhältnis tendenziell um? Diese Frage ließe sich z. B. anhand neu entstandener Güterverkehrszentren überprüfen. Sie wurden in der Annahme errichtet, dass Synergieeffekte neben Logistikdienstleistern auch produzierendes Gewerbe anziehen. Dafür gibt es bisher aber keine überzeugenden empirischen Belege (vgl. HESSE 2004). Zugleich sind die zunehmend verschwommenen Grenzen zwischen Produktions- und Distributionslogistik zu berücksichtigen, als Folge von Outsourcing und Spezialisierung der Logistikdienste. Klare Zuweisungen zu definierten Segmenten der Wertschöpfungskette sind hier problematisch.

Ad 2) Welcher Grad an räumlicher Einbettung bzw. Abkopplung kennzeichnet das Distributionssystem? Ist das Bild der *flow*s, der nach Aufkommen und Distanz wachsenden Güterströme und der abnehmenden Standortbindung der Unternehmen Indiz einer „Aufhebung des Räumlichen"? Dem Bild der wachsenden Standortmobilität steht die Funktion der Standorte als eine Art räumlicher Anker im Netz der Ströme entgegen. Nach KREUKELS (2003, S. 26) erfolgt die Vernetzung der großen Umschlagstandorte mit Umfeld und Hinterland sowohl räumlich als auch in korrespondierenden Netzen, d. h. organisatorisch. Der Warenstrom wird an den Schnittstellen gebrochen, die Logistik wird in ein spezifisches infrastrukturelles und institutionelles Umfeld eingebettet. Doch dieses Umfeld ist nicht mehr zwangsläufig ein räumliches. Die damit einher gehende Lockerung der Standortbindung erfordert allerdings funktionierende Verkehrssysteme. Sie besitzt einen objektiven Grenznutzen durch Verkehrsdichte und Kapazitätsprobleme bzw. stark schwankende Kapazitätsauslastung.

Ad 3) Ist die Entstehung neuer logistischer Zentren in der alten Peripherie Vorbote einer völlig neuen Raumlogik der Distribution? Gemessen an der räumlichen Verteilung der Beschäftigung in den einschlägigen Wirtschaftszweigen (BERTRAM 2001) ist der Standort der Distribution noch in hohem Maße auf das traditionelle Zentrensystem ausgerichtet – wenn es auch Indizien für eine Absetzbewegung zumindest in die Peripherie der Stadtregionen gibt. An den großen Schnittstellen und globalen Knotenpunkten fungiert die Logistik als wirtschaftsräumlicher *leader*. Dies dürften aber derzeit noch Ausnahmen von der Regel ein; eine generelle Auflösung der Zentrensysteme als Folge logistischer Netz- und Standortbildung ist bisher nicht zu beobachten. Die Standortwahl der Distributionsunternehmen folgt aber längst nicht mehr allein den jeweiligen Faktorausstattungen wie Infrastrukturen oder Zugang zu Märkten. Sie geht vielmehr aus dem spezifischen Zusammenspiel von einzelbetrieblicher Strategie, Vernetzung in komplexen Wertschöpfungszusammenhängen sowie Raum- und Infrastrukturausstattung konkurrierender Standorte hervor. Das Ergebnis kann je nach Unternehmen (bzw. Branchensegment), Stellung in der Logistikkette und Teilraum unterschiedlich ausfallen. Insgesamt wird eine Transformation der bestehenden raumwirtschaftlichen Muster sichtbar, aber noch keine Aufhebung.

## 4.2 Relevante Forschungsfragen

Welche Forschungsaufgaben können aus dieser kurzen Skizze einer Geographie der Distribution hervorgehen? Ich will sie in 5 kurzen Anstrichen bündeln. *Erstens* sollte der Logistik im Rahmen der Analyse vernetzter raumwirtschaftlicher Systeme grundsätzlich eine größere Beachtung zukommen. Globale bzw. interregionale Produktionsnetze sind nur zu verstehen, wenn man sie als Produktions- und Distributionsnetze analysiert. Denn die dort beobachteten Vernetzungen sind ohne Kommunikation und Transport bzw. Logistik nicht denkbar. Hier hat die Wirtschaftsgeographie, erst recht eine solche, die sich mit Beziehungssystemen auseinandersetzt, ein wichtiges Betätigungsfeld.

Raumbezogene Forschung befasst sich *zweitens* mit räumlichen Konflikten, Externalitäten und Steuerungsproblemen. Dafür sprechen die hohen Folgelasten, die der physische Transport mit sich bringt, aber auch die Wachstumszwänge, Engpässe an den Schnittstellen und der hohe Kostendruck der Unternehmen. Die fließende Logik der Distribution folgt dem Imperativ von Größenwachstum und Beschleunigung. Sie kann sich jedoch aufgrund von Infrastrukturengpässen sowie der Siedlungsdichte nicht bruchlos durchsetzen. Damit werden wichtige Fragen an Infrastrukturpolitik und Standortplanung gestellt.

Problemlösungen bedürfen *drittens* der Kenntnis der Binnendynamiken und Konflikte innerhalb des Logistiksystems, etwa der Machtverhältnisse in den Logistik- und Wertschöpfungsketten. Die Machtverteilung im logistischen Kanal ist stark hierarchisiert – sie bündelt sich bei großen Handelsketten, Industrieverladern, Konzernspeditionen oder Reedereien. Diese treffen die strategischen Entscheidungen über Transportströme, -knoten und Verkehrsträger. Ohne Kenntnis ihrer spezifischen Interessen bleibt das Bild unvollständig.

*Viertens* ist die geographisch-raumwissenschaftliche Geschichtsschreibung stark geprägt vom Paradigma der gesunkenen, wenn nicht nahezu eliminierten Transportkosten. Doch was passiert, sollte die derzeit angespannte Energiesituation anhalten und diesen Trend umkehren? Würde ein Aanstieg der Energiepreise zu spürbar höheren Verkehrskosten führen? Ein solches Szenario bliebe vermutlich nicht ohne räumliche Konsequenz: kommt es zur Konzentration ökonomischer Aktivität, oder gar zur Re-Integration von Ketten und damit zu regionalen Wertschöpfungsverhältnissen?

*Fünftens* steht die Frage im Raum, ob diejenigen Regionen, die Transitraum und Drehscheibe werden wollen und sich als „Logistikregion" verkaufen, aus solchen Strategien einen realen Nettonutzen beziehen. Die Nachahmung und erfolgreiche Übernahme solcher Strategien (vgl. das Beispiel der Technologiezentren) kann ja nicht allen Regionen gleichermaßen gelingen. Außerdem sind damit immer auch Kosten und Risiken verbunden, speziell hohe öffentliche Vorleistungen für Investitionen in einen unsicheren, räumlich zunehmend „flüchtigen" Markt. Jenseits der Hochglanzprospekte, die aus der Logistikforschung und der Wirtschaftsförderung heraus lanciert werden, wäre eine unvoreingenommene, kritische Bilanzierung von Vor- und Nachteilen solcher Strategien notwendig.

## 5 Ausblick

Die geographisch-raumwissenschaftliche Analyse der Distribution und ihrer Entwicklungstendenzen bringt einige räumliche Strukturlogiken zutage, wirft aber auch Fragen auf. Vieles ist noch „in Bewegung". An dieser Stelle kann der geographische Zugang zu Logistik und Distribution dreierlei leisten: er bietet ein Beobachtungsfeld für relevante raumwirtschaftliche Entwicklungen – auch um die Lücke, das „missing link" in der Kette von Produktion zu Konsum, zu füllen; er stellt ein Analyseraster und Indikatoren zur Bewertung aktueller Prozesse zur Verfügung, und schließlich öffnet er ein neues Feld für die relationale (wirtschafts-) geographische Forschung. Was könnte das genuin „Geographische" an dieser Arbeit sein, im Unterschied zu Verkehrswissenschaft und -planung? Erstens indem räumliche Dimensionen und Bezüge eine zentrale Rolle spielen, zweitens indem der Gegenstand umfassender in seine Kontexte und verursachenden Strukturen eingebettet wird, drittens indem diese Kontexte zum Ausgangspunkt von Handlungsstrategien und -konzepten gemacht werden. Die Bedeutung von Raum bezieht sich dabei nicht nur auf die Ebene des Gütertransfers, etwa die Funktion der Region als logistische „Drehscheibe". Sie dient zur Kennzeichnung eines je spezifischen, wenn auch global eingebundenen Produktions- und Reproduktionszusammenhangs. Eine solche Perspektive, die nicht nur den reibungslosen Materialfluss im Sinn hat, sondern auch die Tragfähigkeit von Infrastruktur, Raum und Umwelt in den Blick nimmt, setzt definitiv eigene Akzente.

## Literatur

ALICKE, Knut (2003): Planung und Betrieb von Logistiknetzwerken. Unternehmensübergreifendes Supply Chain Management. Berlin, Heidelberg: Springer

BERTRAM, Heike (2001): Der Strukturwandel im Speditions- und Transportgewerbe. In: *Institut für Länderkunde* (Hrsg.): Nationalatlas der Bundesrepublik Deutschland, 9. Verkehr und Kommunikation. Heidelberg, Berlin: Spektrum, S. 102-103

CABUS, Peter und Wim VANHAVERBEKE (2003): The Economics of Rural Areas in the Proximity of Urban Networks: Evidence from Flanders. In: Tijdschrift voor Economische en Sociale Geografie 94, (2), S. 230-245

CASTELLS, Manuel (1996): The Rise of the Network Society. The Information Age: Economy, Society, and Culture, Vol. 1. Malden/Oxford: Blackwell

CHINITZ, Benjamin (1960): Freight and the Metropolis. The Impact of America's Transport Revolutions on the New York Region. Cambridge/MA: Harvard University Press

DE LIGT, T. und Egbert WEVER (1998): European distribution centres: location patterns. In: Tijdschrift voor Economische en Sociale Geografie 89, (2), S. 217-223

DEBERNARDI, Andrea und Enrico GUALINI (1999): Die Geographie der logistischen Dienstleistungen in der Stadtregion Mailand: Strukturwandel und aktuelle Planungsaufgaben. In: Geographische Zeitschrift 87, S. 238-253

DICKEN, Peter (2003): Global Shift. 4th Edition, New York: Guilford

GLASMEIER, Amy und Jeff KIBLER (1996) Power Shift: The Rising Control of Distributors and Retailers in the Suppy Chain for Manufactured Goods. In: Urban Geography 17, S. 740-757

HESSE, Markus (1999): Der Strukturwandel von Warenwirtschaft und Logistik und seine Bedeutung für die Stadtentwicklung. In: GZ 87 (3-4), S. 223-237

HESSE, Markus (2004): Land for Logistics. locational dynamics, real estate markets and political regulation of regional distribution complexes. In: "Journal of Social and Economic Geography / Tijdschrift voor Sociale en Economische Geografie (TESG)" (95), no. 2, S. 162-173
HESSE, Markus (2005): Distribution Centres. In: Button, Kenneth (ed.): Transport Dictionary. Cheltenham/UK: Edward Elgar (im Druck)
HESSE, Markus (2006a): The City as a Terminal. Freight Transport and Logistics in an Urban Context. Aldershot: Ashgate (in Vorber.)
HESSE, Markus (2006b): Das System der Ströme und die Re-Strukturierung des Raumes. Elemente einer Geographie der Distribution. In: Erdkunde. Wiss. Archiv für Geographie (im Druck)
HESSE, Markus und Jean-Paul RODRIGUE (2004): The Transport Geography of Logistics and Freight Distribution. In: Journal of Transport Geography, 12 (2), S. 171-184
KREUKELS, Anton (2003): Wie verankern sich Häfen im Raum? In: DISP 154, S. 26-27
LÄPPLE, Dieter (1995): Transport, Logistik und logistische Raum-Zeit-Konfigurationen. In: Läpple, Dieter (Hrsg.): Güterverkehr, Logistik und Umwelt. Analysen und Konzepte zum regionalen und städtischen Verkehr, 2. A., S. 21-57. Berlin: Edition Sigma
MCKINNON, Alan (1983): The Development of Warehousing in England. In: Geoforum 14, S. 389-399
MCKINNON, Alan (1988): Physical Distribution. In: Marshall, J. N. (ed.): Services and uneven development, S. 133-160. Oxford: Oxford University Press
NEIBERGER, Cordula (1999): Standortvernetzung durch neue Logistiksysteme: Zur Hersteller-Handels-Integration in der deutschen Nahrungsmittelwirtschaft. In: Seminarberichte der Gesellschaft für Regionalforschung 41, S. 197-221
NEIBERGER, Cordula und Heike BERTRAM (Hrsg.): Waren um die Welt bewegen. Strategien und Standorte im Management globaler Warenketten. Mannheim: Meta-GIS (= SMV Bd. 11)
NUHN, Helmut (1999): Changes in the European Gateway System – the case of seaports. In: Beiträge zur Regionalen Geographie Europas 47, S. 88-102
NUHN, Helmut (2005): Internationalisierung von Seehäfen. Vom Cityport und Gateway zum Interface globaler Transportketten. In: NEIBERGER, Cordula und Heike BERTRAM (Hrsg.): Waren um die Welt bewegen, S. 109-124
RIEMERS, Charlotje (1998): Functional Relations in Distribution Channels and Locational Patterns of the Dutch Wholesale Sector. In: Geografiska Annaler 80B, S. 83-97
SCHAMP, Eike W. (2000): Vernetzte Produktion. Industriegeographie aus institutioneller Perspektive. Darmstadt: Wissenschaftliche Buchgesellschaft
VANCE, James E. (1970): The Merchant's World. The Geography of Wholesaling. Englewood Cliffs, NJ: Prentice Hall

# Transportorganisation unter schwierigen Rahmenbedingungen

## Ergebnisse eines Forschungsprojekts in Westniedersachsen

*Bianca Rodekohr (Osnabrück)*

## Zusammenfassung

Der vorliegende Beitrag befasst sich mit den Auswirkungen der aktuellen verkehrspolitischen, infrastrukturellen und regionalen Rahmenbedingungen auf die Transportorganisation und den damit verbundenen Hindernissen und Chancen aus Sicht der Unternehmen des Transportgewerbes. Basierend auf den Ergebnissen einer empirischen Untersuchung in der Region Weser-Ems (Westniedersachsen) werden die Einschätzungen der Unternehmen der verladenden Wirtschaft sowie der Transportwirtschaft dargestellt. Aufgrund ständig steigender Anforderungen an Gütertransporte werden die Probleme aufgezeigt, die sich daraus für die Unternehmen des Untersuchungsgebiets ergeben und gleichzeitig Lösungsansätze dargestellt, die es den Unternehmen ermöglichen, bei steigendem Kostendruck wettbewerbsfähig zu bleiben.

## Summary

This article shows the consequences of the political, infrustructural and regional conditions towards the organsation of transports with its problems and chances for the companies that provide or demand transport services. Based on the results of an empirical analysis in the region of Weser-Ems (western part of Lower Saxony) it shows the estimations and opinions of the industry and transport service providers. Due to permanently increasing reqiurements concerning transportation of cargo the report shows the problems for the involved companies based on the increasing requirements and tries to mark solutions which help the companies to stay competitive.

## 1 Einleitung

Der Güterverkehrsmarkt unterliegt einem ständigen Wandel und ist heute sehr stark umkämpft. Wachsende Anforderungen an die Erbringung von Transportdienstleistungen einerseits, aber auch aktuelle Entwicklungen wie z. B. die EU-Osterweiterung, die Einführung der Maut zum 01.01.2005 und steigende Dieselpreise erfordern andererseits von den Unternehmen Strategien, die es ermöglichen, den hohen Ansprüchen sowie dem steigenden Kosten- und Wettbewerbsdruck zu begegnen und am Markt (erfolgreich) zu bestehen. Zudem führen im Straßengüterverkehr die hohen Belastungen bestimmter Strecken (z. B. der BAB 1) häufig zu Verkehrsbehinderungen und somit zu höheren Kosten aufgrund von Zeitverlusten. Für die Zukunft ist eine Verschärfung des Problems zu erwarten, da ein immer höherer Anteil der Haushaltsmittel für die Instandsetzung und Erhaltungsmaßnahmen aufgewendet werden müssen. Für Autobahnen wird eine Steigerung des Erhaltungsbedarfs von 50 % bis zum Jahr 2015 erwartet, so dass dadurch die Handlungsspielräume für den Neu- und Ausbau des Straßennetzes zunehmend eingeschränkt werden (vgl. HUCKESTEIN 2004, S. 502). Dennoch konnten die alternativen Verkehrsträger Schiene und Wasserstraße in den vergangenen Jahren, trotz sich verschärfender Situation im Straßengüterverkehr, kaum Zuwächse verzeichnen und haben sich auf einem relativ geringen Niveau eingependelt. Während der Anteil des Straßengüterverkehrs an der Verkehrsleistung kontinuierlich bis auf 70,3 % im Jahr 2003 gestiegen ist, liegt der Anteil der Schiene in 2003 nur bei 15,5 %, der der Wasserstraße bei 11,3 % (vgl. *BMVBW* 2004, S. 243). Verlagerungen haben demnach nur in geringem Umfang stattgefunden bzw. wurden vom Straßengüterverkehr überkompensiert.

Die Frage, welche Anforderungen und Rahmenbedingungen sich für die Unternehmen der verladenden Wirtschaft und der Transportwirtschaft als besonders problematisch für das aktuelle und zukünftige Angebot von bzw. die Nachfrage nach Transportlösungen erweisen, sollte im Rahmen des EU-Projekts "Entwicklung und Implementierung neuer Verkehrs-Konzepte für die Weser-Ems-Region" (gefördert mit Mitteln des Europäischen Fonds für Regionale Entwicklung: EFRE) untersucht werden. Aufgrund des regionalen Bezugs des Projektes kam es darauf an, neben allgemeinen Problembereichen auch die Hindernisse zu verdeutlichen, die in Zusammenhang mit den regionalen Gegebenheiten stehen.

Aufgrund der oben angeführten aktuellen Entwicklungen wurde im Rahmen des Forschungsprojektes die Frage aufgegriffen, welche Probleme und Hindernisse die Unternehmen der Region Weser-Ems bei der Transportorganisation sehen und in wie weit sie Lösungsstrategien entwickelt haben, um mögliche Engpässe zu beseitigen bzw. zu minimieren.

Wichtig war dabei der Einbezug der Transport- und der verladenden Unternehmen als Akteure der Transportwirtschaft. Diese wurden anhand einer schriftlichen Befragung und vertiefender Experteninterviews in die Untersuchung einbezogen, um die Probleme der Betriebe aufzuzeigen, Engpässe zu identifizieren und Lösungsstrategien zu entwerfen.

## 2 Das Untersuchungsgebiet Westniedersachsen

Das Untersuchungsgebiet umfasst den (ehemaligen) Regierungsbezirk Weser-Ems. Im Westen grenzt die Weser-Ems-Region an die Niederlande, nördlich bildet die Küstenlinie an der Nordsee die Begrenzung, östlich schließt sich das Bundesland Bremen an sowie der (ehemalige) Regierungsbezirk Hannover, im Süden grenzt die Region an Nordrhein-Westfalen. Insgesamt drei Oberzentren befinden sich innerhalb der Region, die Städte Wilhelmshaven, Oldenburg und Osnabrück, der überwiegende Teil des Untersuchungsgebietes ist ländlich geprägt, jedoch heterogen strukturiert. Neben Gebieten mit guten wirtschaftlichen Entwicklungsperspektiven – so bilden v. a. die Landkreise Cloppenburg und Vechta und Teile des Emslandes ein Cluster im Bereich Ernährungswirtschaft – existieren viele strukturschwache Bereiche, insbesondere an der Küste. Neben dem Tourismus finden sich hier nur vereinzelt Industrien, diese sind häufig mit den Hafenstandorten verbunden.

Abb. 1: Untersuchungsgebiet Westniedersachsen

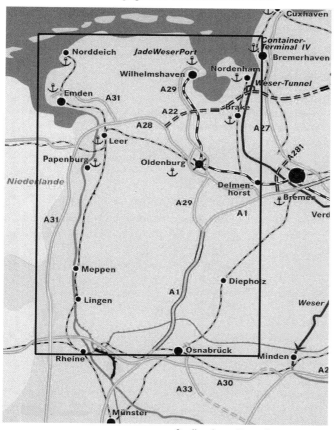

*Quelle: eigene Darstellung nach PGT*

Die vorherrschenden Wirtschaftsbranchen liegen neben der Nahrungs- und Futtermittelindustrie in den Bereichen Maschinenbau, Metallverarbeitung, chemische Industrie und Kunststoffverarbeitung, dem Baugewerbe sowie dem Fahrzeugbau und der Zulieferindustrie.

Auch das Transportgewerbe spielt in der Weser-Ems-Region eine große Rolle, von den 9.957 Unternehmen aus den Bereichen Verkehr und Logistik (Landverkehr, Transport in Rohrfernleitungen, Schifffahrt, Luftfahrt, Hilfs- und Nebentätigkeiten für den Verkehr) in Niedersachsen im Jahr 2003 entfallen 3.418 Unternehmen und somit mehr als ein Drittel auf den Bezirk Weser-Ems. Während die Zunahme an Unternehmen dieses Bereiches von 2002 auf 2003 im niedersächsischen Landesdurchschnitt 0,2 % beträgt, stieg die Anzahl der Unternehmen in Weser-Ems im gleichen Zeitraum um 1,8 % (*NLS* 2003). Ein ähnliches Bild zeigt sich bei der Betrachtung des Bestandes an Lastkraftwagen am 01.01.2004: Von den 244.407 Lkw in Niedersachsen entfällt mit 80.084 Lkw knapp ein Drittel (32,8 %) auf den Bezirk Weser-Ems. Die drei Regierungsbezirke Hannover (26,7 %), Lüneburg (22,7 %) und Braunschweig (17,8 %) liegen mit Abstand dahinter (*NLS* 2004).

Neben der Erbringung von logistischen Dienstleistungen für die verladende Wirtschaft haben die Transportunternehmen darüber hinaus eine wichtige Funktion für die Abwicklung der Hinterlandverkehre der acht niedersächsischen Seehafenstandorte, von denen allein sieben in der Region Weser-Ems liegen.

In der Region sind vom kleinen Fuhrunternehmen bis zum weltweit tätigen logistischen Dienstleister alle Arten von Betrieben vertreten, wobei die größeren Unternehmen eher in den größeren Städten angesiedelt sind.

## 3 Ausgangshypothesen der Untersuchung

Um die Einschätzungen der Akteure der Transportwirtschaft genauer zu erfassen, wurden zunächst aktuelle Themen und Fragen im Bereich Transportwirtschaft aufgegriffen, wie z. B. :
- Welche Anforderungen haben die Unternehmen an den Infrastrukturausbau und die Verkehrspolitik?
- In wie weit bestehen Verlagerungspotenziale?
- Welche Strategien verfolgen Unternehmen, um steigende Kosten zu bewältigen und wettbewerbsfähig zu bleiben?

Basierend auf diesen aktuellen Fragen wurden u. a. die folgenden Ausgangshypothesen für die empirische Untersuchung aufgestellt:
- "Es bestehen Probleme in der Transportabwicklung aufgrund von Engpässen der Verkehrsinfrastruktur."
- "Bestehende Verlagerungspotenziale (Straße/Schiene) werden nicht hinreichend wahrgenommen."
- "Die Einführung der Lkw-Maut wirkt sich eher auf die Transportorganisation als auf den Modal Split aus."

Für die Überprüfung der Hypothesen wurde eine abgestufte empirische Untersuchung durchgeführt, die im Folgenden näher beschrieben wird.

## 4 Schritte der empirischen Untersuchung

Für die Analyse der Problembereiche der Transportwirtschaft der Region wurde im Rahmen des EU-Forschungsprojekts „Entwicklung und Implementierung neuer Verkehrs-Konzepte für die Weser-Ems-Region" in einem eigenen Arbeitsbereich ein abgestuftes empirisches Vorgehen konzipiert. Dabei lag der Fokus auf den Akteuren der Transportwirtschaft (vgl. *LOGIS.NET* 2004, S. 3). Dies sind auf der einen Seite die Hersteller von Produkten, die Transportdienstleistungen nachfragen, auf der anderen Seite die Fuhrunternehmen, Speditionen und Logistikdienstleister als Anbieter von Transportdienstleistungen. Um dabei die gesamte Region abbilden zu können und gleichzeitig individuelle Einschätzungen verschiedener Unternehmen zu gewinnen, wurde ein abgestuftes Vorgehen favorisiert: In einem ersten Schritt wurde eine schriftliche Befragung durchgeführt, im Anschluss daran fanden vertiefende Interviews mit einzelnen Unternehmen vor Ort statt.

### 4.1 Schriftliche Befragung

Um Aussagen über die aktuellen Problembereiche des Transportwesens aufzeigen zu können, wurden in der Region Verlader (> 50 Beschäftigte) und Transportunternehmen (alle Betriebsgrößenklassen) in die schriftliche Befragung einbezogen. Insgesamt waren dies ca. 740 Unternehmen, die mit einem standardisierten Fragebogen angeschrieben und um Auskunft gebeten wurden. Der Rücklauf lag bei etwa 26 %.

Aufgrund der Ausrichtung des Projektes auf die Region Weser-Ems lag ein besonderes Augenmerk auf der Identifizierung unterschiedlicher Ausgangsbedingungen innerhalb der Region, um neben allgemeinen Aussagen auch lokale Unterschiede zu differenzieren.

### 4.2 Experteninterviews

Im Anschluss an die Auswertung der schriftlichen Fragebögen wurden 17 Unternehmen ausgewählt (10 Verlader, 7 Transportunternehmen), um vor Ort mit den Mitarbeitern der Führungsebene ein vertiefendes Experteninterview zu führen und bestimmte Themenbereiche des Fragebogens zu konkretisieren (anhand eines Interviewleitfadens). Die Auswahl erfolgte nach Kriterien wie z. B. der regionalen Verteilung, Branchenzugehörigkeit, Erfahrungen mit der Bahn/dem KV, Probleme und Lösungsstrategien der Transportabwicklung etc. .

Während der Interviews wurden den Unternehmen erste Auswertungen des Fragebogens zur Verfügung gestellt, um eine individuelle Beurteilung der Ergebnisse aus Sicht der interviewten Unternehmen zu erlangen.

Die Experteninterviews ermöglichen somit eine Einschätzung der Rahmenbedingungen am Standort der Betriebe sowie eine individuelle Ansprache der Unternehmen und Vertiefung einzelner Problembereiche.

# 5 Ergebnisse der empirischen Untersuchungen

## 5.1 Bewertung der Verkehrsinfrastruktur

Aufgrund der aktuellen Diskussionen und Forderungen der Politik, der (Fach-)Presse und vieler Unternehmen nach dem Neu- und Ausbau der Verkehrsinfrastruktur sollte anhand der Befragung geklärt werden, wie die Unternehmen der Region Weser-Ems die Ausbausituation der Verkehrsinfrastruktur in der Region beurteilen, da die befragten Unternehmen aufgrund ihrer Transportaktivitäten unmittelbar von Veränderungen betroffen oder darauf angewiesen sind.

Die Antworten der Unternehmen dienten dabei der Überprüfung der zentralen Hypothese der Untersuchung:

*"Es bestehen Probleme in der Transportabwicklung aufgrund von Engpässen in der Verkehrsinfrastruktur."*

Dabei nimmt die Bewertung der Zufriedenheit mit der Anbindung an die Bundesfernstraßen eine besondere Stellung ein, vom Güterverkehrsaufkommen 2003 entfielen allein 84 % (2729 t) auf den Verkehrsträger Straße (*BMVBW* 2004, S. 256). Zudem ist die Straßeninfrastruktur für nahezu alle befragten Unternehmen von Bedeutung.

Abb. 2: Bewertung der Fernstraßenanbindung

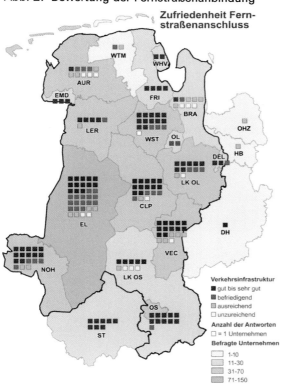

Quelle: eigene Darstellung

Wie die Abbildung zeigt, bewertet die überwiegende Anzahl der befragten Unternehmen der Region die Anbindung Ihres Unternehmens an das Bundesfernstraßennetz als befriedigend bis gut/sehr gut. Dies lässt sich unter anderem auf eine relativ hohe Straßenverfügbarkeit bzw. relativ geringe Belastung (mit Ausnahme der Autobahn 1) der Straßen zurückführen.

Unzufriedenheiten basieren auf fernen Autobahnanschlüssen (z. B. LK Aurich und Wesermarsch), hohen Belastungen und häufigen Staus auf bestimmten Strecken (z. B. A 1) und lokalen Engpässen (z. B. noch nicht vollendeter Lückenschluss der A 31 [zum Zeitpunkt der Befragung, Fertigstellung erfolgte im Dezember 2004, Anm. d. Verf.]).

In den persönlichen Interviews wurden diese Einschätzungen weitgehend bestätigt. Ein Spediteur bestätigte das Vorhandensein „eines dichten und weitgehend wenig belasteten Straßenverkehrsnetzes". Seitens der meisten Unternehmen wird jedoch die zügige Durchführung geplanter Ausbauten gefordert, z. B. der sechsstreifige Ausbau der A 1, der Bestandteil des aktuellen Bundesverkehrswegeplans als vordringliches und fest disponiertes Vorhaben ist (vgl. *BMVBW* 2003, S.115/116). Aus Sicht der Interviewteilnehmer würde die zügige Planung und der Bau der Küstenautobahn A 22 – derzeit eingestuft als "Neues Vorhaben mit Planungsrecht und besonderem naturschutzfachlichen Planungsauftrag für WB" (*BMVBW* 2003, S.121) - zu einer Verbesserung der Anbindung und Erschließung der Region sowie die wirtschaftliche Stärkung fördern, so dass sich die Unternehmen in fast allen Fällen dafür aussprechen.

Insgesamt zeigt sich jedoch, dass für die tägliche Abwicklung der Transportgeschäfte seitens der Unternehmen kaum ernsthafte Engpässe in der Straßeninfrastruktur bestehen, so dass die Hypothese in Bezug auf die Straßeninfrastruktur nicht zutrifft.

Ein anderes Bild zeigt die Betrachtung der Zufriedenheit der Unternehmen mit der Anbindung an das Schienennetz.

Abb. 3: Bewertung der Bahnanbindung

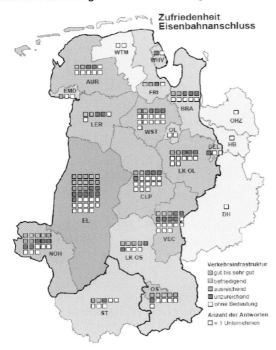

*Quelle: eigene Darstellung*

Zwar zeigt sich, dass etwa für die Hälfte der Unternehmen die Bahn keine Rolle spielt, die andere Hälfte jedoch beurteilt den Anschluss als überwiegend negativ. Gründe hierfür sind zum einen der Rückzug der DB aus der Fläche und die Einstellung von Relationen sowie Einzelwagenverkehren, zum anderen beruhen die Einschätzungen z. T. auf negativen Erfahrungen aus der Vergangenheit. Eine Bereitschaft seitens der Unternehmen zur stärkeren Nutzung der Bahn wurde in den Interviews häufig geäußert. Vielfältige Probleme führen bisher jedoch dazu, dass vorhandene Potenziale nicht ausgeschöpft werden. Diese Hemmnisse werden in den folgenden Abschnitten näher beleuchtet.

In Bezug auf die Anbindung an die Schiene existieren somit durchaus Engpässe, die eine bessere Nutzung der Bahn und Vernetzung der Verkehrsträger verhindern.

Die Wasserstraße/das Binnenschiff ist für die meisten der befragten Unternehmen keine Alternative und es bestehen nur wenig Erfahrungen, so dass auf Basis der vorliegenden Untersuchung keine näheren Erläuterungen gegeben werden können.

## 5.2 Verkehrsmittelwahl und Verlagerungspotenziale Straße/Schiene

Aufgrund der allgemeinen Veränderungen im Bereich der Produktion, der weltweiten Arbeitsteilung sowie der weitgehenden Verminderung oder Vermeidung der Lagerhaltung ist ein flexibler Transportmarkt erforderlich, der mit hohen Qualitätsansprüchen verbunden ist. Viele Transporte unterliegen engen Lieferfristen, da die Ware in vorgegebenen Zeitfenstern an weitere Produktionsstätten oder den Endkunden geliefert werden muss (just-in-time oder just-in-sequence), so dass ein flexibler, häufig kurzfristiger Einsatz der Transportmittel vonnöten ist. Hier ist der Lkw gegenüber der Bahn/dem Binnenschiff im Vorteil, weil er flexibel eingesetzt werden kann, nicht an bestimmte Knoten- oder Sammelpunkte gebunden ist und somit eine weitgehend unabhängige und kurzfristige Planung (in Bezug auf andere Verkehre oder Systemkomponenten) ermöglicht.

In wie weit diese Entwicklungen auch in der Region Weser-Ems zutreffen und ob es dennoch Verlagerungspotenziale auf alternative Transportmittel gibt bzw. welche Bedingungen für eine Verlagerung erfüllt sein müssen, wurde in mehreren Fragen zur Transportmittelwahl und Anforderungen an den Kombinierten Verkehr (KV) ermittelt. Die zu überprüfende Ausgangshypothese für diese Thematik lautet dabei:

"*Bestehende Verlagerungspotenziale (Straße/Schiene) werden nicht hinreichend wahrgenommen.*"

### 5.2.1 Kriterien der Transportmittelwahl

Um zu ermitteln, welche Kriterien für die Transportmittelwahl von Bedeutung sind und welche Bedeutung den einzelnen Kriterien zukommt, wurde im Fragebogen die Frage gestellt „Welches sind die drei wichtigsten Kriterien für die Entscheidung für eine

Transportart/ein Verkehrsmittel?" Die folgenden Grafiken zeigen dabei die unterschiedlichen Prioritäten von Transportunternehmen und Verladern.

Abb. 4: Gewichtete Kriterien der Transportmittelwahl – Transportunternehmen

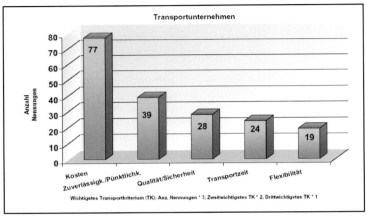

*Quelle: eigene Darstellung*

Abb. 5: Gewichtete Kriterien der Transportmittelwahl – Verlader

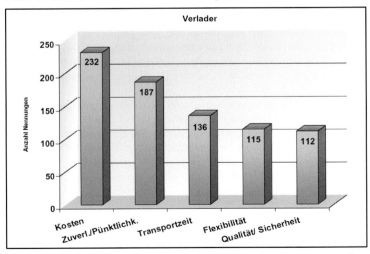

*Quelle: eigne Darstellung*

Insgesamt zeigt sich, dass die Entscheidung für oder gegen ein Transportmittel in hohem Maße von den Kosten abhängt. Für die Transportunternehmen ist dies das herausragende Kriterium, so dass ein deutlicher Abstand zu den nachfolgenden Anforderungen erkennbar ist. Dies zeigt, dass die Transporteure einem hohen Kosten- und Konkurrenzdruck unterliegen, der sie in der Regel nach den Kosten entscheiden lässt. Im Gegensatz dazu liegen die einzelnen Kriterien bei den Verladern enger zusammen, so dass der Kostenfaktor zwar der wichtigste, jedoch nicht immer der entscheidende Faktor ist. Auch die Zuverlässigkeit und Pünktlichkeit haben eine hohe Bedeutung. Die Begründung dieser Einschätzungen liefern die Interviews: Ein Großteil der befragten Verlader gibt dabei an, dass die Kosten eine entscheidende Rolle spielen, die Zuverlässigkeit der Transporte und des Transportunternehmens jedoch ebenfalls sehr wichtig sind, um eine Planbarkeit der Betriebsabläufe zu gewährleisten.

Dabei spielt häufig auch eine langjährige Zusammenarbeit und gewachsenes Vertrauen zwischen dem Auftraggeber und Auftragnehmer eine Rolle, so geben zwei der interviewten Verlader an, sie würden für eine höhere Qualität einen höheren Transportpreis akzeptieren. Für alle Beteiligten der Transportkette ist die Vermeidung von Transportschäden ebenfalls entscheidend, da dies Folgekosten verursacht, die die u. U. gesparten Transportkosten bei günstigen Anbietern schnell übersteigen. Insgesamt zeigt sich, dass die Verlader die einzelnen Kriterien weniger stark differenzieren als die Transportdienstleister, weil sie den Transport als eine "komplette" Dienstleistung ansehen, die alle Vorgaben erfüllen sollte, so dass einzelne Faktoren eine geringere Bedeutung haben als die Gesamtdienstleistung.

### 5.2.2 Nutzung und Potenziale des Kombinierten Verkehrs (KV)

Lange Zeit wurde in der Förderung und Erweiterung des KV eine wichtige Lösungsstrategie gesehen, um dem steigenden Güterverkehrsaufkommen zu begegnen und die Vorteile des Verkehrsträgers Schiene (Massenleistungsfähigkeit, Umweltfreundlichkeit) mit denen der Straße (Flexibilität, Verfügbarkeit) zu verknüpfen. Aktuell zeigt sich, dass der KV hinter den allgemeinen Erwartungen zurückgeblieben ist, das einst prognostizierte Aufkommen von 50 Mio. t/a im Jahr 2000 konnte bisher nicht annähernd erreicht werden. Das Aufkommen im KLV stagniert in den letzten Jahren auf einem Niveau von etwa 34 Mio. t/a (vgl. IHDE 2000, S. 169 und *BMVBW* 2004, S.60/61).

Aus welchen Gründen eine Ausweitung des KV bisher in vielen Fällen nicht geglückt ist bzw. welche Hindernisse insbesondere in der Untersuchungsregion einer verstärkten Nutzung des KV entgegenstehen, aber auch welche Potenziale für den KV bestehen, wurde anhand des Fragebogens in mehreren Aspekten untersucht.

Bei der Betrachtung des Untersuchungsgebietes wird deutlich, dass im Einzugsbereich der Unternehmen nur wenige KV-Anlagen existieren, die für den Umschlag Straße/Schiene sowie Wasserstraße zur Verfügung stehen. Zudem bieten diese nur wenige Relationen an und sind daher für viele der Betriebe nicht attraktiv. Die GVZ Rheine, Dörpen/Emsland und Bremen sind aus Sicht der Unternehmen häufig zu weit entfernt (> 50 km), so dass die Kosten des Vorlaufs zu hoch sind und eine GVZ-Nutzung als nicht sinnvoll erachtet wird. Des Weiteren existieren Anforderungen seitens der Produktion, die gegen einen stärkeren Einsatz des KV sprechen (z. B. just-in-time, just-in-sequence oder saisonale Produktionsschwankungen). Die hierfür erforderliche Flexibilität kann häufig nicht angeboten werden. Zudem erfordert der Einsatz des KV ein höheres Maß an Organisation, Koordination und (Voraus-)Planung, das viele Unternehmen zurückhaltend reagieren lässt. Dies sind die Hauptgründe, die aus Sicht der Unternehmen gegen den Einsatz des KV sprechen.

Abb. 6: Gründe für die Nichtnutzung des KV

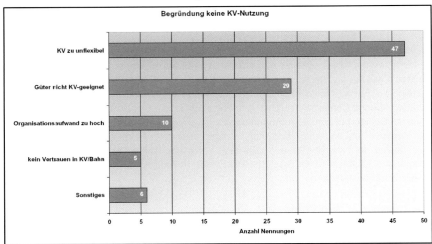

Quelle: eigene Erhebung

Insbesondere die mangelnde Flexibilität ist auch aus Sicht der Interviewpartner das herausragende Hemmnis für die Nutzung kombinierter Verkehre: Zum einen sind die Ladeschluss- und Bereitstellungszeiten vorgegeben, zum anderen sind kurzfristige Buchungen häufig nicht möglich, zum Teil reichen auch die Kapazitäten auf einigen Strecken nicht aus (z. B. im alpenquerenden Verkehr). Hinzu kommt, dass einige der Unternehmen bereits schlechte Erfahrungen mit Bahnverkehren haben, die diese Unternehmen von einer erneuten Nutzung abhalten, auch wenn die Erfahrungen tlw. Jahre zurückliegen und somit aktuelle KV-Angebote und deren (deutliche gestiegene) Qualität nicht berücksichtigen.

Insofern hat sich die Ausgangshypothese bestätigt, die Angebote des KV sind den meisten Unternehmen der Region nicht bekannt und können somit nicht wahrgenommen werden. Der KV leidet verbreitet unter einem schlechten Image – welches jedoch häufig nicht auf aktuellen Erfahrungen beruht, sondern auf vergangenen mit dem damaligen Anbieter DB – das die Unternehmen von einer erneuten Kooperation absehen lässt.

Wie die vorherigen Abschnitte verdeutlicht haben, stehen die Unternehmen dem KV eher zurückhaltend gegenüber. Ob es dennoch Potenziale für den KV gibt und welche Voraussetzungen dafür aus Sicht der Unternehmen erforderlich sind, konnte anhand der Frage "Würde Ihr Betrieb unter bestimmten Voraussetzungen den Kombinierten Verkehr nutzen bzw. häufiger als bisher nutzen?" ermittelt werden.

Abb. 7: Anforderungen an den KV

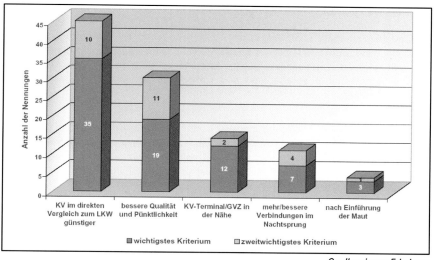

*Quelle: eigene Erhebung*

Die Abbildung 7 zeigt deutlich, dass sowohl die Kosten als auch die Qualität und Pünktlichkeit der Transporte aus Sicht der Unternehmen verbessert werden müssten, bevor eine (verstärkte) KV-Nutzung denkbar wäre. Gefordert wird eine Anpassung der Kosten an die des Lkw, welches zu einer höheren Akzeptanz führen würde. Des Weiteren wird die Qualität und Pünktlichkeit genannt, Unternehmen berichten aufgrund ihrer Erfahrungen von "verlorenen gegangenen/vergessenen Waggons", häufiger Unpünktlichkeit und schlechtem Informationsmanagement seitens der Anbieter. Vielfach ist der KV jedoch besser als sein Ruf: Unternehmen, die sich aktiv im KV engagieren, sprechen von einer Pünktlichkeit von über 90 %, die vergleichbar ist mit der der Straßentransporte. Die verbesserten Angebote seitens der KV-Anbieter sind jedoch noch nicht ins Bewusstsein eines Großteils der Unternehmen vorgedrungen, dies zeigt, dass schlechte Erfahrungen zu einem anhaltend negativen Image führen, das sich nicht so leicht revidieren lässt. In vielen Fällen schaffen es die KV-Anbieter offenbar nicht, die potenziellen Kunden auf bestehende Angebote aufmerksam zu machen bzw. ihre gestiegene Flexibilität zu vermarkten.

Neben diesen allgemeinen Anforderungen zeigen sich auch spezifische Hindernisse innerhalb des Untersuchungsgebietes. Es fehlt an nahen Zugängen zu Umschlaganlagen oder –möglichkeiten sowie einer ausreichenden Anzahl von Nachtsprungverbindungen, so dass die Vor- und Hauptläufe relativ lang und damit unrentabel sind, weil die Absatzgebiete häufig nicht den Zielbahnhöfen entsprechen.

Die Einführung der Lkw-Maut wird ebenfalls kaum zu Verlagerungen auf die Schiene führen, nur wenige Unternehmen sehen darin eine Chance für die verstärkte KV-Nutzung (s. a. Abb. 8).

Die Ergebnisse der empirischen Untersuchung bestätigen somit die Hypothese, dass Verlagerungspotenziale nicht hinreichend wahrgenommen werden, zum einen, weil nicht genügend attraktive Angebote vorhanden sind, jedoch auch, weil viele Unternehmen sich aufgrund vergangener schlechter Erfahrungen nicht mehr mit dem Thema KV als Transportalternative beschäftigen und vorhandene, verbesserte Angebote daher nicht wahrnehmen.

### 5.2.3 Auswirkungen der Lkw-Maut

Mit der Einführung der Lkw-Maut für Lkw (ab 12 t zulässigem Gesamtgewicht) auf deutschen Autobahnen sind seitens der Politik neben der verursachergerechten Anlastung der Wegekosten für den Erhalt und Ausbau des Autobahnnetzes u. a. folgende Ziele verbunden:

Die Schaffung eines Anreizes zur Verlagerung von Gütertransporten auf die Verkehrsträger Schiene und Wasserstraße sowie zur effizienteren Nutzung des Lkw (vgl. *BMVBW 2005*).

Die durchgeführte Untersuchung - die von Mai bis Oktober 2004 und somit vor der tatsächlichen Einführung der Lkw-Maut statt fand - sollte Aufschlüsse darüber geben, ob und in welcher Weise sich die Lkw-Maut auf das Transportverhalten der Unternehmen auswirkt. Daher bildete die folgende Ausgangshypothese die Basis der Untersuchung in diesem Themenbereich:

*"Die Einführung der Lkw-Maut wirkt sich eher auf die Transportorganisation als auf den Modal-Split aus."*

Um die Auswirkungen der Maut auf das unternehmerische Handeln zu ermitteln, wurde die Frage gestellt "Wird sich die Transportabwicklung in Ihrem Betrieb nach Einführung der Lkw-Maut verändern?". Die folgende Abbildung zeigt dabei die Einschätzungen der Unternehmen und verdeutlicht auch die unterschiedlichen Erwartungen der Verlader und Transportunternehmen.

## Abb. 8: Erwartete Auswirkungen der Lkw-Maut

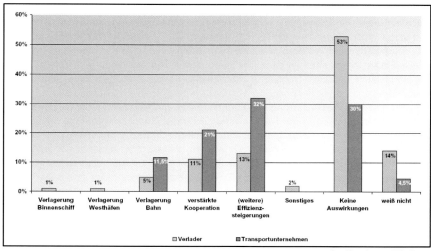

*Quelle: eigene Erhebung*

Wie Abbildung 8 zeigt, geben immerhin etwa die Hälfte der Verlader und ein Drittel der Transportunternehmen an, dass die Lkw-Maut für ihren Betrieb keine Auswirkungen haben wird und daher keinerlei Maßnahmen getroffen werden.

Die übrigen Unternehmen sehen v.a. Effizienzsteigerungen und Kooperationen als geeignete Mittel, die steigenden Kosten durch die Lkw-Maut zu kompensieren bzw. zu reduzieren. Mehr als die Hälfte der Transportunternehmen werden diese Maßnahmen ergreifen, bei den Verladern sind es noch knapp ein Viertel. Eine Verlagerung von Teilen der Transporte auf Bahn oder Binnenschiff kommt jedoch kaum in Betracht, lediglich 11,5 % der Transportunternehmen und nur 6 % der Verlader erwägen eine (Teil-) Verlagerung auf alternative Verkehrsträger. Die Lkw-Maut in der jetzigen Höhe wird somit nur in sehr geringem Umfang zu Verlagerungen führen.

Im Rahmen der Interviews wurde der Umgang mit den erhöhten Transportkosten eingehender untersucht. Somit verbergen sich hinter den effizienzsteigernden Maßnahmen für die Transportdienstleister in der Regel die Vermeidung bzw. Verminderung von Leerfahrten sowie die Erhöhung der Auslastung der Ladekapazitäten. Insbesondere die Vermeidung von Leerfahrten ist dabei von Bedeutung, weil eine Übernahme der Mautkosten für Leerfahrten seitens der Verlader nicht zu erwarten ist. Bei Übernahme der Mautkosten durch die Verlader werden lediglich die Mautkosten für die Frachtkilometer gezahlt.

Erreicht werden die angeführten Effizienzsteigerungen u. a. durch einen verstärkten IT-Einsatz in Form von Frachtenbörsen, Flottenmanagementsystemen und dem Einsatz von Dispositionssoftware. Waren z. B. IT-Systeme bisher für viele mittelständische Unternehmen zu teuer, erwägen einige Unternehmen mit Einführung der Maut auch eine verstärkte computergestützte Transportplanung.

Zudem dient die Ausweitung von Kooperationen der Erzielung von Synergieeffekten und somit einer Kostensenkung für die Betriebe. Für Transportunternehmen bedeutet dies Kooperation mit weiteren Dienstleistern, beispielsweise um in anderen Regionen Rückladungen zu erhalten, in denen es keine eigene Niederlassung gibt, Ziel ist dabei die Herstellung paariger Transporte. Persönliche Kontakte spielen dabei eine große Rolle.

Für Verlader ist die Umsetzung von Kooperationen untereinander in der Regel schwieriger. Zum einen liegen in der Region Weser-Ems die Produktionsbetriebe häufig weit voneinander entfernt, so dass gemeinsame Planungen in Bezug auf Transporte nur mit hohem Organisationsaufwand umgesetzt werden können. Zum anderen hat jedes Unternehmen eigene Produktionsabläufe, die nur unter erhöhten Anstrengungen mit anderen Unternehmen abgestimmt werden können. Verladerkooperationen sind daher nur in geringem Umfang und in Gebieten umzusetzen, in denen in geringer Entfernung große und regelmäßige Ladungsmengen anfallen.

Im Rahmen der Untersuchung hat sich die Ausgangshypothese bestätigt, dass die Lkw-Maut in der jetzigen Höhe von durchschnittlich 12,4 ct/km in vielen Fällen zu einer effizienteren Transportorganisation führt, jedoch nur in Ausnahmefällen zu Verlagerungen auf alternative Verkehrsträger. Eine nennenswerte Veränderung des Modal Split kann aufgrund dieser Untersuchung daher nicht unterstellt werden.

# 6 Fazit und Ausblick

Die vorliegende Untersuchung hat gezeigt, dass die Unternehmen der verladenden und der Transportwirtschaft relativ stark von den schwierigen Rahmenbedingungen betroffen sind. Dennoch zeigt sich, dass viele der Unternehmen die Herausforderungen annehmen und sich dem Wandel ihrerseits ständig anpassen bzw. versuchen, mit neuen Strategien Problemlösungen zu erreichen und wettbewerbsfähig zu bleiben.

Die aktuell häufig diskutierte Frage des Infrastrukturausbaus und dessen Finanzierung tritt bei den befragten Betrieben in den Hintergrund, entscheidend sind für das operative Geschäft eher die ungewissen Rahmenbedingungen wie die Entwicklung der Kosten (Diesel, Lkw-Maut etc.) und der Verfall der Frachtraten (Wettbewerbsdruck), die zu einem Mangel an Planungssicherheit und zur Zurückhaltung bei Investitionen führen. Seit einigen Jahren besteht die Tendenz, den eigenen Fuhrpark zu verkleinern und stärker speditionelle Dienstleistungen anzubieten sowie für die Transporte Subunternehmer einzusetzen. Insofern sind in einigen Fällen Infrastrukturaus- und -neubau aus Sicht der Unternehmen wünschenswert, jedoch nicht das vordringliche Problem der Transportbranche.

In Bezug auf mögliche Verlagerungspotenziale bestehen sowohl allgemeine als auch regionsspezifische Probleme. Allgemein fordern die Unternehmen für den KV flexiblere Angebote, eine höhere Anzahl an Relationen im Nachtsprung und günstige Preise. In

Bezug auf die Region besteht das Problem, dass das Ladungsaufkommen in der Fläche bei der gegenwärtigen Umschlagtechnik im KV zu gering ist. Zudem liegen die vorhandenen Umschlagpunkte häufig nicht in der Nähe der Unternehmen, so dass ein zu langer Vorlauf die Nutzung ausschließt. Vielfach zeigt sich jedoch auch, dass einmal gemachte negative Erfahrungen die Bereitschaft zu einem erneuten Versuch deutlich reduzieren, auch wenn die Angebote im KV nachweislich besser und zuverlässiger sind, insbesondere seit der verstärkten Beteiligung der Privatbahnen. Diese Motive tragen u. a. dazu bei, dass vorhandene Verlagerungspotenziale nicht ausgeschöpft werden.

Auch die mit Einführung der Lkw-Maut erwünschte Umsetzung des Ziels, eine stärkere Nutzung alternativer Verkehrsträger herbeizuführen, kann anhand der vorliegenden Untersuchung nicht bestätigt werden. Vorrangig setzen die Unternehmen zur Vermeidung und Verminderung von Mehrkosten aufgrund der Lkw-Maut auf Effizienzsteigerung (v.a. Erhöhung der Auslastung und Verminderung von Leerfahrten) sowie Kooperationen, durch die Synergieeffekte und somit Einsparungen erzielt werden. Eine Verlagerung eines Teils der Transporte kommt für die wenigsten Betriebe in Betracht.

Um die Unternehmen zukünftig in ihren Bestrebungen zu unterstützen sind folgende Lösungsansätze zu berücksichtigen:

Ein schneller (Aus-)Bau bereits geplanter Infrastrukturprojekte ermöglicht den Unternehmen auch bei einem steigenden Verkehrsaufkommen die Planung und Durchführung zuverlässiger Transporte insbesondere im Straßengüterverkehr. Gleichzeitig sollten alternative Transportmittel und Lösungen stärker ins Bewusstsein der Unternehmen rücken und so eine höhere Unabhängigkeit von Straßentransporten erreicht werden. Um den Unternehmen den Zugang zum KV oder der Bahn bei gleichzeitig relativ geringem Aufkommen zu erleichtern, ist zu überlegen, in wie weit technische Möglichkeiten zu Lösungen führen können. Denkbar ist dabei der Einsatz von Horizontalumschlagsystemen, der einen knotenunabhängigen Umschlag ermöglicht und auch bei einem geringen Ladungsaufkommen eingesetzt werden kann. Beachtet werden sollte dabei die Kompatibilität der eingesetzten Systeme. Für einen leistungsfähigen und schnellen Gütertransport auf der Schiene sind zudem die Ausweitung der Kapazitäten der Schiene auf den aufkommensstarken Relationen zu gewährleisten und der Rückbau in der Fläche zu stoppen. Der Vorrang des Personenverkehrs vor dem Güterverkehr verhindert in vielen Fällen einen schnellen und einen zum Straßentransport konkurrenzfähigen Schienengütertransport. Eine Entkopplung von Personen- und Güterverkehr ist daher wünschenswert, jedoch nur schwierig und allenfalls langfristig umsetzbar.

In einem zusammenwachsenden Europa mit einer steigenden Anzahl grenzüberschreitender Transporte sind die Harmonisierungsbestrebungen voranzubringen, besonders um die Nachteile der Schiene gegenüber der Straße im grenzüberschreitenden Verkehr und somit bestehende Transporthemmnisse abzubauen. Gleichzeitig ist die Planungssicherheit für die Unternehmen des Transportgewerbes von hoher Bedeutung, eine verlässliche und vorausschauende Verkehrspolitik ist daher von hohem Interesse.

Abschließend kann konstatiert werden, dass das Verkehrsgewerbe sich ständig wandelnden und schwierigen Rahmenbedingungen unterworfen ist, für die es gilt, Lösungsstrategien zu entwerfen, um wettbewerbsfähig zu bleiben und auch zukünftig erfolgreich am Markt zu agieren. Die Untersuchung hat gezeigt, dass der überwiegende Teil der befragten Unternehmen die Herausforderungen annimmt und aktiv versucht, diesen Anforderungen zu begegnen und damit auf dem Transportmarkt zu bestehen, auch wenn sich die Rahmenbedingungen aus Sicht der Unternehmen eher verschlechtern.

## Literatur

BMVBW (Hrsg.) (2003): Bundesverkehrswegeplan 2003 – Grundlagen für die Zukunft der Mobilität. Berlin

BMVBW (Hrsg,) (2004): Verkehr in Zahlen 2004/2005. Berlin

BMVBW (2005): Lkw-Maut: innovativ, ökologisch, gerecht. (http://www.bmvbw.de/dokumente/,-7443/Artikel/dokument.htm; Datum: 20.05.2005)

HUCKESTEIN, Burkhard (2004): Instandhaltungskosten von Straßen. In: Internationales Verkehrswesen, H. 11, Jg. 56, S. 499-502

IHDE, Gösta (2000): Transport, Verkehr, Logistik. München

LOGIS.NET (2004): Vorläufige Ergebnisse der schriftlichen Unternehmensbefragung. Zwischenbericht des Arbeitsbereiches I Verkehrsorganisation/Akteure der Transportwirtschaft im Rahmen des Projekts "Entwicklung und Implementierung neuer Verkehrs-Konzepte für die Weser-Ems-Region". Osnabrück.

NLS (= Niedersächsisches Landesamt für Statistik) (2003): Umsatzsteuerpflichtige und deren steuerbarer Umsatz nach Wirtschaftsabschnitten. (http://www1.nls.niedersachsen.de/ statistik/; Datum: 27.09.2005)

NLS (= Niedersächsisches Landesamt für Statistik) (2004): Bestand an Kraftfahrzeugen in Niedersachsen am 1. Januar 2004. (http://www.nls.niedersachsen.de/Tabellen/Verkehr/Kfz_Bestand_04.html; Datum 27.09.2005)

# Transportmittelwahl im Güterverkehr

## Eine Analyse unternehmerischer Präferenzen am Beispiel der Region Weser-Ems

*Tobias Haneklaus (Osnabrück)*

## Zusammenfassung

Am Wachstum des gesamten Güterverkehrs in Europa ist der Straßengüterverkehr überproportional beteiligt, der bereits 70 Prozent der Verkehrsleistung erbringt. Die Bahn gerät immer weiter ins Hintertreffen. Der kombinierte Verkehr (Straße/Schiene), einst Hoffnungsträger für eine umweltverträglichere Gestaltung des Güterverkehrs, leidet vor allem an Akzeptanzproblemen. Vor diesem Hintergrund soll im Rahmen der vorliegenden Untersuchung mit Hilfe der Conjoint-Analyse geklärt werden, wie sich Spediteure und Verlader bei unterschiedlichen Ausgangsbedingungen hinsichtlich der Transportabwicklung und -entfernung sowie der Transportkosten (inkl. Lkw-Maut) zwischen dem reinen Straßengüterverkehr und dem kombinierten Verkehr (Straße/Schiene) entscheiden würden und welche Gründe dafür jeweils maßgeblich sind. Mit Hilfe des speziellen Untersuchungsdesigns ist es möglich, die Präferenzen der Entscheidungsträger der Transportwirtschaft quantitativ zu erfassen und gleichzeitig Prognosen über die Wirkung bestimmter Bedingungen abschätzen zu können.

Die Ergebnisse der Untersuchung zeigen, dass der KV aus Unternehmersicht offenbar besser ist als sein Ruf und unter bestimmten Bedingungen dem reinen Lkw-Transport sogar vorgezogen wird. Mit den Ergebnissen soll ein Beitrag zur Überwindung der auf Dauer fruchtlosen Kritik an den Unzulänglichkeiten der Deutschen Bahn AG im Allgemeinen, und der KV-Angebote im Besonderen, geleistet werden.

## Summary

Truck transport, which already accounts for 70 percent, has an oversize share in the increase of freight traffic as a whole. Rail transport continuously falls behind. Combined transport (truck/rail), on which all hopes concerning ecological freight traffic were once pinned at, especially suffers low acceptance. Against this background, the study at hand is to reveal the different preferences of carriers and loaders and the underlying reasons. For this purpose the conjoint-analysis has been applied, presenting the interviewees with different initial conditions as far as transport processing, transport distance as well as transport costs (including highway toll). By means of the survey's specific design, one can quantify various policy makers preferences and at the same time forecast the effects of certain aspects.

The survey's results unfold that combined transport is indeed accepted and under certain conditions even preferred to truck transport. The findings are to contribute to the animadversions on the Deutsche Bahn AG at large and the combined transport in particular.

# 1 Einleitung

Die Zunahme wirtschaftlicher Verflechtungen in Form internationaler Beschaffung, Produktion und Distribution von Gütern hat in den letzten Jahrzehnten zu einem enormen Anstieg des weltweiten Güterverkehrs geführt. In besonderem Maße ist dieses Wachstum auch in Deutschland zu beobachten. Strukturbedingt ist der Straßengütertransport daran überproportional beteiligt, so dass Schiene und auch Binnenschifffahrt stagnierende oder sogar rückläufige Transportaufkommen zu verzeichnen haben. Diese Entwicklung ist mit einer ansteigenden Straßenverkehrsbelastung verbunden, die nicht nur Auswirkungen auf die Leistungsfähigkeit sowie die Ausbau- und Instandhaltungskosten der Verkehrsinfrastruktur, sondern vor allem auch negative Begleiterscheinungen für Mensch und Umwelt hat. Luft- und Lärmemission, Unfallfolgen, Ressourcenverbrauch und nachhaltige Einschnitte in Natur und Landschaft sind nur einige von ihnen. Prognosen des Bundesministeriums für Verkehr, Bau- und Wohnungswesen (*BMVBW*) zufolge wird sich diese Entwicklung bis zum Jahr 2015 verstärkt fortsetzen. Diesem wachsenden Problemdruck entgegenzuwirken ist daher zu einem der vordringlichsten verkehrspolitischen Ziele geworden, dass unter anderem durch eine weitgehende Verlagerung des Güterverkehrs von der Straße auf alternative Verkehrsträger wie die Schiene erreicht werden soll. Besonders der kombinierte Verkehr (Straße/Schiene) galt bislang als Hoffnungsträger für eine umweltgerechte Gestaltung des Güterverkehrs. Bei der Wahl des Transportmittels leidet aber auch dieser an Akzeptanzproblemen und nimmt als Transportalternative weiterhin eine Randposition mit stagnierendem Aufkommen ein. Um dieser Entwicklung gezielt entgegenwirken zu können, müssen die Präferenzen und Handlungen der Entscheidungsträger der Transportmittelwahl stärker in den Vordergrund wissenschaftlicher Untersuchungen treten. Im Mittelpunkt der vorliegenden Untersuchung steht daher die Frage, unter welchen Voraussetzungen und Marktgegebenheiten die Entscheidungsträger der Transportwirtschaft den kombinierten Verkehr (Straße/Schiene) dem reinen Straßengüterverkehr vorziehen werden. Die Conjoint-Analyse bietet für diese Fragestellung einen geeigneten Untersuchungsansatz.

# 2 Untersuchungsmethodik

Zur Untersuchung von unternehmerischen Präferenzstrukturen bei der Transportmittelwahl ist hier die Conjoint-Analyse zum Einsatz gekommen. Sie stellt ein bewährtes Verfahren aus der Marktforschung dar, deren Ziel die Quantifizierung des Beitrags („Teilnutzen") einzelner Eigenschaften des jeweiligen Untersuchungsobjekts [...] zum Gesamtpräferenzurteil einer Person gegenüber einer bestimmten Alternative ist (vgl.

BÜSCHGEN, 1994, S. 74). Im Verkehrsbereich fand die Conjoint-Analyse bisher bei der Untersuchung alternativer Angebotsformen des ÖPNV Anwendung. Im Bereich des Güterverkehrs stellt die vorliegende Untersuchung in dieser Form (mit Berücksichtigung differenzierter Transportkosten und hypothetischer Mautsätze) einen neuen Ansatz dar.

Mit Hilfe der Conjoint-Analyse können Präferenzen der Akteure der Transportwirtschaft analysiert bzw. quantifiziert und somit Prognosen über deren zukünftige Handlungsweisen aufgestellt werden. Dabei ist es möglich, hinsichtlich unterschiedlicher Bedingungen der Transportabwicklung und –entfernung sowie der Transportkosten hypothetische Entscheidungssituationen zu bilden, die den realen Gegebenheiten des Gütertransports dabei so nahe wie möglich kommen. Die Probanden werden dabei also notwendigerweise mit gegenüber der Realität vereinfachten aber annähernd realitätsnahen Entscheidungssituationen konfrontiert.

Das Besondere an der Conjoint-Analyse ist ihre dekompositionelle Vorgehensweise. Im Gegensatz dazu stehen kompositionelle Methoden.

Abb. 1: Unterscheidung von dekompositioneller und kompositioneller Vorgehensweise

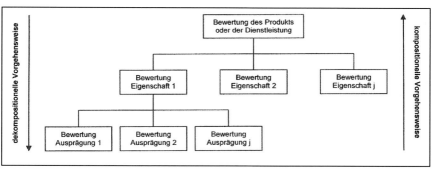

Quelle: GENSLER und SKIERA 2002, S. 2

Die Grafik zeigt, dass bei einer kompositionellen Vorgehensweise zunächst einzelne Merkmale eines Angebots (Produkt oder Dienstleistung) einer Bewertung unterzogen werden. Daraus wird dann auf den Gesamtnutzen geschlossen, da sich dieser aus den einzelnen Merkmalen zusammensetzt. Bei einer dekompositionellen Untersuchungsmethode, wie der Conjoint-Analyse, wird umgekehrt vorgegangen. Zunächst werden alle Merkmale oder Eigenschaften eines zu untersuchenden Angebots gleichzeitig, d. h. zu einem Produkt oder einer Dienstleistung zusammengefasst bewertet, woraus sich der Name Conjoint-Analyse (Verbundanalyse) ableiten lässt. Da unterstellt wird, dass sich der Gesamtnutzen eines Angebots additiv aus den Nutzen der jeweiligen Komponenten zusammensetzt, kann durch diese Methode im Anschluss deren Beitrag zum Gesamtnutzen ermittelt werden. Daraus ergibt sich der Vorteil, dass den Probanden immer ganze Objekte zur Beurteilung vorgelegt werden und auf diese Weise realitätsnahe Entscheidungen getroffen werden können.

Folgende Arbeitsschritte sind bei der Ausarbeitung des Untersuchungsdesigns und der Durchführung einer Conjoint-Analyse zu berücksichtigen:
- Definition entscheidungswirksamer Merkmale und ihrer jeweiligen Ausprägung,
- Bestimmung des Erhebungsdesigns,
- Bewertung der Handlungsalternativen durch die befragten Personen und
- Schätzung der Teilnutzenwerte

Da sich ein Angebot immer aus einem Bündel verschiedener Merkmale zusammensetzt, müssen diese Merkmale zunächst definiert und beschrieben werden (siehe 2.1). Die ausgewählten Merkmale setzten sich dabei jeweils aus mehreren, zumindest aber zwei, unterschiedlichen Ausprägungen zusammen. Durch die Kombination unterschiedlicher Ausprägungen der verschiedenen Merkmale entstehen dann Handlungsalternativen, die von den Probanden bewertet werden. Um den Probanden eine Entscheidungssituation zwischen den Alternativen zu ermöglichen ist es ratsam, nur wenige Merkmale und Ausprägungen, welche für den Probanden überschaubar und vor allem relevant, d. h. entscheidungswirksam sind, in die Untersuchung einfließen zu lassen. Eine zu umfangreiche Informationsfülle würde die Probanden vor eine kaum zu bewältigende Aufgabe stellen (information overload) und den Erhebungsaufwand zu groß werden lassen. Wechselwirkungen zwischen diesen beiden Voraussetzungen erfordern dabei ein ständiges Abwägen bei der Auswahl und Definition der Merkmale und ihrer Ausprägungen, so dass dieser Arbeitsschritt sicher als der aufwendigste anzusehen ist (siehe 2.1).

In einem zweiten Schritt folgt die Entwicklung des Erhebungsdesigns. Hierbei werden durch die unterschiedliche Kombination der definierten Merkmalsausprägungen untereinander die Handlungsalternativen gebildet. Da die Anzahl der möglichen Handlungsalternativen exponentiell mit der Menge der Merkmalsausprägungen wächst, sollte deren Zahl ebenfalls begrenzt werden. Dies ist möglich, indem den Probanden jeweils nur eine repräsentative Teilmenge („reduziertes Design") aller möglichen Handlungsalternativen zur Beurteilung vorgelegt wird. Diese Auswahl kann per Zufallsstichprobe erfolgen, sollte aber möglichst systematisch vorgenommen werden. Hierbei ist zu beachten, dass jede Ausprägung eines Merkmals in ausreichendem Maße in die Untersuchung einfließt. Letztlich wurden für die vorliegende Untersuchung acht repräsentative Handlungsalternativen ausgewählt (siehe Tab. 3).

Die Bewertung der Handlungsalternativen erfolgte in diesem Fall mit Hilfe des „Stated-Ranking-Verfahrens", also einer Rangreihung, bei der den Probanden die Aufgabe zukommt, die verschiedenen Handlungsalternativen nach empfundenen Nutzenwerten mit Rangwerten zu versehen, bzw. diese in eine Rangfolge zu bringen. Je kleiner der Rangwert, desto größer ist die mit dieser Handlungsalternative verbundene Nutzenvorstellung. Umgekehrt nimmt der mit den Handlungsalternativen verbundene Nutzen mit der Größe des Rangwertes ab. Um eine Interpretation der vorgenommenen Bewertung der Handlungsalternativen durch die Probanden vornehmen zu können, „müssen im Falle einer Rangreihung die Ränge in dem Sinne umkodiert werden, dass [die am stärksten präferierten Handlungsalternativen] nicht die wertmäßig niedrigsten, sondern die höchsten Bewertungen zugewiesen bekommen" (GENSLER und SKIERA 2002, S. 7). Zur Erleichterung der Erhebung wurden die Handlungsalternativen auf Streifen so konzipiert, dass sie von den Probanden problemlos innerhalb einer vorgefertigten Tabelle in eine Rangreihe zu bringen waren (siehe Tab. 3).

Zur Quantifizierung der Präferenzen eines jeden Probanden werden im Rahmen der Conjoint-Analyse bei der Auswertung der Untersuchung so genannte Teilnutzenwerte für alle Merkmalsausprägungen berechnet, deren Höhe dabei Auskunft über die Stärke der jeweiligen Präferenz gibt (2.2.1). Um die individuellen Teilnutzenwerte aller Probanden vergleichen und zusammenfassen zu können, ist als letzter Schritt eine Aggregation der Einzelbewertung notwendig (siehe 2.2.2).

Zum Kreis der Entscheidungsträger der Transportmittelwahl zählen zuvorderst Unternehmer, die entweder als potenzielle Anbieter des Straßengüterverkehrs oder kombinierter Verkehrsketten bzw. von deren Modulen auftreten (Spediteure), oder aber als Nachfrager über den Modal Split im Güterverkehr entscheiden (Verlader). Für die Erhebung wurden daher insgesamt 20 Unternehmen der Transportwirtschaft und der verladenden Wirtschaft innerhalb der Region Weser-Ems ausgewählt. Auswahlkriterien waren neben einer räumlichen Gleichverteilung die Betriebsgröße und auch die Branchenzugehörigkeit der Verlader.

## 2.1 Definition der Merkmale und ihrer Ausprägungen

Um den Einfluss unterschiedlicher Transportweiten erfassen zu können, wurden zwei Conjoint-Analysen durchgeführt. Die erste Analyse beschrieb dabei eine Transportweite von 400 km und die zweite eine von 600 km. Ausgangspunkt für diese Vorgehensweise war, dass in der Literatur die Annahme vertreten wird, dass der KV in Deutschland erst ab einer Entfernung von ca. 500 km wirtschaftlich betrieben werden kann. Des Weiteren wurden für die beiden Conjoint-Analysen die Merkmale Lieferzeit, Pünktlichkeit, Transportart und –kosten sowie Sicherheit mit jeweils zwei oder mehreren Merkmalsausprägungen definiert (siehe Tab. 1).

Für das Merkmal *„Lieferzeit"* wurden für jede Conjoint-Analyse zwei Ausprägungen ausgewählt. Die erste Relation von 400 km hatte eine Ankunftszeit von entweder 7.00 Uhr oder 9.00 Uhr morgens. Für die zweite Relation von 600 km wurden die Lieferzeiten 10.00 Uhr und 12.00 ausgewählt. Diese Ankunftszeiten sind sowohl vom Lkw als auch vom KV unter der Annahme reibungsloser Transportabläufe im Nachtsprung zu bewältigen.

Für das Merkmal *„Pünktlichkeit"* wurde entweder ein hoher oder niedriger Erfüllungsgrad zugrunde gelegt. Ein hoher Grad an Pünktlichkeit bedeutet, dass nur jede 20. Lieferung unpünktlich, d. h. mit mehr als einer Stunde Verspätung beim Kunden eintrifft. Ein niedriger Grad an Pünktlichkeit ist dann gegeben, wenn jede 5. Lieferung unpünktlich, d. h. mit mehr als einer Sunde Verspätung eintrifft.

Die Merkmale *„Transportart"* und *„Transportkosten"* mussten miteinander kombiniert werden. Jeder Transportart (Lkw und KV) wurden zwei Kostensätze zugeordnet. Bei der Definition der Kostensätze wurde in besonderem Maße darauf geachtet, dass diese den realen Marktbedingungen entsprechen. Dieses Merkmal und dessen Ausprägungen werden aufgrund ihrer Relevanz für die Untersuchung im Folgenden genauer erläutert.

Tab. 1: Entscheidungswirksame Merkmale bei der Transportmittelwahl

|  | 1. Conjoint-Analyse | 2. Conjoint-Analyse |
|---|---|---|
| **Transportweite** | 400 km | 600 km |
| **Lieferzeit** | 7.00 Uhr<br>10.00 Uhr | 9.00 Uhr<br>12.00 Uhr |
| **Pünktlichkeit** | hoher Grad<br>niedriger Grad | hoher Grad<br>niedriger Grad |
| **Transportart/<br>Transportkosten** | KV 560 €<br>KV 500 €<br>Lkw 460 €<br>Lkw 520 € | KV 720 €<br>KV 630 €<br>Lkw 660 €<br>Lkw 750 € |
| **Sicherheit** | hoher Standard<br>niedriger Standard | hoher Standard<br>niedriger Standard |

*Quelle: eigene Darstellung*

Für die Bestimmung der Ausprägungen der Transportkosten wurden zwei innerdeutsche Transportrelationen ausgewählt, die den Entfernungen 400 km und 600 km entsprechen. Ausgangspunkt der Transporte war dabei die Region Weser-Ems. Für den KV kommen zu den Frachtsätzen des Hauptlaufs auf der Bahn die Kosten für den Vor- u Nachlauf mit dem LKW zum bzw. vom nächsten KV-Terminal und die Kosten für den zweimaligen Umschlag der Wechselbehälter hinzu. Bei der ersten Conjoint-Analyse betrug dieser Vor- und Nachlauf 25 km. Bei der zweiten Analyse betrug er 50 km. Für den Lkw wurden neben unterschiedlichen Frachtraten zwei verschiedene Mautsätze unterstellt. Der Mautsatz 0,14 € pro Fahrzeugkilometer entspricht in etwa der Realität ab 1. Januar diesen Jahres. Die Variation der jeweiligen Transportkosten und die Veranschlagung eines höheren Mautsatzes von 0,20 € pro Fahrzeugkilometer diente dabei der Klärung, welchen Einfluss unterschiedliche Transportkosten inklusive eines höheren Mautsatzes auf das Verlagerungspotenzial Straße/Schiene besitzen.

Tab. 2: Zusammensetzung der jeweiligen Transportkosten

| | 1. Relation (400 km) | | | 2. Relation (600 km) | |
|---|---|---|---|---|---|
| KV: | Hauptlauf<br>Umschlag, Vor- und Nachlauf<br>mit Lkw (2 x 25 km) | 420 €<br><br>140 € | KV: | Hauptlauf<br>Umschlag, Vor- und Nachlauf<br>mit Lkw (2 x 50 km) | 500 €<br><br>220 € |
| KV: | Hauptlauf<br>Umschlag, Vor- und Nachlauf<br>mit Lkw (2 x 25 km) | 390 €<br><br>110 € | KV: | Hauptlauf<br>Umschlag, Vor- und Nachlauf<br>mit Lkw (2 x 50 km) | 450 €<br><br>180 € |
| Lkw: | Kilometersatz<br>Mautsatz: 0,14 €/km | 410 €<br>50 € | Lkw: | Kilometersatz<br>Mautsatz: 0,14 €/km | 580 €<br>80 € |
| Lkw: | Kilometersatz<br>Mautsatz: 0,20 €/km | 440 €<br>80 € | Lkw: | Kilometersatz<br>Mautsatz: 0,20 €/km | 630 €<br>120 € |

*Quellen: nach Angaben des BGL (Kosteninformationssystem Kalif: Map & Guide),*
*Kombiverkehr GmbH & Co. KG, GVZ Emsland*

Schließlich spielt in der Regel die *Sicherheit* eine Rolle bei der Wahl des Transportmittels. Zur Definition eines hohen und eines niedrigen Sicherheitsstandards wurden realistische Schadensraten bei den Transporten unterstellt. Die Ausprägung „hoher Sicherheitsstandard" bedeutete, dass bei weniger als 5 Prozent des Transportguts Beschädigungen auftreten. Die Ausprägung „niedriger Sicherheitsstandard" bedeutet, dass mehr als 5 Prozent des Transportguts den Zielort beschädigt erreicht.

Folgende Tabelle zeigt beispielhaft das Untersuchungsdesign für die erste Transportrelation (400 km) mit acht ausgewählten Handlungsalternativen, die von den Probanden innerhalb der Tabelle in eine Rangreihe gebracht wurden.

Tab. 3: Untersuchungsdesign der ersten Conjoint-Analyse (400 km)

| | Zeitrahmen | Grad der Pünktlichkeit | Transportart/-kosten | | Sicherheit | |
|---|---|---|---|---|---|---|
| 1 | Ankunft 7.00 Uhr | hoch | LKW: Frachtkosten Maut 0,20 €/km | 440 € 80 € | niedriger Sicherheitsstandard | A |
| 2 | Ankunft 7.00 Uhr | niedrig | LKW: Frachtkosten Maut 0,14 €/km | 410 € 50 € | hoher Sicherheitsstandard | B |
| 3 | Ankunft 7.00 Uhr | niedrig | KV: Hauptlauf Terminal, Vor- Nachlauf | 390 € 110 € | niedriger Sicherheitsstandard | C |
| 4 | Ankunft 10.00 Uhr | hoch | KV: Hauptlauf Terminal, Vor- Nachlauf | 420 € 140 € | hoher Sicherheitsstandard | D |
| 5 | Ankunft 10.00 Uhr | niedrig | LKW: Frachtkosten Maut 0,20 €/km | 440 € 80 € | hoher Sicherheitsstandard | E |
| 6 | Ankunft 10.00 Uhr | hoch | LKW: Frachtkosten Maut 0,14 €/km | 410 € 50 € | niedriger Sicherheitsstandard | F |
| 7 | Ankunft 10.00 Uhr | niedrig | KV: Hauptlauf Terminal, Vor- Nachlauf | 390 € 110 € | hoher Sicherheitsstandard | G |
| 8 | Ankunft 7.00 Uhr | hoch | KV: Hauptlauf Terminal, Vor- Nachlauf | 420 € 140 € | niedriger Sicherheitsstandard | H |

*Quelle: eigene Darstellung*

## 2.2 Auswertungsverfahren

Auf der Basis der empirisch ermittelten Rangwerte werden im Rahmen der Conjoint-Analyse Teilnutzenwerte (engl. partworths) der einzelnen Merkmalsausprägungen berechnet (2.2.1). Die Berechnung der Teilnutzenwerte wird dabei für jede Auskunftsperson individuell vorgenommen (Individualanalyse). Erst im Anschluss wird durch eine Aggregation der Nutzenwerte eine Vergleichbarkeit und somit eine Zusammenfassung der individuellen Ergebnisse ermöglicht (2.2.2).

### 2.2.1 Schätzung der Nutzenwerte

Der Berechnung der Nutzenwerte liegt das additive Modell der Conjoint-Analyse zugrunde, wonach die Summe der Teilnutzenwerte den Gesamtnutzen ergibt. Im Folgenden sind die Teilnutzenwerte der einzelnen Eigenschaftsausprägungen als $\beta$ bezeichnet. Aus der Verknüpfung der Teilnutzenwerte ergibt sich dann der Gesamtnutzenwert $y$.

$$y = \beta_A + \beta_B \qquad \text{(Formel 1)}$$

Das additive Modell der Conjoint-Analyse lässt sich in allgemeiner Form wie folgt darstellen:

$$y_k = \sum_{j=1}^{J} \sum_{m=1}^{Mj} \beta_{jm} \cdot x_{jm} \qquad \text{(Formel 1a)}$$

mit:

$y_k$ : geschätzter Gesamtnutzenwert für Handlungsalternative k

$\beta_{jm}$ : Teilnutzenwert für Ausprägung m von Eigenschaft j

$x_{jm}$ : $\begin{cases} 1 & \text{falls bei Handlungsalternative k die Eigenschaft j in Ausprägung m vorliegt} \\ 0 & \text{sonst} \end{cases}$

*Quelle:* BACKHAUS *2003, S. 557*

Zur Berechnung der Teilnutzenwerte soll hier das Verfahren der metrischen Varianzanalyse zum Einsatz kommen. Dabei wird unterstellt, dass die Probanden die Abstände zwischen den vergebenen Rangwerten als jeweils gleich groß, also äquidistant, einschätzen. Dadurch besitzen die empirisch ermittelten Rangwerte nicht mehr ordinales Skalenniveau, sondern können nun metrisch interpretiert werden (vgl. BACKHAUS 2003, S. 558). Die vorgestellte „Formel 1" muss dabei durch die Einbeziehung eines konstanten Terms $\mu$ wie folgt modifiziert werden" (ebd. 2003, S. 558).

$$y = \mu + \beta_A + \beta_B \qquad \text{(Formel 1b)}$$

Der konstante Term $\mu$ stellt dabei den Durchschnittsrang über alle vergebenen Rangwerte dar, von dem sich als Basisnutzen die Eigenschaftsausprägungen entweder positiv oder negativ abheben.

In einem weiteren Schritt werden nun die Teilnutzenwerte der einzelnen Eigenschaftsausprägungen ermittelt, indem deren durchschnittlicher empirischer Rangwert (die Durchschnittseinschätzung) berechnet wird. Dazu werden die von einem Probanden in Verbindung mit der zu berechnenden Eigenschaftsausprägung vergebenen Rangwerte summiert und das Ergebnis durch die Häufigkeit dieser Ausprägung innerhalb des Erhebungsdesigns dividiert. Bleibt das Ergebnis hinter dem Durchschnittsrang $\mu$ zurück, so liefert diese Ausprägung einen geringeren Teilnutzenwert als der Durchschnitt. Der Differenzwert, in dem die Durchschnittseinschätzung der Eigenschaftsausprägung hinter dem Durchschnittsrang $\mu$ zurückbleibt, stellt also den eigentlichen Teilnutzenwert der Ausprägung dar.

$$\beta_j = \rho_j - \mu \qquad \text{(Formel 1c)}$$

mit:

$\rho_j$ : empirischen Durchschnittseinschätzung einer Ausprägung

$\mu$ : Durchschnittsrang

*Quelle: vgl.* BACKHAUS *2003, S. 559*

Entsprechend dieser Vorgehensweise (Formel 1c) wird mit allen Eigenschaftsausprägungen der Conjoint Analyse verfahren (vgl. ebd. 2003, S. 557-559).

## 2.2.2 Aggregation der Nutzenwerte

Mit Hilfe des beschriebenen Verfahrens lässt sich die jeweilige Nutzenstruktur eines einzelnen Probanden untersuchen. Sollen die Ergebnisse dieser Individualanalysen jedoch miteinander verglichen werden um bestimmte Zusammenhänge aufzudecken und allgemeingültigere Aussagen treffen zu können, so ist dies nur über eine entsprechende Normierung der Ergebnisse möglich. Dadurch wird sichergestellt, „dass die Teilnutzenwerte aller Befragten jeweils auf dem gleichen Nullpunkt und den gleichen Skaleneinheiten basieren" (ebd. 2003, S. 566).

Um diese Normierungsvorschrift zu erfüllen, werden die berechneten Teilnutzenwerte zunächst transformiert. Dies geschieht, indem der Differenzwert zwischen den Teilnutzenwerten und dem kleinsten Teilnutzenwerten der entsprechenden Eigenschaft gebildet wird. Dies lässt sich durch folgende Transformation beschreiben.

$$\beta^*_{jm} = \beta_{jm} - \beta_j^{Min} \qquad \text{(Formel 2)}$$

mit:

$\beta_{jm}$ : Teilnutzenwert für Ausprägung m von Eigenschaft j

$\beta_j^{Min}$ : minimaler Teilnutzenwert der Eigenschaft j

*Quelle:* BACKHAUS *2003, S. 566*

Für einen Probanden ergibt sich die am stärksten präferierte Alternative aus der Summe der höchsten Teilnutzenwerte je Eigenschaft. Das bedeutet, dass die Summe der maximalen Teilnutzenwerte gleich dem Maximalwert des Wertebereichs ist. Alle anderen Kombinationen der Eigenschaftsausprägungen führen dabei zu kleineren Gesamtnutzenwerten. Daher wird in einem weiteren Schritt der Gesamtnutzenwert der am

stärksten präferierten Handlungsalternative bei allen Probanden auf eins gesetzt (vgl. ebd. 2003, S. 566).
Damit ergibt sich der normierte Teilnutzenwert aus dem Quotienten des transformierten Teilnutzenwertes (siehe Formel 2) durch die Summe der maximalen transformierten Teilnutzenwerte.

$$\hat{\beta}_{jm} = \frac{\beta^*_{jm}}{\sum_{j=1}^{J} \max_{m}\{\beta^*_{jm}\}}$$ (Formel 2a)

*Quelle:* BACKHAUS *2003, S. 567*

Die größten individuellen normierten Teilnutzenwerte je Eigenschaft aus Formel 2a zeigen gleichzeitig die relative Wichtigkeit der Eigenschaften auf (vgl. ebd. 2003, S. 567). Die maximalen normierten Teilnutzenwerte jedes Probanden ergeben in der Summe den Wert eins. Die Zahlen ab der ersten Stelle nach dem Komma drücken dabei die relative Wichtigkeit in Prozent aus.
Durch eine einfache Durchschnittsberechnung über alle individuellen normierten Teilnutzenwerte und die relativen Wichtigkeiten können die einzelnen bzw. individuellen Ergebnisse nun so zusammengefasst werden, dass Aussagen über die Präferenzen und somit Prognosen über Handlungen ganzer Gruppen gefällt werden können.

## 3  Untersuchungsergebnisse

Die Abbildungen 2 und 3 zeigen die ermittelten Teilnutzenwerte der ausgewählten Merkmalsausprägungen für beide Transportrelationen. Auffällig sind bei beiden Conjoint-Analysen die relativ hohen Nutzenwerte verschiedener Kostensätze, was bereits auf eine hohe Bedeutung der Transportkosten bei der Transportmittelwahl schließen lässt.

Abb. 2: Aggregierte normierte TNW der Eigenschaftsausprägungen der 1. Relation (400 km)

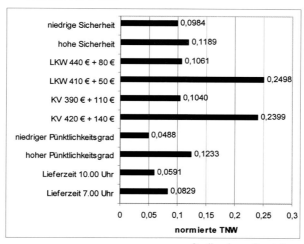

*Quelle: eigene Darstellung*

Abb. 3: Aggregierte normierte TNW der Eigenschaftsausprägungen der 2. Relation (600 km)

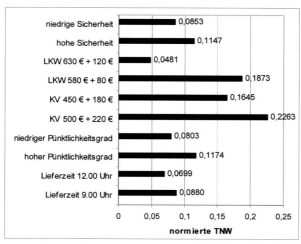

*Quelle: eigene Darstellung*

Bei der Analyse der Untersuchungsergebnisse muss allerdings berücksichtigt werden, dass die Werte der einzelnen Ausprägungen nicht alleine für sich zu verstehen sind, sondern stets in Kombination mit den anderen Merkmalen bzw. deren Ausprägungen zu interpretieren sind. Dieser Analyseschritt zeigt, dass neben den Kosten, deren Bewertung stark durchschlägt, auch der Einfluss der anderen Merkmale relevant ist. Dies geht so weit, dass auch teure Transporte akzeptiert werden, wenn gleichzeitig andere Standards erfüllt werden. Beide Untersuchungen kamen hier zu dem weitgehend identischen Ergebnis, dass der Sicherheitsstandard einen relativ hohen Stellenwert hat. Des Weiteren stellte sich bei einer durchgeführten Subgruppenanalyse heraus, dass vor allem die Verlader großen Wert auf einen hohen Sicherheitsstandard legen und dabei auch höherer Kosten in Kauf nehmen. Dieser hohe Sicherheitsstandard kann mittlerweile auch vom KV geleistet werden. Unterschiede zwischen den beiden Untersuchungen bestehen aber hinsichtlich des Merkmals Pünktlichkeit. Während bei einer Transportweite von 400 km der hohe Pünktlichkeitsgrad sehr viel größere Bedeutung besitzt als der niedrige Grad, ist der starke Unterschied zwischen den Ausprägungen bei einer Transportweite von 600 km weniger ausgeprägt. Dies lässt den Schluss zu, dass mit zunehmender Transportentfernung die Erwartung einer pünktlichen Lieferung sinkt bzw. unpünktlichere Lieferungen eher akzeptiert werden.

Ein weiterer wichtiger Analyseschritt bestand aus der Untersuchung der Auswirkungen der am 01. Januar 2005 eingeführten Autobahnnutzungsgebühren für schwere Lkw auf die unternehmerischen Präferenzen bei der Transportmittelwahl. Von besonderem Interesse war dabei festzustellen, wie die Probanden auf eine Anhebung der Maut von 0,14 € auf 0,20 € reagieren würden (siehe Abb. 4).

Abb. 4: Akzeptanz unterschiedlicher Kostensätze der Transportmittel bei unterschiedlichen Transportentfernungen

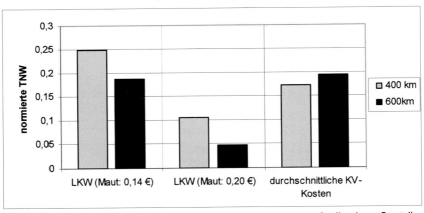

*Quelle: eigene Darstellung*

Die Akzeptanz unterschiedlicher Kostensätze zeigt dabei, dass die Einführung der Lkw-Maut, bei angenommenen 0,14 € bei einer Transportentfernung von 400 km keine nennenswerten Auswirkungen auf die Transportmittelwahl der Probanden hat. Erst ab einer Transportentfernung von 600 km ist der KV dem Lkw leicht überlegen. Demgegenüber zeigt der höhere Mautsatz von 0,20 € pro Fahrzeugkilometer erhebliche Auswirkungen auf die Transportmittelwahl. Der KV ist hier sogar bei der kurzen Transportstrecke dem Lkw weit überlegen. Die Einführung der Maut hat also bereits zu besseren Wettbewerbsbedingungen des Schienengüterverkehrs beigetragen, doch würde eine Anhebung der Maut z. B. auf 0,20 € pro Fahrzeugkilometer zu einer noch höheren Akzeptanz des KV bei Transportweiten führen, die im nationalen Güterverkehr häufig auftreten. Die Maut kann somit ein großes Steuerungspotenzial zur Beeinflussung der Transportmittelwahl darstellen.

Mit Hilfe des speziellen Untersuchungsdesigns war es auch möglich, Nutzenwerte für die beiden untersuchten Transportarten zu ermitteln (siehe Abb. 5).

Abb. 5: Transportmittelwahl bei unterschiedlichen Bedingungen

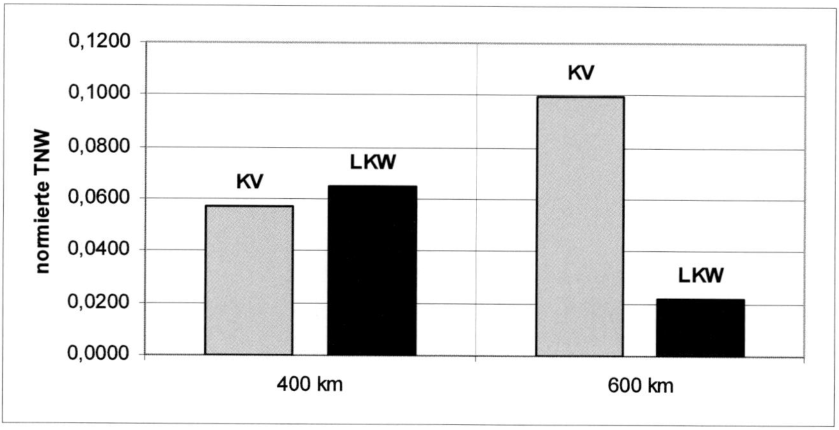

*Quelle: eigene Darstellung*

Ergebnis der Auswertung war, dass der KV bei der ersten Analyse der Akzeptanz des Lkw bereits sehr nahe kommt und bei der Transportweite von 600 km sogar dominiert. Die Probanden haben sich also häufig zugunsten des KV entschieden, was den Schluss zulässt, dass die Transportmittelwahl generell beeinflussbar ist und Akzeptanzprobleme unter gewissen Bedingungen durchaus überwunden werden können.

Neben den Teilnutzenwerten der jeweiligen Merkmalsausprägungen können mit Hilfe der Conjoint-Analyse auch relative Wichtigkeiten der einzelnen Merkmale ermittelt werden (siehe Abb. 6). Eine Durchschnittsberechnung über die Ergebnisse aller Probanden beider Conjoint-Analysen hat ergeben, dass die Kosten mit über 30% das wichtigste Entscheidungskriterium darstellen. Die Merkmale Sicherheit und Pünktlichkeit stehen dem aber nicht sehr nach und haben somit ebenfalls eine große Bedeutung. Dieses Ergebnis deutet darauf hin, dass diese Merkmale sehr entscheidungswirksam bei der Wahl des Transportmittels sind und zu Recht ihren Platz in der Untersuchung gefunden haben.

Abb. 6: Aggregierte relative Wichtigkeit der Merkmale

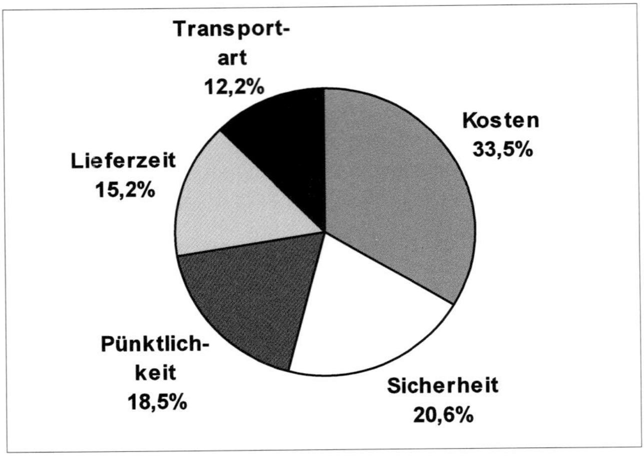

*Quelle: eigene Darstellung*

## 4 Schlussfolgerungen und Ausblick

Die Akzeptanz der Conjoint-Analyse durch die Probanden während der Erhebungsphase und die Ergebnisse der Untersuchung haben gezeigt, dass der KV von den Entscheidungsträgern durchaus angenommen und unter gewissen Bedingungen sogar bevorzugt wird. Dies trifft vor allem zu, wenn der KV Qualitätseigenschaften wie Sicherheit und auch Pünktlichkeit erfüllt. In einem solchen Fall werden durchaus auch höhere Kosten für den KV akzeptiert. Dies trifft vor allem für die befragten Verlader der Region Weser-Ems zu. Dennoch stellen die Transportkosten das wichtigste Entscheidungskriterium da, wodurch besonders der fahrleistungsabhängigen Autobahnnutzungsgebühr ein erhebliches Steuerungspotenzial zukommt. Im Wesentlichen kann der KV von diesem Ergebnis profitieren. Die Transportmittelwahl ist demzufolge beeinflussbar und der KV hat dabei durchaus gute Marktchancen.

Des Weiteren konnte aufgezeigt werden, dass der Einsatz der Conjoint-Analyse vielfältige Anwendungspotenziale bietet. Vor allem gelingt es mit ihrer Hilfe:
1. Entscheidungssituationen auch im Bereich des Güterverkehrs unter realistischen Bedingungen zu simulieren,
2. Wechselwirkungen zwischen einzelnen Merkmalen erfassen zu können, was sonst nicht ohne weiteres möglich ist und

3. komplexe unternehmerische Präferenzstrukturen zu analysieren und somit Handlungsweisen bei unterschiedlichen Ausgangsbedingungen zu prognostizieren, wie es in diesem Fall am Beispiel der Erhöhung der Maut geschah.

Vor allem unter den starken Wettbewerbsbedingungen in der Transportwirtschaft kann davon ausgegangen werden, dass Entscheidungen in dieser Branche in der Regel nach zweckrationalen Erwägungen erfolgen. Mit Hilfe der Conjoint-Analyse konnte hier im Sinne der Entscheidungstheorie bzw. des Rational-Choice-Ansatzes eine Handlungsanalyse vorgenommen werden, indem die Probanden nach dem Kosten-Nutzen-Prinzip und auch nach ihren jeweiligen subjektiven Wissensbeständen und Werten die Handlungsalternativen gegeneinander abgewogen und bewertet haben.

Die Conjoint-Analyse stellt somit ein geeignetes Untersuchungsinstrument einer handlungsorientierten Wirtschafts- und Verkehrsgeographie dar. Dabei bietet sie einen geeigneten Ansatz Wirkungsanalysen und -prognosen über das Verhalten von Akteuren durchzuführen und zukünftig verstärkt als Entscheidungshilfe in der Beratung von Politik und Wirtschaft ihren Einsatz zu finden.

## Literatur

BACKHAUS, Klaus et al. (2003): Multivariate Analysemethoden. Eine Anwenderorientierte Einführung. 10. Aufl., Springer-Verlag. Berlin, Heidelberg, New York

BMVBW (= Bundesministerium für Verkehr-, Bau- und Wohnungswesen) (2001): Verkehrsprognose 2015 – für die Bundesverkehrswegeplanung. München, Freiburg, Essen

BÜSCHGEN, Joachim (1994): Conjoint-Analyse – Methodische Grundlagen und Anwendung in der Marktforschungspraxis. In: Marktforschung - Innovative Methoden der Marktforschung S. 72-89, (Hrsg. Tomczak, T., Reinecke, S.) Thexis. St. Gallen

GENSLER, Sonja und Bernd SKIERA (2002): Berechnung von Nutzenfunktionen und Marktsimulationen mit Hilfe der Conjoint Analyse (Teil 1). In: Wirtschaftswissenschaftliches Studium, S.31 – 37. Frankfurt

# Wirtschaftsverkehrssysteme in Verdichtungsräumen

## Eine Bilanz integrierter Planung

*Heike Flämig (Hamburg-Harburg)*

## Zusammenfassung

Der überwiegende Teil des Wirtschaftsverkehrs ist motorisierter Straßenverkehr. Eine hohe Nachfrage nach Transporten von Waren und Gütern besteht vor allem in den Verdichtungsräumen, wo sich gleichzeitig die Folgen des Wirtschaftsverkehrs in Form von Staus, Unfällen, Umwelt- und Umweltbelastungen bündeln. Um die Wirtschaftsverkehrsfolgen zu minimieren, wurden von Seiten der Planung und Politik vor allem technische Maßnahmen und Maßnahmen zur Verlagerung auf Bahn und Binnenschiff gefördert, ohne eine grundsätzliche Wende in der Wirtschaftsverkehrsentwicklung zu erreichen. Diese Erkenntnis, dass der sektorale Zugang bei vielen Planungsbereichen häufig nicht zum gewünschten Ziel führt(e), war Auslöser für eine integrierte Herangehensweise bei der (Wirtschafts-) Verkehrsgestaltung.

Der Beitrag analysiert die Erfolge und auch Misserfolge einer integrierten Planung und zieht eine Bilanz auf der Maßnahmen-, Wirkungs- und Handlungsebene. Mit Hilfe des Instrumentariums der „Planungsanalyse" werden die empirischen Befunde auf diesen drei Ebenen analysiert, indem die komplexen Entstehungs- und Umsetzungsbedingungen und verfolgten Politik- und Planungsstrategien strukturiert nachvollzogen werden und der Steuerungsanspruch kritisch hinterfragt wird.

## Summary

Commercial traffic mainly consists of road traffic. A large volume of the demand for the transport of goods and commodities primarily occurs in densely populated areas. At such places the consequences of commercial traffic are materialising in congestion, accidents as well as in impacts on the natural and the human environment. In order to minimise the impacts of commercial traffic, planning and politics have introduced technical measures and measures to facilitate modal shifts towards barge and rail, yet without having achieved a turnaround in the development of commercial traffic. Based on the perception that sectoral planning was not as successful as it was originally expected, the idea of integrated planning emerged.

This article is analysing the success and failure of an integrated planning, by critically evaluating integrated planning at the level of measures, effects and actions. At these three levels empirical findings are traced with the instrument of "planning analysis". Finally, the constituted claim on controlling will be critically reflected.

# 1 Einleitung

Der Wirtschaftsverkehrsentwicklung ist durch ein starkes Wachstum im Aufkommen der zu transportierenden Waren und Güter gekennzeichnet. Die Zunahme der großräumigen Verflechtungen lassen die zurückgelegten Entfernungen steigen und führen zu einem noch stärkeren Wachstum des Güterverkehrsaufwands. Diese Transportleistung wird zunehmend vom Lkw erbracht, der besonders hohe Umweltbelastungen erzeugt. Die Auswirkungen des Wirtschaftsverkehrs sind dabei nirgendwo so stark wahrnehmbar wie in den Verdichtungsräumen, da vor allem dort Angebot und Nachfrage aufeinander treffen: Hier leben Menschen auf engem Raum zusammen und in unmittelbarer Nachbarschaft zu den (noch) dichten Ansammlungen von Unternehmen. Dadurch entstehen einerseits Probleme durch ein erhöhtes Verkehrsaufkommen, das andererseits aber aufgrund seines Volumens Ansatzpunkte für Entlastungen bietet (z. B. Konsolidierung, Verlagerung).

Mitte/Ende der 1980er Jahre wurde aufgrund der lokalen Problemlage der städtische Güter- bzw. Wirtschaftsverkehr von kommunalen und staatlichen (Förder-) Institutionen als Planungsgegenstand entdeckt. Viele Forschungs- und Demonstrationsvorhaben wurden durchgeführt. Ein großer Teil dieser Arbeiten widmete sich zunächst der Analyse des Güter- bzw. Wirtschaftsverkehrs in seinem Aufkommen, seiner Zusammensetzung und zeitlichen Verteilung. Viele dieser Arbeiten beschäftigen sich mit der Innenstadtbelieferung (*HaCon* 1995, *IÖW* 1996, BERG 1999 u. v. a.). Vereinzelt wurden einzelne Segmente des Wirtschaftsverkehrs genauer betrachtet, wie beispielsweise die KEP-Dienste (GLASER 2000, OEXLER 2002), der Personenwirtschaftsverkehr (SCHÜTTE 1997, LEIFELD 1998, STEINMEYER 2003), der Dienstleistungsverkehr (*LogiBall* 1998), die Baulogistik (SCHULZ 1996, FLÄMIG 1998) oder die Ver- und Entsorgung von Gewerbegebieten (GÜTTER 1999, GLASER 1998, ARNDT et al. 2000). Teilweise wurden dort, aber auch in speziellen Studien bzw. Dissertationen zur Gestaltung des (städtischen) Wirtschaftsverkehrs, umfangreiche Maßnahmenübersichten entwickelt bzw. zusammengestellt (*FGSV* 1992, KORIATH 1992, *HaCon/IVE/IFB* 1993, REINKEMEYER 1994, *IÖW* 1996, *FGSV* 1997, *HBS/DGB* 2001 u. a.).

Obwohl in Deutschland der erste Lehrstuhl, das Fachgebiet für integrierte Verkehrsplanung, bereits im Jahr 1978 an der Technischen Universität Berlin eingerichtet wurde, ist erst in jüngster Zeit verstärkt von der Notwendigkeit der Umsetzung von „integrierten" Maßnahmen die Rede (vgl. HOLZ-RAU 2002, *BMVBW* 2002, S. 4f. bzw. BAUM/BECKMANN 2002). Übertragen auf das Wirtschaftsverkehrssystem umfasst der Begriff in Anlehnung an die Definition der Enquete-Kommission „Zukunft der Mobilität" des Landtags Nordrhein-Westfalen (*Landtag Nordrhein-Westfalen* 1998, S. 11) die Integration aller ökonomiebasierten Verkehrsarten (Personen-, Güter- und Nachrichtenverkehre), aller Verkehrsmittel und -träger (modal) sowie benachbarten Gebietskörperschaften (horizontal), benachbarten Planungsebenen (vertikal) und verschiedener Maßnahmenkomplexe. Unter „integriert" wird zudem die Einbindung der Raum-, Wirtschafts-, Sozial- und Umweltplanung (sektoral) verstanden und damit explizit die Suche nach Lösungsansätzen außerhalb des Verkehrssystems betont.

Die Nachzeichnung der bisher verfolgten Gestaltungsansätze im Wirtschaftsverkehrssystem zeigt, dass sie sich entweder überhaupt nicht oder nicht im ursprünglich gedachten Umfang realisieren ließen. Der geringe Grad an Maßnahmenimplementation und -wirkung wirft die Frage nach den Ursachen auf. Fehlt es am Problemdruck, an Maßnahmenwissen, an Wirkungswissen (Steuerungsdefizite) oder an Handlungs- bzw. Prozesswissen (Vollzugsdefizite)?

Um diese Frage zu beantworten und der hohen Komplexität des Planungsgegenstandes gerecht zu werden, ist es notwendig, den engeren Bereich der Verkehrswissenschaften zu überschreiten. Es wird eine systemanalytische bzw. -theoretische Herangehensweise gewählt, um dem sozio-technischen Charakter des Wirtschaftsverkehrssystems gerecht zu werden. Dieser systemische Zugang (vgl. ROPOHL 1975, LUHMANN 1984, WILLKE 1993) wird mit einem politikwissenschaftlichen Zugang (PRITTWITZ 1995) verknüpft, der sich aus dem Gegenstand ergibt: Wirtschaftsverkehr und seine Folgen spielen sich im öffentlichen Raum ab und wirken damit auf das Gemeinwohl.

Der Beitrag liefert zunächst eine kurze Erläuterung zum gewählten methodischen Zugang und eine Darstellung der empirischen Grundlagen. Im Mittelpunkt steht die Beantwortung der Ausgangsfrage, wofür auf drei Ebenen Bilanz gezogen wird:

- Auf der *Maßnahmenebene* (Systemintervention) wird überprüft, ob das Wissen um Lösungsansätze vorhanden ist (Maßnahmenwissen).
- Auf der *Wirkungsebene* wird der Frage nachgegangen, warum mit der Maßnahme nicht die gewünschte Wirkung erzielt wird.
- Auf der *Handlungsebene* wird nach den Ursachen für mögliche Handlungsdefizite gesucht, wenn Systeminterventionen nicht in der geplanten Weise realisiert wurden.

## 2 Methodischer Zugang

Der gewählte methodische Zugang ist durch eine Verknüpfung der politikwissenschaftlichen und der systemtheoretischen Perspektive gekennzeichnet. Dafür wurden in das Instrumentarium der Politikanalyse nach PRITTWITZ (1995) weitere Elemente der Organisationsanalyse (KOSIOL 1962, 1968, ROPOHL 1975) integriert. Der entstandene quantitativ-qualitative Methodenmix wird im Folgenden als Planungsanalyse bezeichnet.

Für die Planungsanalyse wird der originäre Teil der Politikanalyse genutzt, der aus der Kopplung der Methoden der empirischen Sozialforschung mit politikanalytischen Verfahren besteht, wie dies beispielsweise bei der Implementationsanalyse oder der Analyse öffentlichen Handelns der Fall ist. Den Gegenstand der Politikanalyse bildet die Untersuchung der Inhalte (Outputs), der Entstehungsbedingungen und der Folgen (Impacts/Outcomes) politischen Handelns. Kernstück ist die Rekonstruktion der Prozesse, die zu bestimmten politischen Entscheidungen geführt haben, um die Faktoren für das Zustandekommen von bestimmten politischen Handlungsprogrammen oder von Maßnahmen zu identifizieren. Im Mittelpunkt stehen die Einflussfaktoren, die zur Formulierung (Entstehungsbedingungen) und zur Realisierung (Umsetzungsbedingungen) von materieller Politik geführt haben. Der zu Grunde liegende handlungsorientierte Ansatz beleuchtet die Prozesse aus der Perspektive der in der politischen Arena vorhandenen Akteure.

Die Planungsanalyse erweitert den Fokus der Politikanalyse um zwei Komponenten: Ersten wird die Vorgehensweise und das Grundverständnis auf die Analyse von Entscheidungs- und Umsetzungsprozesse in bzw. von Unternehmen übertragen. Zweitens wird die Determinantenanalyse in einen maßnahmenorientierten und einen handlungsorientierten Bestandteil getrennt.

Die Berücksichtigung der Organisationsstrukturen, also der Aufbau- und Ablauforganisation, und der Entscheidungsprozesse, also der Akteursarena und dem Verhalten der Akteure, zielt auf die Erfassung der harten und weichen Umsetzungsbedingungen: Erstens gilt es zu analysieren, inwieweit technische, konzeptionelle bzw. organisatorische Faktoren den Umsetzungsprozess bestimmen. Zweitens ist für den Erfolg von Planungs- und Umsetzungsprozessen das praktische Handeln und Verhalten jedes Einzelnen entscheidend. Dabei wird durch Politik und Unternehmensleitung „nur" der Rahmen gesetzt. Für die Umsetzung bzw. Implementierung sind in der Regel andere Ebenen und Akteure zuständig. So hat die Planungsebene der öffentlichen Hand die politische Rahmensetzung sicherzustellen. Sind die politischen und planerischen Rahmenbedingungen des Wirtschaftsverkehrssystems richtig gesetzt, bedingen sie wiederum ein verändertes Handeln der Unternehmen.

Es werden fünf Analyseebenen der Planungsanalyse unterschieden (vgl. FLÄMIG 2004):
- Die *Situationsanalyse* liefert einen Überblick über den Planungsgegenstand bzw. über das Planungsobjekt, die Ausgangsbedingungen und die strukturellen Merkmale.
- Die *Zielanalyse* liefert die zu Grunde liegenden Handlungsorientierungen.
- Die *Maßnahmenanalyse* bildet die einzelnen Maßnahmen, Ansätze oder Konzepte möglichst wertfrei ab und liefert eine systematische Beschreibung der Systeminterventionen.
- Die *Wirkungsanalyse* prüft die Wirkungen des unternehmerischen, planerischen oder politischen Handelns (Handlungswirkungsanalyse: Abweichung des realisierten vom geplanten Handeln) und der umgesetzten Maßnahmen hinsichtlich ihres Zielerreichungsgrads (Maßnahmenwirkungsanalyse: Aussagen zu Luftemissionen, Lärmimmissionen, Verschleiß, Sicherheit usw., also zu den substanziellen Wirkungen).

- Die *Determinantenanalyse* untersucht die Aufbau- und Ablauforganisation (Organisationsanalyse) sowie die Akteursarena und Entscheidungsabläufe (Handlungsanalyse) unter Berücksichtigung der gegebenen Rahmenbedingungen, um die Entstehungs- und Umsetzungsbedingungen des Planungsprozesses nachzuzeichnen und die Erfolgsfaktoren und Hemmnisse benennen zu können.

Die Abbildung gibt eine Übersicht über das Zusammenspiel und das Ineinandergreifen der einzelnen Analysephasen.

Abb. 1: Bestandteile der Planungsanalyse

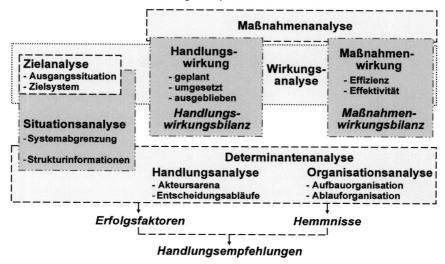

Quelle: eigene Darstellung

## 3 Empirische Grundlagen

Die empirischen Grundlagen dieses Beitrags wurden im Rahmen des Forschungsvorhabens „Integrierter Wirtschaftsverkehr in Ballungsräumen – Stand in Theorie und Praxis" für das Bundesministerium für Verkehr, Bau- und Wohnungswesen im Forschungsprogramm Stadtverkehr 2001 erarbeitet (FLÄMIG, HERTEL 2003). Dort wurde das vorhandene Wissen über die integrierten Gestaltungsmöglichkeiten des Wirtschaftsverkehrssystems (Maßnahmenanalyse) in Wissenschaft und Planung mittels einer Literatur- und Internetrecherche erhoben und bei den Bundesländern und 100 einwohnerstärksten Kommunen abgefragt. Aus der systematisch entlang der Analyseschritte der Planungsanalyse aufgearbeiteten Fallsammlung mit 135 Beispielen wurden drei Fallstudien vertiefend untersucht. Mit Hilfe des Instrumentariums der Planungsanalyse erfolgte die Nachzeichnung der Planungs- und Umsetzungsprozesse zur Realisierung

- ökologischer verdichtungsraumbezogener Logistiklösungen des Otto-Konzerns,

- eines ökologischen und dezentralen Güterverkehrskonzepts Berlin-Brandenburg sowie
- ausgewählter Projekte des Modellvorhabens „Stadtlogistik Nordrhein-Westfalen".

Neben Otto bzw. Hermes als „reines" Unternehmensbeispiel und Berlin-Brandenburg als ein „reines" Planungsbeispiel konnte mit dem Modellvorhaben „Stadtlogistik NRW" ein umfassendes Beispiel für ein kooperatives Planungsvorgehen von Unternehmen und öffentlicher Hand im Rahmen von Public-Private-Partnership gefunden werden. Die Tabelle gibt eine Übersicht über die Charakteristika der Fallstudien. Eine ausführliche Beschreibung findet sich in FLÄMIG 2004.

Tab. 1: Charakteristika der Fallstudien

|  | Berlin | Stadtlogistik NRW | Otto / Hermes |
|---|---|---|---|
| Akteursbezug | hauptsächlich Verwaltung und Politik, teilweise Unternehmen | Public-Private-Partnership | Unternehmen |
| Zielebene | ökologisches und dezentrales Güterverkehrskonzept | Sammlung praktischer Umsetzungserfahrungen | Senkung der transportbedingten $CO_2$-Emissionen |
| Grundlage | Beschluss des Abgeordnetenhauses | Modellvorhaben des Landes | Implementierung eines Umweltmanagementsystems |
| Maßnahmen | 1993: Vorschlag von 46 Maßnahmen | 1995: Vorschlag von 20 Maßnahmen | Seit 1995: Erprobung von 30 Maßnahmen |
| Handlungen | Güterverkehrszentren City-Logistik Wirtschaftsverkehrsplattform Benutzervorteile | City-Logistik Stadtlogistik Güterverkehrsrunde Benutzervorteile Netzwerk | alternative Antriebsformen technische Optimierung der Transportmittel integrative Logistik |

*Quelle: eigene Darstellung*

## 4 Maßnahmenbilanz

Die Maßnahmenbilanz liefert einen Überblick über die in einem bestimmten Untersuchungszeitraum formulierten und tatsächlich umgesetzten konkreten Strategien und Maßnahmen. Dafür wurde das vorhandene Wissen über die Gestaltungsmöglichkeiten des Wirtschaftsverkehrssystems in Wissenschaft und Planung erhoben und ausgewertet.

Auf der konzeptionellen Ebene konnten über 60 verschiedene Ansätze identifiziert werden. Sie reichen von rein baulich-technischen über technisch-organisatorische Maßnahmen bis hin zu Maßnahmen der Institutionalisierung und Rahmensetzung. Die technischen Maßnahmen beziehen sich dabei vorrangig auf die verkehrsträgerbezogenen Handlungsfelder, wie Infrastruktur, Netzplanung oder Verkehrsangebot, also auf die Verkehrsgestaltung. Aus der Sicht der öffentlichen Planung kommen kooperative Planungsprozesse oder Maßnahmen der Öffentlichkeitsarbeit vor allem in solchen Projekten zur Anwendung, die als Public-Private-Partnership angelegt sind. Damit wurde das klassische Maßnahmenspektrum des Planens und Bauens um organisatorische und verhaltensorientierte Ansätze erweitert. In diesem Kontext ist in den letzten Jahren der Ansatz des Mobilitätsmanagements entstanden. Bezogen auf den Wirtschaftsverkehr verfolgt dieser Ansatz Gestaltungsoptionen, die vor allem die am Unternehmensstandort erzeugte Verkehrsnachfrage zum Gegenstand haben.

Integrierte Politikstrategien in den Verdichtungsräumen beziehen sich überwiegend auf Fragen der Flächennutzung (Gewerbeplanung, großflächige Standorte), der Wirtschaftsförderung und der institutionellen Kooperation. Gemeinsame Verkehrsplanungsaktivitäten sind die Ausnahme. Zu den am intensivsten diskutierten bzw. am häufigsten umgesetzten Ansätzen gehören der Bau und Betrieb von Güterverkehrszentren, die Einführung kooperativer städtischer Logistikkonzepte (City- oder Stadtlogistik) sowie die Einrichtung von innerstädtischen Umweltzonen (umgesetzt vor allem in Großbritannien, Dänemark, Schweden, Niederlande; siehe dazu den Beitrag von HERTEL) und von Gesprächskreisen (Güterverkehrsrunde, Wirtschaftsverkehrsplattform). Darüber hinaus wurden Maßnahmen vereinzelt umgesetzt, wie die Baulogistik in Berlin (teilweise auch in Stockholm, Schweden, und Biel, Schweiz), die Güter-Straßenbahn in Dresden oder mobile Depots und Transferstationen sowie kleinere punktuelle Einzelmaßnahmen, wie temporäre und räumliche Straßensperrungen oder Ladezonen.

Auf betrieblicher Ebene kommen vor allem Maßnahmen zur Transportrationalisierung zum Einsatz, die höhere Laderaumauslastungen (z. B. Stauraumoptimierung, Transportbörsen, City-Logistik, Cross-Docking sowie optimierte Touren und Routen (z. B. Softwaresysteme, neue Lagerkonzepte) unterstützen und die teilweise auch mit einer verkehrsoptimierten Standortwahl einhergehen. Zudem finden Transportverlagerungen auf umweltverträglichere Verkehrsmittel statt. Häufig setzen Unternehmen, aufgrund des ökologisch-ökonomischen Vorteils, jedoch auf fahrzeugbezogene Maßnahmen, wie alternative Antriebe, Lärmkapselung oder rollwiderstandsoptimierte Reifen oder Fahrpersonalschulungen.

Die Fallstudie von Otto zeigt, dass einige Unternehmen bei der Entwicklung und Umsetzung von Maßnahmen bereits über den eigenen Standort hinausgehen, wenn sie beispielsweise ihre gesamte Beschaffungs- und Absatzkette logistisch optimieren und dies auch unter ökologischen Gesichtspunkten erfolgt. Damit wird zumindest fallweise ein vielversprechendes Handlungsfeld für betriebliche Innovationen eröffnet, die auch planerischen (d. h. im Idealfall gesellschaftlichen) Zielen dienen.

Die Maßnahmenanalyse zeigt, dass ein Großteil der vorgeschlagenen Maßnahmen ungenutzt bleibt bzw. eine flächendeckende erfolgreiche Umsetzung von Maßnahmen nicht stattfindet. Die bisher realisierten Beispiele haben zwar teilweise durchaus Vorbildcharakter, sie sind andererseits aber bezogen auf ihre Dauer und Verbindlichkeit als eher labil zu beurteilen. Weder den Bundesländern noch den kommunalen Planungseinheiten ist es bisher gelungen, den theoretisch, programmatischen Anspruch einer integrierten Planung in Handlungsprogrammen bzw. in umgesetzten integrierten Maßnahmenbündeln zu manifestieren.

Die Auswertung der Befragungsergebnisse offenbart zudem ein nur unzureichendes Systemwissen über den Wirtschaftsverkehr im Allgemeinen und über die Systemzusammenhänge und den darin begründeten Gestaltungsoptionen des Wirtschaftsverkehrssystems im Besonderen. Als Konsequenz erscheint es logisch, dass ein größerer Teil der grundsätzlich gegebenen Gestaltungsoptionen nicht genutzt wird.

Die hohe Komplexität des Wirtschaftsverkehrssystems lässt zudem vermuten, dass eine einzelne Maßnahme nicht ausreicht, um weitreichende Veränderungen im Wirtschaftsverkehrssystem zu bewirken. Die von der Politik und Planung erwarteten größeren substanziellen Wirkungen durch die Umsetzung integrierter Maßnahmen(bündel), lässt allerdings die Systemkomplexität zusätzlich ansteigen. Der Beweis, dass das Aufwands-Ertrags-Verhältnis eine akzeptable oder sogar positive Größe aufweist, konnte allerdings noch nicht erbracht werden. Zumindest für den Planungsgegenstand „Wirtschaftsverkehr" ist die bisher erfolgte Umsetzung von Maßnahmen dem gesetzten Anspruch auf „Integrierte Planung" und den damit verbundenen erhofften Wirkungen nicht gerecht geworden.

Auch auf der Ebene der Unternehmen, wo ebenso seit den 1980er Jahren das ganzheitliche Denken und die Steuerung von Ketten (von Prozessketten, über „Supply Chains" bis zu „Demand Chains") propagiert wird, sind nur ansatzweise übergreifende Maßnahmen umgesetzt worden. In der Regel endet das genutzte Spektrum der Gestaltungsoptionen an den Schnittstellen zur jeweils vor- bzw. nachgelagerten Stufe innerhalb der Wertschöpfungskette. Bisher sind die Unternehmen bei der horizontalen Integration (räumlich, institutionell) durch Kooperationen von Marktteilnehmern auf der gleichen Wirtschaftsstufe (z. B. regionale Speditionskooperationen zur Realisierung von Systemverkehren) erfolgreicher als auf der vertikalen Ebene bzw. als die öffentliche Planung insgesamt.

## 5 Maßnahmenwirkungsbilanz

Ziel der Maßnahmenwirkungsbilanz ist eine Erfolgskontrolle, inwieweit die reale Verkehrsentwicklung durch die Maßnahme in der gewünschten Art und Weise beeinflusst werden konnte. Dafür sind die vorher formulierten Ziele in einem Soll-Ist-Vergleich den tatsächlichen Entwicklungen gegenüberzustellen. Als Zielvorgabe dient heute fast überall das Dreieck der Nachhaltigkeit, das sich bezogen auf das Wirtschaftsverkehrssystem folgendermaßen darstellt:

- Ökonomische Dimension: Die Funktionsfähigkeit des Wirtschaftsverkehrs ist zu sichern.
- Soziale Dimension: Der Wirtschaftsverkehr ist stadtverträglich zu integrieren.
- Ökologische Dimension: Die Wirtschaftsverkehrsfolgen sind zu minimieren.

Allerdings konnten für die Feststellung der substanziellen Wirkungen einer integrierten Planung kaum empirische Befunde identifiziert werden. Zudem zeigte die Umfrage bei den Kommunen und die Durchführung der Planungsanalyse in den drei Fallstudien, dass aufgrund von Defiziten im Systemwissen bezogen auf Wirkungszusammenhänge *im* System und auf Wechselwirkungen *zwischen* Wirtschaftsverkehrssystem und Umwelt zwar integrierte Maßnahmen umgesetzt werden, diese im günstigsten Falle aber keine bzw. nur geringe und im ungünstigen Falle sogar negative Nebeneffekte zur Folge haben (können). Exemplarisch stehen hierfür die Projekte der Transportbündelung im Rahmen von City- oder Stadtlogistik-Vorhaben. Werden die Transportmenge und der Verkehrsaufwand einer Kooperation ex-ante und ex-post betrachtet, können sehr wohl deutliche Einsparungen realisiert werden. Bezogen auf das Gesamtverkehrsaufkommen im Verdichtungsraum sind die Bündelungseffekte jedoch in ihrem Umfang häufig derart gering ausgefallen, dass keine nennenswerten Verbesserungen erzielt worden sind. Diese Abweichung der „versprochenen" von der „sichtbaren" Wirkung hat vielerorts dazu geführt, den Wirtschaftsverkehr als nicht plan- bzw. gestaltbar einzuordnen.

Neben den angeführten Wissensdefiziten über Wirkungszusammenhänge ist die bisher ausgebliebene Erfolgsbilanz auch auf einen fehlenden Bewertungsrahmen zurückzuführen. Defizite bei der Zielfindung und -formulierung (ex-ante-Evaluation), Bewertung (begleitende Evaluation), kritischen Rückschau und Reflektion (ex-post-Evaluation) finden sich in der Verkehrsplanung ganz grundsätzlich, wo in Folge der großen Nachfrage nach „Lösungen", kaum nach realen Problemen (in Abgrenzung zum politischen Handlungsdruck), Realisierungsstand und Umsetzungsbedingungen gefragt wird. Erst recht wird bisher nicht unvoreingenommen nach den möglichen Ursachen für das Scheitern von Konzepten gesucht (siehe Handlungswirkungsbilanz). Dieser Befund gilt in besonderer Weise für den Wirtschaftsverkehr. Es herrscht, wenn überhaupt, eine Art „Überbietungswettbewerb" technisch-organisatorischer Konzepte vor, deren notwendige Kontexte bzw. Voraussetzungen einer erfolgreichen Umsetzung selten hinterfragt werden.

Insofern sind die Diskrepanzen zwischen Anspruch und substanzieller Wirkung auch darauf zurückzuführen, dass die Rahmenbedingungen einer integrierten Planung nicht richtig erfasst und interpretiert wurden. Teilweise ist dies auch auf eine fehlende Datengrundlage zurückzuführen, die aufgrund der aufwendigen und kostenintensiven Beschaffung häufig nicht hergestellt wird. Die Vollzugsdefizite können dann bereits im verfolgten Lösungsansatz selbst begründet liegen. Dies gilt in besonderer Weise für die öffentliche Planungsebene.

Den handelnden Akteuren auf der unternehmerischen Ebene stehen zur Überprüfung der substanziellen Wirkungen in der Regel Controlling- und Managementinstrumente zur Verfügung. Beispielsweise dient beim Otto-Konzern die im Rahmen des Umweltmanagements erarbeitete Kennzahl „ökologische Effizienz" zur Beurteilung der Optimierungsarbeit. Im Wareneingang wird diese in Fracht (in Tonnen) je Tonne $CO_2$-Emission ermittelt. Im Warenausgang wird sie in Sendungen pro Kilogramm $CO_2$-Emission gemessen. Die Verbesserung der ökologischen Effizienz von rund 2,3 Sendungen pro Kilogramm $CO_2$ im Jahr 1994 auf 3,0 Sendungen pro Kilogramm $CO_2$ im Jahr 2001 ist vor allem auf technische und logistische Optimierungen zurückzuführen (SEIPOLD 2002, S. 22).

Zum anderen besitzen die betrieblichen Akteure direkten Zugriff auf die Ablauforganisation – und zwar sowohl im unmittelbaren Handlungsrahmen des eigenen Betriebs als teilweise auch auf die entsprechenden Aktivitäten von Lieferanten, Auftragnehmern und Kooperationspartnern. Dabei haben sich im Hinblick auf die zu erzielenden (und zu kontrollierenden) ökologischen Wirkungen bestimmter Maßnahmen Umweltmanagementsysteme auf der Ebene der Unternehmen bewährt. Auf der Ebene der öffentlichen Planung existiert bisher kein vergleichbares Instrumentarium.

Auch bei der Bewertung der substanziellen Wirkungen ist also die bereits genannte Komplexität des Wirtschaftsverkehrssystems zu berücksichtigen, wenn Maßnahmen nur begrenzte Wirkung entfalten. Insbesondere die Eigenschaft „offenes System", die Art der heute favorisierten Systemintervention „Maßnahmenintegration" und die Umfeldbedingungen „zeitlicher Wandel der Rahmenbedingungen" und „Deregulierung und Liberalisierung" erhöhen durch die zunehmende Dynamik die Wechselwirkungen und damit die Komplexität. Sie erschweren insofern zusätzlich eine Abschätzung der substanziellen Wirkungen.

## 6 Handlungswirkungsbilanz

Ziel der Handlungswirkungsbilanz ist eine Erfolgskontrolle, inwieweit die formulierten Maßnahmen tatsächlich in der gewünschten Art und Weise realisiert wurden. Auch die Handlungswirkungsanalyse benötigt Kriterien, an denen der Erfolg gemessen werden kann. Als Ausgangspunkt können verkehrspolitische Ziele verwendet werden, die von den Akteuren beispielsweise vor der Ableitung von Maßnahmen im Rahmen von Zielfindungsprozessen oder vor der Formulierung von Handlungsprogrammen gesetzt wurden.

Wie bereits bei der Maßnahmenwirkungsbilanz beschrieben, fehlt es grundsätzlich an *überprüfbaren* Zielformulierungen und –definitionen. In diesem Sinne lässt auch die Handlungswirkungsbilanz keine verallgemeinerbaren Gestaltungspfade des Wirtschaftsverkehrssystems erkennen. Neben der ausgebliebenen flächendeckenden Umsetzung von integrierten Ansätzen erfolgt ihre Realisierung nicht immer im ursprünglichen Sinne.

Die Analyse der Planungsprozesse auf der Handlungsebene expliziert die zentrale Rolle die dem institutionellen Rahmen und den handelnden Akteuren für den Umsetzungserfolg zukommt. Zu den institutionellen Voraussetzungen gehören sowohl Regeln und Verträge, Organisationen und Handlungsstrukturen als auch Zuständigkeiten und Kompetenzen. Obwohl der räumlichen Planung ein immanenter Gestaltungsanspruch innewohnt, werden institutionelle Aspekte und Entscheidungsprozesse im politischadministrativen System eher im Sinne einer „black box" behandelt. Die Praxis der Verkehrsplanung setzt auf scheinbar „sichere" Erhebungs- und Prognoseverfahren, deren Annahmen über die Verkehrsvoraussetzungen nicht selten in eine starke Über- oder Unterschätzung der Verkehrsnachfrage münden. Die auf der Grundlage dieses „verkehrten" Ausgangstatbestands abgeleiteten Handlungsprogramme und Maßnahmen führen dann zur „falschen" Therapie.

Seltener treten Umsetzungsdefizite bei der Realisierung des technisch-organisatorischen Teils von Einzelmaßnahmen auf; wenn sie durch Unternehmen entwickelt und umgesetzt werden, fast gar nicht. Defizite im Umsetzungsprozess nehmen allerdings häufig zu, wenn die öffentliche Hand aktiv eingebunden wird (Stichwort: Public-Private-Partnership). Die Schlussfolgerung aus dieser Erkenntnis kann jedoch nicht sein, dass ein gemeinsamer Aushandlungsprozess vermieden werden sollte (gemäß dem Motto: „der Markt regelt sich von allein"), sondern sie belegt lediglich, dass die Umsetzungserfahrungen der öffentlichen Planung weit hinter denen der Unternehmen hinterher hinken. Im Gegensatz zur Planung können Unternehmen in vielen Branchen nur dann überleben, wenn sie sich den dynamischen Umfeldbedingungen beständig anpassen. Dies hat die Planung vor allem bezogen auf den Wirtschaftsverkehr bisher versäumt.

Ausbleibende substanzielle Wirkungen integrierter Planung sind auch Folge einer „halbherzigen" Umsetzung. Die ausgebliebenen Erfolge liegen dann aber nicht in grundsätzlichen Wirkungsdefiziten begründet, sondern sind auf Defizite auf der Handlungsebene zurückzuführen. Häufig sind sie Folge einer unzureichenden Transparenz und Kommunikation gegenüber einer nicht selten kritischen Öffentlichkeit bzw. sind in einer Scheu gegenüber öffentlicher Kritik (insbesondere am Schwerverkehr) begründet. Diese Scheu verhindert zugleich, dass laufende Maßnahmen systematisch evaluiert werden und ihre Träger sich dem Risiko der öffentlichen Überprüfung aussetzen (siehe Maßnahmenwirkungsbilanz) und spiegelt sich in den derzeit breit praktizierten, von Konsens getragenen Aushandlungsprozessen. Konsensuale Aushandlungsprozesse gelten einerseits als Kernpunkt moderner, flexibler und kommunikativer Planungsverfahren. Andererseits zeigen die Analyseergebnisse, dass dieser Gedanke durchaus überzogen werden kann. Die bei der Lösungsfindung verbreitete Konsensorientierung wirkt sich nicht selten negativ aus, wenn komplex angelegte Konzepte nicht in ihrer Gesamtheit umgesetzt und dadurch tragende Bausteine der Gesamtstrategien nicht implementiert werden. Im Ergebnis werden dann suboptimale Maßnahmen umgesetzt, die selten einen Beitrag zur Problemlösung leisten, dafür aber häufig mit unerwünschten Nebenwirkungen verbunden sind. Dadurch werden die Gegner wiederum bestärkt und es werden ihnen Argumente für zukünftige Aushandlungsprozesse geliefert. Der Wirtschaftsverkehr gehört zu solchen Themen- und Konfliktfeldern, in denen die gezielte Suche nach den Dissenspunkten und deren Umsetzung womöglich eine größere Maßnahmenwirkung verspricht als die Betonung von wünschenswerten, aber aufgrund der Systemstruktur kontraproduktiven Übereinkommen.

Demnach sind Vollzugsdefizite für die Erklärung von Umsetzungsblockaden und Handlungsdefiziten in der Verkehrsplanung ebenso von Bedeutung. Ausformulierte

Handlungsstrategien sind zwar eine notwendige, aber wie die Fallstudien zeigen, keineswegs hinreichende Bedingung für eine erfolgreiche Steuerung. Häufig fehlt es an der zeitnahen Transformation von Information in Wissen, das wiederum in Handeln umgewandelt wird (Handlungswissen). Das „Subsystem" blockiert sich hier selbst und gerät insbesondere gegenüber den in wesentlich kürzeren Zeitzyklen gesteuerten unternehmerischen Prozessen in einen Umsetzungsrückstand.

Dieser sich selbst blockierende Wirkungsmechanismus ist eng mit Machtstrukturen verbunden, einerseits mit den politischen Mehrheitsverhältnissen und andererseits mit der Hegemonie im öffentlichen Diskurs. Der Wirtschaftsverkehr besitzt hier einen doppeldeutigen Charakter: zum einen dient er häufig zur Legitimation traditioneller Planungsvorstellungen („Verkehr muss fließen"). Er wird insofern als für die Planung sakrosankt betrachtet. Zum anderen liefert der Wirtschaftsverkehr in viel geringerem Umfang Anlass zu öffentlichen Kontroversen als der Personenverkehr, speziell der Pkw-Verkehr. Offensichtlich gelingt es den Planungsakteuren mehr oder weniger explizit, Wirtschaftsverkehr zum Steuerungstabu zu erklären. Schlüsselakteure in örtlichen Steuerungsgremien (z. B. Wirtschaftsverkehrsrunden, Arbeitskreis Verkehr der Industrie- und Handelskammer) beteiligen sich nicht selten auch deshalb sehr engagiert, weil sie durch ihren Zugriff auf den politisch-planerischen Diskurs drohende Verkehrsregulationen abwenden können. Eine Umsetzung von Maßnahmen scheitert in diesen Fällen wie in anderen Politikbereichen auch, weil die „Vollzugsinstanzen die Normen nicht durchzusetzen vermögen" oder „die Adressaten die Befolgung verweigern" (vgl. auch MAYNTZ 1997, S. 194).

## 7 Zusammenfassung

Die Bilanzierung einer integrierten Planung des Wirtschaftsverkehrs offenbart Diskrepanzen zwischen dem erklärten Anspruch und dem bisher Erreichten. Die Realität der Wirtschaftsverkehrsentwicklung läuft weiterhin nicht in die von Politik und Planung gewünschten Richtung. Die Gründe für die geringe Nutzung und den niedrigen Umsetzungsgrad integrierter Maßnahmen sowie für die ausbleibenden Wirkungen finden sich auf allen drei Ebenen:

Auf der *Maßnahmenebene* offenbart sich eine Diskrepanz zwischen Wissen und Handeln (Output). Es sind eine Vielzahl von Maßnahmen bekannt. Vereinzelt werden zwar die Möglichkeiten, gestaltend in das System einzugreifen, häufiger genutzt als vermutet; eine bisher ausgebliebene flächendeckende Umsetzung der Maßnahmen scheint aber nicht nur in der hohen Komplexität des Wirtschaftsverkehrssystems begründet zu sein. Bisher sind die in Theorie und Praxis diskutierten und teilweise umgesetzten Maßnahmen schwerpunktmäßig das Ergebnis der (internen) Selbststeuerung. Zudem erfolgt die Formulierung von Lösungsansätzen häufig ohne die Überprüfung der Realisierbarkeit, die von unterschiedlichen Umsetzungsbedingungen beeinflusst wird. Dabei spielen die Umfeld- bzw. Rahmenbedingungen eine entscheidende Rolle. Die bescheidenen Wirkungs- und Umsetzungserfolge bisheriger integrierter Planungen des Wirtschaftsverkehrssystems legen den Schluss nahe, nach Lösungen im Verkehrsumfeld zu suchen, deren Gestaltungsansatz durch (externe) Kontextsteuerung gekennzeichnet ist.

Auf der *Maßnahmenwirkungsebene* ist die Diskrepanz zwischen Anspruch und substanzieller Wirkung nur teilweise objektiv nachprüfbar; „sichtbare" Erfolge gibt es kaum. Selbst im positiven Fall, dass Maßnahmen umgesetzt werden, gehen von diesen teilweise nur sehr begrenzte Wirkungen aus. Die Wirkungsdefizite sind demnach nicht nur auf das Fehlen von Maßnahmenwirkungen zurückzuführen; es konnten auch Gründe auf der Bewertungsebene identifiziert werden. Anzuführen sind insbesondere fehlende objektive Bezugsgrößen („fehlender Bewertungsrahmen") sowie eine ausbleibende Datenbeschaffung und -auswertung („fehlende Evaluation"). Zudem erfolgt die Ermittlung der potenziellen Wirkungen von Maßnahmen meist unter anderen sachlichen, räumlichen und zeitlichen Bezugsgrößen als die Feststellung der substanziellen Wirkungen. Für eine aussagekräftige Evaluation wäre allerdings die Berücksichtigung der umfangreichen Wirkungszusammenhänge *im* Wirtschaftsverkehrssystem und *zwischen* dem Wirtschaftsverkehrssystem und seiner Umwelt eine zwingende Voraussetzung. Die fehlenden Wirkungen aufgrund von beobachteten Defiziten in der Maßnahmenumsetzung sind wiederum auf Prozess- und Handlungsdefizite zurückzuführen.

Auf der *Handlungswirkungsebene* ergeben die empirischen Analysen Diskrepanzen zwischen gewolltem und realisiertem Handeln. Verallgemeinerbare Gestaltungspfade des Wirtschaftsverkehrssystems sind nicht erkennbar. Obwohl potenziell Gestaltungsspielräume zur Reduzierung und verträglichen Abwicklung des Wirtschaftsverkehrs in Verdichtungsräumen gegeben scheinen, findet eine breite Umsetzung dieser Konzepte und Maßnahmen nicht statt. Soweit sie in Gang gesetzt wurden, erfolgte ihre Realisierung nicht immer im ursprünglichen Sinne. Diese geringen Umsetzungserfolge des Maßnahmenwissens ist auch auf die derzeit als schwierig einzustufenden Rahmenbedingungen von Planung, die regulierend auf das Wirtschaftsverkehrssystem (ein)wirkt, zurückzuführen. Die Wahrung der Planung als „Rahmensetzer" für einen Planungsgegenstand Wirtschaftsverkehr wäre aber notwendig, da sich das Wirtschaftsverkehrssystem nicht allein selbregulativ in die gewünschte Richtung entwickelt.

## 8 Schlussfolgerungen

Je nachdem, ob es sich bei den festgestellten Diskrepanzen um rein „technische" Implementationsdefizite handelt oder ob die Vollzugsdefizite grundlegender Natur sind, ergeben sich unterschiedliche Schlussfolgerungen:

Die institutionellen Rahmenbedingungen der Wirtschaftsverkehrspolitik, insbesondere das Akteurssystem und die politisch-planerischen Regelwerke (einschließlich des betrieblichen Handlungsrahmens) geben Indizien dahingehend, dass es durchaus erfolgversprechende Wege einer Gestaltung des Wirtschaftsverkehrs gibt. Diese können im Kontext einer engagierten, unter Umständen sogar ethisch geleiteten Unternehmenspolitik (vgl. die Fallstudie Otto-Konzern) begangen werden.

Dies kann aber auch auf der regionalen öffentlichen Planungsebene der Fall sein. Erste „systemische" Effekte durch Planung konnten durch den selektiven Zugang in

Innenstadtbereiche (z. B bei der Umsetzung von Umweltzonen) oder im gebündelten Zulauf auf große Senken (z. B. Einkaufszentren) erreicht werden. Die Steuerung erfolgt daher entweder über das Ordnungsrecht oder über die Marktmacht des Empfängers, um logistische Ströme zu lenken. Allerdings ist der planerische Zugang durch eine zentrale Systemeigenschaft des Wirtschaftsverkehrssystems, seine enge Einbindung in die betriebliche Materialwirtschaft, ganz erheblich erschwert. Ein direkter Einfluss von Planung und Politik auf die Entstehung von Wirtschaftsverkehr ist nicht möglich. Dieser Sachverhalt bestätigt insofern die Annahme von eher geringen Handlungsspielräumen zur Gestaltung des Wirtschaftsverkehrs durch die öffentliche Planung. Als ursächlich sind jedoch vor allem objektive Steuerungsdefizite anzuführen, die auch den bescheidenen Wirkungsstand vieler regionaler Projekte zur Gestaltung des Wirtschaftsverkehrs erklären (etwa durch Kombinierten Verkehr und Güterverkehrszentren, aber auch in der Stadtlogistik). Steuerungsgrenzen, die sich im politisch-institutionellen Milieu darstellen, sind eher auf einen fehlenden Problemdruck bzw. auf das Fehlen einer entsprechenden Wahrnehmung oder aber auf Vollzugsdefizite im Sinne eines fehlenden Handlungs- und Prozesswissens zurückzuführen – nicht aber darauf, dass die komplexen Systemeigenschaften des Wirtschaftsverkehrs eine Steuerung per se nicht zulassen würden. Eine vorausschauende Planung und Politik bedarf vielmehr Rahmensetzungen, die eine nachhaltige Wirtschaftsweise von Unternehmen ermöglichen.

Das Wirtschaftsverkehrssystem ist nicht nur ein technisch-organisatorisches sondern ein sozio-technisches System mit einer Vielzahl von unterschiedlichen Akteuren und Interessen, die auf die Struktur und Dynamik des Systems Einfluss nehmen: als Objekte in ihrer Funktion als Systemelemente und als Subjekte bei der aktiven Gestaltung und Abwicklung der Systemorganisation. Gestaltungsansätze müssen auf diese Interessen im Sinne von Plausibilität - Verantwortung für viele Systemfunktionen auf Seiten der Unternehmen - und Legitimität - Akzeptanz von Intervention durch die Interessenträger - Rücksicht nehmen. Dafür muss die bisher getrennte Betrachtung von Logistik und Verkehrssystem überwunden werden. Nur so ist es möglich, die Funktionsfähigkeit und die Attraktivität von Städten in Zukunft zu erhalten.

Die Schwierigkeiten bei der Abgrenzung des Wirtschaftsverkehrssystems von seinem dynamischen Umfeld und die vielschichtige Akteursarena lassen Wechselwirkungen und Rückkopplungsschleifen zwischen verschiedenen Systemelementen oft unentdeckt. Der Wirtschaftsverkehrsaufwand ist Folge verschiedener Faktoren, wie der Standortwahl von Unternehmen, der Ausgestaltung der räumlichen und zeitlichen Arbeitsteilung sowie der Organisation der Transporte und der dafür eingesetzten Hilfsmittel. Die nach ökonomisch-technischen Effizienz- und Effektivitätskriterien optimierten Produktions- bzw. Logistikstrategien der Unternehmen beeinflussen die Zusammensetzung, die Struktur und die Abwicklung des Wirtschaftsverkehrs. Der als „nicht notwendig" bezeichnete Wirtschaftsverkehr entsteht v. a. durch Gedankenlosigkeit, kurzfristige Gewinnerwartungen und Rahmensetzungen bzw. Wettbewerbsverzerrungen im so genannten Verkehrsumfeld; beispielsweise durch das Entstehen von Veredelungsverkehren in Folge bestehender Ex- und Importregelungen. Rahmensetzungen scheinen für eine nachhaltige Gestaltung des Wirtschaftsverkehrssystems unerlässlich. Die Umsetzung der Lkw-Maut ist ein erster Schritt in die richtige Richtung.

Zwar sind viele Ursachen der Umsetzungsdefizite auf der Maßnahmen- und Wirkungsebene begründet („verkehrte" Therapie). Eine ebenso bedeutsame Rolle kommen aber auch Durchsetzungs- und Motivationsproblemе zu. Zum einen werden in öffentlichen Planungsprozessen selten die Entscheidungs- und die Umsetzungsebene miteinander verknüpft. Gleichzeitig fehlt es an der Rückkopplung zwischen planerischen Entscheidungen und der Unternehmenspraxis, so dass die Integration der Lösungsansätze nicht immer zielorientiert verfolgt. Zum anderen scheitert der integrative Umgang mit dem Wirtschaftsverkehr häufig an der Überforderung der beteiligten Akteure, bedingt durch die mit dieser interdisziplinären Aufgabe verbundene Komplexität. Eine wichtige Voraussetzung für den Erfolg zukünftiger Umsetzungsprozesse ist daher die Beseitigung des mangelnden Wissens über Handlungen und Verfahren im Planungsprozess. Derzeit entstehen vielerorts Ausbildungsstätten für die Verbesserung des Verständnisses der Informations- und Materialflüsse durch das Wirtschaften in Form von Logistikstudiengängen in den unterschiedlichsten Facetten. Allerdings fehlt in diesen Ausbildungsgängen häufig die Thematisierung der Wechselwirkungen der Logistik und der Wirtschaftsweise von Unternehmen mit dem Verkehrssystem. Noch misslicher sieht die Situation in den Disziplinen aus, die „Planer" (Stadt- und Regionalplanung, Verkehrsplanung, Geographie) ausbilden: Hier bestehen Sensibilisierungsnotwendigkeiten und Nachholbedarf.

## Literatur

ARNDT, Wulf-Holger et al. (2000): Erprobung von Maßnahmen zur umweltschonenden Abwicklung des städtischen Wirtschaftsverkehrs. Berlin (= UBA-Texte, Nr. 00/57)

BAUM, Herbert und Klaus J. BECKMANN (2002): Integrierte Verkehrspolitik. In: Zeitschrift für Verkehrswissenschaft, Bd. 73, 2, S. 73-113

BERG, Claus C. (1999): City-Logistik. Das Münchener Modell. Ottobrunn (= Schriftenreihe Verkehr und Logistik)

BMVBW (= *Bundesministerium für Verkehr, Bau und Wohnungswesen)* (Hrsg.) (2002): Integrierte Verkehrspolitik. Herausforderung, Verantwortung und Handlungsfelder. Zusammenfassung der Ergebnisse der Arbeitsgruppe „Integrierte Verkehrspolitik" beim Bundesministerium für Verkehr, Bau und Wohnungswesen. Berlin. (http://www.bmvbw.de/Anlage13278/Zusammenfassung-des-Berichtes-Integrierte-Verkehrspolitik-Mobilitaet-fuer-die-Zukunft.pdf)

FGSV *(= Forschungsgesellschaft für Straßen- und Verkehrswesen, Arbeitsausschuss „Güterverkehr")* (Hrsg.) (1997): City-Logistik – Eine Einführung für Stadtplaner und Verkehrsplaner – Ausgabe 1997. Köln (= FGSV–Arbeitspapier Nr. 45)

FGSV *(= Forschungsgesellschaft für Straßen- und Verkehrswesen, Arbeitsgruppe „Straßenplanung")* (Hrsg.) (1992): Güterverkehr in Städten. Maßnahmenübersicht. Köln (= FGSV-Arbeitspapier Nr. 29)

FGSV *(= Forschungsgesellschaft für Straßen- und Verkehrswesen, Arbeitsausschuss Nachhaltige Verkehrsentwicklung)* (2003): Grundsatzfragen der Verkehrsplanung der Forschungsgesellschaft für Strassen- und Verkehrswesen. Arbeitskreis: Umwelt und Verkehr. o.O. (= FGSV-Arbeitspapier Nr. 59)

FLÄMIG, Heike (1998): Baulogistik in Halle/S. (TP 15.2). Wuppertal (= Forschungsberichte/Forschungsverbund Ökologisch verträgliche Mobilität, Bd. 15)

FLÄMIG, Heike (2004): Wirtschaftsverkehrssysteme in Verdichtungsräumen: Empirische Analysen, Umsetzungsprozesse, Handlungsempfehlungen. Hamburg (= ECTL Working Paper 28)

FLÄMIG, Heike und Christof HERTEL (2003): Forschungsvorhaben „Integrierter Wirtschaftsverkehr in Ballungsräumen – Stand in Theorie und Praxis" für das Ministerium für Verkehr, Bau- und Wohnungswesen im Forschungsprogramm Stadtverkehr 2001. Hamburg

GLASER, Jürgen (1998): Gewerbegebietslogistik in Bremen (TP 15.1). Wuppertal (= Forschungsberichte/Forschungsverbund Ökologisch verträgliche Mobilität, Bd. 15)

GLASER, Jürgen (2000): Kurier-, Express-, Paketdienste und Stadtlogistik. München (= Schriftenreihe des European Centre for Transportation and Logistics Band 1)

GÜTTER, Reinhold (1999): Organisation von Stadtlogistik für alte und neue Gewerbegebiete. In: Kühn, Gerd (Hrsg.): Stadtverträglicher lokaler Güterverkehr. Difu-Dokumentation "Forum Stadtökologie" 9. Berlin. S. 79-92

HaCon (= Hannoversche Consulting für Verkehrswesen, Transporttechnik und Elektronische Datenverarbeitung GmbH) und Landeshauptstadt Hannover, Kommunalverband Großraum Hannover (Hrsg.) (1995): Analyse des Wirtschaftsverkehrs im Großraum Hannover. Hannover (= Beiträge zum Verkehrsentwicklungsplan der Stadt Hannover, Teil 9)

HaCon (= Hannoversche Consulting für Verkehrswesen, Transporttechnik und Elektronische Datenverarbeitung GmbH), IVE (= Institut für Verkehrswesen, Eisenbahnbau und -betrieb Universität Hannover) und IFB GmbH (1993): Wirkungsanalyse von planenden und ordnenden Maßnahmen auf den Güterverkehr in Städten und Gemeinden in der Bundesrepublik Deutschland. Forschungsvorhaben des BMV (FE-Nr.: 70339/90). Hannover

HBS (= Hans-Böckler-Stiftung) und DGB (= Deutscher Gewerkschaftsbund) (Hrsg.) (2001): Strategien für die Mobilität der Zukunft – Handlungskonzepte für lokale, regionale und betriebliche Akteure. Düsseldorf

HOLZ-RAU, Christian (2002): Integrierte Verkehrsplanung – Eine lange Geschichte. In: Planungsrundschau. Ausgabe 05, Sommer 2002 (www.planungsrundschau.de, www.tu-harburg.de/sb3/objekt/planungsrundschau/planungsrundschau_05/chrivelg.htm, 10.12.02)

IÖW (= Institut für ökologische Wirtschaftsforschung gGmbH) (Hrsg.) (1996): Maßnahmen zur umweltschonenden Abwicklung des städtischen Wirtschaftsverkehrs. Berlin (= IÖW-Schriftenreihe 107/96)

KORIATH, Horst (1992): Vorbereitende Arbeiten zu einem Güterverkehrskonzept Berlin zur Reduzierung des Lkw-Fernverkehrs und des Lieferverkehrs in der Innenstadt. Berlin

KOSIOL, Erich (1962): Organisation der Unternehmung. Gabler Verlag: Wiesbaden

KOSIOL, Erich (1968): Grundlagen und Methoden der Organisationsforschung. Berlin (= Betriebswirtschaftliche Forschungsergebnisse, Bd. 3.)

Landtag Nordrhein-Westfalen (Hrsg.) (1998): Teilbericht der Enquete-Kommission Zukunft der Mobilität. Integrierte Gesamtverkehrsplanung in NRW. Düsseldorf (Drucksache 12/3246)

LEIFELD, Andreas (1998): Bedarfsorientierter Güter- und Personenverkehr. Substitutionsmöglichkeiten für den Pkw-Wirtschaftsverkehr in Städten. Berlin (= Institut für Straßen- und Schienenverkehr der Technischen Universität Berlin D 83)

LogiBall GmbH (Hrsg.) (1998): Untersuchung zu Bündelungspotentialen im Wirtschaftsverkehr des Dienstleistungssektors zum Aufbau einer Branchenlogistik in Münster. Beiträge zur Stadtforschung Stadtplanung Stadtentwicklung. Münster

LUHMANN, Niklas (1984): Soziale Systeme. Grundriß einer allgemeinen Theorie. Frankfurt a. M.

MAYNTZ, Renate (1997): Soziale Dynamik und politische Steuerung. Theoretische und methodologische Überlegungen. Köln (= Schriften des Max-Plack-Instituts für Gesellschaftsforschung. Band 29)

OEXLER, Petra (2002): Citylogistik-Dienste. Präferenzanalysen bei Citylogistik-Akteuren und Bewertung eines Pilotbetriebs; dargestellt am Beispiel der dienstleistungsorientierten Citylogistik Regensburg (RegLog©). München

PRITTWITZ, Volker von (1994): Politikanalyse. Opladen

REINKEMEYER, Lars (1994): Wirtschaftsverkehr in Städten. Quantifizierung und Rationalisierungsmöglichkeiten unter besonderer Berücksichtigung des Handels. Frankfurt a. M. (= VDA Materialien zur Automobilindustrie, Band 4)

ROPOHL, Günter (1975): 1. Einleitung in die Systemtechnik. In: Ropohl, Günter (Hrsg.): Systemtechnik: Grundlagen und Anwendung. München [u.a.]. S. 1-77

SCHULZ, Ulrike (1996): Das Konzept der Baulogistik in Berlin. Eine Fallstudie. Hamburg

SCHÜTTE, Franz Peter (1997): Mobilitätsprofile im städtischen Personenwirtschaftsverkehr. Berlin (= IÖW-Schriftenreihe 110/97)

SEIPOLD, Peer (2002): Otto Versand – Ökologische Optimierung von Transportprozessen. Hamburg, 30.10.2002. Foliensatz

STEINMEYER, Imke (2003): Kenndaten der Verkehrsentstehung im Personenwirtschaftsverkehr. Analyse der voranschreitenden Ausdifferenzierung von Mobilitätsmustern in der Dienstleistungsgesellschaft. Hamburg (= Schriftenreihe des European Centre for Transportation and Logistics Band 3)

WILLKE, Helmut (1993): Systemtheorie 4. Auflage. Stuttgart u.a.

# Städtische Umweltzonen

## Ein Ansatz zur stadtverträglichen Gestaltung des Wirtschaftsverkehrs?

*Christof Hertel (Hamburg-Harburg)*

## Zusammenfassung

Eine Umweltzone ist eine räumlich definierte Zone, in der Verkehr umwelt- und stadtverträglicher gestaltet werden soll. Zur Zielerreichung werden bestimmte Maßnahmen umgesetzt und/oder zur Einfahrt berechtigende Fahrzeugstandards festgelegt.

Der Beitrag stellt unterschiedliche europäische Konzepte von Umweltzonen vor. Nach der kurzen Darstellung einiger aktueller Planungen in Deutschland werden die Planungen der Umweltzone in Berlin erörtert. Es wird versucht, die Umweltzonen in Bezug auf den Wirtschaftsverkehr sowie deren räumlichen Ausmaße und Wechselwirkungen zu systematisieren. Der Beitrag kommt zu dem Schluss, dass städtische Umweltzonen mit Einschränkungen ein Ansatz zur stadtverträglichen Gestaltung des Wirtschaftsverkehrs sein kann.

## Summary

An environmental zone is defined as a spatially delimited zone, in which traffic is organised in such a way to be environmentally friendly and supportive of urban life. To achieve these objectives, certain measures are implemented and/or vehicle standards are defined, which entitles the vehicle to enter the zone. This article presents different European concepts of environmental zones. After a short overview of some current plans for environmental zones in Germany, the plan of the environmental zone in Berlin is discussed. The article tries to systematise environmental zones regarding business traffic as well as their spatial extents and reciprocal effects. The article concludes that subject to some limitations environmental zones could be an approach for urban areas.

## 1 Einleitung

In den vergangenen Jahren wurde in verschiedenen europäischen Ländern von Seiten der Kommunen an Konzepten für eine „saubere Innenstadt" gearbeitet.

Weit vorangeschritten sind die Arbeiten in Großbritannien, Dänemark und Schweden sowie aktuell auch in Deutschland, wo unter den synonym genutzten Bezeichnungen

„Environmental Zones", „Clear Zones", „Low Emission Zones", „Zero Emission Zones" und „Miljözon" nach Möglichkeiten gesucht wird, die negativen Auswirkungen des motorisierten Verkehrs in den Innenstädten zu reduzieren.

Durch die seit dem 1. Januar 2005 geltenden neuen gebietsbezogenen EU-Grenzwerte der Luftqualitätsrahmenrichtlinie werden entsprechende räumliche und raum-zeitliche (innen-) stadtbezogene Maßnahmen aktuell unter dem Namen „Umweltzone" oder „Umweltfreundliche Zone" auch für deutsche Städte diskutiert, um insbesondere die Überschreitung der Feinstaubgrenzwerte gemäß der EU-Luftqualitätsrahmenrichtlinie zu verhindern. In mehreren deutschen Städten ist die Einführung von Umweltzonen geplant. Eine Umweltzone wird in diesem Beitrag definiert als „eine räumlich definierte Zone, in der Verkehr umwelt- und stadtverträglicher gestaltet werden soll. Zur Zielerreichung werden bestimmte Maßnahmen umgesetzt und/oder zur Einfahrt berechtigende Fahrzeugstandards festgelegt."

## *Entwicklungstendenzen der städtischen Umweltzonen*

In den fünfziger Jahren wurden bereits erste flächenhafte Maßnahmen und Vorläufer heutiger Umweltzonen zur Einschränkung des (Wirtschafts-)Verkehrs beispielsweise in Kurstädten (Bad Reichenhall) oder durch Einführung von Fußgängerzonen (z. B. die ersten Fußgängerzonen in Kassel, Kiel und Stuttgart) umgesetzt. Diese Versuche, bestimmte Nutzungen bzw. Nutzergruppen (Kurgäste, Konsumenten) vor Lärm, Abgasen und Flächeninanspruchnahme des motorisierten Verkehrs zu schützen, wurden in den sechziger und siebziger Jahren insbesondere zur Attraktivierung von innerstädtischen Einkaufsstraßen in Deutschland weiter ausgebaut.

Europaweit begann in den neunziger Jahren die Suche nach Mitteln und Wegen, die Debatte um Stadtentwicklung und Verkehr mit Hilfe von Maßnahmen in die Praxis umzusetzen. So sollte die Qualität der Innenstädte für alle verbessert werden und die Erreichbarkeit und Versorgung der Städte weiterhin sichergestellt sein. Im Zuge dieser Diskussion wurden auch verschiedene Konzepte entwickelt und umgesetzt, die sich mehr oder weniger unter dem Begriff der „Umweltzone" zusammenfassen lassen. Um die Grenzwerte der EU-Luftqualitätsrahmenrichtlinie einhalten zu können, werden momentan vermehrt Umweltzonen geplant.

Der Beitrag stellt unterschiedliche europäische Konzepte von Umweltzonen vor. Nach der kurzen Darstellung einiger aktueller Planungen in Deutschland werden die Planungen der Umweltzone in Berlin erörtert. Es wird versucht, die Umweltzonen in Bezug auf den Wirtschaftsverkehr sowie deren räumlichen Ausmaße und Wechselwirkungen zu systematisieren, um herauszufinden, ob städtische Umweltzonen ein Ansatz zur stadtverträglichen Gestaltung des Wirtschaftsverkehrs sind.

Der vorliegende Beitrag aktualisiert die Erkenntnisse einer Erhebung aus dem Jahre 2002, die im Forschungsprojekt „Integrierter Wirtschaftsverkehr in Ballungsräumen – Stand in Theorie und Praxis" erfolgte. Das Projekt wurde im Rahmen des Forschungsprogramms Stadtverkehr (FOPS) des Bundesministeriums für Verkehr, Bau- und Wohnungswesen (BMVBW) durchgeführt (FLÄMIG, HERTEL 2003). Das Forschungsprojekt erhob europaweit bestehende Umweltzonen und verglich diese miteinander. Im Folgenden wird die Methodik aufgegriffen und aktualisiert.

## 2 Umgesetzte Beispiele von Umweltzonen

Zur Erläuterung und weiteren Auseinandersetzung werden in diesem Kapitel einige Umweltzonen exemplarisch vorgestellt. Dabei wird der Fokus auf die Berücksichtigung des Wirtschaftsverkehrs gerichtet.

### 2.1 Kopenhagen – CityGods

Der umfangreichsten Ansatz, der nur auf die Beeinflussung des Wirtschaftsverkehrs abzielt, startete am 1. Februar 2002 in Kopenhagen (500.000 Einwohner) unter dem Namen CityGods (deutsch: Stadtgüter). Er baute auf einem in den Jahren 1998 bis 2000 auf freiwilliger Basis durchgeführten Versuch auf.

Ausgangspunkt waren die Staus in den engen Straßen der Altstadt von Kopenhagen. Die Umweltzone zielte auf die Verbesserung der städtischen Umwelt durch eine Steigerung der Gütertransporteffektivität. Durch die Berücksichtigung des Auslastungsgrades eines Fahrzeuges sollte erreicht werden, dass weniger bzw. kleinere Fahrzeuge zur Belieferung in die Innenstadt einfahren. Die Umweltzone umfasste die Altstadt von Kopenhagen mit einer Fläche von etwa einem Quadratkilometer und ist eingebettet in das städtische Parkraummanagementsystem („rote Zone"), welches sich auch an den motorisierten Individualverkehr richtet (*City Gods Secretariat* 2003).

Für diese rote Zone wurden drei Typen von Zertifikaten (grün, gelb, rot) für Fahrzeuge mit mehr als 2,5 Tonnen zulässigem Gesamtgewicht (zul. GG) ausgegeben. Fahrzeuge über 18 Tonnen zul. GG sind nicht berechtigt, in die Umweltzone zu fahren. Das grüne Zertifikat wird in Abhängigkeit vom Alter des Motors (maximal 8 Jahre) sowie dem Auslastungsgrad der Lkw (mindestens 60 Prozent) vergeben. Außerdem ist das Führen einer Art Fahrtenbuch mit Angabe der Zuladungsauslastung Pflicht. Das gelbe Zertifikat wird an Fahrzeuge vergeben, die nicht den Anforderungen des grünen Zertifikats genügen. Das Zertifikat bekommen jedoch nur Fahrzeuge, deren Motor nicht älter als 6 Jahre ist. Zusätzlich muss entweder die Fahrzeuglänge unter 6 Metern betragen oder das zulässige Gesamtgewicht unter 3,5 Tonnen liegen. Alle anderen Fahrer müssen die roten Tageszertifikate erwerben. Das grüne und das gelbe Zertifikat kosten für die Gesamtlaufzeit des Versuches jeweils 325 Dänische Kronen (44 Euro), während das rote Zertifikat pro Tag 50 Dänische Kronen (7 Euro) kostet. Alle Zertifikate befreien die Fahrzeuge vom generellen Halteverbot in der Umweltzone. Für Fahrzeuge mit grünem Zertifikat wurden spezielle Ladezonen ausgewiesen, die von diesen von Montag bis Freitag zwischen 8 und 12 Uhr exklusiv genutzt werden dürfen. Um die Zertifikatsregelung effektiv umzusetzen, werden Lieferfahrzeuge in der Innenstadt von der Verkehrspolizei kontrolliert. Fahrzeughalter ohne Zertifikat müssen eine Parkgebühr von 450 Dänische Kronen (60 Euro) als Strafe zahlen (*City Gods Secretariat* 2003).

Abb. 1: Kopenhagen: Geltungsbereich („rote Zone") der CityGods-Zertifikate

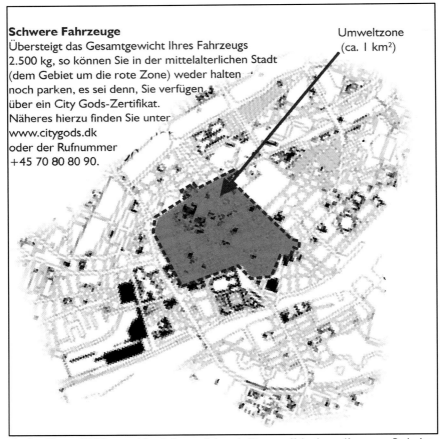

Quelle: Eigene Abbildung und Bearbeitung mit Ausschnitten aus: Københavns Kommune, Parkering København (o. J.): P-Guide. Deutsche Ausgabe. (http://www.parking.kk.dk/P-guide/Tyskpguide.pdf, 24.06.05)

Nach Beendigung des Versuches wurden die speziellen Beschränkungen aufgehoben. Einzige Ausnahme sind Lkw über 18 Tonnen zul. GG, die nach wie vor nicht in die Altstadt einfahren dürfen (Parkering København 2005). Bei der Evaluation des Versuchs ergab sich, dass es einen leichten Anstieg der Fahrzeugzahlen in der Umweltzone gab, insbesondere bei den nicht betroffenen Fahrzeugen der Klasse von 2 bis 2,5 Tonnen zul. GG. Der gemessene Auslastungsgrad betrug bei den Fahrzeugen mit grünem Zertifikat

70 Prozent. Der Kostenaufwand des Versuches von etwa 625.000 Euro wurde durch die Zertifikatsgebühren und Strafgebühren praktisch ausgeglichen (JENSEN 2003).

## 2.2 Stockholm – Miljözon und Trängselskatt

In Schweden wurde die sogenannte „Miljözon" (Umweltzone) erstmalig im Jahr 1996 in Lund, Göteborg, Malmö und Stockholm eingerichtet und umfasst in Abhängigkeit von der gesamten Stadtgröße zufahrtsbeschränkte Bereiche zwischen fünf Quadratkilometer in Lund (99.000 Einwohner) und 35 Quadratkilometer in Stockholm (755.000 Einwohner).

Zur Zeit wird an der Einführung einer „Trängselskatt" („Platzmangelsteuer") in Stockholm gearbeitet.

*Miljözonen*

Die Ziele und Regulierungen der Umweltzone sind in allen vier Städten nahezu identisch (vgl. *Stockholm Stad* et al. o. J.), so dass hier auf Stockholm näher eingegangen wird.

Stockholm hat mit etwa 250.000 betroffenen Einwohnern und 280.000 in der Umweltzone Erwerbstätigen die größte der vier Miljözonen. Das Ziel der Umweltzone ist, Lärm- und Abgasemissionen durch den Lkw-Verkehr innerhalb der Umweltzone zu verringern. Die Regulierungen sollen entsprechend den technischen Entwicklungen, bei neuen Erkenntnissen und bei Gesetzesänderungen angepasst werden. Zuletzt geschah dies zum 1. Januar 2002. Heute bestehen dauerhaft Zufahrtsbeschränkungen für Dieselfahrzeuge mit mehr als 3,5 Tonnen zul. GG, deren Erstregistrierung über acht Jahre zurückliegt.

Ausnahmen können auf Antrag für maximal zwölf Jahre alte Fahrzeuge gemacht werden. Diese müssen mit Hilfe einer Nachrüstung ihre bisherigen Partikel- und Kohlenwasserstoffemissionen um 80 Prozent reduzieren, ohne dabei einen Anstieg der Lärm- und Stickoxidemissionen zu verursachen. Die Zufahrtsberechtigung muss jedes Fahrzeug mit einer Vignette nachweisen, die die Registrierungsnummer des Fahrzeugs enthält und Auskunft darüber gibt, wann die Benutzungsgenehmigung ausläuft und in welchem Jahr das Fahrzeug gebaut bzw. zuerst registriert wurde (*Stockholm Stad* et al. o. J.). Die Vignetten gelten für alle vier Miljözonen in Schweden.

Für die Stockholmer Innenstadt liegen bezüglich der Luftschadstoffemissionsreduktionen durch die Umweltzone nur Ex-Ante-Modellberechnungen (vgl. *Miljöförvaltningen* 1996) vor, wonach ein Rückgang beim durch Schwerverkehr innerhalb der Zone verursachten Ausstoß von polyaromatischen Kohlenwasserstoffen 20 Prozent, bei Stickoxiden 10 Prozent und bei Partikeln 50 Prozent erreicht wird.

Innerhalb des ersten Jahres der Umweltzone nahm das Gesamtverkehrsaufkommen zu, wodurch eine geringfügig höhere Lärmbelastung verursacht wurde.

## Abb. 2: Stockholm: Miljözon (schwedisch für Umweltzone)

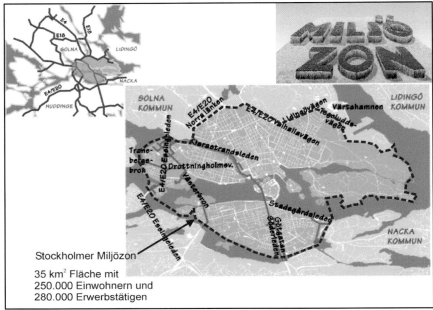

Stockholmer Miljözon
35 km² Fläche mit
250.000 Einwohnern und
280.000 Erwerbstätigen

*Quelle: Eigene Abbildung und Bearbeitung mit Ausschnitten aus:*
*http:www.stockholm.se/files/24600-24699/file_24607.gif, 24.06.05;*
*http://www.stockholm.se/files/24600-24699/file_24609.gif, 24.06.05*

### Trängselskatt

Ab dem 3. Januar 2006 wird befristet bis zum 31. Juli 2006 an den Grenzen der bisherigen Umweltzone eine City-Maut („trängselskatt") auf alle motorisierten Fahrzeuge erhoben (*Dagens Nyheter* 2005).

Ziel des City-Maut-Versuches ist eine 10 bis 15-prozentige Senkung der Verkehrsvolumina auf den am stärksten belasteten Strecken, eine Steigerung der Durchschnittsgeschwindigkeit sowie die Reduzierung von Luftschadstoffemissionen. Darüber hinaus soll die städtische Umwelt für die Bürger verbessert werden und die Einnahmen in den öffentlichen Verkehr investiert werden (*Congestion Charge Secretariat* 2004).

In der Zeit von 6 Uhr 30 bis 18 Uhr 30 ist werktäglich jeweils bei Ein- und Ausfahrt aus der Zone eine Gebühr zu zahlen. Die Höhe ist gestaffelt, in der Rush-Hour beträgt sie 20 Schwedische Kronen (ca. 1,86 Euro), ansonsten variiert sie zwischen 10 und 15 Schwedischen Kronen (ca. 0,93-1,39 Euro), die tägliche Maximalgebühr beträgt 60 Schwedische Kronen (ca. 4,58 Euro). Ausgenommen von der City-Maut sind u. a.

emissionsärmere Antriebe wie beispielsweise Elektro-, Biogas- oder Ethanol-getriebene Fahrzeuge. Begleitet wird der Versuch von umfangreichen Evaluationsmaßnahmen. Nach Abschluss des Versuchs soll parallel zu den Parlamentswahlen ein Referendum über das weitere Vorgehen stattfinden (*Congestion Charge Secretariat* 2004).

## 2.3 London – City Traffic and Environmental Zone, Congestion Charge und Low Emission Zone

Im Folgenden werden die in London umgesetzten - City Traffic and Environmental Zone und Congestion Charge – wie auch die zur Zeit geplante Low Emission Zone, näher betrachtet.

### City Traffic and Environmental Zone

In der City of London, dem Kernbezirk Londons mit einer Fläche von 2,9 Quadratkilometern, wurde bereits im Jahr 1993 die „City Traffic and Environmental Zone" (*Clear Zones Office* o. J.) eingerichtet und 1997 fertig gestellt und auf angrenzende Stadtgebiete ausgeweitet. Von den insgesamt 6,7 Millionen Einwohner Londons wohnen etwa 7.200 Einwohner (2001) in der Zone, während etwa 331.300 Erwerbstätige (2000) dort arbeiten. Ziel der Zoneneinführung war einerseits, das Straßenumfeld zu verbessern, indem insbesondere der Durchgangsverkehr vermieden bzw. verlagert wurde. Andererseits sollte der Polizei eine bessere Überwachung der damals von terroristischen Bombenanschlägen betroffenen City of London ermöglicht werden.

Eine Maßnahme war, die Anzahl der Zufahrtsmöglichkeiten in die Innenstadt von 33 auf acht zu beschränken und gleichzeitig die Aufnahmekapazität alternativer Routen zu verbessern. Außerdem wurden umfangreiche Überwachungssysteme installiert.

Das durchschnittliche tägliche Verkehrsaufkommen im Kerngebiet konnte durch Verlagerung auf andere Straßen innerhalb des Stadtbezirkes um 25 bis 30 Prozent gesenkt werden.

Durch die Schließung einiger Straßen entlang der Bezirksgrenze verringerte sich das Verkehrsaufkommen auf den Zufahrtsstraßen zur City nur geringfügig.

Der Verkehrsfluss in der Zone wurde durch die Einschränkung des Durchgangsverkehrs optimiert. Das Emissionsminderungspotenzial innerhalb des Bezirkes wird auf 15 Prozent geschätzt. Die Zahl der Verkehrsunfälle mit Kfz- und Fußgängerbeteiligung ging um 39 Prozent zurück (*Clear Zones Office* o. J.).

### Congestion Charge

Im Juli 2001 wurde in London „The Mayor's Transport Strategy" als Verkehrsplanung des Oberbürgermeisters Ken Livingstone vorgestellt. Die Strategie sah ein integriertes Paket an Maßnahmen und Politiken vor. Damit sollte das gesamte Verkehrssystem der Stadt verbessert werden und London sich zu einer beispielhaften „sustainable world city" entwickeln (*Greater London Authority* 2001, S. 59).

Teil der Strategie war es, in einem insgesamt 20 Quadratkilometer umfassenden Innenstadtgebiet eine „Congestion Charge" (Staugebühr) einzuführen. Ziel dieser City-Maut war es, insbesondere den motorisierten Verkehr in der Innenstadt zu reduzieren und somit den Verkehr zu verflüssigen und Luftschadstoffe zu vermindern. Die mit Hilfe der Staugebühr generierten Einnahmen sollten dem Ausbau des öffentlichen Verkehrs dienen. Am 17. Februar 2003 wurde dauerhaft die Staugebühr eingeführt.

Für jedes Fahrzeug, das zu den Hauptverkehrszeiten (montags bis freitags von 7 bis 18 Uhr) in den Kernstadtbereich hinein fährt, wird eine Gebühr von 5 Pfund (ca. 7,50 Euro) pro Tag erhoben. Am 4. Juli 2005 wird die Gebühr auf dann 8 Pfund (ca. 12 Euro) pro Tag angehoben. Die Gebührenzahlung berechtigt zum ein- oder mehrmaligen Hinein-, Herum- und Herausfahren an dem bezahlten Tag (*Congestion Charging* o. J.).

Kostenfreie Einfahrt wird bei jährlicher Antragstellung (10 Pfund / ca. 15 Euro) neben Behindertenfahrzeugen, Fahrzeugen mit neun und mehr Sitzen sowie Pannenhilfsfahrzeugen auch emissionsarmen Fahrzeugen gewährt. Darunter fallen Fahrzeuge mit emissionsfreien alternativen Antrieben sowie Fahrzeuge unter 3,5 Tonnen zul. GG, deren Schadstoffausstoß bei Stickoxid- ($NO_x$-) und Kohlenwasserstoff- (HC-) Emissionen mindestens 40 Prozent unter Euro 4 liegt. Bei über 3,5 Tonnen zul. GG muss mindestens Euro 3 eingehalten werden (*Transport for London* o. J, S. 2). Einwohner der Zone erhalten einen Gebührennachlass von 90 Prozent.

Die Organisation, insbesondere der Gebühreneinzug und die Erteilung von Ausnahmegenehmigungen und Reduktionen, wurde einem Privatunternehmen übertragen und wird von diesem durchgeführt (*Congestion Charging* o. J.).

Eine umfangreiche Begleitevaluierung mit jährlicher Berichterstattung informiert über die ökologischen, sozialen und ökonomischen Wirkungen der Zone. Dieser zufolge war die Akzeptanz der Staugebühr bei den Einwohnern und der Wirtschaft in London nach Einführung der Gebühr vor zwei Jahren höher als davor (*Transport for London* 2005a, S. 15f.)

Die Schadstoffemissionen ($NO_x$, $NO_2$ und PM10) reduzierten sich, diese Entwicklung ist jedoch in ganz London zu registrieren und kann laut des Monitoring-Berichtes nicht auf die Einführung der Staugebühr zurückgeführt werden (*Transport for London* 2005b, S. 136). Der Kfz-Verkehr ging innerhalb der Zone um 15 Prozent zurück, wobei es kaum zu Verkehrsverlagerungen in andere Stadtgebiete kam.

Der Stau ging innerhalb der Zone um 30 Prozent zurück und verbesserte die Situation auch auf umliegenden Straßen außerhalb der Zone. Der Verkehr wurde flüssiger und die Reisezeiten verlässlicher und kürzer (*Transport for London* 2005a, S. 3f.).

Der Busverkehr wurde mit Hilfe der Mauteinnahmen ausgebaut und konnte seine Durchschnittsgeschwindigkeit aufgrund der verbesserten Verkehrslage erhöhen. Die Unfallzahlen und der Kraftstoffverbrauch gingen zurück, und der Schadstoffausstoß reduzierte sich. Die Nettoeinnahmen aus der Gebühr, die zur Reinvestition in den Transportsektor zur Verfügung stehen, belaufen sich auf über 90 Millionen Pfund (ca. 135 Millionen Euro) pro Jahr.

## Abb. 3: London: Congestion Charging Zone

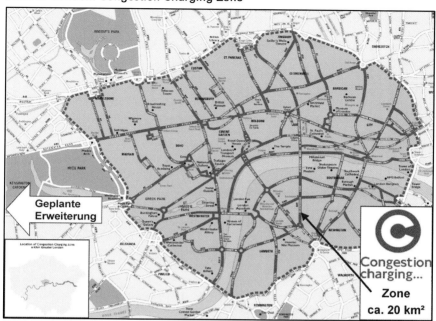

Quelle: *Eigene Abbildung und Bearbeitung mit Ausschnitten aus:*
*http://www.cclondon.com/download/DetailMapCCZ.pdf, 24.06.05*

Aufgrund der positiven Wirkungsbilanz ist geplant, die Zone ab Februar 2007 in die westliche Innenstadt auf etwa die doppelte Größe auszuweiten.

### *Low Emission Zone*

Trotz der Verbesserungen der Luftqualität in London ist London noch immer die Stadt mit den höchsten Luftschadstoffwerten in Großbritannien. Momentan erfüllt die Luftqualität nicht die Anforderungen der EU-Luftqualitätsrahmenrichtlinie. Daher wurden Machbarkeitsstudien für eine Low Emission Zone (LEZ) in Auftrag gegeben (vgl. WATKISS et al. 2005). Die Modellierungen zur Luftqualität zeigen, dass sich durch Verkehrsreduzierungen allein die Emissionsreduktionsziele nicht erreichen lassen. Daher ist es den Studien zufolge notwendig, den Flottenbestand zu säubern. Die Einführung der LEZ ist demnach eine erfolgversprechende Maßnahme hierfür (WATKISS et al. 2005, S. iv).

Ziel der LEZ ist es, alte Fahrzeuge mit hohem Schadstoffausstoß aus der Zone auszuschließen. Dadurch wird die Flottenerneuerung beschleunigt. Vorbild der LEZ in London sind die Umweltzonen in Skandinavien.

Die Einführung der LEZ wäre frühestens Mitte bzw. Ende 2006 möglich, da unter anderem die gesetzlichen und praktischen Voraussetzungen der LEZ noch geschaffen werden müssen.

Die LEZ soll Greater London umfassen, da laut Studie ansonsten keine signifikanten Verbesserungen erreicht werden können.

Allerdings sollen in einer ersten Stufe nur Lkw über 3,5 Tonnen zul. GG, Reisebusse und Nahverkehrsbusse von der Low Emission Zone betroffen sein (WATKISS et al. 2005, S. vi), um soziale Ungleichheit zu vermeiden, da ältere Pkw mit hohem Schadstoffausstoß zumeist von ärmeren Haushalten gefahren werden (WATKISS et al. 2005, S. vi). Der Einschluss von Lieferwagen unter 3,5 Tonnen zul. GG in die LEZ wird noch geprüft.

## 2.4 Niederlande – venstertijden.nl

Die Umsetzung von Umweltzonen ist in den Niederlanden weit vorangeschritten. Seit zehn Jahren werden in den großen niederländischen Städten nicht nur kleine Fußgängerbereiche, sondern gesamte Innenstadtbereiche für den motorisierten Verkehr gesperrt. Für die Durchsetzung der Zufahrtsbeschränkungen wurden versenkbare Poller installiert, die nur Fahrzeugen mit Ausnahmegenehmigungen die Einfahrt ermöglichen. Beispielsweise wurden in Utrecht im ersten Schritt im Jahr 1992 die Poller zunächst nach den Ladenöffnungszeiten und an Sonntagen geschlossen. In einem zweiten Schritt kann seit dem Jahr 1994 nur noch während der allgemeinen Lieferzeitfenster eingefahren werden. Zudem bestehen Gewichtseinschränkungen für Lieferfahrzeuge, die mit Hilfe von in die Straße eingebauten elektronischen Waagen überwacht werden. Bei Nichtbeachtung droht der Lizenzentzug (GLASER 2000, S. 136ff.).

Im Gegensatz zu den bisher aufgezeigten Beispielen handelt es sich hierbei um für Niederländer relativ übliche Verkehrsbeschränkungen für Innenstädte. In mehr als 280 Städten und Gemeinden sind entsprechende Restriktionen vorhanden.

Daraus ergibt sich insbesondere für den überörtlichen Wirtschaftsverkehr ein Informationsproblem bei der Tourenplanung, wo und wann welche Restriktionen gelten oder zu welcher Zeit die Zonen mit welcher Fahrzeugart befahren werden können.

Das von elf öffentlichen und privaten Institutionen bzw. Organisationen 1995 gegründete Forum Platform Stedelijke Distributie (PSD, Forum für Stadtdistribution) hat sich der Problematik auf übergeordneter Ebene angenommen. Zum einen bemühte sich PSD um eine landesweite Koordinierung, Standardisierung und Klassifizierung der städtischen Zonen. Zum anderen wurde eine Datenbank unter www.venstertijden.nl („www.fensterzeiten.nl") ins Internet gestellt, auf der systematisch Informationen bezüglich der Zufahrtsbeschränkungen für den Wirtschaftsverkehr in 280 niederländischen Städten und Gemeinden zu finden sind. Diese Informationen umfassen unter anderem physische, fahrzeugspezifische (Gewicht, Länge etc.) und zeitliche Zufahrtsbeschränkungen sowie Ansprechpartner in den jeweiligen Städten und Gemeinden (*Platform Stedelijke Distributie* o. J.).

Die Internetplattform ermöglichte es auf der überörtlichen Ebene, Fahrzeughaltern Informationen zur besseren Planung zur Verfügung zu stellen, so dass Anfahrten zu falschen Zeiten oder mit zu großen Fahrzeugen vermieden werden können. Zwischenzeitlich wurde das Forum für Stadtdistribution aufgelöst. Das Internetportal ist jedoch weiterhin zu erreichen. Über die konkreten Wirkungen dieser städteübergreifenden Informationsplattform ist nichts bekannt.

## 3 Aktuelle Planungen von Umweltzonen in Deutschland

In Deutschland wurden in den letzten Jahren keine Umweltzonen eingerichtet. Durch die seit dem 1. Januar 2005 geltenden neuen EU-Grenzwerte für Luftschadstoffe der EU-Luftqualitätsrahmenrichtlinie werden entsprechende räumliche und raum-zeitliche (innen-) stadtbezogene Maßnahmen und die Einrichtung von Umweltzonen zunehmend auch für deutsche Städte diskutiert.

### 3.1 Überblick

Eine Auswertung des Internets (Stand: Juni 2005) mit Hilfe der Suchmaschine google.de ergab, dass neben den weit fortgeschrittenen Planungen in Berlin auch noch weitere Großstädte in Deutschland die Einführung einer Umweltzone planen.

- In Dortmund wurde als eine lokale Sofortmaßnahme die ganztägige Sperrung einer von Grenzwertüberschreitungen betroffenen Straße in eine Fahrtrichtung für den Schwerlastverkehr über 7,5 Tonnen zul. GG umgesetzt (*Bezirksregierung Arnsberg* 2005, S. 16f.).
- In der südlichen Innenstadt von Düsseldorf wird ein mehrstufiges Maßnahmenkonzept umgesetzt (*Bezirksregierung Düsseldorf* 2005, S. 11f.). Zwei Monate lang werden die jeweils umgesetzten Maßnahmen auf ihre Wirksamkeit hin geprüft, ggf. wird dann die nächste Maßnahmenstufe umgesetzt. In der ersten, bereits umgesetzten Stufe wurde ein LKW-Durchfahrtverbot für Fahrzeuge mit mehr als 2,8 Tonnen zul. GG (Lieferverkehr Corneliusstraße von 9 bis 14 Uhr frei) auf der Corneliusstraße erlassen. Die Einhaltung des Durchfahrtsverbots wird vom Ordnungsamt und von der Polizei täglich kontrolliert. Zuwiderhandlungen werden mit Bußgeldern geahndet. Die zweite Stufe sieht ein Durchfahrtsverbot auf der Corneliusstraße für alle Dieselfahrzeuge, die nicht mindestens Euro 4 erfüllen, vor. In der dritten Stufe soll dann eine Umweltzone eingerichtet werden. Es gilt dann ein Durchfahrtsverbot für den Bereich der südlichen Innenstadt für alle Dieselfahrzeuge unter Euro 4.
- In Augsburg wird im Luftreinhalteplan für eine zweite mögliche Maßnahmestufe eine „Umweltfreundliche Zone" vorgeschlagen. Über eine Umsetzung soll erst ent-

schieden werden, sofern die erste Maßnahmenstufe nicht zu einer ausreichenden Luftschadstoffminderung geführt hat. Die „Umweltfreundliche Zone" wurde von einem Beratungsunternehmen unter anderem in Augsburg als Forschungsauftrag des Bayerischen Staatsministeriums für Umwelt, Gesundheit und Verbraucherschutz entwickelt (*Dorsch Consult* 1996). Sie sieht vor, dass eine Zone in der Innenstadt für Kraftfahrzeuge aller Art von 15 bis 11 Uhr gesperrt wäre. In dieser Zeit wären nur Fahrzeuge zufahrtsberechtigt, welche einen Katalysator haben oder mindestens Euro 3 einhalten sowie Besitzer einer Ausnahmegenehmigung. Da diese Werte nicht mehr besonders anspruchsvoll sind, sollten sie laut Luftreinhalteplan mit anspruchsvolleren Standards fortgeschrieben werden. Im Lkw-Bereich wird dafür der Enhanced Environmentally Friendly Vehicles (EEV) -Standard als Möglichkeit genannt (vgl. *Bayerisches Staatsministerium für Umwelt, Gesundheit und Verbraucherschutz* 2005, S. 58).

- In München beschloss der Stadtrat die umgehende Prüfung der „Einrichtung einer großräumigen Umweltzone, in die nach angemessener Übergangszeit nur Dieselfahrzeuge mit Rußfilter einfahren dürfen" (*Stadt München* 2005). Diese Umweltzone soll einen „möglichst stadtgrenznahen virtuellen Ring" umfassen.
- In Stuttgart soll ab 2006 ganzjährig ein Lkw-Durchfahrtsverbot (Anlieger frei) im gesamten Stadtgebiet gelten. Darauf aufbauend sollen ab 2007 (2008) Fahrverbote für Diesel-Kraftfahrzeuge schlechter als Euro 1 (Euro 2) gelten. Ab 2010 (2012) sollen dann für alle Kraftfahrzeuge schlechter als Euro 2 (Euro 3) Fahrverbote gelten. Darüber hinaus wird geprüft, ob dieses „Fahrverbots-Stufenkonzept" im gesamten Großraum Stuttgart eingeführt wird (*Regierungspräsidium Stuttgart* 2005, S. 40f.).
- In Freiburg wird zur Zeit an einem Luftreinhalteplan gearbeitet, „der die Einhaltung des Grenzwerts für Stickstoffdioxid ab dem Jahr 2010 sicherstellen soll" (*Regierungspräsidium Freiburg* 2005). Momentan gehen die Planer davon aus, dass der bisherige Maßnahmenkatalog nicht ausreicht, „um die Belastung durch Stickstoffdioxid bis zum Jahr 2010 auf das zulässige Maß zurückzuführen". Daher wurde eine „Umweltzone" definiert. Ab 2010 sollen dort Verkehrsverbote für Kraftfahrzeuge unter Euro 2 bzw. ab 2012 unter Euro 3 gelten. Diese Umweltzone „umfasst weite Bereiche der Kernstadt von Freiburg, wobei jedoch die Zufahrt zu den Gewerbe- und Industriegebieten im Süden, Westen und Norden Freiburgs möglich sein wird. Dagegen wäre eine Durchquerung der Stadt in Ost-West-Richtung und umgekehrt für die vom Verbot betroffenen Kraftfahrzeuge nicht möglich." Bezüglich der Feinstaubbelastung besteht hingegen noch kein gesetzlich vorgeschriebener Handlungsbedarf (*Regierungspräsidium Freiburg* 2005).

## 3.2 Berlin – Innenstadtkonzept und Umweltzone

Im Berliner Beispiel werden sowohl ein älterer Einführungsversuch im Rahmen des „Innenstadtkonzeptes", wie auch die aktuellen Planungen des „Stufenkonzeptes für die Berliner Umweltzone" betrachtet.

## Innenstadtkonzept

Die Idee einer Berliner Umweltzone geht zurück auf ein 1992 bis 1994 entwickeltes Konzept der Senatsverwaltung von Berlin. Das im Sommer 1994 vom Berliner Senat verabschiedete, jedoch nicht umgesetzte „Innenstadtkonzept" sah ab dem 1. Juli 1998 bis zum 1. Januar 2000 in drei Stufen die Einführung von Benutzervorteilen für schadstoffarme Kraftfahrzeuge in der gesamten Berliner Innenstadt (innerhalb des S-Bahn-Ringes) vor. Ab dem 1. Juli 1998 sollte für das Gebiet, das durch den inneren S-Bahnring umfasst wird, ein Verkehrsverbot für alle Pkw ohne Katalysator bzw. Rußfilter gelten.

Ab dem 1. Januar 1999 sollte „für alle Lkw und Kraftomnibusse bis zu einem Gesamtgewicht von 3,5 t" ein Verkehrsverbot erlassen werden, „die nicht über Emissionsminderungen entsprechend dem 3-Wege-Katalysator verfügen oder die nicht die Grenzwerte der Euronorm 2 erfüllen." Die dritte Stufe sah vor, dass ab dem 1. Januar 2000 „in demselben Gebiet ein Verkehrsverbot für alle Dieselfahrzeuge über 3,5 t erlassen" wird, „die nicht die Werte der Euronorm 2 erfüllen" (*Abgeordnetenhaus von Berlin* 1998, S. 1).

Mit diesem Stufenplan sollte die verkehrsbedingte Schadstoffbelastung reduziert werden. In Kraft trat jedoch keine der Stufen. Inwieweit die Ankündigung des Innenstadtkonzeptes bereits zu beschleunigter Flottenerneuerung führte, ist nicht bekannt.

## Stufenkonzept für die Berliner Umweltzone

In Berlin (3,4 Millionen Einwohner) war aufgrund der Luftqualität der letzten Jahre abzusehen, dass die neuen Grenzwerte der EU-Luftqualitätsrahmenrichtlinie nicht einzuhalten sei und daher ein Luftreinhalte- und Aktionsplan erstellt werden muss. Im laufenden Jahr werden dort weder bei Feinstaub (PM10), noch bei Stickoxid ($NO_x$) die EU-Grenzwerte eingehalten. Der erstellte Luftreinhalte- und Aktionsplan (*Senatsverwaltung für Stadtentwicklung* 2005) zeigte daher entsprechend der Richtlinie angemessene und verhältnismäßige Maßnahmen auf, die zur Minderung der Schadstoffemissionen beitragen können, ohne an anderen Orten zu Verschlechterungen zu führen. Kurzfristig wurden bereits Sperrungen von einzelnen überlasteten Straßen (Silbersteinstraße in Berlin Neukölln) für den Lkw-Verkehr umgesetzt.

Der motorisierte Verkehr ist an Hauptverkehrsstraßen für gut die Hälfte der Feinstaubbelastung verantwortlich. Davon verursacht der Lkw-Verkehr etwa zwei Drittel der Belastung. (*Senatsverwaltung für Stadtentwicklung* 2005, S. 12)

Daher wurde das ehemalige Innenstadtkonzept modifiziert als „Umweltzone" und Einräumung eines „Nutzervorteils" (*Senatsverwaltung für Stadtentwicklung* 2005, S. 21) in den Maßnahmenkatalog des Luftreinhalte- und Aktionsplans des Senats aufgenommen. Ziel der Umweltzone ist es, die Feinstaub- und Stickstoffdioxid-Belastung in Berlin zu reduzieren. Der Innenraum des „Großen Hundekopfes" (Berliner S-Bahn-Ring) wird dazu ab dem Jahr 2008 als Umweltzone ausgewiesen. Damit, so der Aktionsplan, bildet die Umweltzone die „drittgrößte Stadt" Deutschlands mit 1,1 Millionen Einwohnern, 700.000 Arbeitsplätzen und einer Fläche von etwa 100 Quadratkilometern.

Entsprechend den Wirkungsuntersuchungen des Luftreinhalteplans soll zweistufig vorgegangen werden. Das „Stufenkonzept für die Berliner Umweltzone" sieht vor, dass ab 2008 innerhalb der Umweltzone nur noch Dieselfahrzeuge mit mindestens Euro 2 fahren. In der zweiten Stufe ab 2010 dürfen dann nur noch Dieselfahrzeuge mit mindestens Euro 3 und mit Rußfilter fahren (*Senatsverwaltung für Stadtentwicklung* 2005, S. 30).

Von der ersten Stufe werden von den in Berlin zugelassenen Fahrzeugen etwa 40.000 Pkw und 30.000 Lkw betroffen sein. Diese sind dann älter als zwölf Jahre. Von der zweiten Stufe ab 2010 werden dann zusätzlich etwa 20.000 Pkw und 10.000 Lkw, die dann älter als zehn Jahre sind, betroffen sein (*Senatsverwaltung für Stadtentwicklung* 2005, S. 27).

Abb. 4: Berlin: Feinstaub (PM10) – Überschreitungen im Hauptstraßennetz (Ist-Situation, 2002) sowie die geplante Umweltzone

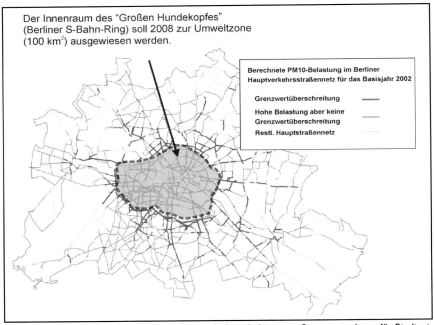

Quelle: *Eigene Abbildung und Bearbeitung mit Ausschnitten aus: Senatsverwaltung für Stadtentwicklung (2005): Luftreinhalte- und Aktionsplan für Berlin 2005 – 2010. Berlin, S. 10. http://www.stadtentwicklung.berlin.de/umwelt/luftqualitaet/de/luftreinhalteplan/download/ Luftreinhalteplan-Berlin_gesamt.pdf, 24.06.05*

Zur Zeit wohnen im Gebiet der geplanten Umweltzone etwa 190.000 Anwohner an von Grenzwertüberschreitungen betroffenen Hauptverkehrsstraßen (*Senatsverwaltung für Stadtentwicklung* 2005, S. 8). Diese Zahl wird sich nach Berechnungen der Senatsverwaltung bis zum Jahr 2010 auch ohne Umweltzone durch Luftqualitätsverbesserungen auf etwa 43.000 betroffene Anwohner reduzieren. Allein durch die Einführung der Umweltzone können davon weitere 10.000 Anwohner entlastet werden (*Senatsverwaltung für Stadtentwicklung* 2005, S. 27). Es wird prognostiziert, dass die Feinstaubbelastung an den Hauptverkehrsstraßen innerhalb der Umweltzone sich um 10 Prozent reduziert. Zur Einhaltung der Grenzwerte an allen Straßenabschnitten ist dies nicht ausreichend, so dass darüber hinaus weitere schadstoffmindernde Maßnahmen geplant sind.

## 4 Erkenntnisse und Schlussfolgerungen

Welche Schlussfolgerungen können nun aus einem Vergleich der Umweltzonen gezogen werden? Mit Hilfe der Erkenntnisse über die Gründe, die zur Einrichtung einer Umweltzone führten und deren spezifischen Merkmale, werden in diesem Kapitel Schlussfolgerungen abgeleitet.

### 4.1 Gründe für die Einführung von Umweltzonen

Die Gründe, die zur Einführung einer Umweltzone geführt haben, waren in der Vergangenheit vielfältiger Natur. Einerseits sollten Probleme gelöst und andererseits Ziele erreicht werden. Die meisten Gründe für eine Umweltzone finden sich in den Themenfeldern Umwelt, Anlieger oder Verkehr.

In den jeweiligen Städten (z. B. Berlin, Stockholm, London, Augsburg) in denen über Umweltzonen nachgedacht wird, wurden erste Konzepte bereits vor 10 - 15 Jahren erstellt. Häufig wird mit der Umweltzone nach Möglichkeiten gesucht, die negativen Auswirkungen des motorisierten Verkehrs in den Innenstädten zu reduzieren und gleichzeitig Anreize zu schaffen, den Fahrzeugbestand zu erneuern.

Seit der Gültigkeit der neuen EU-Luftqualitätsrahmenrichtlinie konzentrieren sich die Begründungen für die Einführung von Umweltzonen insbesondere auf den Beitrag zur Einhaltung der Schadstoffgrenzwerte bei Feinstaub und Stickoxiden.

### 4.2 Merkmale einer Umweltzone

Wie die dargestellten Beispiele zeigen, sind die Merkmale von Umweltzonen höchst unterschiedlich. Dies betrifft sowohl die Art, Größe und Begrenzung, die betroffenen Fahrzeugarten und -standards, wie auch die umgesetzten Kombinationen daraus, die jeweils individuell zur umwelt- und stadtverträglichen Gestaltung beitragen sollen. Allerdings sind stets auch Gemeinsamkeiten festzustellen.

## Art, Größe und Begrenzung der Umweltzonen

Die räumliche Begrenzung einer Umweltzone erfolgt auf vier Arten:
- natürliche Art (z. B. durch die Insellage der Innenstadt in Stockholm)
- infrastrukturelle Art (wie der Berliner S-Bahnring)
- administrative Art (Regions- oder Stadtgrenze, wie in Stuttgart) oder
- durch Beschilderung und Absperrungen (Londoner City-Maut).

Allen gemeinsam ist, dass es sich um eine klar definierte Grenze handelt, die im Grenzbereich (Brücken, Straßenkreuzungen, Einfallstraßen) zusätzlich ausgeschildert wird. Gleichzeitig ist dies meistens auch der Ort für die besonderen Überwachungs-, Bezahlungs- oder Sicherungsmaßnahmen im Umweltzonenbereich (z. B. Kameras, Bezahlstationen, funkgesteuerte Poller).

Die Größe der Umweltzone kann je nach Problemlage, Ziel und Größe der jeweiligen Stadt sehr unterschiedlich ausfallen. Qualitativ kann dabei unterschieden werden in einen Teilbereich der Innenstadt (z. B. Einkaufsbereich oder Altstadt), Innenstädte, Kernstadt, gesamtes Stadtgebiet oder auch die gesamte Region.

Art und Größe der Zonen ist sehr vielfältig und der Übergang zu reinen Mautkonzepten und linienhaften Konzepten (z. B. Straßensperrungen, Maut-Straßen) ist fließend. Dabei fällt auf, dass im Zuge der EU-Luftqualitätsrahmenrichtlinie, in einigen Städten kurzfristige Straßensperrungen vorgenommen werden (Dortmund, Berlin, Düsseldorf). Diese Straßensperrungen, die meistens im Bereich um Messstationen liegen, sind nur sehr lokal wirksam und nicht in ein umfassenderes Konzept eingebunden. Eine Ausnahme bildet Düsseldorf, hier soll in einem Stufenkonzept die Straßensperrung zu einer Umweltzone erweitert werden.

## Fahrzeugarten und –standards

Die von den Regelungen der Umweltzone betroffenen Fahrzeuge werden zumeist nicht durch die Verkehrsart definiert, sondern durch die Fahrzeugarten, die sich insbesondere am zulässigen Gesamtgewicht oder auch an der Antriebsart festmachen lassen. Da entweder alle motorisierten Fahrzeuge oder aber schwere Fahrzeuge bzw. Fahrzeuge mit Dieselantrieb als Zielgruppe der Regulierung definiert werden, ist der Wirtschaftsverkehr fast immer (mit-) betroffen. Auswärtige Fahrzeughalter werden nur dann ausgenommen, wenn dies aus rechtlichen Gründen nötig ist. Durchgangsverkehre sollen, dort wo es möglich ist, nicht durch die Umweltzone hindurch fahren, sondern – zum Teil weiträumig – umgelenkt werden.

Wenn die Einfahrtserlaubnis nicht auf einer Maut basiert, so werden die Ausschlusskriterien zumeist über die Euro-Abgasstandards der Fahrzeuge definiert. Hinzu kommt teilweise die Forderung nach einem Rußfilter bei Dieselantrieb, da dieser noch nicht als Euro-Abgasstandard Gültigkeit erlangt hat.

## Umgesetzte Kombinationen

Zusammenfassend lässt sich sagen, dass in der Regel – unabhängig von der Bezeichnung – Zufahrtskriterien für begrenzte Bereiche und Zeiten aufgestellt werden, wobei

Fahrzeuge mit einer hohen Schadstoffbelastung ausgeschlossen werden sollen. Als Orientierungshilfe werden in der Regel EU-Abgasstandards herangezogen. Drei Möglichkeiten der Zufahrtsregulierung werden derzeit hauptsächlich genutzt:
- Zufahrtsbeschränkungen für bestimmte Fahrzeugklassen (z. B. Busse, Lieferfahrzeuge, Taxis) oder -größen (meist nach Gewicht) in einem bestimmten Gebiet zu bestimmten Zeiten;
- Zufahrtserlaubnis nur für Fahrzeuge, welche die festgelegten Kriterien erfüllen, wobei der Emissionsstandard eines Fahrzeuges (z. B. durch eine Plakette) klar erkennbar sein muss;
- gebührenpflichtige Zufahrtserlaubnis mit entsprechender Einfahrtsüberwachung, z. T. gestaffelt nach räumlichen, zeitlichen oder fahrzeugspezifischen Kriterien (FLÄMIG, HERTEL 2003, S. 129f.).

## 4.3 Schlussfolgerungen und Ausblick

Die Ver- und Entsorgung der Umweltzonen durch den Wirtschaftsverkehr ist in allen Anwendungsbeispielen gewährleistet. Der Wirtschaftsverkehr ist jedoch häufig am stärksten betroffen, da er bei Quell-, Ziel- und Binnenverkehr kaum die Möglichkeiten zur Vermeidung der Umweltzone hat. Stellt sich der Wirtschaftsverkehr auf diese Anforderungen ein und nutzt sie für eigene (z. B. Laderaum-) Optimierungen, dann ist er von den Verbesserungen des Verkehrsflusses und der verbesserten Anliefersituation zugleich der größte Nutznießer.

Um aber auf die nötige Akzeptanz bei Bewohnern und Wirtschaftstreibenden zu stoßen, muss die Umsetzung von Umweltzonen ausgewogene Übergangsfristen aufweisen. Gleichzeitig muss ein klarer öffentlicher Handlungsdruck gegeben sein, wie dies z. B. aufgrund der aktuellen EU-Luftqualitätsrahmenrichtlinie der Fall ist. Andererseits dürfen die Anforderungen auch nicht zu niedrig sein, um überhaupt Wirkungen zu erzielen.

Die Frage, ob städtische Umweltzonen ein Ansatz zur stadtverträglichen Gestaltung des Wirtschaftsverkehrs sind, kann daher mit Einschränkungen bejaht werden.

### Ausblick

Insgesamt ist jedoch zu fragen, ob die Einrichtung von städtischen Umweltzonen, deren Ziel nur die Einhaltung der Luftqualitätsrahmenrichtlinie ist, nicht überflüssig wäre, wenn auf übergeordneter Ebene stärkere Anreize zu Schadstoffemissionsreduzierung gegeben wären. Dies würde flächendeckend zu Verbesserungen führen. Sollte die Entwicklung und Einrichtung von Umweltzonen und Straßensperrungen in Deutschland eine weitere Verbreitung finden, sollte über die Einrichtung einer umfangreichen Informationsplattform für den Wirtschaftsverkehr (FLÄMIG, HERTEL 2003, S. 284) nachgedacht werden. Ein erster Schritt dazu könnte beispielsweise die Einrichtung von www.Fensterzeiten.de sein.

## Literatur

*Abgeordnetenhaus von Berlin* (1998): Antrag der Fraktion Bündnis 90/Die Grünen über Verminderung der Lärm- und Luftbelastung durch den Verkehr. 13. Wahlperiode, Drucksache 13 /2733. (http://www.parlament-berlin.de/adis/citat/VT/13/DruckSachen/d2733.pdf)

*Bayerisches Staatsministerium für Umwelt, Gesundheit und Verbraucherschutz* (Hrsg.) (2005): Luftreinhalteplan für die Stadt Augsburg. Augsburg, (http://www.regierung.schwaben.bayern.de/fachinfo/Bereich_5/Technischer_Umweltschutz/lpr_kom.pdf)

*Bezirksregierung Arnsberg* (Hrsg.) (2005): Aktionsplan Dortmund Brackeler Straße. Arnsberg

*Bezirksregierung Düsseldorf* (2005): Aktionsplan Düsseldorf – Südliche Innenstadt. Düsseldorf

*City Gods Secretariat* (2003): Homepage. (http://www.citygods.kk.dk, zwischenzeitlich abgeschaltet)

*Clear Zones Office* (o. J.): Case Study London. (http://www.clearzones.org.uk/casestudylondon.htm, 24.06.05)

*Congestion Charge Secretariat* (2004): Stockholm to introduce congestion charges on trial basis. Revised 11 February 2004. (http://www.stockholm.se/files/63600-63699/file_63617.pdf, 24.06.05)

*Congestion Charging (o. J.)*:Homepage. (http://www.cclondon.com, 24.06.05)

*Dagens Nyheter* (2005): DEBATT: "Klart i dag med trängselskatt och utbyggd kollektivtrafik". (http://www.dn.se/DNet/jsp/polopoly.jsp?d=572&a=408438, 24.06.05)

*Dorsch Consult* (1996): Erarbeitung und Vermittlung geeigneter Strategien zur Verminderung verkehrsbedingter Umweltbelastungen durch Abgase und Lärm in Städten, o. O.

FLÄMIG, Heike (Projektleitung); HERTEL, Christof (2003): Integrierter Wirtschaftsverkehr in Ballungsräumen – Stand in Theorie und Praxis. Forschungsbericht FE-Nr.: 70.664/2001. Im Auftrag des Bundesministerium für Verkehr, Bau- und Wohnungswesen. Unveröffentlicht

GLASER, Jürgen (2000): Kurier-, Express-, Paketdienste und Stadtlogistik. München (Schriftenreihe des European Centre for Transportation and Logistics, 1)

*Greater London Authority* (2001): Mayor's Transport Strategy. London, (http://www.london.gov.uk/mayor/strategies/transport/trans_strat.jsp, 24.06.05)

JENSEN, Henrik Enslev (2003): City Gods Certificeret. Sustainable city logistics solutions. Powerpoint-Präsentation. The 3rd International Conference on City Logistics. Madeira, (http://icl.kiban.kuciv.kyoto-u.ac.jp/MadeiraPresentation/Jensen.pdf, 24.06.05)

*Københavns Kommune, Parkering København* (o. J.): P-Guide. Deutsche Ausgabe. (http://www.parking.kk.dk/P-guide/Tyskguide.pdf, 24.06.05)

*Miljöförvaltningen* Gatu- och Fastighetskontoret, Slb.analys (1996): Effekter av miljözon i Stockholm. Stockholm

*Parkering København* (2005): Telefonat mit Peter Dam von Parkering København. 21.06.2005

*Platform Stedelijke Distributie* (o. J.): Info per stad. (http://www.venstertijden.nl/venstertijden/index.html, 24.06.05)

*Regierungspräsidium Freiburg* (2005): Entwurf des Luftreinhalteplans gegen Stickoxide vor der Fertigstellung – Feinstaubwerte aber bisher nicht kritisch. Pressemitteilung. (http://www.rp-freiburg.de/servlet/PB/menu/1158961/, 10.06.05)

*Regierungspräsidium Stuttgart* (Hrsg.) (2005): Luftreinhalte-/Aktionsplan für den Regierungsbezirk Stuttgart. Teilplan Landeshauptstadt Stuttgart. Maßnahmenplan zur Minderung der PM10- und $NO_2$-Belastungen. Stuttgart

*Senatsverwaltung für Stadtentwicklung* (2005): Luftreinhalte- und Aktionsplan für Berlin 2005 – 2010. Berlin. (http://www.stadtentwicklung.berlin.de/umwelt/luftqualitaet/de/luftreinhalteplan/download/Luftreinhalteplan-Berlin_gesamt.pdf, 24.06.05)

*Stadt München* (2005): Gemeinsamer Änderungsantrag der SPD- und Grünen-Fraktion im Münchner Stadtrat zum Beschluss vom 20. April 2005. (http://www.muenchen.de/

vip8/prod1/mde/_de/rubriken/Rathaus/70_rgu/04_vorsorge_schutz/luft/luftqualitaet/
feinstaub/pdf/aenderungsantrag_spd.pdf, 24.06.05)
*Stockholm Stad et al.*(o. J.): Environmental Zone for Heavy Traffic – Regulations in Stockholm, Göteborg, Malmö and Lund. Applicable from January 1, 2002. (http://www.lund.se/upload/Tekniska%20förvaltningen/Gatu-och%20trafikkontoret/miljozon_eng2002.pdf, 24.06.05)
*Transport & Travel Research Ltd*; MARTIN, David (2000): Clear Zones Co-ordination. Work plan for 2nd year. Draft. Version 1. August 2000. (http://www.clearzones.org.uk/work%20plan%202000%20v1.doc, 28.10.02)
*Transport for London* (2005a): Central London Congestion Charging Scheme – Impacts Monitoring. Summary Review: January 2005. London. (http://www.tfl.gov.uk/tfl/cclondon/pdfs/impacts-monitoring-report-january-2005.pdf, 24.06.05)
*Transport for London* (2005b): Congestion charging – Impacts monitoring. Third Annual Report. April 2005. London. (http://www.tfl.gov.uk/tfl/cclondon/pdfs/ThirdAnnualReportFinal.pdf, 24.06.05)
*Transport for London* (o. J.): Congestion charging – Alternative fuel vehicle discount registration. London. (http://www.cclondon.com/downloads/Drivers.pdf, 24.06.05)
WATKISS, Paul et al. (2003): London Low Emission Zone Feasibility Study. Phase II. Final Report to the London Low Emission Zone Steering Group. AEA Technology Environment. Culham. (http://www.london-lez.org/documents/phase_2_feasibility_summary.pdf, 01.06.05)

# Ist die Idee der City-Logistik noch aktuell?

## Evaluierung von City-Logistik-Projekten in der Metropolregion Ruhrgebiet

*Rudolf Juchelka & Anja Gerads (Duisburg-Essen)*

## Zusammenfassung

Wachsende Transportströme, der zunehmende Bedarf nach individueller Mobilität und ökologische Aspekte der Verkehrsvermeidung in Innenstädten haben in den 1990zigern zu einer Veränderung in der Verkehrsplanung geführt, City-Logistik war das Hauptkonzept, welches eine Optimierung in Bezug auf Sammeln, Verteilen und Entsorgen von Güter und Abfallprodukten herbeiführen sollte. Die Entwicklung der City-Logistik-Projekte hatte ihren Höhepunkt Mitte der 1990er und ging dann auf ein heute sehr niedriges Niveau zurück.

Die Studie versucht einen Überblick über die heutige Situation und eine Antwort auf die Frage zu geben, welche Gründe für das Scheitern der City-Logistik in der Vergangenheit genannt werden können. Aus diesem Grund wurde eine die Gebietskörperschaften des Ruhrgebietes umfassende empirische Analyse in Hinblick auf die Organisationsstruktur, der integrierten Gruppen und auf die möglichen bzw. tatsächlich realisierten Verkehrseffekte durchgeführt.

## Summary

Growing freight traffic flows, prospering demands on individual mobility and environmental aspects of reducing traffic in the inner-cities had lead to a change in transport-planning at the beginning of the 1990th. 'City-Logistics' was the main concept which should enforce an optimisation regarding to collect, distribute and dispose goods and waste materials. The development of 'City-Logistic'-projects has peaked in the middle of the 1990th and declined afterwards on a nowadays low level.

This study tries to make a review of the situation today and to give an answer what main causes for the phasing out of 'City-Logistic'-projects in the past can be named. For this case a field analysis including the administrative departments of the Ruhr-Area was realized concerning to the aspects of what kind the projects were organized, what kind of target groups were integrated and what kind of traffic effects were respected and afterwards recognized.

# 1 Problemstellung

Wachsende Güterverkehrsaufkommen, der Bedarf nach individueller Mobilität und ökologische Leitmotive der Verkehrsentlastung bewirkten in den Innenstädten zu Beginn der 1990er Jahre ein Umdenken bei der Verkehrsplanung, der Verkehrspolitik und der Logistik-Wirtschaft. Der daraus resultierende Boom an City-Logistik-Projekten, die zur optimierten Bewältigung der Beschaffungs-, Distributions-, Liefer- sowie Entsorgungsverkehre beitragen sollten, hielt jedoch in den seltensten Fällen den Anforderungen der Endkunden stand. Nach dem Höhepunkt der Entwicklung Mitte der 1990er Jahre und der anschließenden rückläufigen Tendenz sind funktionelle Schwachstellen bereits deutlich geworden. Von den rund 200 geplanten bzw. begonnenen Projekten Anfang der 90er Jahre ist die überwiegende Mehrzahl inzwischen wieder eingestellt worden.

Zunächst werden die Merkmale und Ansätze von City-Logistik-Projekten der ersten und zweiten Generation sowie die Entwicklung der City-Logistik-Diskussion kurz dargestellt. Anschließend erfolgt eine kurze räumliche Einordnung der Metropolregion Ruhrgebiet, während sich der Hauptteil auf die Darstellung der Auswertung einer vom Fachgebiet Angewandte Geographie, insbesondere Verkehr und Logistik, der Universität Duisburg-Essen durchgeführten empirischen Erhebung bezieht, welche exemplarisch in den Kommunen des Ruhrgebietes durchgeführt wurde. Ziel dieser Erhebung war es - neben der wissenschaftlichen Bestandsaufnahme - aufgrund der Ergebnisse Rückschlüsse auf die heutige Bewertung der City-Logistik zu ziehen. Darüber hinaus lassen sich aus den Erkenntnissen zukünftige Perspektiven für die Entwicklung dieses Konzeptes ableiten.

Bevor sich im Folgenden der Fokus auf die Darlegung der oben genannten Inhalte richtet, sollen an dieser Stelle einführend zwei grundsätzliche Fragestellungen, die Anlass für die empirische Untersuchung gegeben haben, vorgestellt werden.

Ausgangspunkt war, dass man heute oftmals vergebens nach den Vorzeige-Projekten aus der Boom-Phase in den 1990er Jahren sucht. Vor diesem Hintergrund stellen sich zwei grundlegende Leitfragen:

- Welche Ursachen können für das Scheitern verantwortlich gemacht werden?
- Welche Vorraussetzungen wären notwendig, City-Logistik als sowohl effektive Kooperationsform als auch als Instrument der Verkehrsbündelung zu implementieren?

Darauf aufbauend werden die Eignung spezifischer Organisations- und Kooperationsformen (welche hat sich in der Praxis durchgesetzt und warum?), die erhofften und tatsächliche (Verkehrs-) Effekte im innerstädtischen Bereich sowie die Integrierbarkeit von ‚Problemkunden' in die City-Logistik berücksichtigt um schließlich Perspektiven und neue Ansatzpunkte für die zukünftige Entwicklung aufzuzeigen.

# 2 Entwicklung der City-Logistik

Die Deutsche Verkehrszeitung identifizierte in ihrer Ausgabe vom 29.12.1998 einen „Verkehrsbrennpunkt Stadt" und postuliert als Lösungsansatz: „Citylogistik: Schritt in die richtige Richtung". Bei EBERL und KLEIN (2001, S. 104) findet sich entsprechend eine Darstellung der laufenden, geplanten, ruhenden und eingestellten Projekte im Jahr 1999, die allein in Nordrhein-Westfalen zehn Projekte in operativer Phase auflistet. Allerdings stellte schon im Jahr 2000 die Deutsche Verkehrszeitung (02.12.2000) fest, dass das „Potenzial für City-Logistik" begrenzt ist.

Symptomatisch ist in diesem Zusammenhang ein – gegenwärtig immer noch anzutreffender – Hinweis auf der Homepage der einstmaligen City-Logistik-Kooperation DUNI: „Die Interkommunale DUNI-Sädte-Logistik war bis Ende 2000 in Duisburg operativ. Es wird zurzeit an einer Neuauflage der City-Logistik gearbeitet." (www.netzwerk-stadtlogistik.de - 21.06.05)

Die hier angesprochene Form des ‚unauffällig schleichenden Auslaufens' ist durchaus typisch und symptomatisch für eine Vielzahl von Projekten, gleichwohl sind die Indikatoren und Gründe des Scheiterns nicht hinreichend analysiert.

Der Entwicklungsgang von City-Logistik-Projekten kann vielfach idealtypisch durch das Modell des Produktlebenszyklus wiedergegeben werden, wobei gegenwärtig die rückläufige Bedeutungsphase jenseits einer Zenit-Entwicklung vorzuherrschen scheint: Die Idee der City-Logistik und erste City-Logistik-Projekte entstanden zu Beginn der 1990er Jahre. Hierauf folgte eine Boomphase, welche Mitte der 90er Jahre ihren Höhepunkt erreichte. In einer Vielzahl von Städten und Gemeinden herrschte Aktivität, teilweise sogar Aktionismus, City-Logistik wurde als Ideallösung innerstädtischer Verkehrsprobleme propagiert. Gesprächskreise, Informationsrunden wurden eingerichtet, regelhaft wurden verschiedene Gruppen eingebunden wie Industrie- und Handelskammern, Stadtverwaltungen, Einzelhandelsverbände sowie lokal oder regional tätige Speditionsunternehmen. Hinzu kam die ideelle und finanzielle Unterstützung durch Förderprogramme und -initiativen von Landesregierungen. In institutioneller Sicht wurden übergeordnete Informationskreise gebildet, beispielsweise ist hier das Netzwerk Stadtlogistik in Nordrhein-Westfalen anzuführen.

Nach Auslaufen der Förderinstrumente kam es häufig zu einem ‚sanften Ende' der Projekte. EBERL und KLEIN (2001, S. 104) haben eine durchschnittliche operative Phase von etwa vier Jahren ermittelt. Im Vorfeld wurden allerdings schon viele Projekte maßgeblich modifiziert, so wurde beispielsweise die institutionelle Organisationsstruktur (offener Kreis, informelle Kooperation, eingetragener Verein, GmbH) verändert, die Teilnehmerstruktur änderte sich ebenso wie die Federführung. Auch im Bereich der Aufgaben kam es zu wesentlichen Neuerungen. Vielfach sind beispielsweise Bring- und Lieferdienste für Endkunden integriert und oftmals ist eine Verknüpfung zur Entsorgungslogistik angestrebt worden.

Aus wissenschaftlicher Perspektive wurde die Startphase der Projekte intensiv begleitet und erforscht, gerade aus angewandt-geographischer Perspektive gab es hier umfangreiche Betätigungsmöglichkeiten (Examensarbeiten, Projektstudien, Gutachten, Berufseinstiegsstellen). Hingegen stellt sich das Ende vieler City-Logistik-Projekte oftmals als ‚verschwommen-offen' heraus. Evaluierungen und synoptische Gesamtbewertungen blieben vielfach aus und ebenso wurden kaum vergleichende Analysen durchgeführt. Einen Sonderfall stellen in diesem Zusammenhang verkehrlich besonders beanspruchte Ballungsräume dar (vgl. BOËS 1994, S. 209 ff.), in denen gerade eine regionale Vernetzung von einzelnen City-Logistik-Projekten reizvoll gewesen wäre. Aber auch zu dieser speziellen Raumkategorie liegen bisher keine hinreichenden wissenschaftlichen Analysen vor.

Vor diesem Hintergrund dient die hier dokumentierte Untersuchung als Bestandsaufnahme, Vergleich und Evaluierung von City-Logistik-Projekten in der Metropolregion Ruhrgebiet mit dem Ziel, aus einer Vergleichsanalyse Erfolgs- und Misserfolgsfaktoren zu ermitteln, um darauf aufbauend Optimierungsstrategien und Handlungsempfehlungen abzuleiten.

## 3 Metropolregion Ruhrgebiet

Das Ruhrgebiet bzw. die gleichnamige Metropolregion (die folgende landeskundliche Überblicksdarstellung erfolgt nach Angaben des Regionalverbandes Ruhrgebiet) ist mit etwa 5,3 Millionen Einwohnern einer der größten Ballungsräume Europas. Das traditionelle Image dieses Raumes wird u. a. mit Kohle, Eisen, Stahl und rauchenden Schornsteinen verbunden, obwohl diese Bilder in ihrer intensiven Ausprägung heute längst der Vergangenheit angehören. Kaum eine Region in Mitteleuropa hat sich in den letzten Jahrzehnten so gewandelt wie das Ruhrgebiet. Die meisten Zechen mussten geschlossen werden, und auch die Zeit der Hochöfen ist – abgesehen von Duisburg - nahezu vorbei. Technologie, Handel und Dienstleistungsgewerbe sind die Wirtschaftszweige der Zukunft.

Gerade dem Themenfeld Verkehr und Logistik – nicht nur in Bezug auf die Thematik der City-Logistik beschränkt - wird eine besondere Bedeutung im Rahmen des Strukturwandels zugesprochen, wie Ansätze in Duisburg und Dortmund verdeutlichen. Viele ehemalige Werksanlagen dienen inzwischen als Kulturzentren oder stehen dem Besucher als Zeugen der Industriegeschichte und der kulturlandschaftlichen Entwicklung zur Besichtigung offen. Im Ruhrgebiet ist somit ein umfangreicher wirtschaftlicher, funktionalräumlicher und städtebaulicher Strukturwandel eingetreten, der gleichwohl unverändert weiterläuft.

Das Ruhrgebiet liegt im Bundesland Nordrhein-Westfalen und bildet den größten Wirtschaftsraum in Europa. Es stellt weder eine landschaftlich noch eine historisch-politische Einheit dar, sondern ist eher eine wirtschaftsgeographisch und funktional geprägte räumliche Einheit. Als statistische und räumliche Grundlage wird allgemein das Verbandsgebiet des sog. Regionalverbandes Ruhrgebiet (RVR) mit Sitz in Essen angesehen, der bereits 1920 als ‚Siedlungsverband Ruhrkohlenbezirk' (später: Kommunalverband Ruhrgebiet) gegründet wurde. Das Gebiet umfasst 53 selbständige Gemeinden. Im Regionalverband sind die elf kreisfreien Städte Bochum, Bottrop, Dortmund, Duisburg, Essen, Gelsenkirchen, Hagen, Hamm, Herne, Mülheim an der Ruhr und Oberhausen sowie die Kreise Ennepe-Ruhr, Recklinghausen, Unna und Wesel mit den kreisangehörigen Gemeinden zusammengeschlossen.

Abb. 1: Gebiet des Regionalverbandes Ruhrgebiet

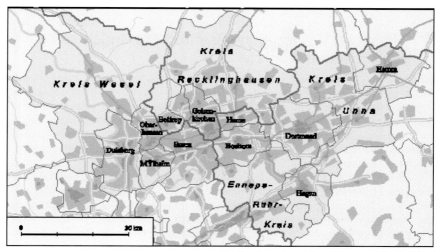

*Quelle: eigene Darstellung (Kartographie: H. Krähe)*

Das Ruhrgebiet umfasst eine Fläche von 4.435 qkm, was etwa 13 % der Gesamtfläche Nordrhein-Westfalens entspricht. Davon sind 37,6 % Siedlungs- und Verkehrsfläche, 17,6 % Wald und 3,2 % Wasserfläche sowie 40,6 % Landwirtschaftsfläche. Die größte Ausdehnung des Ruhrgebiets beträgt von Osten nach Westen 116 km und von Norden noch Süden 67 km. Von den etwa 5,3 Millionen Einwohnern sind etwa 630.000 Mitbürger ausländischer Staatsangehörigkeit. Die Bevölkerungsdichte beträgt im Durchschnitt etwa 1.199 Einwohner pro qkm.

Das Ruhrgebiet wird aus administrativer Sicht durch die Grenzen zwischen den ehemaligen preußischen Provinzen Rheinland und Westfalen und durch die Grenzen der Regierungsbezirke Arnsberg, Düsseldorf und Münster geteilt. Der Westen des Reviers mit dem Kreis Wesel und den Städten Essen, Duisburg, Oberhausen und Mülheim an der Ruhr gehört zum Regierungsbezirk Düsseldorf. Gelsenkirchen, der Kreis Recklinghausen und Bottrop werden von Münster aus verwaltet. Der Kreis Unna und der Ennepe-Ruhr-Kreis sowie die Städte Dortmund, Bochum, Herne, Hamm und Hagen sind Teile des Regierungsbezirks Arnsberg. Außerdem sind noch der Landschaftsverband Rheinland mit Sitz in Köln und der Landschaftsverband Westfalen mit Sitz in Münster an der Verwaltung des Reviers beteiligt.

Eine Betrachtung der Verkehrsinfrastruktur ergibt einerseits einen hohen Ausstattungsgrad aller Verkehrsträger, gleichzeitig aber auch im Straßen- und Schienenverkehr auf der Angebots-Nachfrage-Relation vielfältige Kapazitätsengpässe. Diese Überlastungseffekte lassen dementsprechend Konzepte der Verkehrsvermeidung und -

bündelung in diesem Verdichtungsraum als prinzipiell sinnvoll und notwendig erscheinen.

## 4 Ansätze, Vorgehensweise und Ergebnis der empirischen Analyse

Schwerpunkte der empirischen Erhebung waren eine Untersuchung zum aktuellen Status quo der City-Logistik Projekte im Ruhrgebiet hinsichtlich der Beteiligten, der Organisationsform und Nachfrageseite. Dazu sollten die erhofften, wünschenswerten und eingetretenen Effekte im Sinne einer Erfolgskontrolle quantifiziert werden. Ein besonderer Schwerpunkt bestand in der Ermittlung der Gründe für die Einstellung der Mehrzahl der Projekte, so dass schließlich eine abschließende Erfolgsbewertung durchgeführt werden kann.

Die Frage nach dem tatsächlichen Bestand operativ tätiger City-Logistik-Projekte im Ruhrgebiet sollte in Form einer standardisierten, schriftlichen Befragung ermittelt werden. Hierzu fand eine postalische Befragung in Form eines FAX-Fragebogenvordruckes der Kreise und kreisfreie Städte (jeweils adressiert an die zuständigen Verkehrsplanungsämter) im Ruhrgebiet bezüglich ihrer Aktivitäten im Bereich der City-Logistik statt. Im Dezember 2004 erfolgte der Versand an die Gebietskörperschaften. Von den insgesamt 15 befragten Gebietskörperschaften haben letztlich zehn geantwortet. Aus der Perspektive der statistischen Verwertbarkeit kann man dementsprechend im Folgenden weniger von einer quantitativen als viel mehr von einer qualitativen Auswertung der Ergebnisse sprechen. Zusätzlich wurden – im Rahmen des Nachfassens zum Fragebogenrücklauf - mit ausgewählten Gebietskörperschaften Einzelgespräche geführt, die gerade aufgrund ihrer informellen Bewertungen ohne offiziellen Charakter wertvolle Einschätzungen lieferten.

Der standardisierte Fragebogen umfasste insgesamt 9 Fragen, die sich strukturell in die Themenbereiche
- durchgeführte oder derzeit noch aktive City-Logistik-Projekte,
- Organisationsform und Art der Projektbeteiligten,
- Art der finanziellen Förderung,
- Definition der Nachfrageseite,
- Verkehrseffekte und sonstige innerstädtische Effekte,
- Ursachen für das Scheitern und,
- Bewertung der bisher durchgeführten City-Logistik-Projekte

untergliedern lassen.

Die Befragung ergab, dass zum Zeitpunkt der Befragung insgesamt noch fünf City-Logistik-Projekte, in teilweise stark modifizierter Form, im Ruhrgebiet praktiziert werden. Dazu zählen die Städte Witten, Dortmund, Hamm, Essen und Hagen, wobei in den beiden letzteren die eigentliche Idee der City-Logistik mittlerweile Anpassungen erfahren hat. Das Konzept der City-Logistik hat sich dahingehend den Anforderungen angepasst, als dass nicht nur die Warendistribution, sondern darüber hinaus auch Funktionen wie beispielsweise die Entsorgungslogistik oder die Warenbe- bzw. -auslieferung integriert wurden.

Bei den an den Projekten Beteiligten handelte es sich nach Aussagen der Befragten in erster Linie um Verwaltungen, Speditionen, Industrie- und Handelskammern und den Einzelhandel. Der Bereich der KEP-Dienstleister ist gar nicht genannt worden und in keinem Fall waren Universitäten oder Consulting Unternehmen in die Projekte integriert. Insofern lassen sich hier schon Defizite im Bereich der Begleitforschung und Projektevaluation erkennen. City-Logistik-Konzepte treten in erster Linie als Verein bzw. GmbH in Erscheinung, wobei die operative Umsetzung bei einem neutralen City-Logistik-Dienstleister, meist einem beteiligten oder beauftragten, i. d. R. mittelständischen Speditionsunternehmen, liegt.

Zu den hauptsächlichen Nutzern dieses Konzeptes zählt vor allem der Lebensmitteleinzelhandel – durchaus ein überraschendes Ergebnis aufgrund spezifischer Transportansprüche in diesem Segment, beispielsweise durch die Notwendigkeit, eine Kühlkette aufrecht zu erhalten - und vereinzelt der Elektro-Einzelhandel sowie Warenhäuser. Letzteres mag auch wieder verwundern, da die großen Warenhaus- und Kaufhauskonzerne gewöhnlich über eigene Belieferungs- und Distributionskonzepte verfügen, die kaum logistische Bündelungen erwarten lassen. Hierbei ist dementsprechend besonders der Lebensmitteleinzelhandel aufgrund der Verderblichkeit der Produkte auf einen hohen Grad an Servicequalität in Form von Pünktlichkeit und Zuverlässigkeit des externen City-Logistik-Dienstleisters angewiesen.

Bezüglich der Verkehrseffekte im Sinne einer Verkehrsvermeidung konnten keine eindeutigen Aussagen getroffen werden. In einigen wenigen Fällen wurden allenfalls geringe Vermeidungseffekte im Verkehrsbereich angegeben, wobei allerdings von den Befragten keine quantitativen Aussagen gemacht werden konnten. Auch hier bestätigt sich, dass keine quantifizierbaren Daten während der Projektlaufzeit erfasst wurden. In der Mehrzahl wurden also derartige verkehrliche Effekte verneint. Dasselbe gilt für die Erfolgskontrollen der Projekte in Bezug z. B. auf monatliche Ausliefermengen oder den Fahrzeugeinsatz. Diese wurden wenn, dann nur ansatzweise durchgeführt, was die Tatsache bestätigt, dass es bisher keine effektive wissenschaftliche Post-Evaluation zu den Ursachen des Erfolgs bzw. Misserfolgs der Projekte gegeben hat. Die im Vorfeld der Projektrealisierungen regelhaft angeführten Verkehrsvermeidungs- und -bündelungseffekte haben sich offensichtlich als Trugschluss erwiesen, sie lassen sich jedenfalls im Ruhrgebiet nicht bestätigen.

Die Befragung ergab weiterhin, dass im Wesentlichen folgende Faktoren zur Einstellung der City-Logistik-Projekte geführt haben:
- mangelnde Akzeptanz bei den Endkunden
- wirtschaftliche Unrentabilität
- kaum Verlagerungseffekte
- Kaufhausanlieferungen waren nicht integrierbar
- mangelnde Kooperation der Beteiligten

Eine Gewichtung dieser Faktoren wurde dabei bewusst nicht vorgenommen, vielmehr scheint den Befragten gerade das Faktorenbündel für den Misserfolg ursächlich zu wirken.

Dementsprechend ist es auch kaum verwunderlich, dass sich bei der Eigenbewertung der Projekte von den einzelnen Gebietskörperschaften eine Durchschnittsnote von ‚ausreichend plus' ergeben hat. Auf die Frage ob neue Projekte in Planung seien wurde einhellig mit „Nein" geantwortet.

Abb. 2: Fußgängerzone Duisburg-Königstraße: Beispiel für eine unkoordinierte Getränke-Anlieferung

Foto: R. Juchelka 3/2005

Die Ergebnisse der empirischen Erhebungen um Ruhrgebiet können somit folgendermaßen zusammengefasst werden: Die Projekte sind größtenteils gescheitert. Sie nahmen ihren Anfang in politisch gewollten und geförderten Ansätzen, die sich nicht als selbst tragfähig erwiesen haben. Die Strukturen hinsichtlich Organisation und Dienstleistungsangebot waren dabei grundsätzlich ähnlich, besonders spezifische Angebotsformen – mit Ausnahme von Essen, wie noch zu zeigen sein wird - gab es nicht. Die fehlende wirtschaftliche Rentabilität kann als ausschlaggebendes k.o.-Kriterium identifiziert werden. Ein wesentliches Problem stellte die optimale Integration der Endnutzer dar. Die Mehrzahl der Kaufhausketten, Teile des Lebensmittelhandel, das (filialisierte) Bäckereiwesen haben jeweils eigene, konzern- oder unternehmensspezifische Logistik-

Konzepte, die häufig keine Integrationspotenziale aufweisen. Übergreifende regionale Kooperationen oder Vernetzungen hat es nur in Ansätzen gegeben.

## 5  Negativ-Fallstudie: Das DUNI-Projekt

Wie bereits eingangs erwähnt wurde, befinden sich derzeit etliche Projekte in einer Art ‚Schlummer-'Zustand, von dem man nicht weiß, ob er und geschweige denn wann er zu Ende sein wird. Ein Fallbeispiel für einen derartigen Zustand ist das DUNI Projekt. Hierbei handelte es sich ursprünglich um ein dezentrales Güterverkehrszentrum in der Region Duisburg-Niederrhein mit dem Ziel vorhandene Flächenpotentiale, Strukturen und logistische Anlagen gemeinsam zu nutzen. Die Hauptaufgabe bestand in der Vernetzung der in der Region vorhandenen informationstechnischen, infrastrukturellen und organisatorischen Strukturen sowie einer überregionalen Vermarktung (KLEIN-VIELHAUER 2001, S. 59). Dabei lassen sich die Aufgabenfelder untergliedern in:
- Interkommunale Städtelogistik
- Telematik
- Güterbahn-Kooperation
- Kombinierter Ladungsverkehr
- Vernetzung der Hafenstandorte

Die GVZ-DUNI wurde 1994 in Form einer Entwicklungsgesellschaft als Public Private Partnership gegründet und umfasste zu diesem Zeitpunkt insgesamt vier Kommunen bzw. kommunale Einrichtungen (Duisburg, Krefeld, Moers und Rhein-Lippe Hafen GmbH für Hünxe, Wesel und Voerde), zwei Handelskammern (Niederrheinische IHK Duisburg-Wesel-Kleve zu Duisburg und IHK Mittlerer Niederrhein Krefeld-Mönchengladbach) und dreizehn Firmen (www.gvz-duni.de).

Im Bereich der Speditionskooperation sei hier beispielhaft die Güterverkehrsinitiative „Speditionskooperation zur Belieferung der Innenstadt Duisburg" dargestellt. Zu den Tätigkeitsfeldern der Speditionskooperation zählen u. a.:
- gebündelte Innenstadtbelieferung
- Belieferung des Umlandes
- Einbindung von Werkverkehren
- Auslieferdienst
- Entsorgungslogistik für den Einzelhandel

Die Entwicklung dieser Güterverkehrsinitiative lässt sich in zwei Phasen unterteilen: Die erste umfasst den Zeitraum von 1995 bis 1997, bei der die gemeinsame Auslieferung durch eine finanzielle Unterdeckung des beauftragten neutralen City-Logistik-Dienstleisters zum erliegen kam (KLEIN-VIELHAUER 2001, S. 62).

Zu den Hauptmerkmalen der zweiten Phase, die von Oktober 1997 bis 2000 anhielt, zählen die Wiederaufnahme der Tätigkeit des neutralen City-Logistik-Dienstleisters durch die finanzielle Förderung im Rahmen des Modellvorhabens ‚Stadtlogistik NRW'. Diese endete genauso plötzlich wieder mit der Einstellung der Förderung im Jahr 2000. Seitdem wird nach Aussage der Internetseiten an einer Neuauflage gearbeitet (vgl. http://www.netzwerk-stadtlogistik.de/). Telefonische Nachfragen beim angegeben

Ansprechpartner ergaben jedoch, dass nach dem derzeitigen Stand insbesondere aus Kostengründen keine neuen Vorhaben oder eine Reaktivierung geplant seien. Fasst man die Erfahrungen aus diesem Projekt zusammen, so lassen sich folgende Hemmnisse und Probleme für das Scheitern festhalten (KLEIN-VIELHAUER 2001, S. 62):
- mangelnde wirtschaftliche Rentabilität für die Speditionen
- zu hohe Transaktionskosten
- Probleme bei der Einhaltung der Taktzeiten
- Technische Probleme: Barcode-Abstimmung
- Sensibilisierung aller Beteiligten bis hin zum Lagerarbeiter
- Einbindung der Werkverkehre lässt sich nur schwer umsetzen

## 6 Positiv-Fallstudie: StadtLogistik in Essen

Sechs Speditionsunternehmen mit Sitz in Essen, Mülheim und Gelsenkirchen – und damit in einem stadtübergreifenden Ansatz - haben Ende 1999 nach rund drei Jahren erfolgreicher Kooperation im Rahmen des durch Landesinitiativen geförderten Projektes StadtLogistik Essen (SLE) ihre Interessen im neuen Unternehmen Stadtlogistik Essen GmbH fest zusammengeschlossen.

Die Stadtlogistik Essen (die folgende Darstellung beruht auf Angaben der Stadtlogistik Essen GmbH; vgl. www.stadtlogistik-essen.de) verfolgt das – für alle City-Logistik-Initiativen gemeinsame charakteristische Ziel, durch die Entwicklung und Umsetzung innovativer Kooperations- und Güterverkehrsformen die Versorgung der innerstädtischen Handels- und Dienstleistungsbetriebe zu optimieren und durch Einsparungen im Wirtschaftsverkehr die Innenstadt von Liefer- und Entsorgungsverkehr zu entlasten. Dieses Ziel wird auch durch das Angebot von ergänzenden Dienstleistungen mit verkehrsrelevanten bzw. -entlastende Auswirkungen verfolgt.

Schon im Rahmen der Kooperation StadtLogistik Essen (SLE) wurde eng mit der örtlichen Industrie- und Handelskammer, dem Einzelhandelsverband Essen e.V., der Stadt Essen, dem Land Nordrhein Westfalen, der Essener Wirtschaftsförderungsgesellschaft und der Essener Marketinggesellschaft zusammengearbeitet, um eine Stadtlogistik für Essen gemeinsam aufzubauen. Im Oktober 1997 startete die Kooperation StadtLogistik Essen SLE im Rahmen des für fünf Jahre angelegten Modellversuches Stadtlogistik NRW.

Im Rahmen eines Stufenkonzeptes wurde 1997 mit der kooperativen Belieferung von zehn ausgewählten Essener Unternehmen innerhalb der Innenstadt, die als Erstkunden identifiziert wurden, begonnen. Es solltet bei einem stabilen Mengengerüst die interne Struktur der StadtLogistik-Kooperation getestet werden. Dadurch sollte eine Basis geschaffen werden, um sukzessive das Angebot der StadtLogistik erweitern zu können.

In einer zweiten Stufe kam anschließend die Auslieferungslogistik hinzu: Die Stadt-Logistik nimmt die Lieferaufträge der beteiligten Warenhäuser (u. a. Karstadt und Kaufhof!) und Einzelhändler an ihre Endkunden entgegen. Die Produkte werden in ein lokales Sammellager gebracht. Dort werden dann die Kommissionen und Touren zu den einzelnen Häusern und Wohnungen zusammengestellt. Gebietsspezifische Bündelungen der

Warensendungen werden vorgenommen für die Stadtteilzentren von Essen wie auch für Relationen in das umliegende Ruhrgebiet. Der Endkundenstamm beläuft sich auf über 15.000 Kunden. Eilzustellungen und auch Samstagszustellungen sind in dem Angebot der Warenhäuser für ihre Kunden enthalten. Das Fallbeispiel Essen bietet somit ein integriertes Angebot von Warenbelieferung und Warenauslieferung zu den Kunden. Die Auslieferungslogistik verschafft für die Essener Handelsunternehmen einen zusätzlichen Image-Gewinn, denn der Kunde kann sich nach einem stressfreien Einkaufsbummel unbeschwert anderen Dingen wie dem kulturellen oder gastronomischen Angebot Essens zuwenden. Die Auslieferlogistik ist ausgelegt als ‚offenes System', es können sich jederzeit weitere Essener Handelsunternehmen an dem Ausliefer-Service beteiligen.

Die Tätigkeitsfelder der Essener City-Logistik konzentrieren sich insgesamt auf folgende Tätigkeitsfelder:
- gebündelte Zustellung in die Innenstadt
- Auslieferung von Waren an den Kunden
- Abholung von Retouren
- Lagerung im innenstadtnahen Lager
- Entsorgung: Verpackungen, Matratzen, Elektro-Schrott
- Dienstleistungslogistik für Online-Handel
- Schulbuchlogistik

Gerade die zuletzt genannte Schulbuchlogistik ist hervorzuheben, da dieser Baustein einzigartig in Deutschland ist: Hierbei übernimmt die Stadtlogistik die Abholung der gesamten Schulbuchbestellungen von mehreren Buchhändlern bei den großen Schulbuchverlagen, die Kommissionierung der Bücher auf die Schulen bzw. Klassensätze, bis hin zur termingenauen Auslieferung an die Schulen in Essen und Mülheim.

Ein besonderes Qualitäts- und Erfolgselement der Essener City-Logistik ist die Integration von sog. Mehrwert-Dienstleistungen im Rahmen eines sog. Added-value-Konzepts. Diese Dienstleistungen erstrecken sich von Prozessen im Zusammenhang mit dem vorgelagerten Wareneingang, der Kommissionierung und der Buch- und Lagerlogistik.

# 7 Zusammenfassung und Ausblick

Die Ausgangsfrage ‚Ist City-Logistik noch aktuell?' deutet beinahe im Stil einer rhetorischen Frage durchaus schon an, dass gegenwärtig offensichtlich ein Bedeutungsverlust hinsichtlich der Akzeptanz und Umsetzung dieser Strategie der innerstädtischen Verkehrsbündelung anzutreffen ist. Obwohl die entsprechenden Problemkonstellationen gerade in Ballungsräumen – aber nicht nur dort - unverändert latent akut sind und der kommunale Handlungsdruck beispielsweise durch Vorgaben der Europäischen Union (genannt sei hier nur das Stichwort ‚Feinstaub') verschärft wird, scheint die City-Logistik derzeit eher einen auslaufenden Charakter zu besitzen.

Gerade die Fallstudie der Metropolregion Ruhrgebiet machte hier besondere Defizite sichtbar: Die für das Ruhrgebiet typischen komplexen Raumstrukturen mit inhomogenen Verwaltungsstrukturen, sehr differenzierten Akteursmustern, Handlungen, die oftmals durch ein kleinräumiges ‚lokales Denken' geprägt sind, sowie die mangelnde innerregionale Vernetzung und Kooperation und das Fehlen eines übergreifenden Planungsansatzes müssen als Defizitfaktoren genannt werden.

Für zukünftige Realisierungsformen ergeben sich gleichwohl verschiedene Optimierungsansätze:

City-Logistik darf nicht auf eine Einzelhandelsanlieferung, eventuell verbunden mit einer Entsorgungslogistik reduziert werden. Vielmehr sind – wie das Beispiel Essen eindrucksvoll verdeutlichte – sog. Added-value-Konzepte als Erfolgsfaktor und damit als langfristig tragfähig einzubauen. Der Weg sollte bereits in der Konzeptionsphase von einer an kommunalen Grenzen orientierten ‚City'-Logistik weg- und zu einer gebietsübergreifenden ‚Regio'-Logistik hinführen.

Die Umsetzung sollte sich konsequent an den logistischen Wünschen und Bedürfnissen der Endnutzer orientieren, weder politische Einflussnahmen noch finanzielle Förderimpulse können diese Basisvorgaben kompensieren. Nur so lässt sich eine langfristige wirtschaftliche Tragfähigkeit und damit Akzeptanz sicherstellen. Insofern scheinen Bottom-up-Ansätze wesentlich erfolgversprechender als die lange Zeit praktizierten Top-down-Realisierungen.

Ein zusätzlicher Ansatz ergibt sich möglicherweise durch die Einbindung der City-Logistik in sog. Business-Improvement-Districts, eine Form der kleinräumigen Kooperation von Gewerbetreibenden, Vermietern und Anwohnern. Hierzu liegen allerdings bislang noch keine Erfahrungen vor.

Eine erfolgversprechende Realisierung von City-Logistik sollte sich über die Einbindung des Ansatzes in verschiedene Erfordernisse und Einflussbereiche bewusst sein, wie sie hier abschließend zusammengefasst werden können:
- ökologische Notwendigkeiten
- räumlich-planerische Implikationen
- technische Möglichkeiten
- wirtschaftliche Erfordernisse
- politische Absichten

Nur durch eine ausgewogene Einbettung der City-Logistik in dieses Faktorengefüge ist eine langfristig erfolgreiche Umsetzung sichergestellt.

## Verwendete Literatur

BOËS, Hans (1994): Güterverkehr in der Stadt – Durchwursteln bis zum bitteren Ende. In: BEHRENDt und R. KREIBICH: Die Mobilität von morgen. Zukunftsstudien 12. Weinheim

EBERL, Reinhard und Kurt-E. KLEIN (2001): Stadtverträglicher Güterverkehr durch Citylogistik. In: Institut für Länderkunde (Hrsg.): Nationalatlas Bundesrepublik Deutschland. Verkehr und Kommunikation. Berlin. S. 104-105

KLEIN-VIELHAUER, Sigrid (2001): Neue Konzepte für den Wirtschaftsverkehr in Ballungsräumen – Ein Werkstattbericht über die Bemühungen in Praxis und Wissenschaft. Karlsruhe.

## Weiterführende Literatur

ARNDT, Wulf-Holger und Heike FLÄMIG (1999): Soll und kann eine Kommune City-Logistik fördern? In: Internationales Verkehrswesen, Bd. 51, Heft 7+8, S. 329-330

*Deutscher Städtetag* (Hrsg.) (2003): Leitfaden City-Logistik - Erfahrungen mit Aufbau und Betrieb von Speditionskooperationen. Berlin

*Deutsches Verkehrsforum* (Hrsg.) (2004): Last-Mile-Logistics: Best Practices. Wiesbaden.

FUCHS, Andreas 1994): City-Logistik. Konzeption, Leistungsfähigkeit und Standortanforderungen dargestellt am Beispiel der Hansestadt Lübeck. In: Kieler Arbeitspapiere zur Landeskunde und Raumordnung. Band 30. Kiel. S. 82-149

FLÄMIG, Heike (2003): Wirtschaftsverkehr in Städten – „vergessener" Planungsgegenstand? In: Internationales Verkehrswesen, Band 55., Heft 10., S. 489-490

FLÄMIG, Heike und Christian SCHNEIDER, (2000): Stadtlogistik mit Erfolg. In: Internationales Verkehrswesen, Bd. 52., Heft 10, S. 458-459

FLÄMIG, Heike u. Christian SCHNEIDER (2000): Von der Idee zur Umsetzung, Stadtlogistik: Eine prozessorientierte Betrachtung. In: Internationales Verkehrswesen, Bd. 52, Heft 12, S. 581-582

HESSE, Markus (1998): Wirtschaftsverkehr, Stadtentwicklung und politische Regulierung. In: Difu-Beiträge zur Stadtforschung, Bd. 26

HÖLSER, Thorsten (2002): City-Logistik - Eine Strategie von gestern? In: Pressemitteilung der IHK Frankfurt am Main zum IHK WirtschaftsForum 2002. Im Internet unter: http://www.frankfurt-main.ihk.de/presse/ihk-wirtschaftsforum/2002/0208/city_logistik/ [Stand: 29.11.2004]

KIRCHBACH, R. (1997): Ein Laster für alle - Mit intelligenten Logistikkonzepten versuchen Kommunen ihre Innenstädte vom Lieferverkehr zu entlasten. In: Die Zeit vom 25.07.1997, S. 22

KREMER, Silke (2000): Verkehrsreduzierung durch Speditionskooperationen und Vernetzungsstrategien. Raumbezug und Folgewirkungen. In: Aachener Geographische Arbeiten. Band 34, Aachen

MERATH, F. (1996): City-Logistik: Möglichkeiten und Grenzen innovativer Konzepte im städtischen Wirtschaftsverkehr. In: Zusammenhang und Wirkung - Raum und Stadt. Hrsg.: Schade, D./Steierwald, M.. Stuttgart: , 1996, S. 140 - 152 (Arbeitsberichte der Akademie für Technikfolgenabschätzung in Baden-Württemberg; 53)

MÜLLER, Rolf (1998): Intelligente City-Logistik für freiere Innenstädte - Logistik: Freiwillige Zusammenarbeit der Spediteure vertreibt immer mehr "Lastkamele" aus deutschen Ballungszentren. In: VDI Nachrichten vom 04.09.1998, S. 21

OEXLER, Petra, Mathias RÖHLE und Frank WARTENBERG (1999): Wann ist City-Logistik erfolgreich? - Ergebnisse einer Marktanalyse und Projekterfahrungen. In: Internationales Verkehrswesen, Bd. 51, Heft 7+8, S. 331-334

OEXLER, Petra (2002): Citylogistik-Dienste : Präferenzanalysen bei Citylogistik-Akteuren und Bewertung eines Pilotbetriebs; dargestellt am Beispiel der dienstleistungsorientierten Citylogistik Regensburg (RegLog). München

# Personenwirtschaftsverkehr

## Veränderte Mobilitätsmuster in der Dienstleistungsgesellschaft und deren Berücksichtigung in der Forschungslandschaft

*Imke Steinmeyer (Berlin)*

## Zusammenfassung

Die Berücksichtigung des Personenwirtschaftsverkehrs in der deutschsprachigen Forschung sowie die ersten Erkenntnisse lassen sich wie folgt zusammenfassen:
- Es gibt (bisher) keine amtliche Statistik zum Personenwirtschaftsverkehr.
- Bestehende Untersuchungen mit dem Titel ‚Wirtschaftsverkehr' behandeln meist nur den Güterverkehr bzw. den Güterfernverkehr. Erst neuere Untersuchungen, die auf „Mobilität in Deutschland" (MiD 2002) und „Kraftfahrzeugverkehr in Deutschland" (KiD 2002) aufbauen, berücksichtigen den Wirtschaftsverkehr umfänglicher.
- Mit MiD 2002 und KiD 2002 in Kombination mit der Fahrleistungserhebung liegen erstmals valide Erkenntnisse zum Personenwirtschaftsverkehr (auf Bundesebene) vor.
- Dabei ergibt sich, dass der Personenwirtschaftsverkehr für Städte und Regionen (vor allem aufkommensbedingt) von größerer Bedeutung ist als der Güter(fern)-verkehr.
- Er stellt zudem den Bereich mit dem größten Entwicklungspotenzial dar (vgl. Fahrzeugzulassungen, Beschäftigtenentwicklung und die Entwicklung der angebotenen und notwendigen Dienstleistungen).
- Der Verkehr einer Region wird stärker durch die Betriebe der jeweiligen Region und deren Beschäftigten und weniger durch den Lkw-Fernverkehr im Zielverkehr geprägt. Die Überlagerung von privatem Personenverkehr, regionalem (Personen-) Wirtschaftsverkehr und Güterfernverkehr führt zu Engpässen in der Infrastruktur.
- Auch in der städtischen Wahrnehmung und damit der praktischen Planung ist der Personenwirtschaftsverkehr bisher als nahezu unbeachtet einzuschätzen. (Gleiches gilt bspw. auch für die Diskussion in den USA. Siehe hierzu den Call for Paper des 85th TRB Annual Meeting zum Thema „Freight survey methods")
- Das Maßnahmenspektrum richtet sich vornehmlich an den Güterverkehr; spezielle Maßnahmen zum Personenwirtschaftsverkehr sind – sofern nicht organisatorische Maßnahmen bspw. auch private Fahrzeuge oder Pkw betreffen – extrem selten.

- Darüber hinaus gibt es wenig ‚Handwerkszeuge', die im Umgang mit dem Thema verwendet werden können. Der Einsatz von Verkehrsberechnungsmodellen ist – für die Abschätzung von Maßnahmewirkungen – gerade im Wirtschaftsverkehr selten.
- Neuere Ansätze müssen stärker Eingang in den Planungsprozess finden, auch um sie noch weiter entwickeln zu können.

## Summary

The following statements summarize the state-of the-art in commercial traffic and especially business (passenger) traffic research in Germany as well as the up-to-the-minute empirical knowledge:

- There are no official statistics about business passenger traffic.
- Publications about commercial traffic mainly refer to freight traffic. Only current studies which are based e.g. on the nationwide surveys "Mobility in Germany" (MiD 2002) or "Motor Vehicle Traffic in Germany 2002" (KiD 2002) understand the topic more extensively.
- The combination of MiD 2002, KiD 2002 and the nationwide vehicle mileage survey permits – for the first time in Germany – valid statements concerning the complete commercial traffic (business passenger traffic and freight traffic!).
- In the cities and local areas business passenger traffic is more important (c.f. the number of trips per year) than freight traffic and long-distance freight trucking.
- Business passenger traffic represents the sector with the greatest development potential (cf. vehicle population and employee development or the development of increasing new services).
- A region's traffic is stronger influenced by the traffic of the domestic businesses and their employees and less by the terminating traffic. The overlap of private passenger transport, regional commercial traffic and long-distance freight trucking leads to bottlenecks in the infrastructure.
- Business passenger traffic has to be assessed as almost unnoticed in the municipal perception and with that in the planning process till now, too. (The same is valid e.g. in the United States, see call for paper of the 85th TRB Annual Meeting „freight survey methods")
- The concepts and known measures focus on freight traffic; special approaches for business passenger traffic are extremely rare – just in some cases e.g. the organizational measures concern private vehicles or commercial passenger cars.
- Furthermore there are just few 'tools' which are suitable for commercial traffic. In order to enable the evaluation of the effectiveness of planned and implemented measures, new approaches and estimation methods are looked-for.
- A development in traffic demand modelling has taken place within the last years. However, these new options still need stronger integration into practical planning processes.

# 1 Einleitung

Wirtschaftsverkehr (als Kombination aus Güterverkehr und Personenwirtschaftsverkehr) unterlag in den vergangenen Jahrzehnten starken Veränderungen. Hierzu zählt neben einem Anstieg der transportierten Gütermengen vor allem im Straßengüterfernverkehr auch die Zunahme der Verkehre, die mit der Erstellung von Dienstleistungen verbunden sind. Hintergrund dieser Entwicklung ist u. a. der wirtschaftliche Strukturwandel von der Industrie- hin zur Dienstleistungsgesellschaft. Diesen Veränderungen hat die Forschung jedoch nur bedingt Rechnung getragen; so stellt speziell der Personenwirtschaftsverkehr ein unzureichend erforschtes Themenfeld dar.

Zurzeit erlebt das Thema Wirtschaftsverkehr einen ‚Boom' – sowohl in der Beachtung durch die Wissenschaft als auch im Zusammenhang mit der Feinstaub-Diskussion. Hierbei ist (erneut) das Phänomen zu beobachten, dass über Wirtschaftsverkehr geredet wird, meist aber nur Güterverkehr gemeint ist. Daher sei an dieser Stelle die Frage gestellt: Ist es sinnvoll, ausschließlich den Güterverkehr zu betrachten oder wird (dieses Mal) der Personenwirtschaftsverkehr (zumindest im Anschluss noch) behandelt? Oder ist es aufgrund der aktuellen Erkenntnisse zum Verkehrsaufkommen nicht notwendig, den Personenwirtschaftsverkehr direkt ins Zentrum der Betrachtungen zu stellen?

In den Analysen der Erhebung „Kraftfahrzeugverkehr in Deutschland – Befragung der Kfz-Halter" (KiD 2002) nimmt sich BINNENBRUCK des Themas Nutzfahrzeuge unter 3,5 t Nutzlast (NL) an [vgl. BINNENBRUCK 2005a und b]. Er stellt sie aufgrund der europaweit steigenden Bestandszahlen – bei sinkendem Bestand an Lkw über 3,5 t NL – in den Blickpunkt seiner Betrachtungen. Abbildung 1 veranschaulicht, dass das Thema Wirtschaftsverkehr für eine Stadt wie bspw. Berlin damit noch lange nicht umfassend genug verstanden wird.

In Berlin waren zum 01.01.2004 insgesamt 1,4 Mio. Kfz zugelassen; hiervon entfallen auf Pkw gewerblicher Halter 105 Tsd. Fahrzeuge und auf Lkw 82 Tsd. Fahrzeuge (letztere zu jeweils 50 % gewerblich und privat zugelassen). Dabei handelt es sich um 76 Tsd. Lkw bis 3,5 t NL und lediglich 6 Tsd. Lkw über 3,5 t NL [vgl. *Kraftfahrt-Bundesamt* 2004, S. 41-42, 130, 148]. Verwendet man bspw. die durch KiD 2002 ermittelten Aufkommenswerte (Fahrten pro Fahrzeug und Tag), ergibt sich die in der Abbildung dargestellte Aufkommensverteilung. Sie macht deutlich, dass Lkw bis 3,5 t NL für die Verkehrserzeugung mittlerweile bedeutsamer sind als die im Untersuchungsgebiet zugelassenen Groß-Lkw und Sattelzugmaschinen. Sie zeigt aber auch, dass darüber hinaus gerade die gewerblich zugelassenen Pkw einen maßgeblichen Anteil am städtischen bzw. regionalen Wirtschaftsverkehr ausmachen. Und dabei sind die erwerbswirtschaftlichen Fahrten, die mit privaten Pkw durchgeführt werden, noch nicht berücksichtigt. Aus diesem Grund will der vorliegende Beitrag das Thema Personenwirtschaftsverkehr aus seinem Schattendasein holen und die neuen Erkenntnisse in den Blickpunkt der Diskussion rücken.

### Abb. 1: Tägliche Verkehrserzeugung gewerblicher Fahrzeuge, Berlin 2004

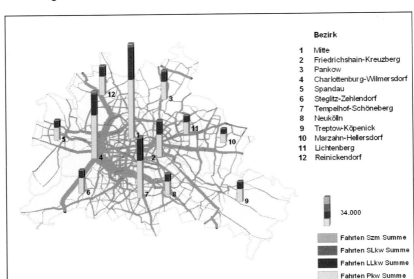

Quelle: STEINMEYER und WAGNER 2005, S. 161

Personenwirtschaftsverkehr wird hier verstanden als Verkehr in Ausübung des Berufes; es handelt sich um diejenigen Verkehre, die nicht unmittelbar der privaten Bedürfnisbefriedigung der Verkehrsteilnehmer dienen, sondern im Rahmen erwerbswirtschaftlicher Tätigkeiten vornehmlich mit Pkw und Kleintransportern erfolgen. In seiner Gänze umfasst er damit sowohl Geschäfts- und Dienstwege im Nah- und Fernverkehr als auch den Service- und Dienstleistungsverkehr im städtischen bzw. regionalen Bereich [vgl. STEINMEYER 2004, S. 31]. Abbildung 2 verdeutlicht grafisch aufbereitet das hier verwendete Verständnis von „Wirtschaftsverkehr".

Abb. 2: Verständnis von Wirtschaftsverkehr

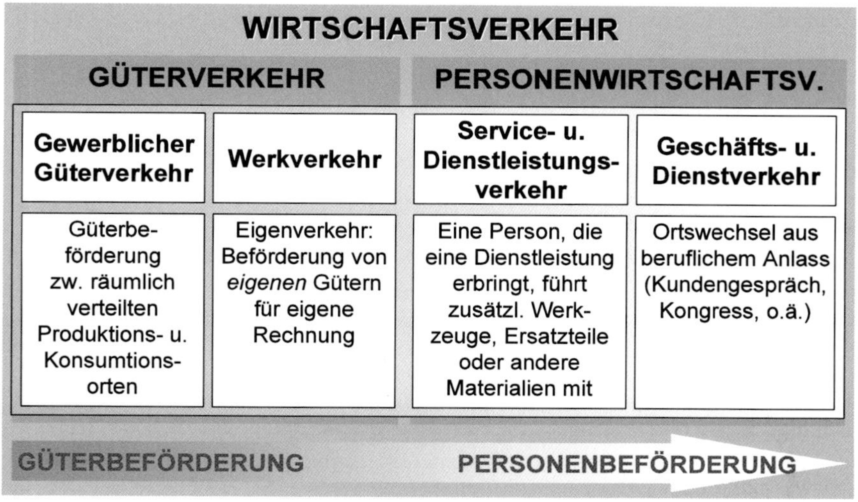

| WIRTSCHAFTSVERKEHR | | | |
|---|---|---|---|
| **GÜTERVERKEHR** | | **PERSONENWIRTSCHAFTSV.** | |
| Gewerblicher Güterverkehr | Werkverkehr | Service- u. Dienstleistungsverkehr | Geschäfts- u. Dienstverkehr |
| Güterbeförderung zw. räumlich verteilten Produktions- u. Konsumtionsorten | Eigenverkehr: Beförderung von *eigenen* Gütern für eigene Rechnung | Eine Person, die eine Dienstleistung erbringt, führt zusätzl. Werkzeuge, Ersatzteile oder andere Materialien mit | Ortswechsel aus beruflichem Anlass (Kundengespräch, Kongress, o.ä.) |
| GÜTERBEFÖRDERUNG | | PERSONENBEFÖRDERUNG | |

*Quelle: STEINMEYER 2004, S. 31*

In der regionalen bzw. städtischen Betrachtung stellt dabei vor allem der ‚eigene' Wirtschaftsverkehr, d. h. der Güterverkehr und mehr noch der Personenwirtschaftsverkehr, der sich aus den wirtschaftlichen Aktivitäten der Betriebe und Unternehmen einer Region ergibt, in der Wahrnehmung einen ‚blinden Fleck' dar. Die bisherige Ausrichtung der Forschung und Planung auf die Lkw-Fernverkehre (bspw. in der amtlichen Statistik und den bisher diskutierten und erprobten Maßnahmen) verschleiert die Probleme, die durch die gemeinsame Nutzung der Infrastruktur vor allem in Verdichtungsräumen durch den privaten Personenverkehr und den eigenen Wirtschaftsverkehr (Nah- und Fernverkehr) entstehen. Gerade der Verkehr in Ballungsräumen steht hier vor den größten Fragen und Herausforderungen.

Um den Blick für die Problemlage zu schärfen,
- gibt der nachfolgende Beitrag einen Überblick über die bisherige Berücksichtigung des Personenwirtschaftsverkehrs in der deutschen Forschung (Kapitel 2),
- zeigt die Erkenntnisse zur Verkehrsentstehung im Personenwirtschaftsverkehr auf Basis aktueller Erhebungen auf (Kapitel 3) und
- gibt einen Ausblick auf die forschungsrelevanten Defizite und planungspraktischen Erfordernisse (Kapitel 4).

## 2 Die bisherige Berücksichtigung des Personenwirtschaftsverkehrs in der Forschung

Nachfolgend ist aufbereitet, wie das Thema Personenwirtschaftsverkehr in der deutschsprachigen Forschung bislang behandelt wurde. Hierzu wird zunächst auf die Datenlage, und damit die Grundlage des derzeitigen Kenntnisstands eingegangen, bevor der Umgang mit den Erkenntnissen und Daten, z. B. in Verkehrsberechnungsmodellen, aufgezeigt wird.

### 2.1 Die bisherige Datenlage zum Wirtschaftsverkehr und die dortige Berücksichtigung des Personenwirtschaftsverkehrs

Eine Bestandsaufnahme zu verfügbaren Statistiken hat gezeigt, dass es keine amtlichen Angaben gab und dass Personenwirtschaftsverkehr bisher meist nur für spezifische Fragestellungen behandelt wurde [vgl. STEINMEYER 2004, S. 37ff]. Für das Thema Wirtschaftsverkehr grundsätzlich relevant sind u. a.:

- die Zulassungszahlen privater und gewerblicher Pkw und Lkw des Kraftfahrt-Bundesamts (KBA) in Flensburg,
- die Verkehrsstatistik mit Aussagen zum Güterkraftverkehr mit Lkw über 3,5 t NL,
- die Fahrleistungserhebung 1993 im Auftrag der Bundesanstalt für Straßenwesen (BASt) bzw. mittlerweile die Fahrleistungserhebung 2002,
- „Verkehr in Zahlen" des Deutschen Institut für Wirtschaftsforschung (DIW), herausgegeben vom Bundesministerium für Verkehr, Bau und Wohnungswesen (BMVBW),
- die Erkenntnisse der „Kontinuierlichen Erhebung zum Verkehrsverhalten" (KONTIV 1989) mit Daten zum Geschäfts- und Dienstreiseverkehr und seit Sommer 2003
- die Erhebungen „Mobilität in Deutschland" (MiD 2002) und „Kraftfahrzeugverkehr in Deutschland – Befragung der Kfz-Halter" (KiD 2002).

Bei der Statistik des Güterkraftverkehrs [vgl. *GüKStatV* 1993] sind die generellen Veränderungen aus dem Jahr 1994 zur Erfassung der Straßengüterverkehre zu beachten. Mit dem Tarifaufhebungsgesetz [vgl. *TAufhG* 1993] fiel die Meldepflicht der Frachtpapiere und Monatsberichte für den Straßengüterfernverkehr weg. Bis dahin (31.12.1993) wurde der „gewerbliche Straßengüterfernverkehr" anhand der Frachtbriefe und der „Werkfernverkehr" anhand von Monatsberichten erfasst und durch die Bundesanstalt für Straßen ausgewertet. Die Erhebungen erfolgen seitdem als Stichprobenerhebungen. In der mittlerweile gültigen Fassung als Verkehrsstatistikgesetz [vgl. *VerkStatG* 1999] wird im gewerblichen Güterkraftverkehr und Werkverkehr zwischen der Unternehmens- und der Güterkraftverkehrsstatistik unterschieden. Die Güterkraftverkehrsstatistik erhebt für eine Halbwoche sämtliche Fahrten. Berücksichtigt werden Lastkraftfahrzeuge (Lastkraftwagen und Sattelzugmaschinen), deren zulässiges Gesamtgewicht größer als 6 t zul. GG. oder 3,5 t NL ist, sowie von Lastkraftfahrzeugen gezogene Anhänger und Sattelauflieger. Auswahlgrundlage ist das Zentrale Fahrzeugregister (ZFZR) des Kraftfahrt-Bundesamts. Die angeführten Änderungen haben für städtische und regionale Fragestellungen trotz der Einbeziehung der Nahverkehre kaum eine Verbesserung gebracht, da Fahrzeuge unter 6 t Gesamtgewicht bzw. 3,5 t NL nach wie vor nicht berücksichtigt werden. Die Güterverkehrsstatistik ist damit für den Personenwirtschaftsverkehr nicht relevant.

Bis zum Jahr 2002 stellte die Fahrleistungserhebung aus dem Jahr 1990 [vgl. *Institut für angewandte Verkehrs- und Tourismusforschung* 1992 und *Infratest Sozialforschung* 1991] bzw. die gesamtdeutsche Fahrleistungserhebung aus dem Jahr 1993 [vgl. HAUTZINGER und HEIDEMANN 1996] eine der meist genutzten Quellen dar, um Aussagen zum Wirtschaftsverkehr zu erzeugen. Bei dieser Repräsentativerhebung wurden die Fahrzeughalter in einem Abstand von 10 Wochen nach dem km-Stand sowie weiteren Fahrzeug- und Haltermerkmalen befragt, sodass in Abhängigkeit der Fahrzeugtypen (Pkw, Nutzfahrzeuge, Lkw u. ä.) Aussagen zur Fahrzeugfahrleistung vorgenommen werden konnten.

Mit dem abgestimmten Erhebungskonzept von „Mobilität in Deutschland" (MiD 2002), „Kraftfahrzeugverkehr in Deutschland – Befragung der Kfz-Halter" (KiD 2002) und der Fahrleistungserhebung 2002 liegen erstmalig umfassende Erkenntnisse zum privaten Personenverkehr und zum kompletten Wirtschaftsverkehr aus einem Jahr vor. Die Verknüpfung von KiD 2002 mit der MiD 2002 und der Fahrleistungserhebung hat große Teile der bis dato vorhandenen Datenlücken (Lkw unter 3,5 t NL, Nahverkehr, Personenwirtschaftsverkehr, Wirtschaftsverkehr mit Verkehrsmitteln des Umweltverbundes) behoben. Über eine Halterbefragung wurden in KiD 2002 auf Basis des ZFZR des KBA stichprobenartig, zufällig ausgewählte Halter der unterschiedlichen Haltergruppen (von gewerblichen Haltern bis Privatpersonen), der verschiedenen Fahrzeugarten, aus unterschiedlichen Regionstypen u. ä. zu den Nutzungsstrukturen ihrer Fahrzeuge an einem definierten Stichtag befragt. Der Anteil des Wirtschaftsverkehrs bzw. des Personenwirtschaftsverkehrs, der mit dem ÖPNV, dem Fahrrad oder zu Fuß abgewickelt wird, ist aus MiD 2002 abzuleiten. Diese Verknüpfung stellt einen erheblichen Fortschritt für die Datenlage im privaten Personen- und Wirtschaftsverkehr dar und lässt erstmalig konkrete Aussagen zum Personenwirtschaftsverkehr zu.

Auch Verkehr in Zahlen [vgl. *BMVBW* jährlich], das zum einen Gütertransporte und deren Kennwerte sowie unter der Rubrik Personenverkehr Angaben zum „Geschäfts- und Dienstreiseverkehr" enthält, wurde hier den aktuellen Erkenntnissen angepasst. Das Problem, das sich für diesen Verkehrszweck „Geschäfts- und Dienstreiseverkehr" auf Basis der Daten von 1989 ergab, lag in den Abbildungsungenauigkeiten: „Für ihn errechnet sich ein Korrekturfaktor von 2,0. Das heißt, pro mobiler Person werden letztendlich doppelt so viele Wege im Wirtschaftsverkehr durchgeführt, wie nach dem KONTIV-Design ermittelt werden" [BRÖG und WINTER 1990, S. 22]. Auf Basis der aktuellen Erhebungen lassen sich hierzu nun dezidierte Angaben machen.

Zusammenfassend kann festgestellt werden, dass es keine amtlichen Statistiken zum Personenwirtschaftsverkehr gibt [vgl. WERMUTH et. al 2003a S. 49]. Aus ausgewählten Statistiken lassen sich jedoch Daten zum Fahrzeugbestand (Kraftfahrt-Bundesamt,

KBA), zu Beschäftigten (Bundesanstalt für Arbeit bzw. auch aus den Unternehmensregistern der Statistischen Landesämter, StaLa) und Betrieben (Unternehmensregister) in ausgesuchten Branchen für die vorliegende Fragestellung ableiten. Kennwerte zur Verkehrsentstehung speziell für den (straßenseitigen) Personenwirtschaftsverkehr lassen sich auf Bundesebene aus „Mobilität in Deutschland" (MiD 2002), „Kraftfahrzeugverkehr in Deutschland" (KiD 2002) und aus der Fahrleistungserhebung 2002 entnehmen.

Neben der amtlichen Statistik gibt es nur eine geringe Anzahl von Untersuchungen oder Studien, die sich speziell mit dem Personenwirtschaftsverkehr beschäftigten. Das Thema findet allerdings in einigen Untersuchungen zum Wirtschaftsverkehr Berücksichtigung. Hier kann vorweg konstatiert werden, dass der Großteil der Untersuchungen Wirtschaftsverkehr im Titel trägt, sich aber vornehmlich mit Güterverkehr beschäftigt. Die Bestandsaufnahme zu Untersuchungen, die Personenwirtschaftsverkehr behandeln, wird im Folgenden kurz zusammengefasst (zu definitorischen Abgrenzungen in der Schweiz siehe [*IVU und Prognos* 1998] und zu erhebungsmethodischen Überlegungen siehe [*Prognos* 2001]).

Der Grossteil der Untersuchungen in Deutschland [vgl. *Infratest Sozialforschung* 1991, *Institut für angewandte Verkehrs- und Tourismusforschung* 1992, *IVU, HaCon* und *ZIV* 1994 oder auch BINNENBRUCK 2001] basierten aufgrund der Datenlage, wie bereits angeführt, auf der Fahrleistungserhebung 1990 bzw. 1993 und unterscheiden Wirtschaftsverkehre auf Basis der Fahrzeugarten (gewerblich genutzte Pkw und Lkw unter 2,8 t zul. GG.).

Städte und Regionen selbst veranlassen selten Befragungen zum Wirtschaftsverkehr [vgl. STEINMEYER 2002, S. 2]. Lediglich Anfang bis Mitte der 1990er Jahre wurden in einigen wenigen Großstädten empirische Ansätze verfolgt: bspw. in Hamburg [vgl. *Kessel+Partner* und *Prognos* 1992], Berlin [vgl. *IVU* 1995], Braunschweig [vgl. MACHLEDT-MICHAEL 2000], Hannover [vgl. *LH Hannover* 1995], Kassel [vgl. STRAUß und KÖHLER 1995] oder München [*LH München* 1995]. Die Wahrnehmung des Themas hat sich dadurch allerdings kaum verändert. Daneben gibt es beispielsweise Untersuchungen [vgl. *Dornier* 1994, WILLEKE 1992, REINKEMEYER 1994 oder LEIFELD 1998], die eine Ausrichtung auf Maßnahmen (Citylogistik, Transportdienste mit Pkw o. ä.) und deren Potenziale haben und die die hierzu notwendigen Daten aufbereiten.

Der dritte Block an Untersuchungen zum Thema Personenwirtschaftsverkehr sind räumlich oder inhaltlich begrenzte Untersuchungen bspw. in Studien- bzw. Diplomarbeiten [vgl. RÜMENAPP 2002, SCHULZ 1999 u. ä.] oder Dissertationen [vgl. SCHÜTTE 1997, STEINMEYER 2004].

Zwei Arbeiten hatten sich bis zum Jahr 2000 mit dem Thema unter dem Begriff „Personenwirtschaftsverkehr" befasst. Bei der Ersten handelt es sich um die Nachuntersuchung zur KONTIV '89, deren Problematik bereits benannt wurde. Die Zweite ist die Dissertation von Schütte [vgl. SCHÜTTE 1997]. Dort unternimmt er für das Segment Handwerk den Versuch, Zusammenhänge zwischen der Anzahl der Außendienstmitarbeiter und den eingesetzten Pkw entsprechend des Hauptverwendungszwecks zu identifizieren (Verwendung einer bestehenden Betriebsbefragung zur Parkraumbewirtschaftung in Essen, 1993). Er kommt wegen der kleinen Stichprobe (280 verwertbare Datensätze) und dem eingeschränkten Untersuchungsfeld zu dem Schluss, dass sich keine allgemein gültigen Aussagen treffen lassen. Aus diesem Grund führt er selbst eine Betriebsbefragung in Dortmund durch. Aus diesen Daten entwickelt er Mobilitätsprofile, die über Mittelwerte die Verkehrsteilnahme bzw. das Nutzungsverhalten von Handwerkern beschreiben.

Vor diesem Hintergrund wurden durch die Autorin im Jahr 2001 in Hamburg und Dresden zwei Betriebsbefragungen speziell zum Personenwirtschaftsverkehr durchgeführt. Auf Basis dieser Daten lassen sich Aussagen vornehmlich zum kraftfahrzeuggebundenen Personenwirtschaftsverkehr machen [vgl. STEINMEYER 2004].

Zusammenfassend ist festzuhalten, dass die Zahl der amtlichen Statistiken sowie der themenbezogenen Untersuchungen, die zum Personenwirtschaftsverkehr zurate gezogen werden können, bisher begrenzt war. Bestehende Veröffentlichungen zum Wirtschaftsverkehr basierten auf einigen wenigen Erhebungen (Fahrleistungserhebung 1993, Befragungen aus Berlin, München oder Hannover u. a.) und weisen Personenwirtschaftsverkehr meist nicht explizit mit aus. Dabei sind die Untersuchungen aufgrund unterschiedlicher Basisdaten, Erhebungsmethodiken oder fehlender Dokumentationen nicht direkt miteinander vergleichbar. Statistisch abgesicherte und aktuelle Erkenntnisse zum Anteil des Wirtschafts- und spezieller des Personenwirtschaftsverkehrs am Gesamtverkehrsaufkommen bestanden bis zum Jahr 2002 kaum.

## 2.2 Zur Notwendigkeit, den kompletten Wirtschaftsverkehr zu simulieren

Neben dieser lückenhaften empirischen Erfassung des Personenwirtschaftsverkehrs in der Forschung stellte der Wirtschaftsverkehr, vor allem aber der Personenwirtschaftsverkehr, in den planerischen Überlegungen der Städte bislang ein vernachlässigtes Themenfeld dar. Dies lag an einem – vermeintlich – fehlenden Problemdruck und damit an einer fehlenden Wahrnehmung. Die methodischen Ansätze zur Beeinflussung des Wirtschaftsverkehrs zielen meist auf nur auf die Lkw-Fernverkehre und beschränken sich damit auf Güterverkehrszentren, Citylogistik, Lkw-Führungsnetze, Lieferzonen o. ä. [vgl. FLÄMIG et. al 2003]. Gerade im städtischen bzw. regionalen Verkehr kommt es aber zu einer Überlagerung der verschiedenen Ansprüche an die Infrastruktur und damit zu einem Konflikt zwischen den Verkehrsteilnehmern und Verkehrsarten (private Personenverkehre, Personenwirtschafts- und Güterverkehre jeweils im Nah- als auch im Fernverkehr). Hieraus ergeben sich neue Fragen und weitergehende Anforderungen an die Planung bzw. deren Instrumente. So wurden bspw. im Rahmen des ExWoSt-Projekts „Oberer Elbraum" mit dem Programm WIVER Modellrechnungen durchgeführt, die allerdings nicht auf empirischen Erkenntnissen aus Dresden beruhen [vgl. KUTTER und STEIN 1998]. Das Gesamtverkehrsbild der Stadt Dresden und der Region „Oberer Elbraum" (sowie diverser anderer Städte) konnte daher nur lückenhaft abgebildet werden, sodass auch die Trendentwicklungen und Maßnahmenwirkungen mit Verkehrsmodellen nur unvollständig abschätzbar waren.

Derzeit sind einzig fahrtenbezogene Wirtschaftsverkehrsmodelle – im Gegensatz zu den Güterstrommodellen – in der Lage, den gesamten Wirtschaftsverkehr abzubilden. Die bestehenden Simulationsinstrumentarien sind allerdings von unterschiedlichen Datenbasen, Bezugsgrößen und Entwicklungsstadien geprägt.

Wie angeführt, wurde in der Vergangenheit in einigen Städten auf das Berechnungsmodell WIVER zurückgegriffen. Mit dem Modell lassen sich werktägliche Tourenzahlen nach Fahrzeugarten und Branchen, Zielzahlen pro Tour, Verteilungen der Zielgelegenheiten sowie Tagesgänge für entsprechende Untersuchungsräume – basierend auf einer Unternehmensbefragung in Berlin/Brandenburg im Jahr 1993 – berechnen. Ausgegeben werden werktägliche Fahrleistungen vor allem des Güterverkehrs, aber auch zum gewerblichen Verkehr sowie zum dispersen oder Restverkehr.

In den letzten Jahren gab es bezüglich der Modellierung des Wirtschaftsverkehrs jedoch einige Weiterentwicklungen, hierzu zählen bspw.
- VISEVA-W (TU Dresden und PTV),
- ‚Kleinräumige Wirtschaftsverkehrsmodelle' integriert in VENUS (IVV Aachen),
- ‚Fahrtenkettenmodell für den städtischen und regionalen Wirtschaftsverkehr' von Sonja MACHLEDT-MICHAEL (TU Braunschweig und TU Hamburg-Harburg), die alle drei den Personenwirtschaftsverkehr berücksichtigen, sowie
- diverse weitere Ansätze zur Modellierung des Güterverkehrs (ILUMAS Dortmund oder OVID, Uni Karlsruhe u. ä.).

In den Planungsprozess haben diese Ansätze bislang aber noch kaum planungspraktischen Eingang gefunden. Sie entbinden darüber hinaus die Regionen – genauso wenig wie die Erkenntnisse aus der bundesweiten Erhebung KiD 2002 – nicht davon, eigene wirtschaftsverkehrsrelevante Daten zu erheben und vorzuhalten.

Darüber hinaus ergibt sich weitergehender Forschungs- und Entwicklungsbedarf bspw. bezüglich:
- der Abbildung von Entscheidungen, die der Verkehrsabwicklung vorgelagert sind, wie z. B. Standortentscheidungen von Unternehmen und deren Wirkung auf das Verkehrsgeschehen,
- Entscheidungen von Unternehmen bezüglich ihrer Logistikprozesse und deren Wirkungen auf das Verkehrsgeschehen,
- Verkehrserzeugungspotenziale von Unternehmen bspw. durch Kunden-, Handwerks- oder Lieferverkehre,
- Verkehrsmittelwahl speziell im Personenwirtschaftsverkehr u. ä.

Zurzeit ist es nur mit erheblichem Aufwand möglich, mit Hilfe von Verkehrsberechnungsmodellen bzw. eines Simulationsinstrumentariums ein vollständiges Abbild des regionalen Gesamtverkehrs, d. h. inkl. des privaten Personenverkehrs, Personenwirtschafts- und Güterverkehr als Quell-, Ziel-, Binnen- und Durchgangsverkehr (jeweils als Nah- und Fernverkehr) zu erzeugen. Dies gilt vor allem auch wegen der häufig noch nicht berücksichtigten Verknüpfung zwischen Wirtschaftsverkehr mit privaten Fahrzeugen und der Privatnutzung gewerblicher Fahrzeuge. Gerade die Analyse und Bewertung von Maßnahmewirkungen erfordert hier jedoch noch weitergehende Entwicklungen und die Verknüpfung von Verkehrsberechnungsmodellen zum privaten Personenverkehr mit denen des (gesamten) Wirtschaftsverkehrs.

## 3 Neue Erkenntnisse zum Personenwirtschaftsverkehr aus aktuellen Erhebungen

Detaillierte Verhaltensdaten zum Wirtschaftsverkehr und vor allem zum Personenwirtschaftsverkehr standen bis KiD 2002 bundesweit kaum und für die meisten Städte überhaupt nicht zur Verfügung. Aufgrund der auch für Dresden geltenden Datendefizite zum Wirtschaftsverkehr fanden im Frühjahr 2001 eine „Betriebsbefragung zum Personenwirtschaftsverkehr" [vgl. STEINMEYER 2002] sowie im Jahr 2002 im Süd-Ost-Korridor Dresdens eine Verkehrsbefragung im Netz statt [vgl. RÜMENAPP und OVERBERG 2003]. Die durchgeführten Erhebungen liefern neben allgemeinen Erkenntnissen zu Betrieben im Untersuchungsgebiet auch spezielle Kenndaten des Personenwirtschaftsverkehrs für ausgewählte Wirtschaftszweige [vgl. STEINMEYER 2004]. Daneben liefert KiD 2002 dezidierte Angaben zu allen Fahrzeugarten (private und gewerbliche Fahrzeuge, Pkw, Lkw bis 3,5 t NL etc.).

Nachfolgend sind die neuen zentralen Erkenntnisse zum Wirtschaftsverkehr und zum Personenwirtschaftsverkehr aus diesen Untersuchungen zusammengefasst:

- Bei Betriebsbefragungen ergibt sich eine Diskrepanz zwischen den Voreinordnungen der Betriebe nach Wirtschaftszweigen und der Einordnung durch den Befragten innerhalb der Erhebung [vgl. STEINMEYER 2004, S. 141]. Dies wird durch KiD 2002 bestätigt und fällt für die Gruppe der Pkw besonders hoch aus: Laut ZFZR sind 42 % der gewerblichen Pkw im Wirtschaftszweig O „Sonstige öffentlichen und persönlichen Dienstleistungen" zugelassen. Die hochgerechneten Ergebnisse aus der Befragung ergeben allerdings, dass insgesamt nur 6 % aller Fahrzeuge diesem Wirtschaftszweig zugeordnet werden [vgl. WERMUTH et. al 2003b, S. 213].
- Nur für etwa 70 bis 80 % der gewerblichen Kraftfahrzeuge stimmt der Standort des Fahrzeugs mit der Adresse des Halters überein. Bei den Fahrzeugen (Krad, Pkw und Lkw bis 3,5 t NL) privater Halter ist die Übereinstimmung deutlich größer (92 bzw. 94 %) [vgl. WERMUTH et. al 2003b, S. 215].
- Von den in Deutschland zugelassenen Kraftfahrzeugen werden 28 % der Jahresfahrleistungen im Wirtschaftsverkehr erbracht. Bezogen auf das Fahrtenaufkommen sind 23 % Wirtschaftsverkehr [vgl. WERMUTH et. al 2003b, S. 321].

- Im Durchschnitt werden an Werktagen (Mo-Fr) gut 71 % der Pkw und Lkw unter 3,5 t NL bewegt. Bei gewerblich zugelassenen Pkw verteilt sich der Einsatz der Fahrzeuge nahezu gleich auf die verschiedenen Verkehrsarten; jeweils etwa ein Drittel entfällt auf den reinen Wirtschaftsverkehr, den reinen privaten Personenverkehr und auf eine Mischform aus beidem (in % / Tag). Bei den Lkw unter 3,5 t NL sind 85 % Wirtschaftsverkehr und 2 % reiner Privatverkehr und 13 % eine Mischform [vgl. WERMUTH et. al 2003b, S. 217].
- Nur etwa 12 % der dienstlich/geschäftlichen Fahrten mit gewerblich zugelassenen Pkw und 51 % der Fahrten mit gewerblich zugelassenen Lkw bis 3,5 t NL dienen dem Transport von Gütern (Mo-Fr). Der Rest der Wegezwecke ist privaten Wegen oder dem Personenwirtschaftsverkehr (41 % sind Fahrten zur Erbringung beruflicher Leistungen, wie Montage, Reparatur, Beratung etc. und etwa 15 % sind sonstige dienstliche und geschäftliche Erledigungen) zuzuordnen [vgl. WERMUTH et. al 2003b, S. 258 und 260].
- Die Aufkommens- und Leistungswerte differieren in Abhängigkeit der Wirtschaftszweige. Die mittlere Fahrzeugfahrleistung der Lkw bis 3,5 t NL liegt bei 77 km pro Fahrzeug und Tag zusammen mit den Pkw (75 km pro Fahrzeug und Tag) deutlich unter derjenigen der Sattelzugmaschinen und Lkw über 3,5 t NL (320 km pro Fahrzeug und Tag) [vgl. WERMUTH et. al 2003b, S. 322]. Dagegen differieren die Fahrtenkettenhäufigkeiten nur geringfügig. Eine Fahrtenkette ist für KiD 2002 als eine „Abfolge von Fahrten eines Fahrzeuges mit gleicher Nutzungsart (privat oder dienstlich/geschäftlich)" [WERMUTH et. al 2003b, S. 25] definiert. Fahrten von Pkw gewerblicher Halter werden etwas häufiger zu Fahrtenketten verbunden als Fahrten der anderen Fahrzeugarten.
- Deneke kommt in seiner Analyse der KiD 2002 zu nutzungsorientierten Fahrzeugkategorien dazu, dass sich eine Aggregierung des Fahrzeugbestands anhand von vier Merkmalen (Fahrzeugart, Wirtschaftszweig, Fahrzeugalter und zulässiges Gesamtgewicht des Fahrzeugs) empfiehlt. In der Systematik der Wirtschaftszweige verwendeten 15 Branchen lassen sich dabei zu sechs Hauptgruppen (Agrarwirtschaft, Industrie- und Dienstleistungssektor, „Öffentlicher Sektor", d. h. Energieversorgung und Verwaltung, Baugewerbe, Verkehrsgewerbe und „Private Nutzung") zusammenfassen [vgl. DENEKE 2005, S. 209]. Die Arbeit zeigt zudem, dass eine Abgrenzung der Fahrzeuge nach Größenklassen (entspr. der EU-Führerscheinklassen) und nicht nach Nutzlastklassen sinnvoll ist.

Die Erkenntnisse zum Personenwirtschaftsverkehr lassen sich wie folgt zusammenfassen:
- Personenwirtschaftsverkehr macht bei einer regionalen Betrachtung einen größeren Anteil am städtischen bzw. regionalen Gesamtverkehr aus als der Güter(fern)verkehr [vgl. WERMUTH 2003, Folie 19].
- Verkehrserzeuger sind vornehmlich die Betriebe eines Untersuchungsraums und deren Beschäftigte [vgl. STEINMEYER und WAGNER 2005].

- Auch wenn es sich bei der Wirtschaftszweigsystematik auf der Ebene der Einsteller um eine relativ grobe Einteilung handelt, so stellt sie doch eine verwendbare Systematik dar.
- Dies ergibt sich aus rein anwendungsorientierten Gründen, da die Fortschreibung derzeitiger Phänomene in die Zukunft eine Orientierung an amtlichen Statistiken erfordert. Auf der anderen Seite lassen sich anhand empirischen Materials signifikante Unterschiede (wenn auch teilweise nur für zusammengefasste Branchen) nachweisen [vgl. STEINMEYER 2004 oder DENEKE 2005].
- Hinsichtlich der Zulassungszahlen der für den Personenwirtschaftsverkehr vorrangig relevanten Fahrzeugarten Pkw und Klein-Lkw sind in der Bundesrepublik vor allem die Wirtschaftszweige Verarbeitendes Gewerbe, Baugewerbe, Einzelhandel und Dienstleistungen von Bedeutung. Hier sind 86 % aller gewerblichen Pkw und 83 % der gewerblichen Lkw bis 3,5 t zul. GG. gemeldet (Stand 01.01.2004) [vgl. *KRAFTFAHRT-BUNDESAMT* 2004, S. 131, 149, 162].
- Wirtschaftsverkehr und damit auch Personenwirtschaftsverkehr wird nicht nur mit gewerblich zugelassenen, sondern auch mit privaten Fahrzeugen erbracht. Die Nutzungsstrukturen hierbei sind vielfältig [vgl. WERMUTH et. al 2003b oder STEINMEYER 2004].
- Personenwirtschaftsverkehr unterliegt anderen Anforderungen und Gesetzmäßigkeiten als Güterverkehr. Tourenplanung und Routenoptimierung sind gerade bei kleinen und mittleren Unternehmen keine Kriterien für Fahrten und Fahrtenketten, meist geht es bei der Abarbeitung der Dienstleistungen nach der Dringlichkeit der Bearbeitung (bspw. einer medizinischen Behandlung oder Servicedienstleistung, bspw. bei einem Wasserschaden) [vgl. STEINMEYER 2002].
- Die Erkenntnisse aus KiD 2002 haben gezeigt, dass für den Wirtschaftsverkehr die komplette Woche bzw. das komplette Jahr von Bedeutung ist. Zwar fallen die Anteile mobiler Fahrzeuge (30 % statt 70 %) und die Fahrzeugfahrten je mobilem Fahrzeug (1,2 statt 2,8 Fahrten pro Fahrzeug und Tag im Wirtschaftsverkehr) am Wochenende niedriger aus als in der Woche [vgl. WERMUTH et. al 2003b, S. 322], dennoch machen sie einen nicht unerheblichen Anteil an der Gesamtjahresfahrleistung aus.
- Neben dem kraftfahrzeuggebundenen Personenwirtschaftsverkehr kommen – gerade im Fernverkehr – auch andere Verkehrsmittel (ÖPV) zum Einsatz [vgl. *infas* und *DIW* 2003, S. 125].

## 4 Was bedeuten diese Erkenntnisse für die Verkehrsforschung und Verkehrsplanung?

Personenwirtschaftsverkehr ist in der Wahrnehmung – sowohl mengenmäßig als auch im Hinblick auf die Probleme, denen er unterliegt oder die er verursacht – in der Forschung, in öffentlichen Verwaltungen und damit auch hinsichtlich der Lösungsansätze unterrepräsentiert. Hält man sich allerdings vor Augen, dass gut 2/3 des städtischen bzw. regionalen Wirtschaftsverkehrs dem Personenwirtschaftsverkehr zuzuzählen sind, ist es erstaunlich, wie wenig Planung und Forschung ein entsprechendes Problembewusstsein haben.

Nachdem durch MiD 2002 und KiD 2002 nun erstmals gesicherte Aussagen zum Wirtschaftsverkehr inklusive des Personenwirtschaftsverkehrs vorliegen, ist es jetzt zwingend erforderlich, dass die Erkenntnisse, die sich aus den aktuellen Erhebungen ergeben (s. bspw. Abb. 1 oder Kapitel 3), in der Wahrnehmung der Sach- und Problemlage ankommen und stärker als bisher in der Forschung und der Planung Berücksichtigung finden. Dabei muss es auch darum gehen, Lösungsansätze zur Abwicklung des gesamten städtischen und regionalen Wirtschaftsverkehrs (damit auch der Verkehre, die bspw. durch haushaltsnahe Dienstleistungen entstehen) zu entwickeln, anzuwenden und zu bewerten.

Derzeitige planerische Probleme liegen bspw. in:
- dem Umgang mit Liefer- und Handwerksverkehren mit Fahrzeugen bis 3,5 t zul. GG. in Innenstädten, bei Einkaufszentren, Wohnquartieren u. ä.,
- den Stellplatzproblemen in Innenstädten und dicht bebauten Wohnquartieren bei Handwerksbetrieben (Maler, Elektriker etc.) und anderen haushaltsnahen Dienstleistern (Pflege- u. Putzdienste, Essenslieferdienste, Dekorateure etc.) sowohl am Unternehmensstandort als auch an Ort der Dienstleistung,
- den damit verbundenen Schleichverkehren durch Wohngebiete,
- dem Halten in der zweiten Reihe und Störung des Verkehrsflusses, u. ä.

Die nachstehenden Fotos zeigen an einem praktischen Beispiel sehr anschaulich, welche Probleme sich durch den Personenwirtschaftsverkehr ergeben können und welche Bedeutung dies für die Verkehrsplanung haben kann. Es handelt sich um den P+R-Platz am Bahnhof Keitum auf der Insel Sylt, der vorrangig von Gewerbetreibenden genutzt wird, die nach getaner Arbeit mit der Bahn zu ihren Wohnorten auf dem Festland zurückkehren und die gewerblichen Fahrzeuge auf der Insel zurück lassen. Für die eigentliche Nutzung (Pendeln zur Arbeit) und für andere Bahnkunden steht der Parkplatz häufig nicht zur Verfügung.

Abb. 3: „P+R verkehrt" oder Personenwirtschaftsverkehr nach Feierabend

Quelle: STEINMEYER, Keitum auf Sylt am 20.03.2005

Insgesamt ist damit festzuhalten, dass der Personenwirtschaftsverkehr vor allem vor dem Hintergrund der Veränderungen des Wirtschaftsgefüges insbesondere im Dienstleistungssektor und hinsichtlich der demographischen Veränderungen (bspw. geringerer Bedarf zur Kinderbetreuung und erheblich größerer Bedarf an mobilen Pflegekräften nach dem Jahr 2020) in Zukunft überdurchschnittlich zunehmen wird und damit verstärkt in den Blickpunkt des Forschungs- und Planungsinteresses rücken muss!

Wissenschaftliche Ansätze hierzu bestehen in der detaillierten Auswertung von MiD 2002 und KiD 2002 speziell in Bezug auf den Personenwirtschaftsverkehr [vgl. LULEY und NOBIS 2005] und in neuen Forschungsprojekten (z. B. „Dienstleistungsverkehr in industriellen Wertschöpfungsprozessen", Institut für angewandte Verkehrs- und Tourismusforschung e.V. (IVT) u. a. im Auftrag des BMBF). Auch wenn MiD 2002 ergeben hat, dass der Anteil anderer Verkehrsmittel am Verkehrsaufkommen im Wirtschaftsverkehr bei ca. 10 % liegt, sollte eine Fokussierung auf Kraftfahrzeuge bei weiteren Untersuchungen z. B. auf der Modellebene vermieden werden, da mögliche Verlagerungspotenziale so nicht berücksichtigt werden würden (vgl. die Erfahrungen mit dem Modal Split im privaten Personenverkehr). Derzeit noch bestehende methodische Probleme bei der Erfassung des (gesamten regionalen) Wirtschaftsverkehrs dürfen aber nicht dazu führen, lediglich den privaten Personenverkehr und den Güterfernverkehr in der städtischen oder regionalen Verkehrsplanung zu berücksichtigen. Für eine zukunftstaugliche Verkehrsplanung ist die Betrachtung aller Verkehre – und dazu gehört der Personenwirtschaftsverkehr noch stärker als der Güterverkehr – auf einer gesicherten Datenlage und mit entsprechenden Werkzeugen unabdingbar. Erst so können zielgerichtet Lösungen erarbeitet, Maßnahmewirkungen ermittelt und damit bewertet werden.

## Literatur

BINNENBRUCK, Horst Hermann (2001): Wirtschaftsverkehr in Städten – Problemlösungen ohne Zukunft? In: Internationales Verkehrswesen, 53. Jg., Heft 1+2, S. 27-31

BINNENBRUCK, Horst Hermann (2005a und 2005 b): Die Nutzung kleiner Nutzfahrzeuge unter 3,5 t Nutzlast – Fortschreibung der sektor- und siedlungsspezifischen Indikatoren des Wirtschaftsverkehrs. Teil 1 und 2. In: Straßenverkehrstechnik, Heft 1, S. 5-9 und Heft 2, S. 76-81

BRÖG, Werner und Gerhard WINTER (1990): Untersuchungen zum Problem der „non-reported-trips" zum Personen-Wirtschaftsverkehr bei Haushaltsbefragungen. Bonn (= Forschungsbericht des Bundesministeriums für Verkehr, Heft 593)

*BMVBW (= Bundesministerium für Verkehr, Bau- und Wohnungswesen)* (Hrsg.) (jährlich): Verkehr in Zahlen. Bonn/Berlin

DENEKE, Kai (2005): Nutzungsorientierte Fahrzeugkategorien im Straßenwirtschaftsverkehr – Eine multidimensionale Analyse kraftfahrzeugbezogener Mobilitätsstrukturen. Aachen (= Schriftenreihe des Instituts für Verkehr und Stadtbauwesen der TU Braunschweig, Heft 53)

*Dornier GmbH* (Hrsg.) (1994): Erfassung und Aufbereitung von Grundlagendaten des Wirtschaftsverkehrs in fünf ausgewählten deutschen Großstädten sowie Erarbeitung eines Handlungsrahmens. Abschlussbericht zum Forschungs- und Entwicklungsvorhaben 70433/93. Friedrichshafen

FLÄMIG, Heike et al. (2003): Integrierter Wirtschaftsverkehr in Ballungsräumen – Stand in Theorie und Praxis. Endbericht zum Forschungsvorhaben 70.664/2001. Hamburg

HAUTZINGER, Heinz und Dirk HEIDEMANN (1996): Hochrechnungen und Analysen zur Fahrleistung inländischer Kraftfahrzeuge. In: Internationales Verkehrswesen, Heft 9

*infas (=Institut für angewandte Sozialforschung GmbH)* und *DIW (= Deutsches Institut für Wirtschaftsforschung)* (2003): Mobilität in Deutschland 2002 – Kontinuierliche Erhebung zum Verkehrsverhalten. Endbericht zum Projekt 70.0681/2001. Bonn/Berlin

*Infratest Sozialforschung* (1991): Automotiv. Ergänzungserhebung zur Nutzung von Pkw und Krafträdern. Forschungsprojekt FP 8902/3 im Rahmen der „Fahrleistungserhebung 1990". München

*Institut für angewandte Verkehrs- und Tourismusforschung* (1992): Fahrleistungserhebung 1990 – Ziele, Datengrundlagen und erste Ergebnisse. Kurzbericht zum Forschungsprojekt FP 8902. Bergisch Gladbach

*IVU GmbH* (Hrsg.) (1995): Entwicklung eines Wirtschaftsverkehrsmodells. Bericht zum Forschungs- und Entwicklungsvorhaben 77370/93. Berlin

*IVU GmbH* und *Prognos AG* (1998): Abgrenzung zwischen Personen- und Güterverkehr. Bern

*IVU, HaCon* und *ZIV* (1994): Verminderung der Luft- und Lärmbelastung durch den städtischen Güterverkehr. Forschungsbericht 105 05 147 / Endbericht. Berlin

*Kessel+Partner* und *Prognos AG* (1992): Integrative Verkehrsentwicklung in Hamburg – Grundlagen und Basisprognosen. Freiburg/Basel

KBA *(= Kraftfahrt-Bundesamt)* (Hrsg.) (2001ff): Statistische Mitteilungen, Reihe 2: Kraftfahrzeuge Jahresband. Flensburg

KUTTER, Eckhard und Axel STEIN (1998): Minderung des Regionalverkehrs – Chancen für Städtebau und Raumordnung in Ostdeutschland. Bonn (= Forschungsbericht des BBR, Heft 87)

*Landeshauptstadt Hannover* und *Kommunalverband Großraum Hannover* (Hrsg.) (1995): Analyse des Wirtschaftsverkehrs im Großraum Hannover. Hannover (= Beiträge zur Regionalen Entwicklung des Kommunalverbandes Großraum Hannover, Heft 49)

Landeshauptstadt München, Referat für Stadtplanung und Bauordnung (Hrsg.) (1995): Analyse und Prognose des Wirtschaftsverkehrs in der Region München. München (= Beiträge zur Verkehrsentwicklungsplanung, Heft 1)

LEIFELD, Andreas (1998): Bedarfsorientierter Güter- und Personenverkehr – Substitutionsmöglichkeiten für den Pkw-Wirtschaftsverkehr in Städten. Berlin (= Schriftenreihe A des Instituts für Straßen- und Schienenverkehr der TU Berlin)

LULEY, Torsten und Claudia NOBIS (2005): Personenwirtschaftsverkehr in Deutschland - empirische Befunde auf Grundlage der KiD 2002 und der MiD 2002. Berlin (Vortrag anlässlich der Jahrestagung 2005 des AK Verkehr der DGfG „Wirtschaftsverkehr: Alles in Bewegung?" am 10.-12. März 2005)

MACHLEDT-MICHAEL, Sonja (2000): Fahrtenkettenmodell für den städtischen und regionalen Wirtschaftsverkehr. Aachen (= Schriftenreihe des Instituts für Verkehr und Stadtbauwesen der TU Braunschweig, Heft 50)

Neufassung im Verkehrsstatistikgesetz (VerkStatG). Gesetz über die Verkehrstatistik der See- und Binnenschifffahrt sowie des Güterkraftverkehrs. In der Fassung des Gesetzes zur Neuordnung der Statistiken der Schifffahrt und des Güterkraftverkehrs vom 17. Dezember 1999. Bundesgesetzblatt (BGBl), Teil I. Bonn, 1999, S. 2452-2462

*Prognos AG* (2001): Piloterhebung zum Dienstleistungsverkehr und zum Gütertransport mit Personenwagen. Bern

REINKEMEYER, Lars (1994): Wirtschaftsverkehr in Städten – Quantifizierung u. Rationalisierungsmöglichkeiten unter besonderer Berücksichtigung des Handels. Frankfurt am Main (= Verband der Automobilindustrie, Nr. 4)

RÜMENAPP, Jens (2000): Untersuchung des regionalen Personenwirtschaftsverkehrs am Beispiel von ambulanten Pflegediensten. Studienarbeit an der Technischen Universität Berlin. Berlin

RÜMENAPP, Jens und Paul OVERBERG (2003): Straßenverkehrsbefragung im Dresdner Südost-Korridor. Hamburg (= ECTL-Working-Paper Nr. 13)

SCHÜTTE, Franz Peter (1997): Mobilitätsprofile im städtischen Personenwirtschaftsverkehr. Berlin (= Schriftenreihe des IÖW 110/97)

SCHULZ, Angelika Regina (1999): Strukturen im innerstädtischen Dienstleistungsverkehr. Diplomarbeit an der Freien Universität Berlin, Institut für Geographische Wissenschaften. Berlin

STEINMEYER, Imke (2002): Betriebsbefragung zum Personenwirtschaftsverkehr – Erste Erkenntnisse aus Dresden. Hamburg (= ECTL-Working-Paper Nr. 7)

STEINMEYER, Imke (2004): Kenndaten der Verkehrsentstehung im Personenwirtschaftsverkehr – Analyse der voranschreitenden Ausdifferenzierung von Mobilitätsmustern in der Dienstleistungsgesellschaft. München (= Harburger Berichte zur Verkehrsplanung und Logistik, Band 3)

STEINMEYER, Imke und Tina WAGNER (2005): Verwendung der ‚Kraftfahrzeugverkehr in Deutschland' (KiD 2002) für städtische bzw. regionale Fragestellungen. In: CLAUSEN, Uwe (Hrsg.): Wirtschaftsverkehr 2005. Trends–Modelle–Konzepte. Dortmund

STRAUß, Susanne und Uwe KÖHLER (1995): City-Logistik in Kassel – Ein Baustein zur Verringerung des innerstädtischen Wirtschaftsverkehrs. In: Internationales Verkehrswesen, Heft 6, S. 385-392

Tarifaufhebungsgesetz (TAufhG) 1993. Tarifaufhebungsgesetz vom 13. August 1993. Bundesgesetzblatt (BGBl), Teil I. Bonn, 1993, S. 1489-1498

Verordnung über Statistiken des Straßengüterverkehrs (GüKStatV). In der Fassung vom 30. März 1994. Bundesgesetzblatt (BGBl), Teil I. Bonn, 1993, S. 677-679

WERMUTH, Manfred et al. (2003a): Bestandsaufnahme notwendiger und verfügbarer Daten zum Wirtschaftsverkehr als Grundlage pragmatischer Datenergänzungen. Bonn (= Forschung Straßenbau und Straßenverkehrstechnik, Heft 860)

WERMUTH, Manfred et al. (2003b): Kontinuierliche Befragung des Wirtschaftsverkehrs in unterschiedlichen Siedlungsräumen – Phase 2, Hauptstudie (Kraftfahrzeugverkehr in Deutschland – KiD 2002). Schlussbericht zum Projekt 70.0682/2001. Braunschweig

WERMUTH, Manfred (2003): Kraftfahrzeugverkehr in Deutschland – Befragung der Kfz-Halter im Auftrag des Bundesministeriums für Verkehr, Bau- und Wohnungswesen. Berlin (Präsentation beim DLR am 03.09.2003)

WILLEKE, Rainer (1992): Wirtschaftsverkehr in Städten. Köln (= Schriftenreihe des Verbandes der Automobilindustrie (VDA), Nr. 70)

# Personenwirtschaftsverkehr in Deutschland

## Empirische Befunde auf Grundlage der KiD 2002 und MiD 2002

*Claudia Nobis (Berlin)*
*Torsten Luley (Stuttgart)*

## Zusammenfassung

Der Personenwirtschaftsverkehr gewinnt in der verkehrswissenschaftlichen Diskussion erst langsam an Bedeutung, obwohl auf ihn der mit Abstand höchste Anteil des Verkehrsaufkommens und der Verkehrsleistung im Wirtschaftsverkehr entfällt. Ein Grund hierfür mag die bis vor kurzem für diesen Bereich bestehende Datenlücke gewesen sein, die zumindest teilweise durch die beiden bundesweiten Erhebungen „Mobilität in Deutschland" (MiD 2002) sowie „Kraftfahrzeugverkehr in Deutschland" (KiD 2002) geschlossen worden ist.

Auf Basis dieser beiden Datensätze werden im vorliegenden Beitrag Eckwerte für den Wirtschafts- und Personenwirtschaftsverkehr ermittelt. Da die Studien ein unterschiedliches Design aufweisen, bietet es sich an, die spezifischen Auswertungsmöglichkeiten der Einzelstudien zu einem erweiterten Gesamtbild zusammenzuführen. Dies wird jedoch durch Unterschiede der Studienergebnisse für den Teilbereich des Verkehrs, den beide Studien erfassen, erschwert. Aus diesem Grund werden die Unterschiede des Designs und deren Auswirkungen auf die Ergebnisse sowie grundsätzlich die Möglichkeiten aber auch die Grenzen, die sich aus Sicht des Datennutzers beim Zusammenführen der Ergebnisse ergeben, diskutiert.

## Summary

Business passenger traffic is only slowly gaining importance within the transportation science related discussion, although the far highest portion of the traffic volume and traffic performance is caused by this kind of traffic. One reason might have been the data gap in this area which at least partly has just been closed by the two nationwide surveys "mobility in Germany" (MiD 2002) and "motor traffic in Germany" (KiD 2002).

On the basis of these two data sets, the present paper aims at revealing benchmark figures for commercial and business passenger traffic. As the study designs differ, one obvious possibility is to gain an extended overall view by bringing together the specific potential of analysis of both studies. This is exacerbated by the differences in the study results for the traffic part that both studies cover. For this reason a discussion is held by taking the view of data users about the differences in the study design and their impact on the results as well as the possibilities but also limitations that occur by uniting the results of both studies.

# 1 Einleitung

Wie die meisten menschlichen Aktivitäten ist auch wirtschaftliches Handeln mit Verkehr verbunden. Ohne Verkehr ist die Versorgung von Handel, Gewerbe und Haushalten mit Waren und Dienstleistungen nicht möglich. Wirtschaftsverkehr ist essentieller Bestandteil jedes arbeitsteiligen Wirtschaftssystems und somit immer auch ein Spiegelbild der ökonomischen Prozesse und Strukturen. Da der Wirtschaftsverkehr durch die zunehmende Fragmentierung und Internationalisierung der Ökonomie größere Wachstumsraten als der Personenverkehr aufweist, sind seine negativen Auswirkungen auf die natürliche und soziale Umwelt in der jüngeren Vergangenheit zu einem wichtigen Thema geworden. Sowohl in der Forschung als auch in Politik und Planung geht es vorrangig um eine effiziente und umweltverträgliche Abwicklung von Verkehr sowie die Sicherstellung reibungsloser Verkehrsabläufe als Grundlage für einen erfolgreichen Wirtschaftsstandort Deutschland.

Die Verkehrsforschung hat sich in der Vergangenheit v. a. mit einem Segment des Wirtschaftsverkehrs auseinandergesetzt: dem Güterverkehr. Der Schwerpunkt lag auf kraftfahrzeuggebundenen Transporten im Fernverkehr. Arbeiten zum Wirtschaftsverkehr in Städten haben sich v. a. mit Konzepten wie „City-Logistik", „Lkw-Führungsnetze" und „Güterverkehrszentren" beschäftigt, d. h. auch hier ging es vorrangig um Güterverkehr. Dagegen ist der Personenwirtschaftsverkehr, der in den Städten den größten Anteil des Wirtschaftsverkehrs ausmacht, in der Verkehrsforschung bisher weitgehend außer Acht gelassen worden (KUTTER, Vorwort zu STEINMEYER 2004, S. I).

Angesichts der zunehmenden Tertiärisierung und dem Wandel von der Industrie- zur Dienstleistungsgesellschaft kommt dem Personenwirtschaftsverkehr immer höhere Bedeutung zu. Der Anstieg der Beschäftigtenzahlen sowie der Zulassungszahlen von gewerblichen Pkw und Kleintransportern im Dienstleistungssektor sprechen für sich. Inzwischen gibt es einige Arbeiten, die sich diesem Thema widmen (BINNENBRUCK 2005, STEINMEYER 2004, WERMUTH u. a. 2003 a, BINNENBRUCK 2001, SCHULZ 1999, SCHÜTTE 1998, HESSE 1997, REINKEMEYER 1994). Auch die über lange Zeit hinweg bestehende Datenlücke aufgrund fehlender amtlicher und halb-amtlicher Statistiken für dieses Forschungsfeld ist zum Teil durch die beiden bundesweiten Erhebungen „Mobilität in Deutschland" (MiD 2002) sowie „Kraftfahrzeugverkehr in Deutschland" (KiD 2002) geschlossen.

Ziel dieses Beitrages ist es, den Wirtschafts- und insbesondere den Personenwirtschaftsverkehr unter Verwendung dieser beiden aktuellen Datensätze zu quantifizieren und anhand verschiedener Kenngrößen zu beschreiben. Dabei soll der Stellenwert des Wirtschaftsverkehrs gegenüber dem Privatverkehr verdeutlicht werden sowie innerhalb des Wirtschaftsverkehrs der Anteil und die Merkmale des Personenwirtschaftsverkehrs hervorgehoben werden. Ein weiterer, im Laufe der Arbeit immer zentraler gewordener Aspekt, ist die Thematisierung der Möglichkeiten aber auch der Grenzen, die sich aus Sicht des Datennutzers beim Zusammenführen der sehr unterschiedlichen Datenquellen ergeben.

## 2 Eingrenzung des Untersuchungsgegenstandes Personenwirtschaftsverkehr

In der verkehrswissenschaftlichen Literatur finden sich viele Versuche, den Wirtschaftsverkehr und als Teile davon den Güterverkehr und den Personenwirtschaftsverkehr zu definieren (STEINMEYER 2004, WERMUTH u. a. 2003 a, SCHÜTTE 1998, REINKEMEYER 1994). Während der Güterverkehr vergleichsweise einheitlich abgegrenzt wird, kann die wissenschaftliche Erörterung des Personenwirtschaftsverkehrs und seiner Einzelsegmente als nicht abgeschlossen angesehen werden (WERMUTH 2003 a).

Der hier vorgestellte Beitrag orientiert sich an der Arbeit von STEINMEYER (2004). Wirtschaftsverkehr, der sich „aus den produzierenden, handelnden und dienstleistenden Aktivitäten in einer Stadt oder Region" ergibt, ist danach der Transport von Gütern und Personen, der „in Ausübung des Berufes und zur Erbringung erwerbswirtschaftlicher Tätigkeiten durchgeführt wird" (STEINMEYER 2004, S. 29). Der Wirtschaftsverkehr gliedert sich in drei Unterkategorien, je nachdem, ob die Raumüberwindung von Gütern oder Personen im Vordergrund steht:

- **Güterverkehr** ist durch die Raumüberwindung von Gütern gekennzeichnet.
- Beim **Personenbeförderungsverkehr** geht es um den Transport von Personen.
- Der **Personenwirtschaftsverkehr** ist in den meisten Fällen eine Mischform, da die Ortsveränderung von Dienstleistenden oft mit dem Transport von (Klein-)Gütern verbunden ist. Im Vordergrund steht hier die Tätigkeit der Person am Zielort, die Materialmitnahme stellt ein nachgeordnetes Kriterium dar. Der Personenwirtschaftsverkehr wird seinerseits in zwei Unterkategorien aufgeteilt:
    o **Service- und Dienstleistungsverkehr**: Hierzu gehören z. B. Verkehre von Handwerkern und Beschäftigten im Bereich Kundendienst, die für die Ausübung ihrer Tätigkeit Werkzeug und Ersatzteile transportieren.
    o **Geschäfts- und Dienstreisen** bzw. -fahrten im Nah- und Fernverkehr: Grund für den Ortswechsel können z. B. ein Kundengespräch oder der Besuch einer Messe oder eines Kongresses sein.

(Eine Abbildung zu den Säulen des Wirtschaftsverkehrs siehe STEINMEYER in diesem Buch, S. 117)

## 3 Beschreibung der verwendeten Datensätze

Mit der Erhebung „**Kraftfahrzeugverkehr in Deutschland**" sollen die Wissensdefizite, die in Bezug auf den seit Jahrzehnten kontinuierlich wachsenden Wirtschaftsverkehr bestehen, abgebaut werden. Da v. a. wenig Daten über „kleine" Fahrzeuge vorliegen, ist es das ausdrückliche Ziel der KiD, Datenlücken „im Bereich des Wirtschaftsverkehrs mit kleineren Fahrzeugen, das heißt mit Krädern, Pkw und Lkw bis einschließlich 3,5 t Nutzlast" zu verringern (WERMUTH u. a. 2003 b, S. 12). Trotz dieses empirischen Schwerpunktes hat die Studie entsprechend ihres Titels den Anspruch, Ergebnisse für die Gesamtheit des Kraftfahrzeugverkehrs zu liefern und somit auch des gesamten Wirtschaftsverkehrs, der mit Kraftfahrzeugen abgewickelt wird. Dieses Anliegen kommt in einer disproportional geschichteten Stichprobe zum Ausdruck, in welcher gewerbliche Pkw und kleinere Lkw den überwiegenden Anteil ausmachen. Kleinere Substichproben privater Pkw und großer Lkw sind als Schnittstellen zu anderen Erhebungen gedacht (z. B. Güterkraftverkehrsstatistik für Lkw über 3,5t Nutzlast, Mobilität in Deutschland). Beauftragt wurde die Studie vom Bundesministerium für Verkehr, Bau- und Wohnungswesen, durchgeführt wurde sie von einem Konsortium unter der Federführung des Instituts für Verkehr und Stadtbauwesen von der Technischen Universität Braunschweig. Die Ergebnisse der Studie sind auf der höchsten Aggregatebene repräsentativ für die Bundesrepublik Deutschland. Außerdem sind belastbare Aussagen zu unterschiedlichen Raum- und Siedlungstypen möglich sowie hinsichtlich einer zeitlichen Differenzierung nach Tagen, Wochen oder Monaten. Die Stichprobe wurde aus dem Zentralen Kraftfahrzeugregister des Kraftfahrtbundesamtes gezogen. Die Befragung wurde schriftlich mit fahrzeugbezogenen Tagesprotokollen an einem vorgegebenen Stichtag durchgeführt. Insgesamt wurden 76.797 Kraftfahrzeuge, 118.962 Einzelfahrten und 40.893 Fahrtenketten erfasst. Die Erhebung erfolgte in der Zeit von November 2001 bis Oktober 2002 (WERMUTH u. a. 2003 b).

Die Studie **„Mobilität in Deutschland"** wurde von infas (Institut für angewandte Sozialwissenschaft GmbH) und DIW (Deutsches Institut für Wirtschaftsforschung) im Auftrag des Bundesministeriums für Verkehr, Bau- und Wohnungswesen durchgeführt. Sie stellt die erste große Querschnittsbefragung zum Mobilitätsverhalten nach der Wiedervereinigung dar, die umfangreiche Informationen zum Alltagsverkehr der ost- und westdeutschen Bevölkerung liefert. In ihren Kernelementen knüpft die Studie an die in der alten Bundesrepublik Deutschland in den Jahren 1976, 1982 und 1989 durchgeführten KONTIV-Untersuchungen (Kontinuierliche Erhebung zum Verkehrsverhalten) an. Wesentliches Element der Befragung ist die Erhebung der Mobilität von Personen an einem fest vorgegebenen Stichtag. Befragt wurden jeweils alle Personen, die in einem der für die Befragung zufällig über das Einwohnermelderegister ermittelten Haushalte leben. Die Untersuchungseinheit für die Verkehrsbeteiligung am Stichtag ist der Weg mit seinen dazugehörigen Merkmalen. Darüber hinaus bietet der Datensatz Angaben zur Soziodemographie der Haushaltsmitglieder, zur Ausstattung des Haushalts mit Verkehrsmitteln sowie detaillierte Angaben über die im Haushalt vorhandenen Pkw und zur allgemeinen Nutzungshäufigkeit verschiedener Verkehrsmittel.

Die überwiegend telefonisch durchgeführte Erhebung der Daten erfolgte in der Zeit von November 2001 bis Dezember 2002. Die Basisstichprobe umfasst 61.729 Personen aus 25.848 Haushalten, für die über 190.000 Wege erfasst wurden. Mit diesem Stichprobenumfang können repräsentative Mobilitätswerte für die einzelnen Bundesländer ermittelt werden. Die Grundgesamtheit der MiD-Studie ist die gesamte Wohnbevölkerung Deutschlands (INFAS, DIW 2004).

Die grobe Beschreibung der Datensätze zeigt, dass sich Zielsetzung und Design der Studien deutlich voneinander unterscheiden. Dies fängt bereits bei der Erhebungseinheit an. Während es sich bei der KiD um eine Kfz-Stichprobe handelt, basiert die Stichprobe in der MiD auf Personen und Haushalten.

Kernfragen der nachfolgend dargestellten Auswertung sind daher:
- Stimmen die Eckwerte des Wirtschafts- und Personenwirtschaftsverkehrs für die von beiden Studien abgedeckten Verkehrsträger überein?
- Welches Gesamtbild des Wirtschafts- und Personenwirtschaftsverkehrs ergibt sich, wenn man die Ergebnisse der für beide Studien gleichermaßen bestehenden Auswertungsmöglichkeiten und die jeweils nur mit einem der beiden Datensätze durchführbaren Berechnungen zusammen nimmt?
- Welche Möglichkeiten aber auch Probleme entstehen bei der integrierten Betrachtung der Ergebnisse beider Datensätze?

# 4 (Personen-)Wirtschaftsverkehr: Ergebnisse der KiD und MiD

Für die Gegenüberstellung der Ergebnisse aus KiD und MiD ist es wichtig, die Basis, auf der sie zustande kommen, und deren Vergleichbarkeit zu überprüfen. Aus diesem Grund werden in Kapitel 4.1 die für die Beschreibung des Wirtschafts- und insbesondere des Personenwirtschaftsverkehrs jeweils zur Verfügung stehenden Variablen erläutert. In Kapitel 4.2 ff. werden die Ergebnisse vorgestellt.

## 4.1 Beschreibung der zur Verfügung stehenden Variablen

### Variablen der KiD-Studie

Für die Unterscheidung von Privat- und Wirtschaftsverkehr sowie die Einteilung des Wirtschaftsverkehrs in Unterkategorien steht in der **KiD-Studie** die Variable „Fahrtzweck" zur Verfügung. Sieben der insgesamt 12 Kategorien beziehen sich auf den privaten Verkehr. Die folgenden fünf Ausprägungen dienen der näheren Beschreibung des Wirtschaftsverkehrs:
1. Holen, Bringen, Transportieren von Gütern, Waren etc.
2. Fahrt zur Erbringung beruflicher Leistungen (Montage, Reparatur, Beratung, Besuch, Betreuung etc.)
3. Holen, Bringen, Befördern von Personen (dienstlich/ geschäftlich)
4. Sonstige dienstliche/ geschäftliche Erledigung
5. Rückfahrt zum Betrieb/ Stellplatz

Kategorie 1 ist damit Güterverkehr, Kategorie 2 Personenwirtschaftsverkehr und Kategorie 3 Personenbeförderungsverkehr. Die Wege der Kategorie 4 „Sonstige dienstliche/ geschäftliche Erledigungen" lassen sich dagegen keinem Bereich des Wirtschaftsverkehrs eindeutig zuordnen. Da die Art der genutzten Fahrzeuge – gewerblich genutzte Pkw und kleine Lkw – Ähnlichkeit mit den für Fahrten der Kategorie 2 genutzten Fahrzeugen aufweisen, kann lediglich vermutet werden, dass es sich bei diesen Wegen größtenteils um Personenwirtschaftsverkehr handelt.[1] Ein Zuordnungsproblem besteht auch bei Kategorie 5 „Rückfahrten zum Betrieb/ Stellplatz". Bei eigenen Berechnungen wurden Rückfahrten vereinfachend auf die Kategorien 1 bis 4 entsprechend deren Anteil an den Gesamtwegen verteilt.

Eine Unterscheidung der in Kapitel 2 genannten Unterkategorien des Personenwirtschaftsverkehrs ist bei KiD nicht möglich, da Dienst- und Geschäftsreisen nicht separat ausgewiesen werden. Um den Umfang der Befragung in Grenzen zu halten, wird darüber hinaus beim Fahrtzweck ab dem 12. Weg pauschal nach „privat" und „dienstlich/ geschäftlich" unterschieden. Ab dem 18. Weg wird lediglich die Anzahl der Fahrten erfasst. Dies bedeutet, dass ca. 30% aller Fahrten und ca. 10% der Kfz-Fahrleistung im Wirtschaftsverkehr keiner der Kategorien eindeutig zugeordnet werden können. Der KiD-Datensatz weist damit einige Abgrenzungsschwierigkeiten für die Beschreibung und Quantifizierung des Personenwirtschaftsverkehrs auf.

### Variablen der MiD-Studie

Bei der **MiD-Studie** ergibt sich der Personenwirtschaftsverkehr zum einen aus den Angaben im Wegetagebuch und zum anderen aus einem separaten Modul zur Erfassung von Wirtschaftsverkehr. Eine Unterscheidung der Unterkategorien des Personenwirtschaftsverkehrs ist möglich.

#### *Service- und Dienstleistungsverkehr*

Da Analysen gezeigt haben, dass ein erheblicher Teil der Wege, die zur Ausübung der beruflichen Tätigkeit durchgeführt werden, bei der Erhebung der Mobilität über Wegeprotokolle nicht erfasst wird (BRÖG, WINTER 1990), kam im Rahmen der MiD-Studie ein eigenes Modul Wirtschaftsverkehr zur Anwendung. In einem separaten Teil des Wegeprotokolls wurden berufliche Vielfahrer (z. B. Vertreter, Lieferanten) gebeten, die Zahl aller Wege, die sie am Stichtag aus dienstlichen und geschäftlichen Gründen während ihrer Arbeitszeit ausgeführt haben, anzugeben. Im Gegensatz zur detaillierten Erfassung der Wege im Wegeprotokoll wurde hier pauschal für alle Wege das hauptsächlich genutzte Verkehrsmittel, die insgesamt zurückgelegte Entfernung, die Branche, in der die Person tätig ist, sowie der Fahrtzweck ermittelt. Eine differenzierte Unterscheidung der einzelnen Wege ist damit nicht möglich. Die Kategorien der Variable Fahrtzweck

---

1 Die Interpretation der Fahrtzwecke wirtschaftlicher Tätigkeiten folgt der von Steinmeyer vorgeschlagenen Untergliederung des Wirtschaftsverkehrs und weicht von der im KiD-Abschlussbericht beschriebenen Kategorisierung ab. Die Kategorie „Holen, Bringen, Befördern von Personen" wird dort zusammen mit Kategorie 2 als Personenwirtschaftsverkehr und „Sonstige dienstlich/ geschäftliche Erledigungen" als sonstiger Wirtschaftsverkehr bezeichnet.

entsprechen mit (1) Transportieren von Gütern, (2) Montage, Reparatur, Beratung, Besuch, (3) Personenbeförderung und (4) Sonstige dienstliche/ geschäftliche Ermittlung weitgehend denen der KiD. Damit kann auch hier Kategorie 2 eindeutig als Personenwirtschaftsverkehr interpretiert werden, während bei Kategorie 4 „Sonstige dienstliche/ geschäftliche Erledigung" aufgrund der Branchenzugehörigkeit und Verkehrsmittelnutzung wiederum nur vermutet werden kann, dass es sich größtenteils um Personenwirtschaftsverkehr handelt.

### Geschäfts- und Dienstreiseverkehr

Geschäfts- und Dienstreisen stellen eine eigene Wegezweckkategorie bei der Erfassung der Stichtagsmobilität dar. Dieser Teil des Personenwirtschaftsverkehrs wurde damit über die Wegeprotokolle erhoben. Wie für alle Wege liegen für die geschäftlich/ dienstlichen Wege Angaben zu Ausgangspunkt, Zielort, Start- und Ankunftszeit, benutztem Verkehrsmittel, zurückgelegter Entfernung sowie Zahl der Begleitpersonen vor.

Darüber hinaus enthält der Datensatz Angaben über die Zahl der Geschäftsreisen mit mindestens einer Übernachtung innerhalb der letzten drei Monate. Allerdings kann keine Aussage über die Verkehrsmittelnutzung bei Geschäftsreisen getroffen werden, da lediglich angegeben wurde, welches Verkehrsmittel auf wie vielen Reisen (privat und beruflich) genutzt wurde. Eine eindeutige Zuordnung der Verkehrsmittel zu Geschäftsreisen ist nur bei Personen möglich, die im Erhebungszeitraum ausschließlich Geschäfts- und keine Privatreisen unternommen haben.

Zusammenfassend kann für beide Studien festgehalten werden:
Bei der KiD entfallen alle „Fahrten zur Erbringung beruflicher Leistungen (Montage, Reparatur, Beratung, Besuch, Betreuung etc.)" sowie der entsprechende Anteil der Rückfahrten zum Betrieb oder Stellplatz auf den Personenwirtschaftsverkehr. Bei der MiD setzt sich der Personenwirtschaftsverkehr aus dem Geschäfts- und Dienstreiseverkehr sowie den von beruflichen Vielfahrern angegebenen Wegen der Kategorie „Montage, Reparatur, Beratung, Besuch" zusammen. Mit großer Wahrscheinlichkeit sind die meisten Wege der in beiden Studien enthaltenen Kategorie „Sonstige dienstliche/ geschäftliche Erledigung" ebenfalls dem Personenwirtschaftsverkehr zuzurechnen. Da diese Kategorie jeweils nicht eindeutig definiert und der Personenwirtschaftsverkehr damit nicht klar vom sonstigen Wirtschaftsverkehr abzugrenzen ist, besteht in beiden Studien eine gewisse Unschärfe, die bei der Interpretation der Ergebnisse zu berücksichtigen ist.

Zudem müssen folgende Unterschiede beachtet werden, die einen Vergleich der Ergebnisse für die Teilbereiche des Wirtschaftsverkehrs erschweren:
- Trotz der fast identischen Bezeichnung der Wege- und Fahrtzweckkategorien von Wirtschaftswegen stehen sie nicht für denselben Sachverhalt. Im Falle der KiD werden Dienst- und Geschäftsreisen nicht gesondert ausgewiesen, insofern müssten sie in diesen Kategorien enthalten sein. Bei der MiD werden Dienst- und Geschäftsreisen separat erhoben. Darüber hinaus ist zu beachten, dass die Wege die-

ser Kategorien und die dazugehörigen Merkmale bei der MiD pauschal für alle Wege, bei der KiD dagegen bis zur 12. Fahrt differenziert als Einzelweg erhoben wurden.
- Ein Vergleich der Werte für die Unterkategorien des Personenwirtschaftsverkehrs ist nicht möglich, da Geschäfts- und Dienstreisen bei der KiD in weiter gefassten Wegezweckkategorien enthalten sind und nicht separiert werden können.

## 4.2 Eckwerte des Wirtschaftsverkehrs

Die nachfolgend dargestellten KiD-Ergebnisse sind weitgehend dem Abschlussbericht (WERMUTH 2003 b) entnommen. Eigene Berechnungen mit SPSS[2] auf Basis der KiD-Rohdaten werden als solche ausgewiesen. Die MiD-Ergebnisse beruhen auf eigenen Berechnungen, für die sowohl der SPSS-Datensatz als auch das vom DIW entwickelte Programm „MiT – Mobilität in Tabellen" verwendet wurden. Während der SPSS-Datensatz komplexere Analysen erlaubt, bietet das MiT-Tool den Vorteil der automatischen Hochrechnung von der Stichprobe auf die dahinter stehende Grundgesamtheit.[3]

Beide Studien erlauben differenzierte Analysen des Wirtschaftsverkehrs. Ein Vergleich der KiD- und MiD-Ergebnisse kann bedingt durch die Struktur der Datensätze allerdings nur für Teilbereiche und auf einer stark aggregierten Ebene erfolgen. Im Folgenden werden ausgewählte Ergebnisse beider Studien gegenübergestellt.

Der Bereich, der von beiden Studien gleichermaßen abgedeckt wird, sind Fahrten bzw. Wege mit Kraftfahrzeugen. Bei der MiD muss darauf geachtet werden, dass nur Wege eingehen, bei der die befragte Person den Pkw selbst gesteuert hat. Dieser Filter ist notwendig, da in der KiD keine Fahrten von Mitfahrern enthalten sind.[4] Während somit alle im Rahmen der KiD dokumentierten und für Deutschland hochgerechneten Wege einbezogen werden, werden von den durchschnittlich 272 Mio. Wegen pro Tag bei der MiD nur 121 Mio. Wege bei der vergleichenden Gegenüberstellung berücksichtigt (Summe aus Privat- und Wirtschaftsverkehr von Kfz-Selbstfahrern; vgl. Tab. 1). Damit ist weniger als die Hälfte des bei der MiD ermittelten Verkehrsaufkommens mit der KiD vergleichbar, da viele der Wege entweder nicht mit einem Kraftfahrzeug oder als Mitfahrer eines Kraftfahrzeugs zurückgelegt wurden. Der mit der KiD vergleichbare Anteil der MiD-Gesamtverkehrsleistung fällt dagegen deutlich höher aus, da gerade wenig entfernungsintensive Wege mit dem Fahrrad oder zu Fuß ausgeschlossen werden.

---

2 SPSS – Statistical Package for the Social Sciences, Version 11.5
3 Das MiT-Tool wurde entwickelt, um die Nutzer von der Komplexität, die sich aus der je nach Frage z. T. stark variierenden Stichprobengröße und entsprechend variierenden Grundgesamtheit ergibt, zu entlasten. Dabei wird mit bereinigten Rohdaten gearbeitet. So werden beim MiT-Tool z. B. fehlende Werte durch die Antworten vergleichbarer Personengruppen ersetzt, wenn davon ausgegangen werden kann, dass es sich nicht um ein systematisches Auftreten von fehlenden Angaben handelt (infas, DIW 2003). Es gilt daher zu berücksichtigen, dass Ergebnisse auf Basis von MiT im Vergleich zu Berechnungen mit dem SPSS-Datensatz zu – i. d. R. nur leicht – unterschiedlichen Anteilswerten führen können.
4 Diese Einschränkung betrifft nur die Wege im Privatverkehr. Im Wirtschaftsverkehr wird bei der MiD nicht nach Fahrer und Mitfahrer unterschieden.

Tab. 1: Verkehrsaufkommen und Verkehrsleistung im Privat- und Wirtschaftsverkehr

| Datenquelle | Fahrten- bzw. Wegeaufkommen pro Tag (in Tausend) | | | | | |
|---|---|---|---|---|---|---|
| | Wirtschaftsverkehr | | Privatverkehr | | Insgesamt | |
| KiD | 23.973 | 23,1% | 80.022 | 76,9% | 103.995 | 100% |
| MiD (nur Kfz-Selbstfahrer) | 17.969 | 14,8% | 103.312 | 85,2% | 121.281 | 100% |
| MiD (nur Kfz) | 18.227 | 11,0% | 147.664 | 89,0% | 165.891 | 100% |
| MiD (alle Verkehrsträger) | 20.901 | 7,7% | 251.344 | 92,3% | 272.245 | 100% |
| Datenquelle | Verkehrsleistung pro Tag (km in Tausend) | | | | | |
| | Wirtschaftsverkehr | | Privatverkehr | | Insgesamt | |
| KiD | 556.452 | 28,4% | 1.404.953 | 71,6% | 1.961.403 | 100% |
| MiD (nur Kfz-Selbstfahrer) | 358.647 | 20,5% | 1.394.099 | 79,5% | 1.752.745 | 100% |
| MiD (nur Kfz) | 365.927 | 15,0% | 2.069.081 | 85,0% | 2.435.005 | 100% |
| MiD (alle Verkehrsträger) | 434.699 | 14,3% | 2.609.839 | 85,7% | 3.044.537 | 100% |

*Quelle: eigene Berechnungen MiT-Tool sowie Werte des KiD-Endberichts dividiert durch 365 Tage*

Die Gegenüberstellung der vergleichbaren Anteile macht deutlich, dass beide Studien zu sehr unterschiedlichen Ergebnissen kommen. Obwohl die MiD mit durchschnittlich 121 Mio. Wegen von Kfz-Selbstfahrern pro Tag auf eine höhere Gesamtzahl kommt als die KiD mit 103 Mio. Fahrten, fällt der Anteil des Wirtschaftsverkehrs bei der MiD absolut und damit erst recht prozentual niedriger aus als bei der KiD (18 Mio. Wege bei MiD gegenüber 24 Mio. Wege bei der KiD; vgl. Tab. 1). Letztlich ermittelt die MiD also v. a. eine sehr viel höhere Zahl an Wegen von Kfz-Selbstfahrern für private Zwecke. Trotz eines geringeren Verkehrsaufkommens ermittelt die KiD eine höhere Verkehrsleistung. Damit fallen die durchschnittlichen Wegelängen bei der KiD höher aus als bei der MiD. Dies gilt sowohl für den Privat- wie auch für den Wirtschaftsverkehr (durchschnittliche Wegelänge in Kilometer Privatverkehr: KiD: 17,6; MiD: 13,5; Wirtschaftsverkehr: KiD: 23,2; MiD: 20,0).

Die Unterschiede sind nicht unerheblich. Im Vergleich zur MiD fallen die KiD-Werte
- bezogen auf das Gesamtverkehrsaufkommen um 14,3% niedriger,
- bezogen auf das Verkehrsaufkommen im Wirtschaftsverkehr um 33,4% höher,
- bezogen auf die Gesamtverkehrsleistung um 11,9% höher und
- bezogen auf die Verkehrsleistung im Wirtschaftsverkehr sogar um 55,2% höher

aus.

Auf Basis einer groben Einteilung der Kraftfahrzeuge in vier Kategorien[5] werden in Tabelle 2 die Anteile der Fahrzeugarten gegenübergestellt. Im Privatverkehr zeigen sich große Ähnlichkeiten sowohl in Bezug auf das Verkehrsaufkommen als auch die Verkehrsleistung. Der Pkw ist mit jeweils über 95% klar dominierend. Die maximale Differenz der Prozentwerte beträgt einen Prozentpunkt.

Tab. 2: Anteil der Fahrzeugarten im Privat- und Wirtschaftsverkehr

| Fahrzeugart | WIRTSCHAFTSVERKEHR | | | | PRIVATVERKEHR | | | |
|---|---|---|---|---|---|---|---|---|
| | Verkehrs-aufkommen | | Verkehrs-leistung | | Verkehrs-aufkommen | | Verkehrs-leistung | |
| | KiD | MiD * | KiD | MiD * | KiD | MiD * | KiD | MiD * |
| Krafträder | 0,2 | 1,0 | 0,2 | 0,3 | 1,7 | 1,7 | 2,4 | 1,7 |
| Pkw | 65,9 | 76,4 | 63,1 | 74,8 | 97,0 | 96,9 | 95,7 | 96,7 |
| Lkw | 26,5 | 20,0 | 24,6 | 22,7 | 0,9 | 0,3 | 1,1 | 0,7 |
| Übrige Kfz | 7,4 | 2,6 | 12,1 | 2,2 | 0,4 | 1,2 | 0,8 | 0,9 |
| Summe | 100 | 100 | 100 | 100 | 100 | 100 | 100 | 100 |

* nur Kfz-Selbstfahrer

Quelle: eigene Berechnungen MiT-Tool und KiD-Rohdaten sowie Werte des KiD-Endberichts

Weniger einheitlich sind die Ergebnisse beim Wirtschaftsverkehr. Beide Studien zeigen, dass für Wege im Wirtschaftsverkehr mit Abstand am häufigsten der Pkw genutzt wird. Die KiD weist jedoch einen deutlich niedrigeren Pkw-Anteil und einen höheren Lkw-Anteil aus als die MiD.

Lässt man bei der MiD Dienst- und Geschäftsreisen unberücksichtigt, auch wenn diese in der KiD eigentlich enthalten sein müssten, ergeben sich deutlich besser übereinstimmende Werte (vgl. Tab. 3). Darüber hinaus besteht nun die Möglichkeit einer differenzierten Aufschlüsselung der Kraftfahrzeuge (vgl. Fußnote 4). In Bezug auf den Anteil privater und gewerblicher Pkw am Wirtschaftsverkehr kommen beide Studien zu sehr ähnlichen Ergebnissen. Unstimmigkeiten zeigen sich jedoch beim Anteil kleiner und großer Lkw. Während bei der KiD Lkw bis 3,5 t Nutzlast einen höheren Anteil an den Wegen und Kilometern im Wirtschaftsverkehr erreichen, sind es bei der MiD Lkw über 3,5 t Nutzlast.

---

5 Solange bei der MiD Dienst- und Geschäftsreisen mit berücksichtigt werden, ist eine detaillierte Aufschlüsselung der Kfz nicht möglich. Bei der MiD wurde nur bei der Erfassung der Wege beruflicher Vielfahrer eine der KiD entsprechende Kfz-Einteilung verwendet. Beim Wegeprotokoll, über das Dienst- und Geschäftsreisen erfasst wurden, findet keine Unterscheidung von privater und gewerblicher Halterschaft, dafür aber nach Fahrer und Mitfahrer statt. Sollen die MiD und KiD-Werte vergleichbar sein, muss auf eine vereinfachte Kfz-Einteilung zurückgegriffen werden.

Tab. 3   Anteile des Kfz-Verkehrs im Wirtschaftsverkehr bei differenzierter Einteilung der Kfz

| Fahrzeugart | WIRTSCHAFTSVERKEHR | | | |
|---|---|---|---|---|
| | Verkehrsaufkommen | | Verkehrsleistung | |
| | KiD | MiD * | KiD | MiD * |
| Krafträder | 0,2 | 1,1 | 0,2 | 0,3 |
| Pkw privat | 18,3 | 23,5 | 13,5 | 22,6 |
| Pkw gewerblich | 47,6 | 45,6 | 49,6 | 44,3 |
| [Pkw gesamt] | [65,9] | [69,1] | [63,1] | [66,9] |
| Lkw bis 3,5 t | 20,8 | 6,8 | 14,4 | 6,9 |
| Lkw über 3,5 t | 5,7 | 15,4 | 10,2 | 16,2 |
| [Lkw gesamt] | [26,5] | [22,2] | [24,6] | [23,1] |
| Übrige Kfz | 7,4 | 7,5 | 12,1 | 9,6 |
| Summe | 100 | 100 | 100 | 100 |

* Wirtschaftsverkehr ohne Dienst- und Geschäftsreisen

Quelle: eigene Berechnungen MiT-Tool und KiD-Rohdaten

Was bedeuten diese Ergebnisse? Welche Konsequenzen ergeben sich daraus für den Daten-Nutzer?

Bereits die Beschreibung der Studiendesigns in Kapitel 3 hat gezeigt, dass sich die Studien sowohl hinsichtlich der gewählten Untersuchungseinheit und damit der Grundgesamtheit, für die sie gelten, als auch in Bezug auf die thematische Schwerpunktsetzung stark unterscheiden. Während die Untersuchungseinheit der KiD das Fahrzeug und die Grundgesamtheit die Menge aller Kraftfahrzeugtage ist, sind es im Falle der MiD Personen und Haushalte, die repräsentativ für die Wohnbevölkerung Deutschlands sind. Werden bei der KiD Fahrzeughalter bzw. die Personen, die das Kraftfahrzeug am Stichtag nutzen, befragt, sind es bei der MiD alle Personen eines Haushalts. Liegt die Schwerpunktsetzung der KiD auf der Erfassung des Wirtschaftsverkehrs, steht bei der MiD die Erhebung des Personenverkehrs im Vordergrund. Insofern ist es im Grunde nahe liegend, dass sich die Ergebnisse der Studien unterscheiden. Es stellt sich allerdings die Frage, ob diese Gründe eine hinreichende Erklärung für die z. T. sehr großen Differenzen sind und ob sich gerade auf Ebene der Hochrechnung derartige Unterschiede ergeben dürfen. Denn trotz unterschiedlicher Designs sind beide Studien so angelegt, dass sie repräsentative Ergebnisse für das Verkehrsaufkommen und die Verkehrsleistung für Deutschland liefern müssten.

Zunächst einmal erscheint es nachvollziehbar, dass bei der MiD weniger Wirtschaftswege erhoben worden sind. Zum einen hat hier keine detaillierte Einzelerhebung der Wege wie bei der KiD stattgefunden. Zum anderen hat sich bereits in früheren Studien gezeigt, dass die Abbildung des Wirtschaftsverkehrs über Haushaltsbefragungen zu niedrig ausfällt. In einer eigens für die Untersuchung von non-reported-trips in Verkehrserhebungen mit KONTIV-Design angelegten Studie wurde ermittelt, dass die berichteten Wirtschaftswege mit dem Faktor zwei multipliziert werden müssen, um die tatsächliche Größenordnung des Wirtschaftsverkehrs – damals mit einem Anteil von 4% an allen Wegen angegeben – zu erreichen (BRÖG, WINTER 1990). Bei der 89er KONTIV hätte dieser Faktor jedoch nicht ausgereicht. Der Anteil der Wirtschaftswege bezogen auf alle Wege lag dort gerade einmal bei 0,13% (TNS EMNID 1989). Im Vergleich dazu hat die MiD durch die Erfassung der Wirtschaftswege in einem separaten Teil des Fragebogens und mit einem Anteil der Wirtschaftswege in Höhe von 7,7% bereits deutliche Fortschritte erzielt. Möglicherweise fallen die Werte immer noch zu niedrig aus, so dass hier überlegt werden könnte, ob eine Eichung der Daten an den Ergebnissen der KiD sinnvoll ist. Um die Werte von KiD zu erreichen, müsste die Zahl der Wirtschaftswege bei MiD mit einem Faktor von 1,3 multipliziert werden. Der Faktor fällt also deutlich niedriger aus, als der für Studien mit dem ehemaligen KONTIV-Design ermittelte Faktor von zwei.

Auch die Unterschiede in der Kfz-Nutzung im Wirtschaftsverkehr erscheinen bei näherem Hinsehen in einem anderen Licht. Zwar ist es erstaunlich, dass mit Ausschluss der Dienstreisen bei MiD KiD-ähnlichere Werte erzielt werden. Hier muss in Bezug auf die KiD die Frage gestellt werden, inwiefern dort Dienstreisen als Bestandteil des Wirtschaftsverkehrs erfasst werden. Bei der Betrachtung und Interpretation der Ergebnisse muss man sich jedoch v. a. eines vor Augen halten: die in Bezug auf bestimmte Kfz-Gruppen geringe Fallzahl bei der MiD. Dies trifft besonders auf Lkw zu. Von den 1.908 Personen, die von der großen Stichprobe der 61.729 über regelmäßige berufliche Wege am Stichtag berichten, geben lediglich 95 Personen an, überwiegend Lkw bis 3,5 t Nutzlast für ihre beruflichen Wege genutzt zu haben. Bei Lkw über 3,5 t Nutzlast sind es 124 Personen. Hochrechnungen auf dieser Datenbasis sind wenig belastbar. Da es explizit Ziel der KiD war, insbesondere Lkw bis 3,5 t zu erfassen und der Stichprobenumfang sowohl für diese als auch für größere Lkw bei der KiD sehr hoch ausfällt, sind die Ergebnisse der KiD an dieser Stelle in jedem Fall vorzuziehen. Der Anteil privater und gewerblicher Pkw fällt in beiden Studien ohnehin sehr ähnlich aus.

Schwerer zu erklären ist der deutlich niedrigere Anteil an Privatfahrten bei der KiD, da die privaten Fahrten dort im Grunde mit der gleichen Genauigkeit wie Wirtschaftswege erfasst worden sind. Private Pkw sind das mit Abstand am häufigsten für private Zwecke genutzte Kfz. Möglicherweise spielt daher der vergleichsweise kleine Stichprobenumfang privater Pkw, die bei der KiD nicht im Rahmen der Grunderhebung, sondern einer deutlich kleineren Zusatzerhebung erfasst worden sind, eine Rolle. Letztlich sind jedoch auch dort 3.641 Pkw privater Halter in die Untersuchung einbezogen worden, so dass es sehr fraglich erscheint, darüber derart große Unterschiede zu erklären. Im Gegensatz zum Wirtschaftsverkehr scheint in Bezug auf den Privatverkehr die MiD über validere Daten zu verfügen, so dass an dieser Stelle eine Eichung in die umgekehrte Richtung erfolgen könnte. Angesichts des Fokus der KiD auf den Wirtschaftsverkehr wird im Abschlussbericht thematisiert, wie anhand der MiD-Daten vergleichende Schätzwerte für den Personenwirtschaftsverkehr erreicht werden können. Der Privatverkehr wird bei diesen Überlegungen bisher nicht berücksichtigt. Möglicherweise bietet sich an dieser Stelle auch eine Untersuchung an, die ähnlich wie in Bezug auf die Höhe des erfassten Wirtschaftswegeanteils in Haushaltsbefragungen analysiert, in wie weit beim bisherigen Design der KiD eine zu geringe Erfassung von Privatwegen vorliegen könnte.

Da jede Studie für den Bereich, den sie schwerpunktmäßig abdeckt, einen größeren Stichprobenumfang aufweist und höhere Wegezahlen erreicht, liegt eine integrierte Betrachtung beider Datensätze nahe. Grundsätzlich bestand bei beiden Studien der Anspruch, über das Einbauen von „Scharnierfragen" eine Kompatibilität der Daten zu erreichen. Die MiD hat dies in Bezug auf den Wirtschaftsverkehr weitgehend erreicht. So werden bei der Erfassung der Wirtschaftswege dieselben Wegezweckkategorien und Branchen sowie dieselbe Einteilung der Kfz verwendet. Auf diese Weise ist ein Abgleich der MiD-Werte mit den KiD-Werten im Wirtschaftsverkehr möglich. Darüber hinaus besteht die Möglichkeit, die Nutzungsmuster verschiedener Kfz-Gruppen miteinander zu vergleichen. Weniger gut hat dagegen die KiD die Personenmerkmale der MiD aufgegriffen. Diese beschränken sich bei der KiD auf das Geschlecht, eine in vier grobe Klassen eingeteilte Altersvariable sowie im Falle der privaten Kfz-Nutzung die Zahl der im Haushalt lebenden Personen. Dies macht es schwierig, vergleichende Schätzwerte für den Privatverkehr zu ermitteln. Die sehr einseitige Nutzung des privaten Pkw und die wenigen Personenmerkmale bei der KiD stellen keine hinreichend differenzierte Basis für die Bildung von Vergleichsgruppen dar. Eine Überprüfung, ob die Kfz-Stichprobe der KiD dazu geführt hat, dass bestimmte Personengruppen und deren spezifisches Mobilitätsverhalten zu wenig abgebildet wurden, ist damit kaum machbar.

Nutzern stellt sich darüber hinaus das Problem, dass die Hochrechnungsverfahren auf Absolutwerte nur teilweise nachvollzogen werden können. Bei der KiD ist zwar im Abschlussbericht dokumentiert, auf welche Art und Weise die Hochrechnungsfaktoren ermittelt wurden, eine mathematische Reproduktion dieser Faktoren ist auf Grundlage der Rohdaten jedoch nicht ohne Weiteres möglich. Das MiT-Tool ermittelt Absolutwerte jeweils, indem eine Gewichtung anhand der soziodemographischen Faktoren der dahinter stehenden Grundgesamtheit vorgenommen wird. Wie dies genau geschieht, wird jedoch nicht beschrieben. Inwiefern die Unterschiede in den Ergebnissen möglicherweise auch durch unterschiedliche Hochrechnungsverfahren begründet werden können, liegt daher außerhalb des Einschätzungsbereiches von Nutzern.

## 4.3 Eckwerte des Personenwirtschaftsverkehrs

Welche Ergebnisse können trotz der kritischen Betrachtung des vorangegangen Kapitels für den Personenwirtschaftsverkehr ermittelt werden?

### *Verkehrsaufkommen und –leistung im (Personen-)Wirtschaftsverkehr*

Beide Studien kommen – zumindest anteilsmäßig – zu einer ähnlichen Bedeutung der verschiedenen Wirtschaftsverkehrsarten (vgl. Tab. 4). Die meisten Wege bzw. Fahrten entfallen auf den Personenwirtschaftsverkehr, wobei aufgrund der Unschärfe in beiden Datensätzen eine Schwankungsbreite besteht. Ohne die Kategorie „Sonstige dienstliche Erledigungen" macht der Personenwirtschaftsverkehr rund die Hälfte aller Wege aus. Mit dieser Kategorie liegt sein Anteil bei mehr als zwei Drittel. So oder so unterstreichen die Ergebnisse die Bedeutung des Personenwirtschaftsverkehrs und die Notwendigkeit, diesen bisher wenig beachteten Teilbereich des Wirtschaftsverkehrs näher zu beleuchten.

Fernverkehr spielt beim Güterverkehr eine größere Rolle als beim Personenwirtschaftsverkehr. Das Ergebnis der KiD, mit einem höheren Anteil des Güterverkehrs an der Verkehrsleistung als am Verkehrsaufkommen, ist daher eher plausibel als das umgekehrte Verhältnis bei der MiD. Auch hier spricht wiederum die größere Stichprobe der KiD für validere Ergebnisse. Die MiD liefert dagegen wertvolle Ergebnisse für Geschäfts- und Dienstreisen. Der im Vergleich zum Verkehrsaufkommen deutlich höhere Anteil an der Verkehrsleistung zeigt, dass Geschäfts- und Dienstreisen vergleichsweise entfernungsintensiv sind. Angesichts der Unterschiede beider Studien in Bezug auf absolute Werte für den Gesamtwirtschaftsverkehr ist es nahe liegend, dass auch die absoluten Fahrten- und Fahrleistungszahlen beider Studien für die einzelnen Bereiche des Wirtschaftsverkehrs z. T. erheblich differieren.

Tab. 4: Anteil der Wirtschaftsverkehrsarten an den Wegen und der Verkehrsleistung

| | Fahrten- bzw. Wegeaufkommen pro Tag | | | | |
|---|---|---|---|---|---|
| | KiD | | MiD * | | MiD * a) |
| | in 1.000 | Prozent | in 1.000 | Prozent | Prozent |
| a) Transport von Gütern | 7.315 | 29,9% | 5.390 | 30,0% | 34,0% |
| b) Fahrt zur Erbringung beruflicher Leistung (Montage, Reparatur etc.) | 11.543 | 47,2% | 7.771 | 43,3% | 49,0% |
| c) Personenbeförderung | 1.501 | 6,1% | 289 | 1,6% | 1,8% |
| d) Sonstige dienstl. Erledig. | 4.110 | 16,8% | 2.408 | 13,4% | 15,2% |
| e) Geschäfts- und Dienstreisen | / | / | 2.090 | 11,6% | |
| Gesamt | 24.469 | 100% | 17.947 | 100% | 100% |
| Davon PWV – Summe b) und e) | 11.543 | 47,2% | 9.861 | 54,9% | 49,0% |
| Davon PWV – Summe b), d) und e) | 15.653 | 64,0% | 12.269 | 68,4% | 64,2% |
| | Verkehrsleistung in km pro Tag | | | | |
| | KiD | | MiD * | | MiD * a) |
| | in 1.000 | Prozent | in 1.000 | Prozent | Prozent |
| a) Transport von Gütern | 188.209 | 34,0% | 78.481 | 22,3% | 26,9% |
| b) Fahrt zur Erbringung beruflicher Leistung (Montage, Reparatur etc.) | 256.291 | 46,3% | 165.918 | 47,1% | 56,8% |
| c) Personenbeförderung | 25.075 | 4,5% | 6.201 | 1,8% | 2,1% |
| d) Sonstige dienstl. Erledig. | 84.352 | 15,2% | 41.307 | 11,7% | 14,2% |
| e) Geschäfts- und Dienstreisen | / | / | 60.523 | 17,2% | / |
| Gesamt | 553.927 | 100% | 352.430 | 100% | 100% |
| Davon PWV – Summe b) und e) | 256.291 | 46,3% | 226.441 | 64,3% | 56,8% |
| Davon PWV – Summe b), d) und e) | 340.643 | 61,5% | 267.748 | 76,0% | 71,0% |

PWV = Personenwirtschaftsverkehr
* nur Kfz-Selbstfahrer; a) ohne Berücksichtigung von Geschäfts- und Dienstreisen
Quelle: eigene Berechnungen KiD-Rohdaten und MiT-Tool

## Kfz-Nutzung im (Personen-)Wirtschaftsverkehr

Die Abbildungen 1 und 2 verdeutlichen sowohl die unterschiedliche Kfz-Nutzung in den Teilbereichen des Wirtschaftsverkehrs als auch die Unterschiede zwischen KiD und MiD. Beiden Studien gemeinsam ist die überragende Bedeutung des Lkw im Güterverkehr sowie des Pkw im Personenwirtschaftsverkehr (Fahrtzweck „Erbringung beruflicher Leistung" bzw. „Montage, Reparatur, Beratung, Besuch" sowie „Sonstige dienstliche/ geschäftliche Erledigungen"). Angesichts der geringen Fallzahl der MiD in Bezug auf Lkw macht es Sinn, hier die Ergebnisse der KiD anzusehen. Lkw bis 3,5 t Nutzlast sind derzeit aufgrund gestiegener Zulassungszahlen in der Diskussion. Die jährliche Wachstumsrate dieser Fahrzeugkategorie beträgt derzeit 3% (Binnenbruck 2005). Nach der KiD werden diese Kfz häufiger im Güterverkehr als im Personenwirtschaftsverkehr eingesetzt. Während mit Lkw bis 3,5 t Nutzlast mehr Wege als mit größeren Lkw zurückgelegt werden, fällt bei Lkw über 3,5 t Nutzlast aufgrund ihres Einsatzes im Fernverkehr der Anteil an der Verkehrsleistung höher aus.

Bei der KiD liegt der Anteil kleiner Lkw im Personenwirtschaftsverkehr (Fahrtzweck „Erbringung beruflicher Leistung") bei 18% (Verkehrsaufkommen) bzw.12% (Verkehrsleistung). Die deutlich niedrigeren Werte bei der MiD dürften auch hier wiederum auf die kleine Stichprobe und Untererfassung dieser Kfz-Gruppe zurückzuführen sein. In Bezug auf die Nutzung des Pkw im Personenwirtschaftsverkehr kommen beide Studien zu einem höheren Einsatz von gewerblichen Pkw. Das Verhältnis aus gewerblicher und privater Pkw-Nutzung fällt bei der MiD dabei weniger deutlich zu Gunsten gewerblicher Pkw aus als bei der KiD. Hier wäre zu untersuchen, ob die Höherbewertung der privaten Pkw-Nutzung im Personenwirtschaftsverkehr bei der MiD durch die subjektive Festlegung, ob es sich um einen privaten oder gewerblichen Pkw handelt, gegenüber den auf dem Zentralen Fahrzeugregister beruhenden Angaben bei der KiD zustande kommt.

In Bezug auf die Unterschiede bei der Personenbeförderung ist Folgendes zu beachten: In der Stichprobe der KiD sind keine Busse enthalten, die im Öffentlichen Nahverkehr eingesetzt werden. In diesem Bereich basieren beide Studien somit auf unterschiedliche Kfz-Grundgesamtheiten, die Daten sind mithin nicht vergleichbar. Im Ergebnis dominieren bei der MiD sonstige Kfz, wobei es sich zum weit überwiegenden Teil um den Bus handelt. Bei der KiD ist der gewerbliche Pkw das am häufigsten für die Beförderung von Personen genutzte Fahrzeug.

## Abb. 1: Kfz-Nutzung in Abhängigkeit vom Fahrtzweck – KiD

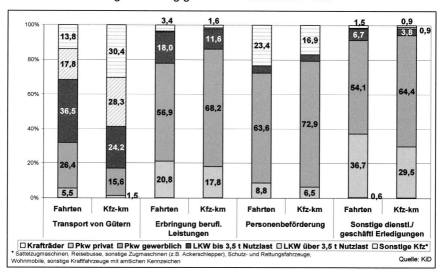

Quelle: KiD

## Abb. 2: Kfz-Nutzung in Abhängigkeit vom Fahrtzweck – MiD

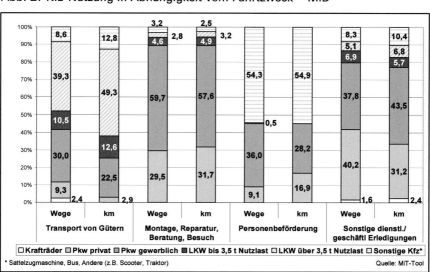

Quelle: MiT-Tool

## 4.4 Spezifika der KiD-Studie

Mit den KiD-Daten können insbesondere folgende Analysen vorgenommen werden, die mit den Daten der MiD nicht oder nur sehr eingeschränkt möglich sind:
- Auswertung nach Branchen entsprechend der Klassifikation der Wirtschaftszweige des statistischen Bundesamtes (Statistisches Bundesamt 2002); zwar sind auch bei der MiD für die regelmäßigen beruflichen Wege Branchen erhoben worden, die Fallzahlen für die einzelnen Branchen sind jedoch sehr niedrig;
- Abbildung raumspezifischer Aktivitätenmuster in Form von geokodierten Fahrtenketten.

So ist es mit den KiD-Daten möglich, die vorhandenen „Kfz-Aktivitätenmuster" differenziert nach Branchen, Regionen, Kfz-Typen, Ladung etc. zu untersuchen. Diese Muster (Fahrtenketten) können schematisch dargestellt werden, um räumliches Verhalten der Akteure im Wirtschaftsverkehr zu beschreiben (vgl. Abb. 3).

Abb. 3: Schematische Darstellung einer Fahrtenkette

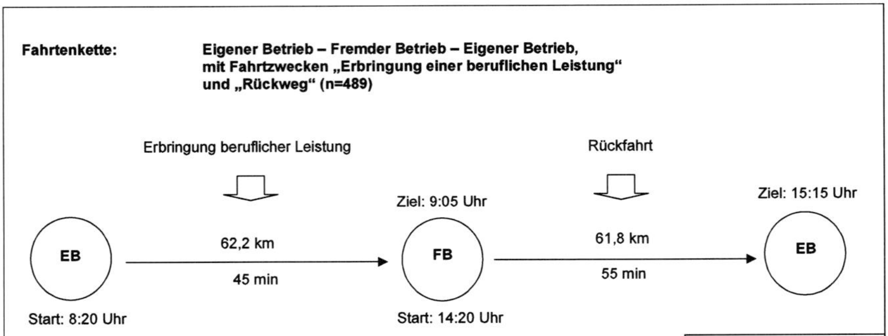

Fahrtenkette: Eigener Betrieb – Fremder Betrieb – Eigener Betrieb, mit Fahrtzwecken „Erbringung einer beruflichen Leistung" und „Rückweg" (n=489)

Erbringung beruflicher Leistung — Ziel: 9:05 Uhr
Rückfahrt — Ziel: 15:15 Uhr

EB — 62,2 km / 45 min — FB — 61,8 km / 55 min — EB
Start: 8:20 Uhr — Start: 14:20 Uhr

Quelle: eigene Darstellung

Angesichts der hohen Fallzahlen für Pkw mit 29.079 und für Lkw unter 3,5 t Nutzlast mit 40.851 Kfz ist die Darstellung der Fahrtenketten v. a. von kleineren Kfz im Wirtschaftsverkehr sehr gut möglich. Raum- und branchenspezifische Auswertungen für große Lkw und Sattelzugmaschinen sind durch die geringe Fallzahl von insgesamt etwas mehr als 2.500 Kfz dagegen nicht generalisierbar. In qualitativer bzw. explorativer Hinsicht sind aber auch mit diesen Daten gute Ergebnisse zu erzielen.

Der größte Vorteil der KiD gegenüber der MiD ist vor allem aus geographischer Sicht die Geokodierung der Daten. So besteht die Möglichkeit, die einzelnen Fahrten oder Fahrtenketten kartographisch darzustellen. Abbildung 4 zeigt beispielhaft die in der KiD geokodiert abbildbaren Fahrten des Personenwirtschaftsverkehrs. Beachtet werden muss bei einer solchen Art der (Rohdaten-)Darstellung natürlich die Disproportionalität der Stichprobe. Eine solche Abbildung kann durch die fehlenden Gewichtungs- und Hochrechnungsfaktoren nicht repräsentativ sein.

Abb. 4: Räumliche Muster des Personenwirtschaftsverkehrs in Deutschland (dargestellt als Luftlinien der geokodierten Start- und Zielpunkte der Wege zur Erbringung beruflicher Leistungen)

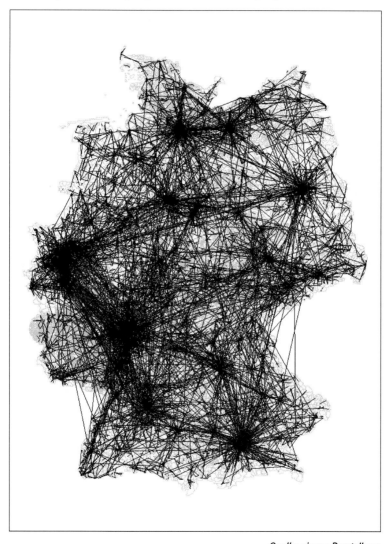

*Quelle: eigene Darstellung*

## 4.5 Spezifika der MiD-Studie

Die MiD-Studie bietet insbesondere die folgenden, bei KiD nicht oder nur eingeschränkt zur Verfügung stehenden Auswertungsmöglichkeiten:

- Durch die Berücksichtigung aller Verkehrsträger kann abgeschätzt werden, wie hoch der Anteil des Personenwirtschaftsverkehrs ist, der nicht mit Kraftfahrzeugen, sondern mit Öffentlichen Verkehrsmitteln, zu Fuß oder mit dem Fahrrad erbracht wird.
- Die differenzierten soziodemographischen Angaben erlauben eine personenspezifische Beschreibung von Verkehr.
- Die separate Erfassung von Dienst- und Geschäftsreisen sowie Wegen beruflicher Vielfahrer macht es möglich, die Anteile der beiden Unterkategorien des Personenwirtschaftsverkehrs zu quantifizieren (siehe Kap. 4.3) und diese Art der Wege sowie die Personen, die diese Wege durchführen, näher zu beschreiben.

Die mit der MiD bestehenden Analysemöglichkeiten werden hier exemplarisch für die Höhe des nicht mit Kfz erbrachten Anteils des Personenwirtschaftsverkehrs vorgestellt.

Abb. 5: Anteil der Verkehrsmittel am Wirtschaftsverkehr, die bei KiD nicht berücksichtigt werden

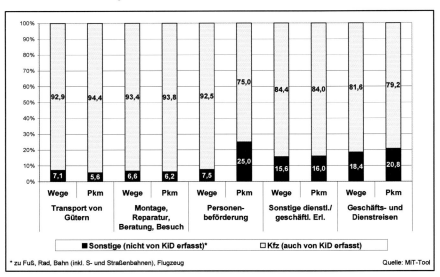

Der Anteil an den Wegen und Personenkilometern, der nicht mit Kraftfahrzeugen erbracht wird, fällt im Geschäfts- und Dienstreiseverkehr mit 18,4% bzw. 20,8% sehr hoch aus. Damit wird von der KiD aufgrund des eingeschränkten Spektrums an Verkehrsmitteln rund ein Fünftel dieses Verkehrs nicht erfasst. Von den vier Wegezweckkategorien zur Unterscheidung der erwerbswirtschaftlichen Tätigkeit von beruflichen Vielfahrern sind es v. a. Wege der Kategorie „Sonstige dienstliche/ geschäftliche Erledigung", die häufig mit einem anderen Verkehrsmittel als einem Kfz zurückgelegt werden. Auf den gesamten Personenwirtschaftsverkehr bezogen (Geschäfts- und Dienstreisen sowie Kategorie „Montage, Reparatur, Beratung, Besuch") machen die von KiD nicht erfassten Verkehrsmittelanteile (Fahrrad, zu Fuß, Verkehrsmittel des Öffentlichen Personennah- und Fernverkehrs, Flugzeug) 9,9% aller Wege und 11,4% aller Personenkilometer aus.

## 5 Zusammenfassung und Fazit

Die Ergebnisse der beiden Erhebungen KiD und MiD belegen eindrücklich die Bedeutung des Personenwirtschaftsverkehrs. Der größte Teil des Verkehrsaufkommens und der Verkehrsleistung im Wirtschaftsverkehr entfällt auf dieses Segment. Im Vergleich dazu erreicht der Güterverkehr, dem in der Vergangenheit die größte Aufmerksamkeit galt, mit Abstand niedrigere Werte. Die Verkehrsmittelnutzung im Personenwirtschaftsverkehr ist durch eine stark ausgeprägte Nutzung von Pkw gekennzeichnet. Das zweitwichtigste Verkehrsmittel – allerdings mit deutlich geringeren Anteilswerten – sind Lkw bis 3,5 t Nutzlast. Insgesamt zeigt sich, dass kleine Lkw bis 3,5 t Nutzlast, die wegen der ansteigenden Zulassungszahlen in der Diskussion sind, häufiger im Güter- als im Personenwirtschaftsverkehr eingesetzt werden.

Die Analyse der KiD- und MiD-Daten zeigt, dass beide Datensätze eine gute Grundlage für die Ermittlung von Eckwerten für den Wirtschafts- und insbesondere Personenwirtschaftsverkehr bilden. Obwohl die Erfassung des Wirtschaftsverkehrs nicht Hauptgegenstand der MiD-Erhebung war, können im Vergleich zur KiD z. T. detaillierte Untersuchungen vorgenommen werden. Dies betrifft v. a. den Geschäfts- und Dienstreiseverkehr sowie die Möglichkeit personenspezifischer Analysen, denn die Frage, wer „hinter dem Lenkrad sitzt" oder als Beifahrer unterwegs ist, lässt sich mit der KiD-Erhebung nur rudimentär beantworten. Die Berücksichtigung aller Verkehrsträger bei MiD ermöglicht darüber hinaus, den nicht mit Kfz erbrachten Wirtschaftsverkehrsanteil abzuschätzen.

Die KiD bietet dagegen die Möglichkeit, mit georeferenzierten Daten zu arbeiten. Dies ist zumindest bisher mit dem öffentlich zur Verfügung stehenden Datensatz von MiD nicht möglich und wird für die Wege der beruflichen Vielfahrer, die aggregiert erhoben worden sind, auch in Zukunft nicht möglich sein. Über die KiD-Daten können daher Aktivitäten in Form von Fahrtenketten und Kfz-Nutzungsmustern räumlich abgebildet werden. Darüber hinaus besteht die Möglichkeit der Auswertung branchenspezifischer Nutzungsmuster. V. a. für Lkw bis 3,5 t Nutzlast und gewerbliche Pkw basiert die KiD auf einer sehr großen Stichprobe, die sich sehr differenziert auswerten lässt.

Die Unterschiedlichkeit der Datensätze hat Vor- und Nachteile. Einerseits ergänzen sich die Studien in bestimmten Bereichen und tragen damit zu einem differenzierten Gesamtbild des (Personen-)Wirtschaftsverkehrs bei. Andererseits decken sich die Ergebnisse in den Teilbereichen des Verkehrs, der von beiden Studien erfasst wird, nicht. Die z. T. erheblichen Unterschiede lassen sich nur teilweise auf die Verschiedenartigkeit des Erhebungsdesigns zurückführen. Da dies eine integrierte Gesamtschau der Ergebnisse erschwert, scheint es aus forschungspragmatischer Sicht am einfachsten zu sein, sich entweder auf einen Kfz-basierten oder einen personenbezogenen Ansatz festzulegen. Damit entscheidet sich, welcher der beiden Datensätze die Basis für die Hochrechnung auf Absolutwerte bildet. Die Ergebnisse des jeweils anderen Datensatzes können in Bezug auf relative Prozentanteile ergänzend hinzugenommen werden.

## Literatur

BINNENBRUCK, Horst H. (2005): Die Nutzung kleiner Nutzfahrzeuge unter 3,5 t Nutzlast - Fortschreibung der sektor- und siedlungsspezifischen Indikatoren des Wirtschaftsverkehrs – Teil 1. In: Straßenverkehrstechnik, Heft 1, S. 5-9

BINNENBRUCK, Horst H. (2005): Die Nutzung kleiner Nutzfahrzeuge unter 3,5 t Nutzlast - Fortschreibung der sektor- und siedlungsspezifischen Indikatoren des Wirtschaftsverkehrs – Teil 2. In: Straßenverkehrstechnik, Heft 2, S. 76-81

BINNENBRUCK, Horst, H. (2001): Wirtschaftsverkehr in Städten – Problemlösungen ohne Zukunft? In: Internationales Verkehrswesen, 53. Jg., Heft 1+2, S. 27-30

BRÖG, Werner; WINTER, Gerhard (1990): Untersuchungen zum Problem der „non-reported-trips" zum PersonenWirtschaftsverkehr bei Haushaltsbefragungen. Bonn-Bad Godesberg (=Schriftenreihe Forschung Straßenbau und Straßenverkehrstechnik, Heft 593)

HESSE, Markus (1997): Wirtschaftsverkehr, Stadtentwicklung und politische Regulierung – Zum Strukturwandel in der Distributionslogistik und seinen Konsequenzen für Stadtplanung und Städtebau in urbanen Regionen. Dissertation an der Fakultät Raumplanung der Universität Dortmund, Berlin

INFAS, DIW (2003): Mobilität in Deutschland 2002 – Kontinuierliche Erhebung zum Verkehrsverhalten. Projekt-Nr. 70.0681/2001, Forschungsprogramm Stadtverkehr des Bundesministeriums Verkehr, Bau- und Wohnungswesen. Endbericht

REINKEMEYER, Lars (1994): Wirtschaftsverkehr in Städten – Quantifizierung und Rationalisierungsmöglichkeiten unter besonderer Berücksichtigung des Handels. Verband der Automobilindustrie, Nr. 4, Frankfurt a. M.

SCHULZ, Angelika R. (1999): Strukturen im innerstädtischen Dienstleistungsverkehr. Diplomarbeit an der Freien Universität Berlin, Institut für Geographische Wissenschaften, Berlin

SCHÜTTE, Franz P. (1998): Mobilitätsmuster im städtischen Personenwirtschaftsverkehr. In: Internationales Verkehrswesen, 50. Jg., Heft 1, S. 532-536.

*Statistisches Bundesamt* (2002): Klassifikation der Wirtschaftszweige. Ausgabe 2003 (WZ 2003). Wiesbaden

STEINMEYER, Imke (2004): Kenndaten der Verkehrsentstehung im Personenwirtschaftsverkehr: Analyse der voranschreitenden Ausdifferenzierung von Mobilitätsmustern in der Dienstleistungsgesellschaft. München, HUSS-Verlag (=Harburger Berichte zur Verkehrsplanung und Logistik, Band 3)

*TNS Emnid* (1989): KONTIV 1989: Tabellenband

WERMUTH, Manfred u. a. (2003 a): Bestandsaufnahme notwendiger und verfügbarer Daten zum Wirtschaftsverkehr als Grundlage pragmatischer Datenergänzungen. Bundesministerium für Verkehr, Bau- und Wohnungswesen [Hrsg.]; unter Mitarbeit von Binnenbruck, H.; Machledt-Michael, S.; Rommerskirchen, S.; Sonntag, H.; Forschung Straßenbau und Straßenverkehrstechnik, Heft 860/2002

WERMUTH, Manfred u. a. (2003 b): Kontinuierliche Befragung des Wirtschaftsverkehrs in unterschiedlichen Siedlungsräumen. Phase 2, Hauptstudie. Schlussbericht, Band 1. FE-Nr. 70.0682/2001, im Auftrag des Bundesministeriums für Verkehr, Bau- und Wohnungswesen, Braunschweig

# Verlagerungspotenziale des Straßengüterfernverkehrs auf die Schiene

*Gunnar Knitschky (Berlin)*
*Bernd Sewcyk (Hannover)*

## Zusammenfassung

Laut Prognose findet das Wachstum des zukünftig stark anwachsenden Transportbedarfs hauptsächlich auf der Straße statt, woraus eine zunehmende Belastung der Straßen und Umwelt resultieren. Ausgehend von der politischen Zielstellung, möglichst große Teile des Güterfernverkehrs von der Straße auf die Schiene zu verlagern, werden Ansätze untersucht, wie eine Steigerung des Güterverkehrs auf der Schiene bewältigt werden kann. Mittels simulativer Untersuchungen wird die Frage beantwortet, wie viel zusätzlicher Güterverkehr auf der Grundlage der bestehenden Planungen in den nächsten 15 bis 20 Jahren von der Schiene aufgenommen werden kann.

## Summary

The increasing world trade of the internationally interlaced economies, the division of labour in modern economies as well as the liberalisation of the transport markets result in an ongoing increase of transportation needs. This growth is predicted to mainly concern road traffic, which leads to an increasing load of the roads and negative impacts on the environment. Based on the policy to shift a maximum of the long-distance transports from road to rail, it is investigated how an increase of the goods transport on rail can be achieved. Furthermore it is determined by simulation, how much additional goods traffic can be taken up by the rail infrastructure in the next 15 to 20 years.

## 1 Einleitung

Der steigende Transportbedarf der nächsten Jahre wird laut Prognose des Bundesverkehrswegeplans für 2015 hauptsächlich auf der Straße stattfinden. Um dem Trend der zunehmenden Belastung der Straßen und Beeinträchtigung der Umwelt entgegenzuwirken, wird von politischer Seite die Erhöhung des Schienenverkehrsanteils gefordert. Eine beispielsweise paritätische Verteilung der prognostizierten Transportmengen auf Straße und Schiene im Jahre 2015, entspräche einer Steigerung des Schienenanteils um ca. 110 %.

Der Bericht geht der Frage nach, ob die vom Verkehrsträger Schiene bereitgestellte vorhandene Beförderungskapazität für diese zusätzlichen Transportmengen ausreicht und welche betrieblichen und baulichen Strategien auf Grundlage der bestehenden Planungen ergriffen werden können, um die Kapazität zu steigern.

Zunächst werden die Transportanforderungen der Güterhauptgruppen bestimmt, um Logistikgruppen definieren zu können, die die Grundlage der Verlagerungsmatrizen darstellen. Mit ihnen werden die Verkehrsströme für einzelne Verlagerungsszenarien der Simulation abgebildet. Dabei wird von dem für 2015 prognostizierten Verkehrsaufkommen ausgegangen.

Es werden Maßnahmen definiert, die zu einer relevanten Erhöhung der Streckenleistungsfähigkeit führen. Mit Hilfe der Simulation werden diese betrieblichen und baulichen Maßnahmen hinsichtlich ihrer flächenmäßigen Auswirkungen untersucht, die bei einer Erhöhung des Schienenverkehrsanteils und der daraus resultierenden Verkehrsleistung ergriffen werden müssten.

Ein Vergleich der Simulationsergebnisse und eine qualitative Einschätzung der einzelnen Maßnahmen führen schließlich zu Empfehlungen von generellen betrieblichen und baulichen Strategieansätzen, die zu einer Verlagerung von Straßengüterfernverkehr auf die Schiene führt.

## 2 Analyse der Transportanforderungen

Eine wichtige Eingangsgröße der Simulation ist das prognostizierte Verkehrsaufkommen, das für die 52 Güterhauptgruppen der Verkehrsstatistik vorlag. Eine Voraussetzung für die Umsetzung der Güterstromverlagerung in der Simulation ist eine überschaubare Anzahl von Gütergruppen mit jeweils homogenen Transportanforderungen. Um diese zu erfüllen wurden die schienenaffinen verlagerungsfähigen Güter identifiziert und zu drei Logistikgruppen gebündelt. Diese drei Logistikgruppen wurden für die gesetzten Untersuchungsziele als ausreichend angesehen.

Zur Aggregierung der neuen Gütergruppen musste dem Aspekt der Transportanforderungen mit den folgenden Kriterien Rechnung getragen werden:
- geringe Schwankung der Klassengröße,
- ähnliche Transportflüsse der einzelnen Güter einer Gütergruppe,
- gleichartige Ansprüche der Güter einer Gruppe an die Transportsystemeigenschaften,
- ähnliche Affinität der Güter einer Gruppe auf die Verkehrsmittel und
- ausreichende Gütermenge in einer Gruppe.

Die Fachliteratur liefert erste Hinweise auf eine mögliche Strukturierung der Gütergruppen. Allgemein werden vier wesentliche Gütereigenschaften unterschieden: [KLAUS 2001, S. 853ff.]
- das Gewicht,
- die Eiligkeit,
- die Gestalt und
- die mechanische Empfindlichkeit,

die hinsichtlich der Wahl des Transportmittels jedoch als nicht ausreichend beschrieben werden. Vielmehr ist ein ganzer Katalog von transportrelevanten Kriterien zu berücksichtigen.

Tab. 1: Güter-, Transportsystemeigenschaften, Transporteur- und Verlader- und gesamtgesellschaftliche Anforderungen

| Güter-eigenschaften | Transportsystem-eigenschaften | Transporteur-anforderungen | Verlader-anforderungen | Gesellschafts-anforderungen |
|---|---|---|---|---|
| Güterwerte | Transportzeit | Verfügbarkeit über Ladekapazität | Überregionale Transportketten | Förderung des Gemeinwohls |
| Sendungsgröße | Transportkosten | Paarigkeit der Transportströme | Garantie kurzer Transportzeit | Wirtschaftswachstum |
| Terminempfindlichkeit | Transportsicherheit | Geringe Investitionshöhe | Lieferflexibilität der Transportkette | Marktgleichgewicht |
| mechanische Empfindlichkeit | Zuverlässigkeit | Hohe Transportmittelauslastung | Lieferzuverlässigkeit | Schutzvorschriften |
| Temperaturempfindlichkeit | Leistungsfähigkeit | Klarheit über Auftragsgröße | Preiswürdigkeit | Normvorgaben |
| Verderblichkeit | Anpassungsfähigkeit | Geringer Lagerflächenbedarf | Informationsbereitstellung | Haftungsrichtlinien |
| Stetigkeit der Abmaße | Anzahl der Schnittstellen | | Umfassende Logistikleistungen | |
| Serviceanspruch | Netzdichte | | Beschädigungs- und Diebstahlschutz | |
| sonstiges | Transporteinheitengröße | | Einsatz vorhandener Fördermittel | |
| | Serviceleistung | | Verpackungseinsparungen | |
| | sonstiges | | Anpassung an Ladeeinheitengröße | |
| | | | Stapelbarkeit/ Flächenbedarf | |
| | | | Integration in Materialfluss | |

*Quelle: nach* SWITARSKI, MÄCKE, *1985*

Ein solcher umfangreicherer Kriterienkatalog der Gütereigenschaften findet sich bei [SWITARSKI, MÄCKE 1985, S. 27ff.], der mit dem Verkehrssystem als Ganzes in Beziehung gebracht wird. Danach wird zwischen den Gütereigenschaften und den Transportsystemeigenschaften differenziert. Die Gütereigenschaften beziehen sich nur auf die

Gestalt der Güter. Es sind die Güterwerte, Sendungsgröße, Terminempfindlichkeit, mechanische Empfindlichkeit, Temperaturempfindlichkeit, Verderblichkeit, Stetigkeit der Abmaße und der Serviceanspruch. Dem gegenüber stehen die Transportsystemeigenschaften, die sich aus Transportzeit, Transportkosten, Transportsicherheit, Zuverlässigkeit, Leistungsfähigkeit, Anpassungsfähigkeit, Anzahl der Schnittstellen, Netzdichte, Größe der Transporteinheiten und Serviceleistung zusammensetzen.

Bei der Frage, welche Transportanforderungen ein Gut an seinen Transport stellt, wird sehr schnell die gegenseitige Beeinflussung der Kriterien deutlich. Es kommt zu einem Zusammenspiel zwischen den Güter- und Transporteigenschaften aber auch den Verkehrsträgern und den Gütern selbst. Zusätzlich zu den Güter- und Transportsystemeigenschaften sind die betriebswirtschaftlichen Anforderungsprofile seitens der Verlader und Transporteure sowie die gesamtwirtschaftlichen Ansprüche der Gesellschaft von Relevanz. Eine Auflistung der genannten Kriterienkataloge ist in Tabelle 1 dargestellt.

## 3 Bildung von Logistikgruppen

Auf Basis der oben in Teilen wiedergegebenen Literaturanalyse wurde ein Kriterienkatalog von Transportanforderungen erstellt, der Gütereigenschaften, Transportsystemeigenschaften sowie Transporteurs- und Verladeranforderungen umfasst (Abbildung 1). Die vorgesehene eindeutige Bewertung nach den Gütereigenschaften ließ sich jedoch nicht durchgehend einhalten.

Abb. 1: Transportanforderungen

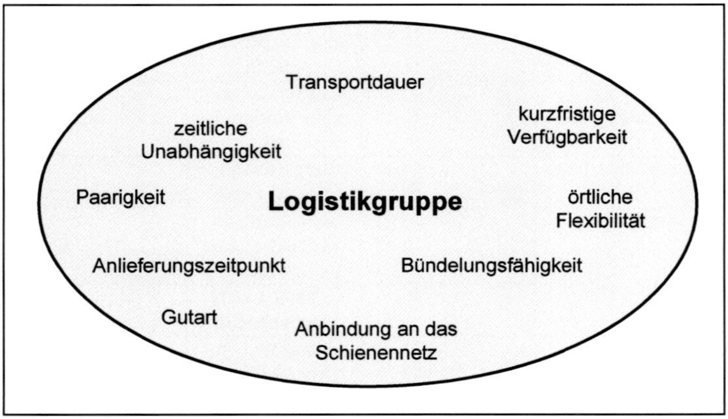

*Quelle: eigene Darstellung*

Die Bewertung der Transportanforderungen der Güterhauptgruppen anhand des entwickelten Kriterienkataloges wurde auf Basis umfassender Kenntnis der Transportbranche im Straßen- und Eisenbahnverkehr vorgenommen. Da die Aussagen allenfalls Tendenzen für die betreffenden Güter wiedergeben können, wurde für die Kriterien bewusst eine ordinale Skala mit einer geringen Anzahl an Ausprägungen gewählt. Es wurde davon ausgegangen, dass prinzipiell alle Güter verlagerungsfähig sind, auch wenn anzunehmen ist, dass für einzelne Güter- und Güterhauptgruppen kein Verlagerungspotenzial existiert, weil betriebswirtschaftliche oder andere Gründe dagegen sprechen.

Die neuen Logistikgruppen wurden nach den Merkmalen
- kurze Transportdauer,
- genauer Anlieferungszeitpunkt,
- zeitliche Unabhängigkeit,
- kurzfristige Verfügbarkeit und
- Regelmäßigkeit der Transporte

in absteigender Bedeutung gruppiert.

Die übrigen Kriterien konnten bei der Clusterung der Logistikgruppe nicht weiter beachtet werden. Sie hatten keinen weiteren Einfluss auf die Bildung der Logistikgruppen, konnten aber abhängig von der Häufung in einer Gruppe in die Beschreibung einfließen, um später die technischen und operationellen Anforderungen an die Transportmittel beschreiben zu können.

Dieses Ergebnis der Analyse der Transportanforderungen wurde durch eine Unternehmens- und Speditionsbefragung des Projektpartners Institut für Verkehrssicherheit und Automatisierungstechnik, Technische Universität Braunschweig bestätigt. Diese hatte die Identifikation der Kundenanforderungen hinsichtlich der Transportqualität zum Gegenstand.

## 3.1 Bewertung der Gütergruppen

Es kristallisierten sich drei Gruppen mit weitgehend homogenen logistischen Anforderungen heraus.

1. Gruppe: Die Anspruchsvollen

Hohe Transportanforderungen kennzeichnen diese Logistikgruppe, deren Güter aufgrund kurzfristiger Transportwünsche mit einer geringst möglichen Transportdauer zu transportieren sind. Es besteht eine starke zeitliche Abhängigkeit, so dass feste An- und Abfahrtzeiten in den Abend- und Morgenstunden kennzeichnend sind. Durch die ähnlichen Anforderungen an die Transportmittel sind die Güter dieser Logistikgruppe für paarige Verkehre geeignet.

2. Gruppe: Die Zeitgenauen

Die Logistikgruppe der „Zeitgenauen" erfordert eine feste zeitpunktgenaue Anlieferung, die jedoch aufgrund der geringeren zeitlichen Abhängigkeit individuell im Tagesablauf bestimmbar ist. Die Transportdauer hat nicht mehr eine so große Bedeutung wie in Gruppe 1.

**3. Gruppe: Die Planbaren**
Die Gruppe der „Planbaren" ist durch ein Mindestmaß an Pünktlichkeit charakterisiert bei gleichzeitiger zeitlicher Unabhängigkeit. Ein längerer Planungsvorlauf des Versenders und geringere Anforderungen an die Transportzeit kennzeichnen diese Logistikgruppe. Die Güter sind durch ihre besonderen Anforderungen an die Transportmittel und ihr Aufkommen in nur eine Richtung für paarige Verkehre weniger geeignet.

## 3.2 Prognose der Verkehrsmenge

Die vorhandene Datengrundlage für die Verlagerungsmatrizen bestand aus dem Tonnageaufkommen von Straße und Schiene des Integrationsszenarios des BVWP für 2015. Dieses wurde auf Basis der 98 deutschen Verkehrsbezirke und 47 ausländischen Regionen für zwölf Güterhauptgruppen (DIW) in einer Quelle-Ziel-Matrix für Straße und Schiene dargestellt.

Eingang fand ebenfalls das Aufkommen des Tonnageausgangs aus den Verkehrsbezirken und Regionen auf Basis der 52 Güterhauptgruppen (NSTR) dargestellt in einer Quellaufkommens-Matrix für Straße und Schiene.

Für die Betrachtung der Verlagerungsszenarien wurden nur die Transportmengen der Verkehrsträger Straße und Schiene ausgewählt. Die relevante Gesamttransportmenge des BVWP 2015 beträgt somit 1.654,6 Mio. Tonnen; davon werden 1.260 Mio. Tonnen auf der Straße (76,2 %) und 394 Mio. Tonnen auf der Schiene (23,8 %) transportiert. Gegenüber den Zahlen des Statistischen Bundesamtes ergibt sich ein geringeres Transportaufkommen, da der Straßengüternahverkehr sowie der grenzüberschreitende Nahverkehr in den Verflechtungsmatrizen des BVWP nicht enthalten sind [*BVWP* 2001].

## 3.3 Erstellung der Verlagerungsmatrix

Aus den vorliegenden Transportmengen wurden die zu verlagernden Transportmengen anhand der Verlagerungskriterien Mindestaufkommen, Mindestentfernung und Zugehörigkeit zu einer Logistikgruppe bestimmt.

Für die Erstellung der Verlagerungsmatrix wurden zunächst für jede Verkehrszelle die prozentualen Anteile der Güterhauptgruppen am gesamten Versandaufkommen der zugehörigen DIW-Gütergruppe berechnet und anschließend die Güterströme der Quelle-Ziel-Matrix mit diesen Werten proportional aufgeteilt. Die so gewonnene Quelle-Ziel-Matrix der Hauptgütergruppen wurde um die Relationen reduziert, die eine Transportmenge von weniger als 1.500 Tonnen aufwiesen.

Von diesen Mengen haben die Logistikgruppen folgende Anteile an der Transportmenge: Die Anspruchsvollen 51,8 %, Die Zeitgenauen 14,5 % und Die Planbaren 33,7 %. Das gewünschte Ziel einer geringen Schwankung der Klassengröße, d. h. möglichst gleich große Logistikgruppen, konnte nicht erreicht werden.

Es wird davon ausgegangen, dass die Verlagerungsfähigkeit der Güter auf die Schiene mit steigender Transportentfernung zunimmt, da sich Transporte über weite Strecken eher für den Schienenverkehr eignen. Die Gütermengen der einzelnen Logistikgruppen werden deshalb ausgehend von der längsten Relation hin zu Verlagerungsgrenzen verlagert. Bei der Wahl der Verlagerungsgrenzen fanden die Transportanforderungen der einzelnen Logistikgruppen Beachtung.

Für die Verlagerungsgrenze der Logistikgruppe 1 (Die Anspruchsvollen) wurde eine Entfernung von mindestens 400 km gewählt, da es sich um den Transport hochwertiger Güter mit einer hohen Priorität der Transportdauer handelt. Eine Mindestentfernung von 250 km für diese Güter haben [BACKHAUS/EWERS/BÜSCHKEN/FONGER 1992, S. 71 ff.] und [FONGER 1993, S. 65 ff.] festgestellt.[1]

Für die Logistikgruppe 2 (Die Zeitgenauen), deren Transportanforderungen zeitlich flexibler sind, wurde mit mindestens 350 km eine Entfernung zwischen der mittleren Transportweite im Schienengüterverkehr – für das Jahr 2001 258 km – und der für KV-affine Güter wie z. B. die Halb- und Fertigwaren (453 km) gewählt [*BMVBW* 2001].

Die Grenze der Logistikgruppe 3 (Die Planbaren) ergibt sich schließlich aus der Maßgabe einer paritätischen Verteilung der Gütermenge auf Schiene und Straße. Sie liegt mit einer Entfernung von mindestens 267 km nahe der mittleren Transportweite im Schienengüterverkehr.

Aus diesen Restriktionen ergibt sich eine maximal verlagerbare Menge von 50 % des Güterfernverkehrsaufkommens. Dies entspricht einem zusätzlichen Güteraufkommen von 433 Mio. Tonnen auf der Schiene und bedeutet eine Steigerung von ca. 110 %.

Um die zunehmende Kapazitätsauslastung des Schienennetzes in der Simulation darstellen zu können, wurde der Anteil der Schiene, ausgehend von dem Referenzfall des Integrationsszenarios mit ca. 25 %, in 5%-Schritten bis zu dem Maximalwert von 50 % erhöht. Dabei wurden sukzessive – beginnend mit den Gütern der Logistikgruppe 3 – immer anspruchsvollere Gütergruppen bis zur Logistikgruppe 1 verlagert.

## 4 Simulation

Ziel der durchgeführten Simulation war die Formulierung und Bewertung betrieblicher und baulicher Maßnahmen, die in Abhängigkeit eines steigenden Schienenverkehrsanteils ergriffen werden müssten, um die daraus resultierenden Verkehrsleistungen erbringen zu können. Besonderes Augenmerk lag dabei auf der Betrachtung der verfügbaren Netzkapazitäten, die für die Bewältigung zusätzlicher Verkehre ausreichend dimensioniert sein müssen. Der Bedarf an eventuell zusätzlichem Personal- oder Fahrzeugeinsatz sowie die Kapazitätsgrenzen in Bahnhöfen und Zugbildungsanlagen wurde nicht betrachtet.

---

1 Im KV lag für zwei Wechselbehälter der Break-even-point der Schiene unter Einberechnung von Umschlag (140,- DM), Vor- und Nachlauf (300,- DM) und Betriebskosten (0,80 DM/km) gegenüber dem reinen Straßentransport (1,40 DM/km) bei einer Entfernung von 733 km, vgl. [ALLEMEYER, KNITSCHKY, MALINA, 1999, S. 9]. Dieser Wert ist jedoch insbesondere durch die hohen Fixkosten des Umschlags sowie des Vor- und Nachlaufs eher hoch angesetzt. Vgl. ebenso [HERRY, 2001].

## 4.1 Simulationsmodell NEMO

Die Darstellung der komplexen Zusammenhänge zwischen Gütermengen, Produktionsstruktur und resultierender Auslastung des Streckennetzes erfordert den Einsatz eines rechnergestützten Simulationsmodells. Zur Anwendung kam das Netz-Evaluations-Modell NEMO, das vom Institut für Verkehrswesen, Eisenbahnbau und -betrieb (IVE) der Universität Hannover entwickelt wurde und bei den Österreichischen Bundesbahnen (ÖBB) unter anderem für Fragestellungen der dortigen Generalverkehrswegeplanung eingesetzt wird [KETTNER/PRINZ/SEWCYK 2001].

Ausgehend von einer Verflechtungsmatrix des Güteraufkommens ermittelt NEMO die Zugzahlen, die für die Beförderung der Transportmengen erforderlich sind.

Zur Bestimmung der Laufwege werden die Züge auf das Streckennetz umgelegt. Um Engpässe soweit wie möglich zu vermeiden, müssen in einigen Fällen Alternativrouten in Kauf genommen werden, die allerdings eine bestimmte Abweichung von der Optimalroute nicht überschreiten dürfen. Auf diese Weise wird eine möglichst gleichmäßige Ausnutzung aller verfügbaren Netzkapazitäten erreicht.

Die Zugzahlen des Personenverkehrs wurden den Prognosen des BVWP für 2015 entsprechend übernommen und nach Fern- und Nahverkehr getrennt als feste Grundbelastung des Streckennetzes angesetzt.

Je nach gewählter Kombination aus Güteraufkommen und Streckennetz können sich Zustände ergeben, bei denen keine befriedigende Engpassauflösung möglich ist. Dieses ist ein Indiz dafür, dass die Infrastruktur des Streckennetzes der Nachfrage an Schienentransportleistungen nicht gerecht werden kann.

## 4.2 Methodisches Vorgehen

Ausgehend von einem Referenzszenario wurden verschiedene Einzelszenarien definiert, die jeweils nur eine einzelne Maßnahme zur Steigerung der Transportkapazität auf der Schiene beinhalten. Aus dem Vergleich dieser Szenarien untereinander konnte die Wirksamkeit der jeweiligen Maßnahme gezielt beurteilt werden. Das Güteraufkommen wurde in all diesen Szenarien als konstant angesehen.

Als Bewertungskriterium für die Qualität einer Maßnahme diente die zeitliche und räumliche Verteilung der Kapazitätsengpässe, die bei einer vorgegebenen Gütermenge im zugehörigen Szenario zu erwarten ist. Eine zuverlässige und kundengerechte Transportleistung ist nur dann zu erbringen, wenn sich die Güterzüge zum weit überwiegenden Teil in Netzbereichen bewegen, in denen im Zeitraum der Zugfahrt keine Überschreitung der maximalen Streckenkapazität vorliegt. Der in den Engpassabschnitten erbrachte Anteil an der gesamten Güterverkehrsleistung drückt die Qualität eines Szenarios aus und ermöglicht damit eine Bewertung des Nutzens der entsprechenden Maßnahme.

Abb. 2: Iterative Steigerung von Gütermenge und Kapazität

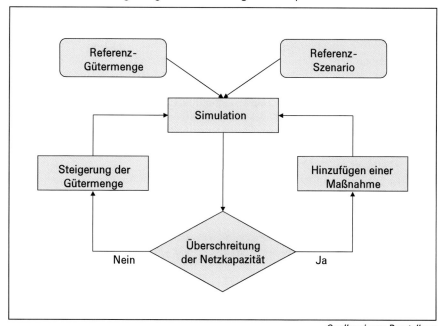

*Quelle: eigene Darstellung*

Im weiteren Verlauf der Untersuchungen wurde das Güteraufkommen stufenweise erhöht. Die Verflechtungsmatrizen mit erhöhten Gütermengen ergaben sich aus der Anwendung der Kriterien für die Verlagerung von Güterströmen zwischen Straße und Schiene (vgl. Kapitel 3.3)

Parallel dazu wurden einzelne kapazitätssteigernde Maßnahmen miteinander kombiniert, um in Reaktion auf die steigende erforderliche Transportleistung eine weiterhin engpassfreie Belastung des Streckennetzes sicherzustellen. Sinnvolle Kombinationen konnten aus der vorab durchgeführten Einzelbewertung der Maßnahmen abgeleitet werden. Grundsätzlich wurden nur so viele Einzelmaßnahmen wie nötig miteinander kombiniert.

## 4.3 Definition von Szenarien

Im Referenzszenario wurde die Infrastruktur des Schienennetzes aus dem Bezugsfall des BVWP 2015 angenommen. Aus der gleichen Quelle stammt das prognostizierte Güteraufkommen, das knapp 25 % des für Straße und Schiene gemeinsam erwarteten Volumens ausmacht (vgl. Kapitel 3.2).

Die Einzelszenarien beinhalten gegenüber dem Referenzszenario die folgenden kapazitätssteigernden Maßnahmen:

### 4.3.1 Szenario Blocklänge

Die Reduzierung der Blocklängen führt zu einer Verkürzung des zeitlichen Abstandes, der zwischen zwei aufeinander folgenden Zugfahrten mindestens einzuhalten ist, um einen behinderungsfreien Betriebsablauf zu gewährleisten.

Die in der Simulation mit NEMO verwendeten Blocklängen sind den Angaben der DB Netz AG zu den verschiedenen Streckenstandards entnommen [*Deutsche Bahn*, 2002] und wurden im Szenario bis auf den unteren Grenzwert gesenkt.

### 4.3.2 Szenario Zugfolgeabschnitt

Durch die Schaffung zusätzlicher Überholungsgleise können Konflikte zwischen Zügen unterschiedlicher Geschwindigkeit flexibler gelöst werden. Bei eingleisigen Strecken führen erweiterte Kreuzungsmöglichkeiten zu einer verbesserten Abwicklung von Begegnungsfällen.

Die übliche Länge der Zugfolgeabschnitte entstammt den Angaben der DB Netz AG über Streckenstandards [*Deutsche Bahn*, 2002] und wurde im Szenario bis auf den unteren Grenzwert reduziert.

### 4.3.3 Szenario Regionalstrecken

Die sogenannten Regionalstrecken (Streckenstandards R80 und R120 der DB Netz AG) sind häufig nur eingleisig ausgebaut und im Wesentlichen für Regionalzüge des Personenverkehrs ausgelegt. Die Erhöhung der Gleislängen in den Kreuzungsbahnhöfen auf das für den Betrieb überregionaler Güterzüge erforderliche Maß von 700 m kann eine Entlastung der übrigen Strecken bewirken, da dieses alternative Zuglaufwege im gesamten Netz ermöglicht.

### 4.3.4 Szenario Harmonisierung

Durch eine Harmonisierung der Zuggeschwindigkeiten wird das bei Mischbetrieb typische Auseinanderlaufen der Zeit-Wege-Linien und damit das Auftreten großer Zeitlücken zwischen den einzelnen Zugfahrten vermieden.

Bei der Harmonisierung der Geschwindigkeiten muss jedoch den verkehrlichen und technischen Merkmalen verschiedener Zugtypen Rechnung getragen werden. Aufgrund der häufigen Verkehrshalte ist z. B. eine beliebige Anhebung der Reisegeschwindigkeit von Nahverkehrszügen nicht durchführbar. Bei Güterzügen wird die zulässige Geschwindigkeit vor allem durch das Bremsverhalten begrenzt.

Die in der Simulation angenommene Richtgeschwindigkeit aller Züge ist abhängig vom jeweils betrachteten Streckenstandard der DB Netz AG. Da für den Personenfernverkehr tagsüber keine Reduzierung der Geschwindigkeit auf ein für den Personennahverkehr verträgliches Maß denkbar ist, kommt die Harmonisierung nur für die Nachtstunden in Frage.

### 4.3.5 Szenario Moving Block

Durch das Fahren von Zügen im absoluten Bremswegabstand („Moving Block") können die Zugfolgezeiten im Einrichtungs-Betrieb einer Strecke drastisch gesenkt werden. Die Betriebsweise ist sowohl fahrzeug- als auch fahrwegseitig mit einem sehr hohen technischen Aufwand verbunden. Im entsprechenden Szenario wurde „Moving Block" daher nur für alle Strecken mit einer zulässigen Höchstgeschwindigkeit >160 km/h angenommen, da hier durch die Existenz eines Linienleiters für die Linienzugbeeinflussung (LZB) zumindest fahrwegseitig bereits gute Voraussetzungen bestehen.

### 4.3.6 Szenario Lange Züge

Durch Anhebung der zulässigen Güterzuglänge auf 1400 m erhöht sich die theoretische Transportkapazität eines einzelnen Zuges, so dass für die Erbringung der gleichen Transportleistung weniger Zugtrassen erforderlich sind. Diese Maßnahme erscheint nur in Verbindung mit einer Harmonisierung der Geschwindigkeiten in den Nachtstunden sinnvoll durchführbar. Andernfalls würde sich die Notwendigkeit für Überholungen durch den Personenfernverkehr ergeben, für die zu wenige Gleise in ausreichender Länge zur Verfügung stehen würden.

Die Maßnahme bleibt im Wesentlichen auf Züge des Einzelwagenverkehrs zwischen Rangierbahnhöfen beschränkt, da hier durch Bündelungseffekte ausreichend hohe Wagenzahlen für den Betrieb überlanger Züge zu erwarten sind. Im Ganzzugverkehr sind die Transportmengen zwischen Versender und Empfänger im Allgemeinen nicht ausreichend.

### 4.3.7 Szenario Bedienungszeiten

In den späten Nachmittagsstunden wird ein großer Anteil der Güter für den Transport bereitgestellt, um im Idealfall am nächsten Morgen beim Empfänger einzutreffen (Nachtsprung). Damit sind häufig Belastungsspitzen im Zulauf auf die Zugbildungsanlagen verbunden, die in Verbindung mit dem Personenverkehr zu kritischen Engpässen führen können. Auch in den Zugbildungsanlagen selbst entstehen durch den ungleichmäßigen Zulauf von Wagen hohe Spitzenbelastungen, die eine entsprechende Auslegung der Anlagen erfordern. Durch Annahme einer gleichmäßigeren zeitlichen Verteilung kann eine Entspannung der beschriebenen Situation erzielt werden.

## 5. Simulationsergebnisse

Im Referenzszenario konzentrieren sich die Engpässe abends und morgens auf die Strecken im Zu- und Ablauf wichtiger Zugbildungsanlagen. Dieses ergibt sich nicht zuletzt aus der Konkurrenzsituation zum Personenverkehr. In den für den Güterverkehr besonders relevanten Nachtstunden treten Engpässe fast flächendeckend auf, wobei der Schwerpunkt im Bereich der Hauptachsen in Nord-Süd-Richtung liegt. Auch der wachsende grenzüberschreitende Verkehr vor allem Richtung Polen, Österreich und Schweiz führt auf den davon betroffenen Strecken zu einer deutlichen Überschreitung der Streckenkapazität.

Die Gegenüberstellung der Einzelszenarien mit dem Referenzszenario führt zu folgenden Rückschlüssen, die in weiterführende Empfehlungen münden:

Tab. 2: Simulationszenarios

| Szenario | Nutzen | Bemerkung |
|---|---|---|
| Blocklänge | hoch | flächendeckende Minderung von Engpässen |
| Zugfolgeabschnitt | gering | nur bei unterschiedlichen Geschwindigkeiten bedingt wirksam |
| Regionalstrecken | hoch | vor allem nachts Entlastung der Hauptachsen |
| Harmonisierung | hoch | nachts flächendeckende Minderung von Engpässen |
| Moving Block | gering | Nutzen auf wenige Strecken beschränkt, nicht flächendeckend |
| Lange Züge | mittel | Einsatz langer Züge auf wenige Relationen beschränkt |
| Bedienungszeiten | hoch | Entschärfung der Belastungsspitze am Nachmittag |

*Quelle: eigene Darstellung*

Aus der Bewertung der Einzelszenarien können sinnvolle Kombinationen zur Beseitigung von kritischen Engpässen abgeleitet werden. Dabei ist die jeweils in Ansatz gebrachte Gütermenge zu berücksichtigen.

## 5.1 30%-Güteraufkommen

Zur Bewältigung eines Schienenverkehrsanteils von 30 % an der Gesamtmenge für Straße und Schiene wird eine strikte Harmonisierung der Geschwindigkeiten in den Nachtstunden in Verbindung mit einer Ertüchtigung von Regionalstrecken für den Güterverkehr empfohlen. Eine Entzerrung der Bedienungszeiten erscheint unerlässlich, um eine gleichmäßigere Verteilung der Gütermengen in den Zugbildungsanlagen zu erreichen.

Zusätzlich ist eine Verkürzung der Blocklängen erforderlich, die in den neuralgischen Engpassbereichen noch durch den Aus- oder Neubau von Strecken unterstützt werden müsste.

Trotz der beschriebenen Maßnahmenkombination wäre allerdings in weiten Bereichen eine sehr kritische Netzauslastung zu erwarten, die eine völlig unzureichende Betriebsqualität mit zahlreichen Behinderungen und Verspätungen zur Folge hätte.

Darüber könnten kaum noch Freiräume für Instandhaltungsarbeiten bereitgestellt werden.

Abb. 3: Engpässe in den Nachtstunden bei 30%-Aufkommen

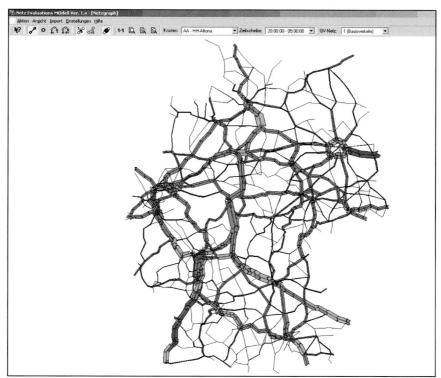

*Quelle: eigene Darstellung*

## 5.2 35%-Güteraufkommen

Jede weitere Erhöhung der Gütermenge über die 30%-Grenze hinaus würde in weiten Teilen des Schienennetzes zu einer völligen Überlastung führen.

Der Einsatz überlanger Güterzüge trägt nur unwesentlich zu einer Entschärfung von Engpässen bei. Die Möglichkeit des Betriebs doppelt langer Güterzüge führt bei weitem zu keiner zwangsläufigen Halbierung der Zugzahlen. Dieses liegt vor allem an dem recht hohen Anteil an Ganzzügen, für die auf ihrem direkten Weg in der Regel keine ausreichend hohen Gütermengen zwischen Versender und Empfänger verfügbar sind. Darüber hinaus ist der Betrieb überlanger Züge mit einer spürbaren Erhöhung der Zugfolgezeiten verbunden, was auf die verlängerten Räumzeiten beim Durchfahren von Streckenblöcken zurückzuführen ist.

Abb. 4: Engpässe in den Nachtstunden bei 35%-Aufkommen

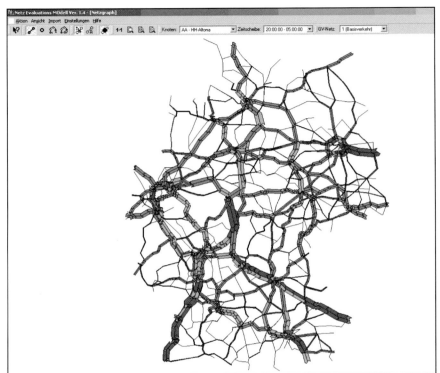

Quelle: eigene Darstellung

## 6 Fazit

Bereits die Bewältigung der für das Jahr 2015 für die Schiene prognostizierten Gütermenge stellt ein ehrgeiziges Ziel dar. Eine weitere Erhöhung des Schienenverkehrsanteiles könnte nur mit der Durchführung umfangreicher betrieblicher und baulicher Maßnahmen erreicht werden. Bezogen auf die Erhöhung der Netzkapazität zeigen die Maßnahmen

- Harmonisierung der Geschwindigkeiten
- Ertüchtigung der Regionalstrecken
- Flexibilisierung der Bedienungszeiten
- Verkürzung der Blocklängen

die größten Effekte. Aber auch bei Umsetzung dieser Maßnahmen ist die Erhöhung der Beförderungskapazität der Schiene nur in einem begrenzten Umfang möglich.

## Literatur

ALLEMEYER, Werner, Gunnar KNITSCHKY und Robert MALINA (1999): Einrichtung eines kombinierten Verkehrs im nordwestdeutschen Raum, unveröffentlichter Abschlussbericht, Institut für Verkehrswissenschaft an der Universität Münster

BACKHAUS Klaus, Hans-Jürgen EWERS, Joachim BÜSCHKEN und Matthias FONGER (1992): Marketingstrategien für den schienengebundenen Güterfernverkehr, Göttingen (= Beiträge aus dem Institut für Verkehrswissenschaft an der Universität Münster, Hans-Jürgen Ewers (Hrsg.), Heft 126)

*BMVBW (= Bundesministerium für Verkehr, Bau- und Wohnungswesen)* (Hrsg.) (2001): Verkehr in Zahlen, 30. Jg., Hamburg

*Deutsche Bahn AG* (Hrsg.) (2002): Richtlinie 413: Infrastruktur gestalten, Deutsche Bahn AG

FONGER, Matthias (1993): Gesamtwirtschaftlicher Effizienzvergleich alternativer Transportketten – Eine Analyse unter besonderer Berücksichtigung des multimodalen Verkehrs Straße/Schiene, Göttingen (= Beiträge aus dem Institut für Verkehrswissenschaft an der Universität Münster, Hans-Jürgen Ewers (Hrsg.), Heft 132)

HERRY, Max (2001): Transportpreise und Transportkosten der verschiedenen Verkehrsträger im Güterverkehr, Wien (Verkehr und Infrastruktur, Arbeitskammer Wien (Hrsg.), Nr. 14)

KETTNER Michael, Robert PRINZ und Bernd SEWCYK (2001): NEMO – Netz-Evaluations-Modell bei den ÖBB. In: Eisenbahntechnische Rundschau, Heft 3, S. 117 – 121.

KLAUS, Peter (2001): Güterverkehr, in: Verkehr – Straße, Schiene, Luft, Uwe Köhler (Hrsg.), Berlin, S. 853 – 872

SWITARSKI, Bernhard und Paul A. MÄCKE (1985): Untersuchung der Verkehrsteilung im Güterverkehr zur Verbesserung und Quantifizierung vorliegender Modellansätze, Forschung Straßenbau und Straßenverkehrstechnik (FGSV), Heft 437, Bundesminister für Verkehr (Hrsg.), Bonn

*ITP, ifo, BVU, Planco* (Hrsg.) im Auftrag des Bundesministeriums für Verkehr, Bau- und Wohnungswesen (2001): Verkehrsprognose 2015 für die Bundesverkehrswegeplanung, FE-Nr. 96.578/1999, Schlussbericht München/Freiburg/Essen (zitiert als BVWP 2001)

# Modellierung im Wirtschaftsverkehr

## Überblick über Modellansätze im Wirtschaftsverkehr

*Wulf-Holger Arndt (Berlin)*

## Zusammenfassung

Die Nachfrage nach Wirtschaftsverkehr ändert sich aufgrund von gesellschaftlichen Wandlungsprozessen (wie ökonomischer Strukturwandel und Änderung individueller Handlungsmuster) sehr stark. Die Folge ist ein zunehmender Anteil dieser Verkehrsart am gesamten Verkehrsaufkommen und an den damit einhergehenden Folgen für Stadt, Umwelt und Mensch.

Diese Entwicklungen im Wirtschaftsverkehr machen ihn mehr denn je zu einer Aufgabe der Verkehrsplanung. Bisher ist diese Verkehrsart, vor allem auf städtischer Ebene, noch sehr selten Planungsgegenstand. Ein Grund dafür ist die geringe Verbreitung und Anwendung von Modellierungsverfahren im Wirtschaftsverkehr. Modellierung ist jedoch ein wichtiges Instrument für die Prognosen im Verkehr und für die Maßnahmenbewertung.

Modellierungsparameter zur Beschreibung des Wirtschaftsverkehrs können sein: Fahrzeugarten, Modal-Split, Raumparameter, Merkmale der Transportdurchführung u. a. Der Vergleich unterschiedlicher Modellansätze zeigt, dass es erstens sehr wenige ‚reine' Wirtschaftsverkehrsmodelle gibt, zweitens die Datenlage zu den Modellierungsparametern noch unzureichend ist und drittens die Modellalgorithmen die Spezifik der Wirtschaftsverkehrsströme noch zu ungenau abbilden. Einen Ausweg könnten mikroskopische Aktivitätenmodelle darstellen.

## Summary

The demand for commercial transport has changed dramatically over the past years. Current trends of globalisation associated with changes in economic conditions and individual life-styles play a central role. As a consequence, the proportion of commercial transport in the entire volume of traffic increases having an impact on cities, environment and humans.

These developments make commercial transport more than ever an issue for transportation planning. Especially on an urban level, commercial transport has rarely been a subject of planning. Even modelling in commercial transport is hardly established. Modelling, however, is an important instrument for prognoses of traffic and evaluation of transport planning measures.

Modelling of commercial transport may be described by parameters as vehicle types, modal split, spatial features and characteristics of transport execution. The comparison of current traffic models shows that there are little data available since just a few specific models of commercial transport are established. Moreover, the model algorithms used do not represent the specifics of commercial transport streams accurately enough. Microscopic activity models may be a more suitable approach.

# 1 Einleitung

Der Wirtschaftsverkehr tritt aufgrund von gesellschaftlichen Wandlungsprozessen (wie ökonomischer Strukturwandel und Änderung individueller Handlungsmuster) immer stärker ins Blickfeld der Verkehrsplanung. Grund ist der zunehmende Anteil dieser Verkehrsart am gesamten Verkehrsaufkommen und an den damit einhergehenden Folgen für Stadt, Umwelt und Mensch.

Der Wirtschaftsverkehr hat im Schnitt einen Anteil von einem Drittel am Stadtverkehr.[1] Dabei differiert der Anteil stark. Ein Vergleich unterschiedlicher Städte zeigt, dass der Wirtschaftsverkehr einen Anteil von 20 % bis 60 % (ARNDT 2000: 6)[2] der werktäglichen städtischen Fahrten aufweist. Insbesondere in den Innenstädten ist der Anteil sehr hoch und betrug beispielsweise 1997 in der Innenstadt von Hannover 58 % (FLÄMIG 1996: 8) des werktäglichen Verkehrsaufkommens. In der Zukunft wird eine weitere Zunahme prognostiziert.[3] Die Verkehrsfolgen wie Luftschadstoff- und Lärmbelastung, Flächenbedarf, Verkehrsbehinderungen liegen noch über seinem Anteil am Gesamtverkehrsaufwand. Das resultiert vor allem daraus, dass Wirtschaftsverkehr vor allem auf Straßen und mit Lkws oder Lieferwagen abgewickelt wird, die höhere Umweltschäden hervorrufen (z. B. bei Lärm, Feinstaub und Unfällen) als Pkw-Fahrten oder der Bahntransport.

Diese Entwicklungen im Wirtschaftsverkehr machen ihn mehr denn je zu einer Aufgabe der Verkehrsplanung. Bisher ist diese Verkehrsart, vor allem auf städtischer Ebene, noch sehr selten Planungsgegenstand. Ein Grund dafür ist die geringe Verbreitung und Anwendung von Modellierungsverfahren im Wirtschaftsverkehr. Modellierung ist jedoch ein wichtiges Instrument für die Prognosen und Maßnahmenbewertung.

Um diese Wissenslücken zu schließen, soll hier ein Überblick über heutige Ansätze in der Modellierung des Wirtschaftsverkehrs gegeben werden. ‚Reine' Wirtschaftsverkehrsmodelle sind jedoch noch selten. Aus diesem Grund werden auch zumindest

---

[1] Vgl. Erhebung Kraftverkehr in Deutschland 2002 (KiD2002), http://www.verkehrsbefragung.de
[2] ARNDT, W.-H. et al.: Erprobung von Maßnahmen zur umweltschonenden Abwicklung des städtischen Wirtschaftsverkehrs, Umweltbundesamt, 2000, Heft 57/00, S. 6
[3] Vgl. z. B. mobil 2002, Stadtentwicklungsplan Verkehr Berlin, Senatsverwaltung für Stadtentwicklung Berlin, 2003, S. 51 und 95

kursorisch andere Modelle, die einen ‚Wirtschaftsverkehrsbezug' haben, mit betrachtet. Solche Modelle sind z. B. Produktions- oder Handelsmodelle.

In dieser Zusammenstellung liegt der Fokus auf der Darstellung und dem Vergleich der unterschiedlichen Ansätze – also eher eine Dokumentation in der Breite. Für die tiefgehende Beschreibung der einzelnen Modelle wird im Text und im Anhang auf entsprechende Quellen verwiesen.

In Kapitel 2 ist der Gegenstand Wirtschaftsverkehr beschrieben. Das nächste Kapitel umfasst eine kurze Einführung zur Verkehrsmodellierung. Anschließend wird die Grundlage für die Wirtschaftsverkehrsmodellierung dargestellt – die Beschreibungsmerkmale für den Wirtschaftsverkehr. Das Kapitel 5 listet verschiedene Modelltypen im Wirtschaftsverkehr auf. Einige Modelle werden beispielhaft im Kapitel 6 beschrieben.

Dieser Artikel kann das Thema aufgrund des beschränkten Platzes nur kursorisch betrachten. Eine ausführlichere Darlegung findet sich in ARNDT 2005.

## 2 Wirtschaftsverkehr

Unter Wirtschaftsverkehr (WIV) wird in diesem Zusammenhang der Verkehr verstanden, der in Ausübung einer betrieblichen oder geschäftlichen Tätigkeit erzeugt wird. Nach WILLEKE umfasst der Wirtschaftsverkehr in Ballungsräumen den Güterverkehr sowie den Verkehr in Ausübung des Berufs, wobei letzterer den Berufspendlerverkehr zum und vom Arbeitsplatz ausschließt (WILLEKE 1992: 11f.). Von *Güterwirtschaftsverkehr* spricht man also bei Anlieferung und Abtransport von Waren, nicht jedoch bei privaten Besorgungen. Beim *Personenwirtschaftsverkehr* handelt es sich i. A. um Geschäftsreisen und Dienstleistungsfahrten. Das Pendant zum Wirtschaftsverkehr ist der *Privatverkehr*. Zu ihm zählt der Berufsverkehr, Ausbildungsverkehr, Besorgungen jeglicher Art, Freizeit- und Urlaubsverkehr. Zum Privatverkehr gehört mithin auch der private Umzugsverkehr als privater Güterverkehr.

Der Privatverkehr wird mit individuellen und öffentlichen Verkehrsmitteln zurückgelegt. Im Wirtschaftsverkehr dominiert zwar der Lkw, transportiert wird aber mit allen möglichen Verkehrsmitteln bis hin zur Rohrleitung.

In manchen Definitionen wird der Wirtschaftsverkehr in vier Segmente untergliedert. Sonderverkehre, die hier im Segment Dienstleistungsverkehr subsumiert sind, werden dort explizit mit aufgeführt.

Die Segmentierung des Wirtschaftsverkehrs ist eines der Hauptprobleme bei der Modellbildung, denn Personenwirtschaftsverkehren liegen ganz andere Erzeugungs- und Verteilungsursachen zugrunde als den Güterverkehren.

Für das Verständnis, welche Merkmale für die Modellbildung wesentlich sind, soll zum einen die allgemeine Vorgehensweise bei der Verkehrsmodellierung und zum anderen die Möglichkeiten der Beschreibung des WIV in den nächsten Kapiteln dargestellt werden.

Abb. 1: Einordnung des Wirtschaftsverkehrs im Vergleich zu den anderen Verkehrsarten

| Verkehr | | | | | |
|---|---|---|---|---|---|
| Immaterieller Verkehr | Materieller Verkehr | | | | |
| | Personenverkehr | | | Güterverkehr | |
| Telefonie, Fax, Datenaustausch | Privater Personenverkehr (mit IV oder ÖV) | Wirtschaftsverkehr | | | Privater Güterverkehr |
| | Berufs-, Einkaufs-, Freizeitverkehr,... | Personenwirtschaftsverkehr | Dienstleistungsverkehr | Güterwirtschaftsverkehr | Privater Umzugs-, Entsorgungsverkehr |

*Quelle: eigene Darstellung*

## 3 Verkehrsmodellierung

Modelle sind Prognoseinstrumente und dienen Maßnahmen-Wirkungs-Abschätzungen. Außerdem liefern sie uns Verständnis- und Entscheidungshilfen für Maßnahmenauswahl und -bewertung.

Modelle sind aber auch gleichzeitig Abbildungen und damit Vereinfachungen der Wirklichkeit. Die Abbildungsgüte der Realität ist zum einen abhängig von der Güte der vorhandenen Modelle (Wie genau bilden sie die Realität ab? Ist die Stichprobe signifikant?). Zum anderen begrenzen vorhandene Ressourcen (materielle Mittel und die zur Verfügung stehende Zeit) die Modellgüte.

### 3.1 Vierstufenmodell

In der (Personen-)Verkehrsmodellierung werden oft sequenzielle Modelle angewendet. Bei den recherchierten Verkehrsmodellen im Wirtschaftsverkehr (s. Kap. 5) handelt es sich meist um ein ‚Vierstufen-Modell' mit verschiedenen Teilmodellen. Die Abbildung 2 liefert eine Übersicht über die einzelnen Stufen.

Die einzelnen Stufen und deren Wirkungsweise sollen im Folgenden anhand des Wirtschaftsverkehrs beschrieben werden.

In der ersten Stufe *Verkehrserzeugung* werden Verhaltensdaten und Strukturdaten verwendet. Verhaltensdaten sind Daten über relativ kurzfristig auftretende Phänomene, wie beispielsweise das Verkehrsverhalten der liefernden Beschäftigten auf der einen und das Bestellverhalten der zu beliefernden Beschäftigten auf der anderen Seite. Strukturdaten sind dagegen langfristig auftretende bzw. gegebene Phänomene, wie

Lieferwege, Fahrzeugbestand, Personalstruktur, Kosten usw. Aus den Verhaltens- und Strukturdaten ergeben sich die Fahrtzwecke.

Abb. 2: Vierstufenmodell mit Teilmodellen

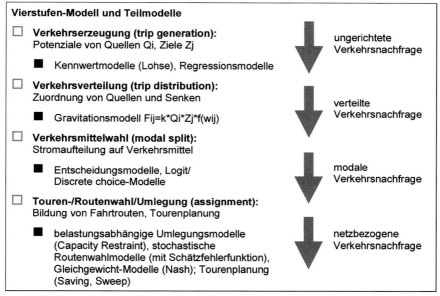

*Jeweils mit Beispielen für die Teilmodelle und den Ergebnissen der Teilmodell-Rechnungen (rechts)*
*Quelle: eigene Darstellung*

Potenzialfaktoren umschreiben Daten über vorhandene Verkehrsträger und Verkehrsmittel sowie die Möglichkeiten zu deren Nutzung. Je nach Kausalität sollen diese in der zweiten Stufe simuliert werden.

Das Verknüpfungsniveau gibt den Grad der Verknüpfung zwischen Verkehrsträgern und Verkehrsmitteln an, der ggf. in der dritten Stufe simuliert wird.

Als vierte Stufe bleibt die Verkehrsumlegung zu simulieren. Dies geschieht mit Hilfe der Daten über die Verkehrsumlegung in Form von Fahrten nach Branchen (*University of Leeds* 2002).

Die ‚reine' sequenzielle Abarbeitung der einzelnen Stufen stellt nicht immer ein passendes Modell der Realität her. So können sich z. B. Nachfragespitzen im Netz auch langfristig auf die Verkehrsverteilung auswirken. Wenn beispielsweise eine bestimmte Strecke (Netzkante, Netzmasche) häufig Stau aufweist, kann sich die Routenwahl oder gar die Zielwahl ändern (Rückkopplung).

Abb. 3: Vierstufenverkehrsmodell (nach TU Hamburg) mit beispielhaften Rückkoppelungen

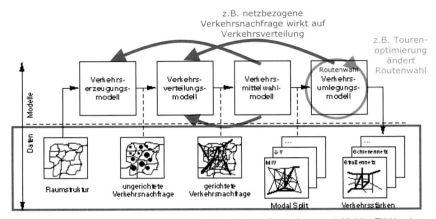

*Quelle: eigene Darstellung nach Mobile, TU Hamburg*

## 3.2 Einteilung von Verkehrsmodellen

In der Verkehrswissenschaft werden bezüglich der Modellierung von Verkehren verschiedene Ansätze unterschieden. Zum besseren Verständnis sollen zuvor kurz einige Begriffe, wie z. B. der aggregierte, der disaggregierte, der makroskopische und der mikroskopische Ansatz, definiert werden. Die in den näher betrachteten Modellen angegebenen Definitionen wurden den entsprechenden Quellen entnommen. (Ergänzende Modelltypisierungen speziell für den Wirtschaftsverkehr werden in Kap. 5 beschrieben.)

### 3.2.1 Der aggregierte und der disaggregierte Ansatz

*Aggregieren* ist äquivalent zu den Verben *anhäufen, zusammenlagern* und *vereinigen*. *Disaggregiert* bezeichnet eine differenziertere, kleinteiligere Betrachtungsweise. Abbildung 4 macht die Begriffe am Beispiel des Straßenverkehrs deutlich.

Im Zusammenhang mit Verkehrsmodellen fasst ein aggregierter Ansatz z. B. einzelne Verkehrsteilnehmer (Fußgänger, Skater, Radfahrer) in Gruppen (nicht-motorisierter Verkehr) zusammen. Der Übergang zwischen einem aggregierten und einem disaggregierten Ansatz ist fließend. So kann z. B. die Unterscheidung zwischen motorisiertem und nicht-motorisiertem Verkehrsteilnehmer als disaggregiert und die Zusammenfassung dieser als *aktive Verkehrsteilnehmer* (im Gegensatz zu *passiven Verkehrsteilnehmern*), als aggregiert betrachtet werden. (*Passive Verkehrsteilnehmer* erzeugen Verkehr, indem sie z. B. über Katalogbestellung von zu Hause aus Wirtschaftsverkehr induzieren, aber in Person nicht am Wirtschaftsverkehr teilnehmen.)

Der Wirtschaftsverkehr kann auch als Aggregation des Personenwirtschaftsverkehrs und des Güterverkehrs gesehen werden. In diesem Fall könnte der *Güterverkehr*, hier als virtuelle Größe, sich aus den Größen *Güterfernverkehr* und *Regionalverkehr* zusammensetzen. Somit kann ein Modell, das den *Güterverkehr* berücksichtigt, als aggregiert oder als disaggregiert bezeichnet werden.

### 3.2.2 Der mikroskopische und der makroskopische Ansatz

Diese Unterscheidung wird u. a. zur Beschreibung von Berechnungsansätzen angewandt. SONNTAG (1995) schreibt dazu: „Der gesamte Planungsraum wird nur beim makroskopischen Ansatz berücksichtigt. Das Ziel liegt hierbei z. B. im Flächenmanagement. Mittels eines mikroskopischen Ansatzes werden einzelne Bereiche des Planungsraumes betrachtet und z. B. Verbesserungsmöglichkeiten im Warenfluss durch Ladezonengestaltung berücksichtigt."

Bei beiden Ansätzen ist es notwendig, erhobene Daten in die Berechnung einzubinden.

Ebenfalls sind beide Ansätze verkehrserzeugungsorientiert. Weiterhin orientiert sich der mikroskopische Ansatz am Verkehrsempfänger und der makroskopische Ansatz an der Verkehrsverflechtung.

Beim mikroskopischen Ansatz werden die Struktur- und Verhaltensdaten nur für die betrachteten Bereiche des Planungsraums benötigt. Beim makroskopischen Ansatz müssen Daten für die gesamte Planungsregion berücksichtigt werden. Die unterschiedlichen Kenngrößen der beiden Ansätze können Tabelle 1 entnommen werden.

Tab. 1: Kenngrößen von makroskopischen und mikroskopischen Ansätzen

| | Analysemaßstab Verkehrsfluss | |
|---|---|---|
| | mikroskopisch | makroskopisch |
| Kenngrößen | Fahrzeugaufkommen | Verkehrsverflechtungen |
| | Fahrzeugzeitaufkommen | Verkehrstagesgang |
| | Güteraufkommen | Fahrleistung in Zeit und Weg |
| | Sendungsaufkommen | Quelle-Ziel-Werte des gesamten WIV's |

*Quelle: SONNTAG 1995, S. 14*

Wird ein Ansatz als „mesoskopisch" bezeichnet, so wurden für diesen Ansatz Merkmale vom makroskopischen und vom mikroskopischen Ansatz übernommen.

Abb. 4: Vergleich makroskopische, mikroskopische Betrachtung

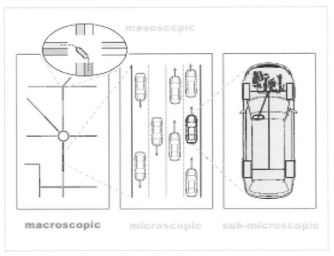

*Quelle: http://www.clearingstelle-verkehr.de*

## 4 Beschreibungsmerkmale

Die Strukturen des Wirtschaftsverkehrs sind äußerst komplex. Es gibt eine Vielzahl von Einflussfaktoren, die bestimmen, wann z. B. ein Lieferfahrzeug in einen untersuchten Raum einfährt, wie viele Empfangsstellen es anfährt, wie viele Sendungen angeliefert werden und wie lange es zum Entladen benötigt.

Für die Erarbeitung eines Verkehrsmodells für den Wirtschaftsverkehr müssen zunächst Grunddaten und beschreibende Merkmale des Wirtschaftsverkehrs identifiziert werden. Deshalb wurden in einem ersten Arbeitsschritt Recherchen über verschiedene Untersuchungen zum Wirtschaftsverkehr durchgeführt und aus diesen Merkmale und Beschreibungsdaten selektiert und zusammengefasst. Ziel dieses ersten Teilschrittes war es, aus den analysierten Beschreibungsmerkmalen eine sinnvolle Systematik der Bestimmungsgrößen des Wirtschaftsverkehrs abzubilden. Diese Systematik erhebt nicht den Anspruch auf Vollständigkeit. Vielmehr war es Anliegen, durch diese Dokumentation einen Überblick über geeignete Eingangs- und Ausgangsgrößen als Grundlage für die Modellbeschreibung und den Modellentwurf zu erlangen.

Die Systematik der Beschreibungsmerkmale des Wirtschaftsverkehrs soll im Folgenden vorgestellt und die einzelnen Daten kurz erläutert werden. Angemerkt sei an dieser Stelle, dass vor allem Untersuchungen zum städtischen Wirtschaftsverkehr und hierbei überwiegend zum Güterverkehr vorgenommen wurden. Deshalb wird im Weiteren vorrangig Bezug auf den städtischen Lieferverkehr genommen.

Der Untersuchungsgegenstand Wirtschaftsverkehr lässt sich zunächst in Anlehnung an WERMUTH (2001, S.46 ff.) anhand zweier Merkmalskategorien beschreiben. Es sind dies
1. Merkmale, welche das realisierte Verkehrsverhalten beschreiben und
2. Merkmale, welche dieses Verkehrsverhalten erklären.

Da die vollständige Beschreibung der Merkmalsgruppen in diesem Artikel zu umfangreich wäre, werden hier nur kurze Übersichten aufgeführt (Kap. 4.2). Für eine ausführliche Beschreibung sei auf ARNDT 2005 verwiesen.

### 4.1 Merkmale zur Beschreibung des realisierten Verkehrsverhaltens

Merkmale zur Beschreibung des Verkehrsverhaltens sind Merkmale der Ortsveränderung der Fahrzeuge. Sie beschreiben die Art und Weise des Fahrzeugeinsatzes. Als vordergründig wichtig für die Beschreibung des Wirtschaftsverkehrs werden folgende Merkmale eingeschätzt: der Fahrtzweck, der Modal Split, die Verkehrsart, die räumlichen und zeitlichen Aspekte des Fahrzeugeinsatzes sowie der Aspekt der Häufigkeit (vgl. Tabelle 2).

Tab. 2: Merkmale zur Beschreibung des realisierten Verkehrsverhaltens

| Merkmal | Ausprägung, Kategorie, Wesentliche Indikatoren |
|---|---|
| 1. Fahrtzweck | – Güter- oder Lieferverkehr<br>– Dienstleistungsverkehr<br>– Geschäfts- und Dienstreiseverkehr<br>– Sonderverkehre |
| 2. Verkehrsart | – Fern- und Nahverkehr<br>– Quell-, Ziel-, Binnen-, Durchgangsverkehr |
| 3. Modal-Split | – Schiene<br>– Straße<br>– Luft<br>– Wasser (Binnen- und Küstenschifffahrt) |
| 4. Aspekt der Häufigkeit | – Fahrzeugeinsatz pro Tag<br>– Anzahl der gefahrenen Touren pro Fahrzeug und Tag<br>– Anzahl der angefahrenen Ziele pro Tour |
| 5. Aspekt des Raumes | – Quell- und Zielorte einer Fahrt<br>– Fahrtweite<br>– Entfernungsempfindlichkeit |
| 6. Aspekt der Zeit | – Beginn und Ende einer Fahrt bzw. eines Fahrtabschnittes<br>– Fahrtdauer<br>– zeitliche Verteilung der Fahrten |

*Quelle: eigene Darstellung*

## 4.2 Merkmale zur Erklärung des realisierten Verkehrsverhaltens

Merkmale, die das realisierte Verkehrsverhalten erklären, beschreiben die Rahmenbedingungen, welche die Nutzung des Fahrzeugs und die Merkmale des Fahrzeugeinsatzes beeinflussen. Sie umfassen z. B. die technischen Merkmale der eingesetzten Fahrzeuge, Merkmale der Beteiligten im System Wirtschaftsverkehr oder Merkmale des Untersuchungsraumes. Eine Übersicht dieser Merkmale ist in Tabelle 3 dargestellt.

Tab. 3: Merkmale zur Erklärung des realisierten Verkehrsverhaltens

| Merkmal | Ausprägung, Kategorie, Wesentliche Indikatoren |
|---|---|
| 1. Strukturdaten des Untersuchungsraums | – Unternehmen und Beschäftigte<br>– Einwohner<br>– Verkehrserzeugende Gebiete<br>– Räumliche Verteilung<br>– Standort an Verkehrswegen |
| 2. Akteure des Wirtschaftsverkehrs | – Versender, Empfänger, logistische Dienstleister<br>– Unternehmensspezifische Merkmale:<br>  • Flächengröße<br>  • Branchenstruktur<br>  • Mitarbeiterzahl<br>  • Struktur des Einkaufs- und Bestellwesens<br>  • Sortimentsstruktur |
| 3. Transportdurchführung | – An- und Ausliefergruppen<br>– Transportketten<br>– Logistische Knoten<br>– Schnittstellenkonditionen an den Unternehmen<br>– Entsorgungsstrukturen |
| 4. Fahrzeug | – Fahrzeugart<br>– Technische Merkmale<br>– Auslastungskennziffern des Laderaums |
| 5. Transport- bzw. Beförderungsgegenstände | – Transportmenge<br>– Güterart<br>– Form der Ladung<br>– Gewicht<br>– Güterart nach Bündelungsfähigkeit (nach *Dornier* 1994):<br>  • Sonderverkehre<br>  • Systemverkehre<br>  • Übrige Güterarten<br>  • Dienstleistungen |

*Quelle: eigene Darstellung*

# 5 Modelltypen im Wirtschaftsverkehr

Zur Recherche von Verkehrsmodellen im Wirtschaftsverkehr wurde die Studie *Review of Freight Modelling* (*University of Westminster* 2002) ausgewertet. Dort konnten 26 Modelle entnommen werden. In der Studie *MDIR European Transport Model* (2001) fanden sich insgesamt 78 Modelle, die jedoch teilweise identisch mit denen der Quelle *Review of Freight Modelling* sind. Außerdem wurden Veröffentlichungen zu einzelnen Modellen wie WIVER, VISEVA, VENUS oder das Fahrtenkettenmodell von MACHLEDT-MICHAEL (2000) analysiert. Insgesamt konnten so ca. 80 Modellansätze ausfindig gemacht werden. In Kapitel 6 werden einige näher beschrieben.

## 5.1 Typisierung

Eine generelle Typisierung von Verkehrsmodellen wurde bereits in Kapitel 3.2 vorgenommen. Danach kann man die Typen nach dem Analysemaßstab Verkehrsfluss (mikroskopisch, makroskopisch) und der Aggregationstiefe (aggregiert, disaggregiert) einteilen. Modelle im Wirtschaftsverkehr können aber auch noch nach anderen Kriterien typisiert werden:
- Betrachtungsmaßstab (teilräumlich, städtisch, regional, national, kontinental, global)
- (Haupt-)Bezugsgrößen (Fahrten, Güter)

Der Betrachtungsmaßstab zieht zwangsläufig auch die Detaillierungsstufe nach sich. Großräumige Modelle sind eher aggregiert, kleinräumige eher disaggregiert.

Die Modellansätze im Wirtschaftsverkehr werden oft nach den wesentlichen Bezugsgrößen oder, wie MACHLEDT-MICHAEL (2000: 23) schreibt, „Basisgrößen" unterteilt, mit denen die Verkehrsströme in den Modellen beschrieben werden. Bezugsgrößen sind die zentralen Eingangsparameter für das Modell. Sie bestimmen im Wesentlichen die Erzeugung des Verkehrsaufkommens (Potenzialabschätzung in der ersten Modellstufe – Erzeugung). Solche zentralen Bezugsgrößen unterteilen sich grob in *fahrtenbezogene* und *güterbezogene*.

Güterbezogene Modelle beziehen sich auf das Güterverkehrsaufkommen. Der Betrachtungsansatz ist also das Güteraufkommen, z. B. in Abhängigkeit von Einwohner- und Beschäftigtenzahlen. Solche Modelle werden besonders in großräumigen Betrachtungen angewendet. Das Wirtschaftsverkehrsmodell der Bundesverkehrswegeplanung betrachtet z. B. die Netzbelastung der großräumigen Güterverflechtung. Dabei wird auf Grundlage von Strukturkennziffern wie Bevölkerungsentwicklung in Planungsregionen die Güteraufkommensentwicklungen nach Güterbereichen prognostiziert.

Vorteil dieser Modelle ist der geringe Bedarf an disaggregierten Daten wie Angaben zur Tourenbildung und Fahrzeugdaten. Dafür können so aber auch keine Aussagen zu Tourenabwicklung und deren spezifische Auswirkungen, wie Umwegfahrten, Auslastung, Bündelung usw., gemacht werden. Außerdem wird durch den Güterbezug der Personen-Wirtschaftsverkehr nicht betrachtet.

In fahrtenbezogenen Modellen ist das Quell- oder Zielpotenzial in der Regel abhängig von der Anzahl der Fahrzeuge oder fahrtenerzeugenden Beschäftigten, die in den Quell- und Zielbranchen des Untersuchungsgebietes vorhanden sind. Das Modell WIVER (SONNTAG 1995) modelliert nach der Anzahl der „fahraktiven Beschäftigten" je Verkehrszelle, die wiederum nach Fahrzeugart und Branche variiert.

Bei der Typisierung des Wirtschaftsverkehrs zeigen sich i. V. mit den Einteilungen von Kap. 3.2 grob zwei Haupttypen: einerseits die güterbezogenen Modelle mit großräumigem Betrachtungsmaßstab und andererseits die fahrtenbezogenen Modelle mit eher kleinräumigem Maßstab. Von Spezialfällen abgesehen können so die beiden Haupttypen wie folgt beschrieben werden:

Tab. 4: Zwei Haupt-Modelltypen

| Typ | (Haupt-)Bezugsgrößen | Betrachtungsmaßstab | Aggregationstiefe | Analysemaßstab |
|---|---|---|---|---|
| 1 | güterbezogen | großräumig | aggregiert | makroskopisch |
| | Beispiele: Bundesverkehrswegeplan, Input-Output-Modelle, ITEMS, SAMGODS (s. u.) | | | |
| 2 | fahrtenbezogen | kleinräumig | disaggregiert | mikroskopisch |
| | Beispiele: SCHWERDTFEGER (1976), WIVER (SONNTAG 1995), VENUS, VISEVA-W (LOHSE 200), Fahrtenkettenmodell nach MACHLEDT-MICHAEL (2000) | | | |

*Quelle: eigene Darstellung*

## 5.2 Wirtschaftsverkehrsbezogene Modelle

Bei der Analyse der Quell-Literatur fiel auf, wie oben schon beschrieben, dass sehr wenige *reine* Wirtschaftsverkehrs-Modelle existieren. Die meisten Modelle sind wirtschaftsbezogene oder Personenverkehrsmodelle, die auch einen Güterverkehrs- bzw. Wirtschaftsverkehrs-*Output* aufweisen. Dabei handelt es sich überwiegend um güterbezogene, großräumige Modelle. Für die Beschreibung dieser *Modelle mit WIV-Output* sind weitere Typenkategorien geeignet:
- Produktionsmodelle
- Distributionsmodelle (Handelsmodelle)
- Modal-Split-Modelle
- Angebotsmodelle

Tabelle 5 gibt eine kurze Übersicht über die Modelle mit Bezug zum Wirtschaftsverkehr.

Tab. 5: Modelle mit Bezug zum Wirtschaftsverkehr

| Modelltyp | Vorteile | Nachteile | Beispiele |
|---|---|---|---|
| *Produktionsmodelle* | | | |
| Zeitreihen | Geringe Datenmengen erforderlich (aber für mehrere Jahre) | Geringe kausale Einsicht | EUFRANET |
| Systemdynamische Modelle | Ebenfalls geringe Datenmengen erforderlich Interaktionen mit der Landnutzung | Keine statistischen Tests in Bezug auf Parameterwerte möglich | ASTRA |
| Input-Output-Modelle | Verknüpfungen mit der Wirtschaft und Interaktionen mit der Landnutzung | Input-Output-Tabelle erforderlich Umrechnung der Werte in Tonnen notwendig Regionalisierung | ASTRA, TEM-II, SMILE, SAMGODS |
| Input-Output-Modelle multiregional | Verknüpfungen mit der Wirtschaft und Interaktionen mit Landnutzung | Multiregionale Input-Output-Tabelle erforderlich Umrechnung in Tonnen notwendig | STREAMS, SCENES, SISD, NEMO, WFTM |
| *Distributionsmodelle* | | | |
| Gravitationsmodell | Geringe Datenmengen erforderlich Stützende Effekte durch Transportkosten | Geringer Fokus auf stützende Effekte | NEAC, EUFRANET, ASTRA, SAMGODS, TEM-II, Fehmarnbelt, SMILE |
| Input-Output-Modell multiregional | Verknüpfungen mit der Wirtschaft Interaktionen mit der Landnutzung möglich Bei Elastizität stützende Effekte | Multiregionale Input-Output-Tabelle nötig Bei Fixierung Widersprüche Umrechnung der Werte in Tonnen nötig | STREAMS, SCENES, NEMO, WFTM, SISD |
| *Modal-Split-Modelle* | | | |
| Zusammengefasster Modal Split | Geringes Maß an Daten erforderlich | Schwache theoretische Basis Schwacher Blick auf Kausalität | NEAC, ASTRA, Transalpines Modell |
| Nicht zusammengefasster Modal Split | Theoretische Basis Möglichkeit, viele kausale Variablen einzubeziehen | Braucht keine zusammengefassten Daten | EUFRANET, Fehmarnbelt, SISD |

| Modelltyp | Vorteile | Nachteile | Beispiele |
|---|---|---|---|
| Multimodales Netzwerk | Geringes Maß an Daten erforderlich Theoretische Basis Berücksichtigt Elastizität der Nachfrage | Schwacher Blick auf Kausalität Meist mit fixer Nachfrage | STREAMS, SCENES, SAMGODS, NEMO, WFTM, SMILE |
| *Angebotsmodelle* | | | |
| Separates Angebot | Erlaubt Interaktion mit Personenverkehr, wenn Fracht- und Passagierbeförderung gleichzeitig angeboten werden | Keine Interaktion zwischen Angebot und Nachfrage - ist unrealistisch Transportketten einzuarbeiten kann schwierig sein | NEAC, EUFRANET, ASTRA, Fehmarnbelt, TEM-II, SISD, (ITEMS) |
| Multimodales Netzwerk | Substitution im kombinierten Verkehr Transportketten mit verschiedenen Verkehrsträgern können eingearbeitet werden | Wenig Möglichkeiten, den Optimierungsprozess zu kontrollieren | STREAMS, SCENES, SAMGODS, NEMO, WFTM, SMILE |

*Quelle: eigene Darstellung*

# 6 Beispiele von Modellen

Im diesem Kapitel sollen beispielhaft die Modelle SAMGODS (nationale Ebene), ITEMS (aggregiert für mittelgroße europäische Städte), VISEVA-W (disaggregiert, städtisch) näher betrachtet werden. Der Artikel muss sich auf drei Beispiele beschränken. Weitere Bespiele von Wirtschaftsverkehrsmodellen werden in ARNDT 2005 beschrieben.

## 6.1 SAMGODS

### 6.1.1 Allgemeines zu SAMGODS

SAMGODS ist ein Modell mit dessen Hilfe der nationale schwedische Güterwirtschaftsverkehr abgebildet werden kann. Es ist ein Teil des schwedischen Gesamtverkehrsmodells SAMPLAN. Einen zweiten Teil bildet das Personenverkehrsmodell SAMPERS. SAMGODS wird von einem Konsortium aus dem Schwedischen Institut für Analyse von Transport und Kommunikation (SIKA), der Schwedischen Straßen-, Schienen- und Schifffahrtverwaltung sowie dem Schwedischen Amt für innovative Systeme (VINNOVA) entwickelt und gepflegt. (*University of Westminster* 2002: 29 f)

Mit Hilfe des Modells können langfristige Infrastrukturplanungen durchgeführt und dabei unterschiedliche strategische Verfahrensweisen gegeneinander abgewogen werden. Somit können mit dem Programm Analysen und Planungen durchgeführt werden. Damit SAMGODS möglichst variabel und flexibel anwendbar ist, wurde eine modulare Modellarchitektur geschaffen (vgl. Abbildung 5). So wird z. B. das Modul STAN zur genauen Routenberechnung verwendet.

Abb. 5: Überblick über die Komponenten von SAMGODS

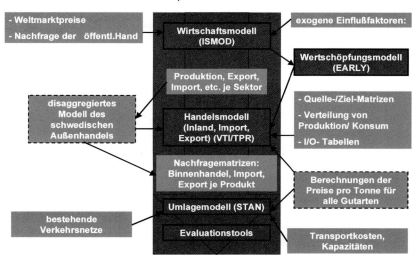

Quelle: www.sika-institute.se/utgivning/samplan.html, Mai 2003

Das Modell wurde 1983 erstmalig entwickelt. 1997 folgte eine Überarbeitung. Das Projekt hat eine aktuelle Laufzeit bis 2011.

### 6.1.2 Struktur- und Verhaltensdaten bei SAMGODS '97

Die aktuelle Version von SAMGODS deckt 288 schwedische Kommunen und 174 nicht-schwedische Regionen ab.
Der Güterverkehr wird in sechs grobe Warengruppen unterteilt:
- Stückgut oder Nicht-Stückgut,
- große oder geringe Lademenge und
- hochwertige oder geringwertige Ware.

Das Modell kalkuliert entsprechend der sechs Unterscheidungsmerkmale im Voraus: die Produktion, den Import und den Export. Zusätzlich werden die in den betrachteten Regionen produzierten Güter und generellen Kosten, die wiederum in 31 Gruppen aufgeteilt sind, berücksichtigt. Die generalisierten Kosten einer bestimmten Route werden in operative Kosten und qualitätsbezogene Kosten aufgesplittet (vgl. Tabelle 6). Letztendlich wird die Route empfohlen, welche die geringsten generalisierten Kosten aufweist.

Tab. 6: Kosten bei STAN

| Kosten | |
|---|---|
| generalisiert | qualitätsbezogen |
| Reisezeit | Verzögerungsrisiko |
| Entfernung | Zeitwert |
| Zusatzkosten für die Bahn | Sonstiges |
| Startkosten | |
| Umschlagskosten | |
| sonstige | |

*Quelle: eigene Darstellung*

Die Fahrzeuge werden in 13 Typen differenziert, nach Größe und Antrieb. STAN ermöglicht des Weiteren eine Unterscheidung zwischen 30 Verkehrsmitteltypen. Eine grobe Unterteilung wird zunächst zwischen Lkw-Transport, Eisenbahn, Schifffahrt, Fähren und Luftfracht erbracht. Weiterhin wird z. B. die Schifffahrt in Binnenschifffahrt in Schweden/ Skandinavien und Seeschifffahrt unterschieden.

## 6.2 ITEMS
### 6.2.1 Allgemeines zu ITEMS

Um politischen Entscheidungsträgern ein Werkzeug in die Hand zu geben, welches Maßnahmen zur Entschärfung der Verkehrsproblematik, insbesondere im Straßenverkehr, bewerten und vergleichen soll, wurde auf EU-Ebene das auf *Microsoft Access* beruhende Evaluationstool ITEMS (Integrated Transport Effects Modelling System) entwickelt. Dieses Modell sollte europaweit anwendbar sein und es möglich machen, verschiedenste Eingriffe im Verkehrssektor in den einzelnen Städten vergleichbar zu machen.

Die Beta-Version (ITEMS 1.0) wurde im Jahre 1993 erstmals auf die mittelenglische Stadt Leicester (300.000 Einwohner) angewendet. Zurzeit werden mit ITEMS Maßnahmen im Rahmen der EU-Initiative CIVITAS bewertet. ITEMS wird seinerseits aufgeteilt in fünf untereinander verknüpfte Submodelle. Sie bauen allesamt auf einer gemeinsamen Datenbank auf und sollen anhand von unterschiedlichen Szenarien die Auswirkungen bestimmter Maßnahmen in einem Kompromiss zwischen Einfachheit und Genauigkeit aufzeigen. Die Verknüpfungen untereinander sind in Abbildung 6 schematisch dargestellt. ITEMS liefert dem Benutzer Ergebnistabellen mit aggregierten Verkehrs-, Umwelt- und Energiedaten.

Abb. 6: Zusammenhänge der ITEMS- Module untereinander

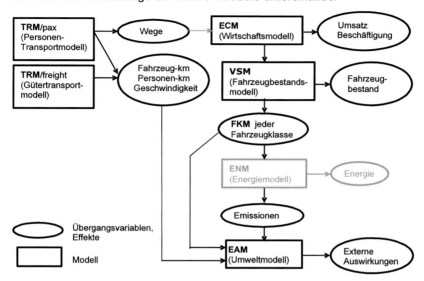

*Quelle: eigene Darstellung*

### 6.2.2 Struktur- und Verhaltensdaten bei ITEMS

Um Teile des Modells oder das Gesamtmodell abzuarbeiten, benötigt man diverse Struktur- und Verhaltensdaten, die einerseits aus der amtlichen Statistik länderscharf entnommen werden können, andererseits aber auch in jeder Stadt, in der eine Anwendung beabsichtigt wird, erhoben werden müssen. Beispielhaft sind einige der Daten dieser beiden Gruppen in der untenstehenden Tabelle 7 aufgelistet.

Weiterhin werden Inputdaten direkt durch die entsprechenden politischen Maßnahmen bestimmt (Höhe der City-Maut u. ä.).

Neben dieser teilweise aufwendigen Erhebung stadtspezifischer Daten, die zur Abbildung stadtspezifischer Besonderheiten notwendig sind, stellt die Vereinfachung der Stadtstruktur im Modell, auf die nachfolgend eingegangen wird, ein größeres Problem dar.

ITEMS wurde als Modell für städtische Gebiete entwickelt. Deswegen sollte der Untersuchungsraum mindestens 100.000 Einwohner umfassen. Weiterhin setzt die Modellbauweise eine größtenteils monozentrische Struktur des Untersuchungsraums voraus. Da diese bei Metropolen oft nicht mehr gegeben ist, hat man die Obergrenze für mit ITEMS modellierbarer Städte bei 800.000 Einwohnern angesetzt. Städte mit einer polyzentrischen Struktur erfordern andere Modelle.

Tab. 7: Herkunft der Inputdaten

| landesabhängig | stadtabhängig |
|---|---|
| Wert der Zeit | Anzahl der Arbeitsplätze |
| Verbrauchskosten MIV | Verkaufsfläche |
| | ÖPNV- Gebühren |
| | Geschätzte Durchschnittsgeschwindigkeit |

*Quelle: eigene Darstellung*

Unter diesen Voraussetzungen werden nur drei Verkehrszonen gebildet: das Stadtzentrum (a), der Rest des urbanen Gebiets (b) und der Rest der Welt (c). Diese Zonen sind nur durch eine (!) Transitstrecke (link) miteinander verbunden (vgl. Abbildung 7). Alle netzbezogenen Parameter (Kanten-, Knoteneigenschaften, wie Geschwindigkeit, Kapazität usw.) werden in diesem einzigen *Link* subsumiert.

Abb. 7: Zonenunterteilung ITEMS (a-Stadtzentrum, b-Rest der Stadt, c-Rest der Welt)

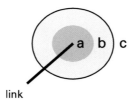

*Quelle: eigene Darstellung*

### 6.2.3 Wirtschaftsverkehr bei „ITEMS"

Der Wirtschaftsverkehr wird von ITEMS nur in Gestalt des Segments Güterverkehr betrachtet. Das Submodul TRM/freight beschreibt Höhe und Zusammensetzung der Güterverkehrsströme. Allerdings beschränkt sich die Genauigkeit dieser Verkehrsströme auf die angenommene Abhängigkeit des Güter- vom Personenverkehr. Während beim Personenverkehrsmodell zahlreiche Input-Daten in die Berechnung eingehen, wird der Güterverkehr der betrachteten Stadt als ein bestimmter Prozentsatz auf die jeweiligen Personenverkehrsströme in den beiden Stadtzonen in den vier betrachteten Zeitfenstern

(Stoßzeit morgens, Stoßzeit abends, tagsüber abseits der Stoßzeiten, nachts abseits der Stoßzeiten) aufgeschlagen und auf 4 Güterverkehrstypen (vgl. Tabelle 8) aufgeteilt.

Tab. 8: Einteilung der Güterverkehrstypen

| Leichte Güterfahrzeuge | 2-3,5 Tonnen - Benzin |
|---|---|
| | 2-3,5 Tonnen - Diesel |
| Leichte Güterfahrzeuge | 3,5-6 Tonnen - Diesel |
| Schwere Güterfahrzeuge | 6-11 Tonnen - Diesel |
| Schwere Güterfahrzeuge | Mehr als 11 Tonnen - Diesel |

*Quelle: eigene Darstellung*

Somit ergeben sich folgende Output-Daten:
- Fahrzeug-km für Güterfahrzeuge, unterteilt nach Zone, Tageszeit und Fahrzeugtyp,
- durchschnittliche Geschwindigkeit der Güterfahrzeuge,
- Güterladungs-km nach Zone, Fahrzeugtyp und Ladezeit sowie
- Gesamtbetriebskosten der Lkw nach Fahrzeugtypen.

## 6.3 VISEVA

### 6.3.1 Allgemeines zu VISEVA

VISEVA (**V**erkehr **i**n **S**tädten – **E**rzeugung, **V**erteilung, **A**ufteilung) ist von der TU Dresden entwickelt worden. Der Lehrstuhl für *Theorie der Verkehrsplanung* unter Prof. Lohse schuf das Programm EVAUB (**E**rzeugung, **V**erteilung, **A**ufteilung, **U**mlegung, **B**ewertung). Der Teil EVA wurde mit Schnittstellen für das Umlegungs-Programm der PTV *Verkehr in Städten – Umlegung* (VISUM) ergänzt. Der Vertrieb von VISEVA und VISUM erfolgt ausschließlich über die PTV AG.

EVA ist ein disaggregiertes, makroskopisches Nachfragemodell für die Berechnung des Personenverkehrs. „Makroskopisch bedeutet hier, dass die Erwartungswerte der Verkehrsströme direkt und nicht durch die wiederholte mikroskopische Simulation der Wegeketten von Einzelpersonen berechnet werden"[4].

Eine Besonderheit von EVA liegt darin, dass die Arbeitsschritte *Verkehrsverteilung* und *Verkehrsaufteilung* zu einem Arbeitsschritt zusammengefasst sind. Aus diesem Grund wird EVA auch als ein simultanes Verkehrsnachfragemodell bezeichnet. Der Vorteil liegt hierbei in der höheren Flexibilität des Programms seitens der Nutzung und Berechnung von Widerständen und Gesamtverkehrsströmen.

EVA und VISEVA führen keine Verkehrsoptimierung durch. Stattdessen wird versucht ein reales Verkehrsverhalten von Menschen weitestgehend nachzubilden. Das Ergebnis

---

4 http://www.viseva.de/, Mai 2003

stellt die Ausgabe von Verkehrsstrommatrizen für Zeitscheiben, wie z. B. Spitzenstunden und Tageszeitmatrizen je Verkehrsart dar. Die Tageszeitmatrizen können auf Stunden- und Stundengruppenmatrizen aufgesplittet werden.

Das Programm VISEVA hat nicht alle Funktionen, die EVA bietet, übernommen. Bei EVA ist die Anzahl der Verkehrsbezirke unbegrenzt. Bei VISEVA ist die Größe jedoch durch die erworbene Lizenz bestimmt. Die möglichen Quelle-Ziel-Verbindungen sind bei VISEVA auf 35 beschränkt. Des Weiteren verlangt EVA im Gegensatz zu VISEVA eine Rückkopplung zwischen den Arbeitsschritten Erzeugung, Verteilung, Aufteilung und Umlegung.

Die Anzahl der Verkehrsarten ist bei beiden Programmen unbeschränkt. So können auch *Sonderverkehre*, wie Tourismus-, Freizeit-, Großereignis- und Wochenendverkehre deklariert werden.

In beiden Programmen können Städte, ländliche Räume und Ballungsgebiete als Untersuchungsraum dienen.

### 6.3.2 Struktur- und Verhaltensdaten bei EVA und VISEVA

EVA basiert auf einem System, das sich aus *maßgebenden Bezugspersonen* (das können Einwohner, Beschäftigte, aber auch Fahrer sein) und *maßgebenden Raumstrukturgrößen* aufbaut.

*Maßgebende Bezugspersonen* sind z. B. Personengruppen, die identische Ortsveränderungen, im Hinblick auf die *Aktivität an Quelle und Ziel* (vgl. www.viseva.de), verursachen. Diese Personengruppen können beliebig verallgemeinert werden. Die Ortsveränderungen sind durch Aktivitäten, wie z. B. Arbeiten und Wohnen begrenzt. Sie werden als Glieder von Wegeketten erhoben und durch (1) die Personengruppen, (2) die gewählten Verkehrsmittel und (3) die Aktivitäten an der Quelle und am Ziel beschrieben. Sollten diese drei Eigenschaften bei getrennt voneinander erhobenen Ortsveränderungen identisch sein, so werden sie in einer Quelle-Ziel-Verbindung (*Quelle-Ziel-Gruppe*) zusammengefasst (vgl. DUGGE (o. J.) (b), Folie 5).

*Maßgebende Raumstrukturgrößen* sind „diejenigen Struktureinheiten, welche die von Personen durchgeführten Ortsveränderungen ursächlich anziehen" (DUGGE (o. J.) (a), Folie 12).

Die für den Arbeitsschritt *Erzeugung* benötigten Kennwerte zum Verkehrsverhalten können aus den Erhebungen SrV und KONTIV bzw. MiD sowie KiD generiert und mittels Schnittstellen importiert werden. Benötigte Verhaltensdaten sind die Mobilitätsrate der maßgebenden Personengruppe und die Erzeugungsrate für den Modal-Split.

Das zu berechnende Verkehrsaufkommen ist von der Raumstruktur und der Lagegunst des Verkehrsbezirkes abhängig. Lagegunst ist ein Produkt aus einer bewerteten Aufwandsgröße und den Strukturgrößen (vgl. DUGGEE (o. J.) (a), Folie 3). Für die Berechung des Verkehrsaufkommens müssen folgende Raumstrukturdaten erhoben werden: Einwohner, erwerbstätige Einwohner, Beschäftigte der ansässigen Firmen, Beschäftigte im tertiären Sektor (Dienstleistungen), Schüler, Schulplätze, Kinder im Vorschulalter, Betreuungsplätze in Vorschuleinrichtungen und Verkaufsraumfläche.

Die *Erzeugung* wird mittels eines Kennwertmodells der Verkehrserzeugung nach Lohse, die *Verteilung* nach einem dem Gravitationsmodell ähnlichen Modell und die *Aufteilung* nach einem LOGIT-Modell berechnet. (vgl. LOHSE 1998 und LOHSE 2000)

Da EVA neben der Analyse auch Prognosen erstellen kann, kann je nach Anwendung eine Strukturgröße, wie z. B. der Modal-Split, eine Eingangs- aber auch eine Ausgangsgröße darstellen. Daher ist eine generelle Differenzierung nur bedingt möglich.

Bei der Prognose kann auf Veränderungen der Raum-, der Infra- und der Verhaltensstruktur eingegangen werden.

Das Ziel von EVA ist es, ein „Gleichgewicht zwischen Verkehrsnachfrage und Verkehrsangebot" herzustellen. Dieses ist durch die Randsummenbedingungen (RSB) möglich. Die „RSB sichern, dass nach der Verteilung/Aufteilung so viele Ortsveränderungen in den Bezirken beginnen oder enden, wie vorher durch das Erzeugungsmodell bestimmt wurde" (vgl. www.viseva.de, Mai 2003).

### 6.3.3 Wirtschaftsverkehr bei EVA-W und VISEVA

EVA ist ein Verkehrsnachfragemodell, das den Personen- und den Güterverkehr von Städten und Regionen berücksichtigt. Das Nachfragemodell für den Wirtschaftsverkehr heißt EVA-W.

EVA-W ist ein Modell, das fahrtkettenorientierte (bei EVA-W als *Rundfahrten* bezeichnet) Verkehrsverteilung im Wirtschaftsverkehr berechnet. Dieses Wirtschaftsverkehrsmodell basiert auf der Bildung von Rundfahrtengruppen. Bestimmungsgrößen für diese Gruppen sind:
- die Branche,
- die Anzahl von Fahrzeugen je Fahrzeugtyp,
- die Beschäftigten einer Branche,
- das Ziel- und Empfangspotenzial der Zielverkehrsbezirke und
- einer gruppenabhängigen Bewertung der Aufwände durch die Verkehrsinfrastruktur.

Bei der Bestimmung der Rundfahrtengruppen wird berücksichtigt, dass ein Fahrzeug pro Tag für mehrere Rundfahrten genutzt werden kann. Start und Ziel jeder Rundfahrt ist der Versender. Im Berechnungsschritt der *Erzeugung* werden mittels eines Kennwertmodells die Rundfahrtengruppen getrennt und bzgl. einer Zeiteinheit, z. B. eines Tages, betrachtet.

Die wichtigste Ausgangsgröße ist das Versandaufkommen eines Verkehrsbezirkes. Dieses ist die Summe aller von einem Versender aufgesuchten Empfänger und somit die Summe aller berücksichtigten Bezugsgrößen. Um das Versandaufkommen zu bestimmen, werden spezifische Versandaufkommen, z. B. bzgl. der eingesetzten Fahrzeuge, gebildet. In diesem beispielhaften Fall würde das spezifische Versandaufkommen beschreiben, wie viele Empfänger pro Fahrzeug, Zeiteinheit und Rundfahrtengruppe durchschnittlich angefahren werden.

In EVA-W kann als Bezugsgröße auch die Anzahl der Beschäftigten pro Branche genutzt werden. In diesem Fall spiegelt das spezifische Verkehrsaufkommen die durch die

Arbeit eines Beschäftigten pro Zeit induzierte Anzahl der angefahrenen Rundfahrtengruppe wider. Weiterhin kann ein spezifisches Versandaufkommen einer Betriebseinheit zugeordnet werden. Somit wäre dieses dem Empfänger pro Unternehmen und Zeit in den Rundfahrtengruppen zuzuordnen.

## 7 Resümee

Der Artikel zeigt welches Spektrum an Wirtschaftsverkehrsmodellen in den letzten Jahrzehnten entstanden ist. Gleichwohl sind noch viele Fragen offen. Die Datengrundlage für die Beschreibung und Modellierung des Wirtschaftsverkehrs ist nicht ausreichend. Insbesondere fehlen disaggregierte Daten.

Nötig sind die Daten vor allem für die Beschreibung von
- Verkehrsursachen, Verkehrserzeugung
- Verkehrsverteilung
- Fahrzeugwahl
- Tourenplanung/ -optimierung

Die KiD 2002 hat viele Daten geliefert und so einige Fragen beantwortet. Doch handelt es sich bei den KiD-Daten um Durchschnittswerte auf nationaler Ebene. Auf der disaggregierten Ebene der Städte sind weiterhin lokale Erhebungen nötig.

Jetzige Modellansätze lassen sich in verschiedene Grundtypen und Herangehensweisen an den Modellierungsgegenstand einteilen. Dabei steht die Frage „Was sind Merkmale des Wirtschaftsverkehrs?" im Mittelpunkt. Jetzige Modelle sind meist Güterverkehrsmodelle. Der Personenwirtschaftsverkehr fehlt fast immer. Es handelt sich überwiegend noch um makroskopische und aggregierte Modelle. Die Maßnahmen, die untersucht werden sollen, sind aber meist auf Stadtebene angesiedelt oder betreffen sogar städtische Teilräume wie Problemzonen. Mit aggregierten, makroskopischen Modellen sind die Maßnahmenwirkungen nicht abbildbar. Akteure im Wirtschaftsverkehr werden nicht betrachtet oder ihnen wird per se rationales Verhalten unterstellt. Die oft mehrstufigen Entscheidungshierarchien im Wirtschaftsverkehr (Besteller-Versender-Disponent-Fahrer-Empfänger) mit ihren mitunter irrationalen Effekten werden nicht einbezogen. Auch subjektive Entscheidungseinflüsse (Präferenzen, Wissen, Informationsverfügbarkeit, Image etc.) werden ausgeblendet.

Die Entwicklung von mikroskopischer Aktivitäten- und Multi-Agenten-Simulation für den Wirtschaftsverkehr könnte eine Lösung sein. Solche Aktivitätenmodelle sollten u. a.:
- Informationsverfügbarkeit,
- Kommunikationsnutzung,
- Planungsverhalten,
- Entscheidungsverhalten, Entscheidungsroutinen,
- Verkehrswahlverhalten und
- Lehrverhalten

im Wirtschaftsverkehr simulieren.

## Literatur

ARNDT, Wulf-Holger et al. (2000): Erprobung von Maßnahmen zur umweltschonenden Abwicklung des städtischen Wirtschaftsverkehrs. Umweltbundesamt. Berlin (Heft 57/00)

ARNDT, Wulf-Holger (2003): Wirtschaftsverkehrs-Management. In: Beiträge aus Verkehrsplanungstheorie und –praxis. Berlin (= Schriftenreihe des Institutes für Land- und Seeverkehr, Band 39)

ARNDT, Wulf-Holger (2005): Verkehrsmodellierung im Wirtschaftsverkehr, Ein Überblick über Modellansätze im Wirtschaftsverkehr. Technische Universität Berlin. (= IVP-Schriften, in Vorbereitung)

CASTENDIEK, Uwe (1998): WIVER-Handbuch. Dokumentation der Eingabedateien, Dokumentation der Ausgabedateien. (ohne Ort)

DENEKE, Kai (2004): Nutzungsorientierte Fahrzeugkategorien im Straßenwirtschaftsverkehr. Institut für Verkehr und Stadtbauwesen der Technischen Universität Braunschweig. (= Schriftenreihe, Heft 53)

*Dornier* (1994): Erfassung und Aufbereitung von Grundlagendaten des Wirtschaftsverkehrs in fünf ausgewählten Großstädten sowie Erarbeitung eines Handlungsrahmens. Abschlußbericht. Dornier GmbH-Planungsberatung. Friedrichshafen

DUGGE, Birgit o.J. (a): Nachfragemodellierung mit VISEVA. Schulungsunterlagen Teil: Verkehrserzeugung Personenverkehr. TU Dresden, Fakultät Verkehrswissenschaften „Friedrich List", Lehrstuhl für Theorie der Verkehrsplanung. Dresden

DUGGE, Birgit o.J. (b): Nachfragemodellierung mit VISEVA. Schulungsunterlagen Teil: Grundlagen. TU Dresden, Fakultät Verkehrswissenschaften „Friedrich List", Lehrstuhl für Theorie der Verkehrsplanung. Dresden

FLÄMIG, Heike und Markus HESSE (1996): Maßnahmen zur umweltschonenden Abwicklung des städtischen Wirtschaftsverkehrs. Institut für ökologische Wirtschaftsforschung. Berlin. S. 8.

*Landeshauptstadt Hannover* (Hrsg.) (1995): Status-quo-Analyse des Wirtschaftsverkehrs im Großraum Hannover. Gutachten der HaCon Ing. GmbH. Referat für Stadtentwicklung und Kommunalverband Großraum Hannover (Hrsg.). Hannover

LOHSE, Dieter (1998): Beschreibung des EVA-Modells. Fakultät Verkehrswissenschaften „Friedrich List", Institut für Theorie der Verkehrsplanung, Dresden. (11/98)

LOHSE, Dieter (2000): Verkehrsnachfragemodellierung mit n-linearen Gleichungssystemen. Aachen (Tagungsband AMUS 2000, Stadt Region Land, Heft 69)

MACHLEDT-MICHAEL, Sonja (2000): Fahrtenkettenmodell für den städtischen und regionalen Wirtschaftsverkehr. Institut für Verkehr und Stadtbauwesen der Technischen Universität Braunschweig. Aachen. (= Schriftenreihe, Heft 50)

SONNTAG, Herbert, Bertram MEIMBRESSE und Uwe CASTENDIEK (1995): Entwicklung eines Wirtschaftsverkehrsmodells. In: BUNDESANSTALT FÜR STRASSENWESEN (Hrsg.): Berichte der Bundesanstalt für Straßenwesen, Verkehrstechnik, Heft V 33. Bergisch Gladbach

*University of Westminster* et al. (2002): Review of Freight Modelling. Report B2, Review of Continental Models in Europe and Elsewhere. Cambridge

*VISEVA*: VISEVA-Modell. www.VISEVA.de, März 2005

WERMUTH, Manfred (2001): KONTIV-Wirtschaftsverkehr, Kontinuierliche Befragung des Wirtschaftsverkehrs in unterschiedlichen Siedlungsräumen, Phase 1, Methodenstudie/Vorbereitung der Befragung, Schlussbericht, Braunschweig

WILLEKE, Rainer (1992): Wirtschaftsverkehr in Städten. Frankfurt a.M (= Schriftenreihe des VDA, Verband der Automobilindustrie, Heft 70)

# Ein gekoppeltes Wirtschafts- und Güterverkehrsnachfragemodell unter Verwendung empirischer Daten

*Christian Varschen, Michael Spahn, Andreas Lischke,
Gunnar Knitschky & Barbara Lenz (Berlin)
Astrid Gühnemann (Leeds)*

## Zusammenfassung

Mit dem Ansatz der mikroskopischen Modellierung des Güterverkehrs und später auch des Wirtschaftsverkehrs möchte das Institut für Verkehrsforschung im Deutschen Zentrum für Luft- und Raumfahrt (DLR-IVF) dazu beitragen, die bereits im Personenverkehr angewendete Vorgehensweise nachzuvollziehen, um die Veränderungen im Güter- bzw. Wirtschaftsverkehr darzustellen und die Auswirkungen auf den Gesamtverkehr, die Wirtschaft und die Umwelt zu prognostizieren.

Im folgenden Beitrag wird das im DLR-IVF entwickelte „Wirtschaftsverkehrssimulationsmodells" (WiVSim) vorgestellt. Dabei liegt der Schwerpunkt im ersten Teil auf der Darstellung des Modellansatzes und der Anwendungsmöglichkeiten. Im zweiten Teil werden die Ergebnisse einer im Rahmen dieses Projektes durchgeführten qualitativen Untersuchung präsentiert. Diese dient der Vorbereitung einer quantitativen Untersuchung und sollte Einflussfaktoren aufzeigen, die zu Produktionsveränderungen und daraus resultierend zu Veränderungen im Transport führen.

## Summary

By applying approaches drawn from microscopic modeling of freight transport, the German Aerospace Center's Institute of Transport Research (DLR-IVF) aims to build on existing models of passenger transport in order to document, explain, and predict changes in the transport of goods and services, as well as the associated implications for traffic management, the economy and environment.

The following presentation will firstly discuss the freight transport simulation model developed at the DLR-IVF. The emphasis will be on a description of the modeling approaches and planned applications. In the second part the results of a qualitative analysis, which is related to this project, will be presented. This analysis prepares a following quantitative analysis and should show factors which influence a change of production and from that resulting in a change in freight transport.

# 1 Einleitung

Im Unterschied zur Personenverkehrsmodellierung bilden im Güterverkehr bislang Makro-Modelle den Stand der Technik zur Erklärung und Prognose der Verkehrsnachfrage. Diese leiten die Güternachfrage anhand statistischer Verfahren aus soziodemographischen Strukturgrößen in den betrachteten Wirtschaftsräumen ab. Der Ansatz der mikroskopischen Modellierung ist es, die an Transportvorgängen beteiligten, interagierenden Entscheidungsträger innerhalb einer Computersimulation individuell darzustellen und das Verhalten des Gesamtsystems durch die individuellen Aktionen der einzelnen Akteure abzubilden. Hierdurch werden mehr Informationen über Einflussgrößen, Freiräume und Sachzwänge für transportrelevante Entscheidungen und eine zeitlich und räumlich genauere Abbildung des Güterverkehrs erwartet.

Vor diesem Hintergrund entwickelt das Institut für Verkehrsforschung im DLR-IVF das „Wirtschaftsverkehrssimulationsmodell" (WiVSim) mit dem Ziel, die Güterverkehrsnachfrage unter Beachtung der Entwicklungen in Produktion und Logistik auf disaggregierter Ebene abzubilden. Gleichzeitig soll der bei der Modellierung der Nachfrage des Personenverkehrs erfolgreiche Schritt von makroskopischen zu mikroskopischen Modellen nachvollzogen werden. Somit kann ein Instrumentarium bereitgestellt werden, um Prognosen zu erstellen und beispielsweise Konzepte für einen effizienteren Güterverkehr zu bewerten.

Im ersten Teil des vorliegenden Beitrags liegt der Schwerpunkt auf der Darstellung des Modellkonzepts. Dieser wird zunächst dem aktuellen Stand der Forschung der Güternachfragemodellierung gegenüber gestellt bevor das Modell mit seinen einzelnen Modulen vorgestellt wird. Damit werden die Schritte abgebildet, die von Produktionsentscheidungen über Transport- und Logistikkonzepte schließlich zu Strömen versendeter und empfangener Güter führen.

Der Schwerpunkt des zweiten Teils liegt in der Präsentation der Ergebnisse der qualitativen Untersuchung, die in diesem Zusammenhang vom DLR-IVF durchgeführt wurde. Diese stellt einen Baustein der empirischen Basis des Modells dar.

# 2 Mikroskopische versus makroskopische Modelle im GV - Stand der Forschung

Derzeit wird geschätzt, dass weltweit ca. 80 Modelle für den Güterverkehr existieren. Dabei werden Modelle sowohl für kleinräumige Betrachtungen wie Städte oder Regionen als auch für darüber hinaus gehende nationale oder internationale Güterverkehrsbeziehungen genutzt. Der Großteil dieser Modelle verfolgt einen makroskopischen Ansatz in dem auf Grundlage vorhandener Daten deren weitere Entwicklungen mit Hilfe nachgewiesener Korrelationen erklärt wird.

Die Ursachen des Güterverkehrs werden in diesen makroskopischen Modellen jedoch nicht auf das Verhalten einzelner Marktakteure bezogen. Dagegen versucht man beim Personenverkehr bereits seit einiger Zeit den entstehenden Verkehr auf die Bedürfnisse der einzelnen Verkehrsteilnehmer zurückzuführen, diese Bedürfnisse mit Hilfe von empirischen Daten als Parameter zu beschreiben und in mikroskopische Modelle zu integrieren. Ein großer Vorteil bei dieser Herangehensweise ist, individuelle Entscheidungen von Akteuren und später die sich bei diesen Akteuren ergebenden Verhaltensänderungen nachzuvollziehen und Auswirkungen im System räumlich und zeitlich genauer abzubilden.

Für das im Institut für Verkehrsforschung laufende Projekt wurden deshalb drei Unterschiede zu traditionellen Modellen als relevant identifiziert.

Erstens können durch einen direkten Bezug zu den Marktakteuren im Güterverkehr (Zulieferer, Hersteller, Distributoren, Händler und natürlich auch Speditionen, Transportunternehmer/Frachtführer) viel besser die aktuellen Veränderungen infolge der Einführung neuer logistischer Konzepte und deren Auswirkungen auf den Verkehr erklärt werden.

Abb. 1: Ebenen der Güterverkehrsentstehung

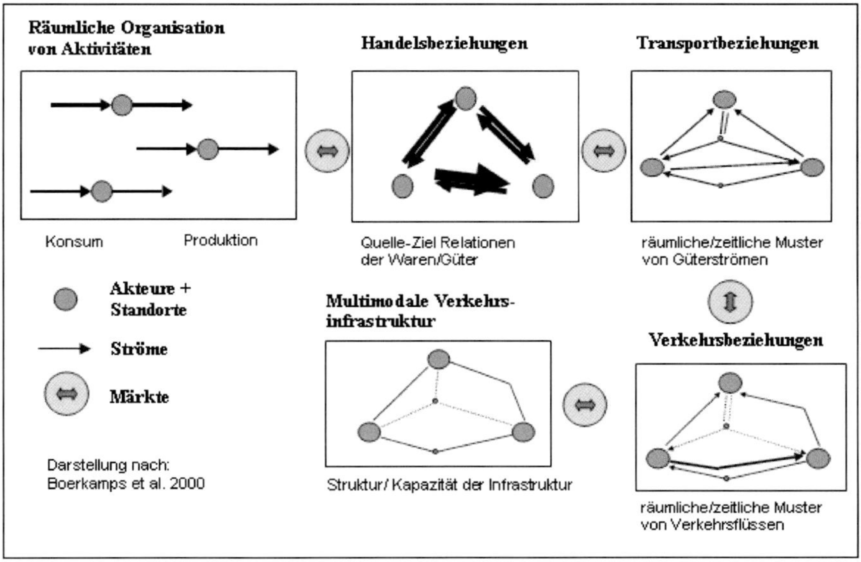

*Quelle: eigene Darstellung nach* BOERKAMPS *et al. 2000*

Zweitens lassen sich allein aus dem reinen Güterverkehrsaufkommen einer bestimmten Region die Folgewirkungen nicht in guter Qualität abschätzen. Erst unter Berücksichtigung zeitlicher und räumlicher Restriktionen und deren Einfluss können ggf. entstehende Auswirkungen auf den Gesamtverkehr, die Wirtschaft und die Umwelt rechtzeitig erkannt und gegengesteuert werden.

Als dritten und letzten Punkt ist für das Institut für Verkehrsforschung die Einbindung von dynamischen Nachfragedaten des Güterverkehrs in das Verkehrsmanagement von großer Bedeutung. Davon verspricht sich das DLR-IVF, aus den in mikroskopischen Modellen zum Personen- und Wirtschaftsverkehr gewonnenen Verkehrsflussdaten die notwendigen Verkehrsmanagementsysteme zu entwickeln und unter Laborbedingungen testen zu können.

Ausgangsbasis für den mikroskopischen Ansatz sind die Ebenen der Güterverkehrsentstehung (BOERSKAMP, VAN BINSBERGEN und BOVY 2000, vgl. Abbildung 1).

## 3 Agentenbasiertes Modell in WiVSim

Im Vordergrund der Betrachtung in der Simulation im Projekt WiVSim stehen Beziehungen zwischen einzelnen Agenten, die Betrieben entsprechen. Typen von Agenten sind Lieferanten und Empfänger von Vorprodukten, Betriebe des Handels und Transportdienstleister. Agenten treten als Sender und Empfänger einzelner Sendungen und Quelle und Ziel einzelner Fahrten zueinander in Beziehung. (s.a. SPAHN 2007)

Abb. 2: Aktueller Status und kurzfristiger Ausblick zur Simulation im Projekt WiVSim

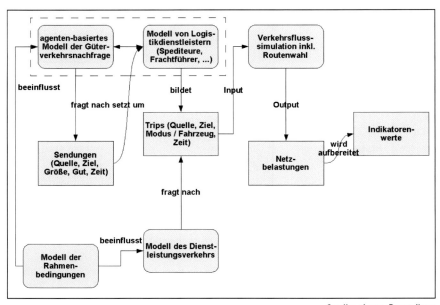

*Quelle: eigene Darstellung*

In WiVSim unterscheiden sich die Betriebe einerseits durch strukturelle Parameter, wie Branche und Anzahl an Beschäftigten, aber auch durch ergänzende Angaben, wie z. B. eine Verkehrsmittelwahlpräferenz aufgrund der Anbindung an das Transportnetz oder das Lagerverhalten, wobei noch weitere Dimensionen geplant sind. Weiterhin wird es in WiVSim dynamische Beziehungen zwischen den Betrieben geben, so dass sich zwei am Anfang identische Agenten verschieden entwickeln können.

Die farblichen Unterlegungen der Felder in dieser Abbildung (vgl. Abbildung 2) entsprechen dem Stand der Entwicklung jedes Moduls. Die Erzeugung der Wirtschaftsstruktur ist bereits implementiert, das Modul zur Güterverkehrsnachfrage enthält wichtige Strukturen, das Modell der Transporteure ist als Hülle vorhanden und zum Dienstleistungsverkehr liegen derzeit noch keine Ergebnisse vor.

## 3.1 Modulstruktur und Arbeitsweise der Simulation in WiVSim

Die Struktur der Simulation ist in Abbildung 2 abgebildet. Kästen mit abgerundeten Ecken oben und unten entsprechen Modulen, die im Verlauf der Simulation ablaufen. Rechteckige Kästen in der Mitte stehen für Daten, die im Verlauf der Simulation von einem Modul generiert und von einem anderen verarbeitet werden. Je nach Aufgabenstellung können aus den Daten auf jeder Ebene (Sendungen, Fahrten, Netzbelastungen) die gewünschten Indikatoren berechnet werden.

Im Modul zur synthetischen Wirtschaftsstruktur wird für das jeweilige Untersuchungsgebiet eine Liste von Betrieben erstellt, die in ihren statistischen Eigenschaften mit den verfügbaren Daten übereinstimmen. Andere Module können dann in gleicher Weise mit dieser Liste arbeiten, als wenn mikroskopische Daten über die Betriebe des Untersuchungsraumes verfügbar wären.

Um die Liste von Betrieben zu erstellen, werden Daten benutzt, die von INFAS Geodaten bereitgestellt werden. In diesen Rohdaten ist die Anzahl von Firmen enthalten, räumlich aufgelöst nach Gemeinden (Kreis-Gemeinde-Schlüssel KGS8) und für die 50 größten Gemeinden Deutschlands in statistische Bezirke. Die Stadt Berlin ist z.B. unterteilt in 287 Einheiten.[1]

Außerdem sind die Firmendaten aufgelöst nach den Wirtschaftszweigen der Klassifikation von Wirtschaftszeigen des Statistischen Bundesamtes (WZ03), wobei in 4-Steller aufgelöst wird. Es gibt 475 4-Steller, die sich bei Bedarf zu gröberen Klassen aggregieren lassen. Dies ist insbesondere dann nötig, wenn aus Gründen des Datenschutzes keine in 4-Steller aufgelösten Daten weitergegeben werden durften. Neben der räumlichen Auflösung und der nach Wirtschaftszweigen sind die Daten des INFAS-Firmenzählers auch nach drei Größenklassen(unter 10 Mitarbeiter, zwischen 10 und 100 und mehr als 100 Mitarbeiter) aufgelöst.

Trotz der bereits feinen Auflösung sind die Daten für eine mikroskopische Liste von Betrieben nicht direkt nutzbar. Der nächste Schritt ist deshalb die Zuweisung von Beschäftigtenzahlen zu Betrieben, also die Verfeinerung dieser nur als Größenklasse vor-

---

[1] Deutschland ist räumlich aufgelöst in 12.234 Einheiten der statistischen Bezirke in 295 Städten.

liegenden Information. Dies erfolgt zur Zeit mit plausiblen Mittelwerten. Vorgesehen sind eine Auswertung der Informationen zu Betriebsgrößenverteilungen und das Kalibrieren einer darauf aufbauenden, durchgängigen Größenverteilung derart, dass nach der Zuweisung von Beschäftigtenzahlen und Aggregation über den Wirtschaftszweig die Daten des Statistischen Bundesamtes zur Beschäftigtenstatistik reproduziert werden.

Im nächsten Schritt muss die räumliche Information verfeinert werden. Das zur Simulation der Verkehrsflüsse verwendete Straßennetz liefert mit den dort verzeichneten Strassenstücken (Kanten-IDs) einen Pool an IDs. Jedem statistischen Bezirk wird eine Liste dort liegender Kanten-IDs zugeordnet und aus diesen IDs wird dann noch stochastisch gewählt.

In diesen Prozess kann z.B. die Information einfließen, dass an bestimmten Strassen (Kanten des Netzes) Wohnblöcke liegen, die daraufhin aus dem Pool möglicher IDs entfernt werden können.

Aus der Beschäftigtenzahl des Betriebes wird nun ein wertmäßiger Produktionsumfang berechnet. Die Angaben zur Mitarbeiterproduktivität kommen aus Daten des statistischen Bundesamtes, die nach Zweigen der WZ03 (Statistik der Wirtschaftszweige) gegliedert gleichzeitig Beschäftigte und Umsatz einer Branche ausweisen.

Mittels der Input-Output-Rechnung des Bundes lässt sich für jede Branche festlegen, von welchen anderen Branchen Güter bezogen wurden. Auf diese Weise wird jedem Betrieb ein Bedarf an Gütern einer bestimmten anderen Branche zugeordnet (vgl. die Nutzung von I/O-Daten zur Berechnung von Güterströmen im Commercial Travel-Modul im Rahmen von TLUMIP, DONNELY 2005). Die Auswahl des konkreten Agenten (Betriebes) aus jeder dieser Branchen erfolgt stochastisch. Eine Schwäche dieses Ansatzes ist es, das in der Realität natürlich nicht jedem wertmäßigen Fluss, der in der Input- / Output-Rechnung erfasst wird, ein Güterfluss entspricht. Dies kann ausgeglichen werden, indem die aus der Simulation resultierenden Güterflüsse mit den Daten der Güterverkehrsstatistik verglichen werden und eine entsprechende Korrektur vorgenommen wird. Dazu werden zuerst aus einer Gegenüberstellung der Produktionsstatistik des Statistischen Bundesamtes in Geldwerten und in Mengeneinheiten Faktoren gebildet, die für eine Gütergruppe die Umrechung von Werten in Mengen erlauben. Nach dem Durchlauf des Modells kann dann geprüft werden, ob für den Ist-Zustand die in Verkehrstatistiken verzeichnete transportierte Gütermenge dieser Art reproduziert wurde. Bei einer Abweichung wird der Umrechungsfaktor entsprechend angepasst. Weiterer Forschungsbedarf besteht bei der Fortschreibung dieser Umrechungsfaktoren in die Zukunft.

Eine der nächsten Aufgaben ist es, die räumliche Entfernung zwischen den Betrieben in die Auswahl einfließen zu lassen. Eine entfernungsabhängige Auswahl von Betrieben wird so durchgeführt werden, dass die Entfernungsverteilungen der für die Bundesverkehrswegeplanung erstellten Matrizen reproduziert werden. Dazu werden Entfernungsklassen gebildet und die relative Besetzung dieser Klassen in den Matrizen bestimmt. Bei der Partnersuche für einen Agenten wird dann zuerst gemäß dieser Verteilung eine Klasse ausgewählt und danach ein Betrieb gesucht, der entsprechend dieser Klasse entfernt ist.

Die initiale Zuordnung von Betrieben zueinander gemäß diesem Vorgehen ist zurzeit statisch. Die aggregierten Statistiken zum Güterverkehr werden auf diese Weise reproduziert und der Verkehr räumlich abgebildet. Eine wesentliche geplante Ausgestaltung des tatsächlichen Agentencharakters der Simulation ist eine Beschreibung der Dynamik der Verflechtungen. Für den Prozess der dynamischen Suche nach einem Handelspartner wird es Verhandlungen zwischen den Agenten geben, in denen z.b. Lieferantenbörsen abgebildet werden können. Für die Beschreibung dieses dynamischen Verhaltens der Betriebe werden mikroskopische Daten auf Betriebsebene benötigt, die unter anderem in der hier dargestellten Befragung erhoben wurden.

Das Modul der Transporteure ist zurzeit nur insoweit implementiert, dass Sendungen übernommen werden und in Fahrten umgesetzt werden. Im nächsten Schritt sollen hier vorhandene Optimierungsalgorithmen zur Tourenbildung Einsatz finden.

Darüber hinaus könnte ein Markt für Transportdienstleistungen mit mehreren Speditionen abgebildet werden sowie die Transportanforderungen der Güter. Das Projekt OVID (Organisationsfähigkeit im Verkehr durch I+K-gestützte Dienste)[2] hat hier detaillierte Arbeiten vorgenommen.

Die Verkehrsmittelwahl an dieser Stelle erfolgt zurzeit über einen globalen Parameter, der den aktuellen Modal Split wiedergibt. Geplant ist die Integration eines fahrtenbezogenen Verkehrsmittelwahlmodells.

Die auf diese Weise generierte Fahrtenliste kann aggregiert werden, um schließlich eine OD-Matrix zu bilden. Außerdem stellt die Fahrtenliste den Input für die Verkehrsflusssimulation z.B. mit SUMO (Simulation of Urban MObility), dar.[3] Über die Simulation sind dann Strassenbelastungen verfügbar und die Visualisierung möglich. Als erstes soll dies bei Verfügbarkeit eines Netzes für die Region Berlin durchgeführt werden.

# 4 Qualitative Untersuchung im Leitprojekt WiVSim

## 4.1 Motivation

Der mikroskopische Ansatz erfordert jedoch – neben bestehenden Statistiken wie der „Kraftfahrzeugverkehr in Deutschland" oder den Produktionsstatistiken (Input/Output Rechnung) – eine neue Qualität von Daten, anhand derer Entscheidungsmechanismen im Güterverkehr identifiziert und an denen das Modell kalibriert werden kann. In einem ersten Schritt sind Einflussfaktoren von Produktionsveränderungen und daraus resultierende Veränderungen im Transport zu identifizieren.

Im Rahmen von wettbewerbs- und Marketing-strategischen Problemstellungen beschäftigen sich bereits eine Vielzahl von Marktuntersuchungen mit den Anforderungen bestimmter Verkehrsträger an den Gütertransport, sowohl aus der Blickrichtung des

---

[2] Das Projekt OVID ist ein eigenständiges Projekt der mit dem Konsortialführer Universität Karlsruhe (TH)
[3] Die Pflege der Verkehrsflusssimulation SUMO, die hier Anwendung finden kann, ist nicht Bestandteil des Projektes.

Transportträgers als auch aus der des Gutes (HEINISCH 1988, KLEIN und SCHEITER 1988, KRACKE 1990, KRACKE 1991, *Bundesamt für Straßenbau* 1991, BACKHAUS et al. 1992, SCHNEIDER 1995). Vereinzelt wird der Versuch gemacht, eine neue Strukturierung der Güter – also abweichend von der Clusterung des Güterverzeichnisses für die Verkehrsstatistik 1969, auf die sich die amtlichen Verkehrsstatistiken (DIW, *Statistischen Bundesamtes*) berufen – zu entwickeln (SWITAISKI und MÄCKE 1985, BUCHHOLZ 2000). Problematisch ist jedoch, dass diese Anforderungen einem stetigen Wandel unterworfen sind. Darüber hinaus sind kaum Entscheidungsmechanismen auszumachen.

Deshalb wurde im zweiten Quartal 2004 eine qualitative Unternehmensbefragung, welche eine quantitative Untersuchung vorbereiten sollte, realisiert. Nachfolgend werden die Ergebnisse aus den Einzelfallanalysen dieser qualitativen Untersuchung zusammengefasst und ein Ausblick auf ihre weitere Nutzung für die quantitative Untersuchung gegeben.

## 4.2 Methodik

Eine qualitative Analyse zu Beginn einer Untersuchung erlaubt es Kategorien zu erarbeiten, die Voraussetzung für eine quantitative Untersuchung sind (MAYRING 2003, S. 19). Basierend auf diesem Ansatz wurden vom DLR-IVF in Zusammenarbeit mit TNS Emnid in 12 Unternehmen leitfadengestützte Tiefeninterviews durchgeführt. Über die Kriterien Gesamttransportleistung, Transportleistung und Offenheit der Branche gegenüber Befragungen wurden 6 Branchen ausgewählt, und es wurde bezüglich der Betriebsgröße festgelegt, Firmen mit 500-1000 Mitarbeitern und mit mehr als 1000 Mitarbeitern zu berücksichtigen. Die Auswahl der Betriebe erfolgte dann auf Grundlage von IHK-Daten der Postleitzahlbereiche 0-59999. Somit ergab sich die Stichprobe aus je einem mittleren und einem Großbetrieb der Möbelproduktion, der chemischen Industrie, der Schienenfahrzeugproduktion, der Lebensmittelproduktion, der Papierherstellung sowie aus einem mittleren Betrieb der pharmazeutischen Industrie und einem Großbetrieb der Kunststoffverarbeitung.

Alle Betriebe gehören Unternehmensgruppen an, deren Stammsitz sich innerhalb Europas befindet, bei der Hälfte der Betriebe befindet er sich in Deutschland.

Als Zielpersonen waren die Geschäftsführer, die Entscheider bei Veränderungen in der Produktion sowie die Entscheider für den Bereich Transport benannt, so dass größtenteils Einzelinterviews durchgeführt wurden. In 3 Fällen kam es wegen Überschneidungen der Kompetenzen im Betrieb zu Paar-Interviews. Die 7 face-to-face und 5 telefonisch durchgeführten Interviews wurden, sofern die Interviewten zustimmten, auf Tonband aufgezeichnet.

Die gestellten Fragen lassen sich grob in folgende Themenkomplexe aufteilen:

A Produktionsänderungen mit Auswirkungen auf den Waren- und Gütertransport:
- A.1 Produktionsveränderungen in den letzten 10 Jahren
- A.2 Produktionsverlagerungen
- A.3 wichtige Faktoren bei der Produktionsänderung

- A.4 Outsourcing
- A.5 Rolle von Transport und Logistik in der Produktionsplanung

B Transport von Waren und Gütern allgemein:
- B.1 Anforderungen an den Güterverkehr
- B.2 Be- und Auslieferung
- B.3 Verkehrsmittelwahl
- B.4 Transport- und Logistikkosten

C Hypothesen und Szenarien
- C.1 Hypothesen
- C.2 Szenarien.

Nachdem TNS Emnid die Aufzeichnungen der Interviews und die Transkripte an das DLR-IVF übergeben hatte, konnten die Interviews nochmals abgehört und die Transkripte korrigiert werden. Die Wortprotokolle der einzelnen Interviews wurden anschließend per „qualitativer Inhaltsanalyse" ausgewertet, ein in der qualitativen Sozialforschung etabliertes Verfahren, das für die hier verfolgten Zwecke besonders gut geeignet war. Mit der qualitativen Inhaltsanalyse werden Texte systematisch analysiert, indem das Material schrittweise mit theoriegeleitet am Material entwickelten Kategoriensystemen strukturiert und zusammengefasst wird. Methodisch war die softwaregestützte Analyse angelehnt an eine induktive Kategorienbildung (MAYRING 2003, S. 74ff.).

Abb. 3: Prozessmodell induktiver Kategorienbildung

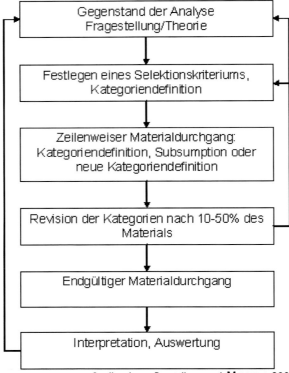

*Quelle: eigene Darstellung nach* MAYRING *2003*

In Abbildung 3 ist der schematische Ablauf solch einer Vorgehensweise abgebildet. Um objektive Ergebnisse zu erhalten, wurde die Analyse unabhängig von 2 Personen durchgeführt. Die Kategorien der obersten Hierarchiestufe ergaben sich dabei aus den Unterpunkten der Themenkomplexe.

## 4.3 Ergebnisse

Im Folgenden sollen die wesentlichen Erkenntnisse (ausführlicher in VARSCHEN, GÜHNEMANN und LENZ 2005) aus der Befragung exemplarisch anhand der Themenkomplexe A.1, A.4, B.3 und C.2 dargestellt werden.

### 4.3.1 Waren- und Gütertransport bei Produktionsänderungen

Die von den befragten Betrieben beschriebenen Produktionsveränderungen im letzten Jahrzehnt (Themenkomplex A.1) sind sehr verschiedenartig. Die Äußerungen reichen von der Konzentration der Produktionsstandorte bzw. Konzentration auf die Kernkompetenzen über Nachfragemangel in der Branche bis hin zur Stilllegung einzelner Produktionen. Hier fällt auf, dass Aussagen zu Kapazitätsreduzierungen von den Betrieben der Möbelbranche und der chemischen Industrie gemacht werden.

Auf der anderen Seite ist aber auch von Kapazitätserweiterungen die Rede, u. a. ebenfalls in der chemischen Industrie und in der Lebensmittelindustrie. Diese werden durch neue Produkte, durch Zugewinn von Marktanteilen sowie durch den Zukauf anderer Unternehmen realisiert.

Von mehreren Betrieben, z. B. von den Betrieben des Schienenfahrzeugbaus, dem mittleren Betrieb der Möbelindustrie sowie dem Pharma- und dem Kunststoffbetrieb werden Automatisierung bzw. die Beschleunigung der Prozesse als besonders wichtig empfunden. Zu diesem Zweck erfolgen allgemein Verbesserungen in allen Prozessen, Verbesserungen in der Logistik (Erhöhung der Transparenz mit Hilfe der EDV) oder die Umstellung auf just in time (vgl. auch *Deutscher Bundestag* 2002, S. 139, LAMMERS und NEUBAUER 2005, S. 47ff.).

Abb. 4: Transportkette des Pharmaunternehmens und Darstellung der Transportveränderungen bedingt durch Produktionsveränderungen

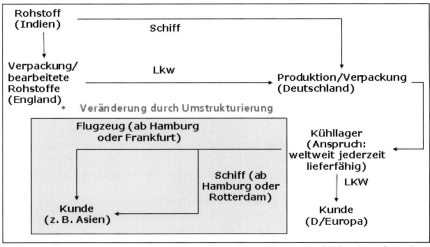

*Quelle: eigene Darstellung*

Konkrete Auswirkungen der Produktionsänderungen auf den Transport werden von fast allen Betrieben gesehen. Die Ursachen und die Art der Veränderungen werden jedoch sehr heterogen beschrieben. So wird eine Veränderung des Transportmodus vom Pharmaunternehmen benannt, die verursacht wird durch eine Umstrukturierung des Unternehmens (vgl. Abbildung 4). Während früher jeder Standort die komplette Produktpalette des Konzerns produzierte und den entsprechenden kontinentalen Markt belieferte – aus Deutschland ausschließlich mit dem LKW –, werden heute jeweils nur wenige Produkte für den kompletten Weltmarkt hergestellt (zusätzlicher Einsatz von Schiff und Flugzeug). Der mittlere Betrieb des Schienenfahrzeugbaus berichtet von einer Transportveränderung bedingt durch die Verlagerung von Teilen der Produktion ins Ausland. In anderen Betrieben kommt es zu Bedarfsvergrößerungen, aber auch zu Bedarfsreduzierungen im Transport bedingt durch neue Produkte oder durch die Stilllegung von Produktionen. Ein konkretes und anschauliches Beispiel liefert der Kunststoffhersteller mit der vergleichenden Beschreibung des Spritzgießverfahrens. Früher wurden nur Rohstoffe von extern angeliefert. Während der Produktion kam es zur Ausbildung eines so genannten Angusses, der manuell entfernt und an die werkseigene Mühle geliefert wurde. Dort wurde der Anguss weiterverarbeitet zu Rezyklat, welches für die Produktion notwendig ist. Durch ein neues Produktionsverfahren wird die Entstehung des Angusses heute verhindert. Damit muss das notwendige Rezyklat jedoch wie die Rohstoffe von extern angeliefert werden. In diesem Fall wurde also die Produktion vereinfacht, aber zusätzlicher Verkehr generiert.

Dass stattfindende Produktionsänderungen keine Auswirkungen auf den Transport haben, wird nur von zwei Betrieben geäußert. Sie sehen in diesem Zusammenhang nur ein ständiges „Auf und Ab" von Kapazitätsausweitungen und -reduzierungen, die in der Summe jedoch kaum etwas am „Logistikfluss" geändert haben.

Der Trend zur Auslagerung (vgl. DEUTSCHER BUNDESTAG 2002, S. 139, BERTRAM 2005, S. 18) konnte im Themenkomplex Outsourcing (Themenkomplex A.4) belegt werden. Es stellte sich heraus, dass insbesondere Transportleistungen an externe Unternehmen vergeben werden. Bei sieben Unternehmen betrifft dies den reinen Transport. Bei den mittleren Betrieben der Lebensmittelindustrie und der chemischen Industrie sowie beim Großbetrieb der Möbelherstellung ist sogar die komplette Logistik ausgelagert. Ein weiterer Bereich, der stark vom Outsourcing betroffen ist, ist die Lagerhaltung, wobei drei von sechs Unternehmen – die beiden Papierhersteller und der mittlere Betrieb der Lebensmittelindustrie – berichten, dass sie sowohl eigene Lager haben als auch externe nutzen. Teilweise werden auch zusätzliche Dienste von Logistikdienstleistern in Anspruch genommen, so z. B. Co-Packing in der Lebensmittelbranche und beim Großbetrieb der Papierherstellung.

Auch die Produktion ist von Outsourcing betroffen. Dies reicht von der Auslagerung produktionsbezogener „Randtätigkeiten", z. B. Vor- und Nacharbeiten, über die Produktion von einzelnen Produkten bis hin zur kompletten Produktpalette.

In den befragten Betrieben der Kunststoffherstellung und der Pharmaindustrie wird zwar ebenfalls über Outsourcing nachgedacht, aber man steht diesem Thema eher skeptisch gegenüber. Der Kunststoffhersteller versucht, so viel wie möglich im eigenen Unternehmen zu halten, um Einfluss auf alle Prozesse haben zu können. Vom Pharmaproduzent wurde sogar bereits realisiertes Outsourcing in der Produktion rückgängig gemacht, um die eigene Auslastung zu erhöhen.

Diese Ausführungen deuten an, dass vor allem der Wille Kosten einzusparen und im globalen Wettbewerb zu bestehen, die vorherrschende Motivation der Betriebe ist, Produktionsveränderungen zu realisieren. Der Transport ist hiervon zwar mit betroffen und wird auch als wichtig empfunden, jedoch kann eine konkrete Aussage zu den Auswirkungen bisher nur unternehmensspezifisch getroffen werden. Im nächsten Kapitel wird der Modal Split der Unternehmen anhand von Aussagen zum Transport von Waren und Gütern allgemein analysiert.

### 4.3.2 Transport von Waren und Gütern allgemein

Bei der Verkehrsmittelwahl (Themenkomplex B.3) konnte für zehn der zwölf Betriebe der Modal Split nachgezeichnet werden (vgl. Abbildung 5; zusätzlich ist der durchschnittliche Modal Split in Deutschland im Jahr 2003 dargestellt).

Abb. 5: Modal Split (nach Tonnen) von zehn Unternehmen und Mittel Deutschland

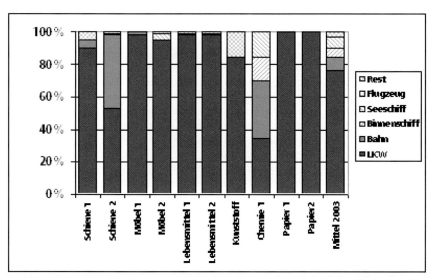

*Quelle: eigene Darstellung*

Es wurde bei diesem Thema vor allem die Politik der Bahn kritisiert. Obwohl eine Verlagerung von Transporten auf die Schiene von der Hälfte der Betriebe als wünschenswert erachtet wird, benutzen fast alle vorwiegend den LKW, auch wenn man der Meinung ist, dass das Straßennetz langsam an seine Kapazitätsgrenze stößt. Die Bahn sei unattraktiv, zu unflexibel und als multimodaler Verkehr zu teuer. Konkrete Verhandlungen mit der Bahn – insbesondere zur Aufrechterhaltung von Firmengleisanschlüssen – sind häufig gescheitert. Die Befragten gehen davon aus, dass die Bahn an solchen Transporten nicht länger interessiert ist.

Lediglich beim mittleren Schienenfahrzeughersteller und den Betrieben der chemischen Industrie macht der Anteil der Transporte auf der Schiene mehr als 10 % aus. Befördert werden hier nahezu ausschließlich Massengüter, bei der chemischen Industrie auch Gefahrengüter.

Flugzeuge und Schiffe werden fast nur für den interkontinentalen Transport genutzt. Das Flugzeug wird überwiegend im „Notfall" verwendet, da die Transportkosten laut Aussage eines Lebensmittelherstellers etwa das Zwölffache des Transportes per LKW betragen. Eine Ausnahme bildet die Pharmabranche, die aufgrund des geringen Gewichts der Ware und der Notwendigkeit schneller Überseetransporte häufiger auf Flugzeuge zurückgreift. Binnenschiffe werden nur in der chemischen Industrie zum Transport von Massengütern verwendet, während Seeschiffe im Containerverkehr auch von der Lebensmittelindustrie, der Pharmabranche und dem Schienenfahrzeugbau genutzt werden.

### 4.3.3 Hypothesen und Szenarien

Am Ende jedes Interviews wurden die Meinungen zu sieben vorgegebenen Hypothesen und drei Szenarien erhoben. Hier sollen im Folgenden die Ergebnisse zu den Szenarien (Themenkomplex C.2) vorgestellt werden.

Bei den Szenarien wird zunächst angenommen, dass sich die Kosten für den Transport kurzfristig verdoppeln würden. Hier werden von den Befragten als mögliche Reaktion mehrere Arten der unternehmerischen Optimierung aufgezählt, z. B. Änderungen in der Lagerstruktur, in der Produktion sowie verstärkte Intermodalität.

Das zweite Szenario unterstellt eine Änderung der Gesetzgebung in Deutschland in der Form, dass die Hälfte aller Transporte auf der Schiene erfolgen muss (vgl. Abbildung 6). Fast die Hälfte der Betriebe – die Lebensmittelhersteller, der Kunststoffhersteller, der mittlere Betrieb der Möbelindustrie sowie der chemische Großbetrieb – ist der Meinung, dass dies nicht möglich ist und vermutet als Folge die Verlagerung der kompletten Produktion ins Ausland. Die andere Hälfte geht davon aus, dass es, wenn auch mit großen Schwierigkeiten, durchaus möglich sei. Die Transporte würden dann jedoch sehr teuer und unflexibel.

Im letzten Szenario wird angenommen, dass sich die Transportkosten durch neue Technologien um zwei Drittel senken. Hier gehen die Meinungen wiederum auseinander: Die eine Hälfte der Befragten vermutet zusätzlich induzierten Güterverkehr, die andere nicht. Der mittlere Betrieb der Lebensmittelindustrie nimmt zudem an, dass es zu Produktionsverlagerungen ins Ausland kommen könnte.

Abb. 6: Anzahl der Nennungen zum zweiten Szenario: „Eine zukünftige Gesetzgebung lautet: 50% aller Transporte in Deutschland müssen auf der Schiene erfolgen. Welche Konsequenzen würde Ihr Unternehmen hieraus ziehen?"

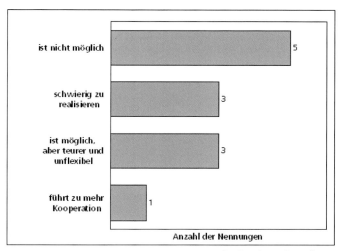

Quelle: eigene Darstellung

## 5 Fazit und Ausblick

Die Untersuchung liefert einen Einblick in die Zusammenhänge von Produktion, Logistik und Transportentscheidungen von Unternehmen. Sie unterstützt in differenzierter Form die Kenntnisse darüber, wie Produktionsveränderungen Einfluss auf Veränderungen im Transport haben. Darüber hinaus ist eine quantitative Befragung von 1000 Unternehmen des produzierenden und des Transportgewerbes in Bearbeitung, um empirisch und statistisch verwertbare Aussagen zu erhalten. Sie soll Informationslücken der oben erwähnten Daten hinsichtlich der Anzahl unterschiedlicher Lieferanten und der zeitlichen Veränderungshäufigkeit von Lieferantenstrukturen schließen oder Fragen nach der Bindungsstärke zwischen Versender und Spediteur beantworten. Zur Vorbereitung dieser Befragung liefert die qualitative Untersuchung wertvolle Erkenntnisse, so dass damit gewonnene Ergebnisse untermauert und erweitert werden können. Der hierzu entwickelte Fragebogen wurde durch die qualitative Untersuchung vor allem für die Bereiche Beschleunigung der Prozesse, Outsourcing und Lagerhaltung entscheidend beeinflusst. Die weitere Schnittstelle zur quantitativen Untersuchung ist in der Anreicherung des Fragebogens mit zu bewertenden Einzelfragen (Items), die an entsprechende Statements angelehnt sind, zu sehen. Wir gehen davon aus, dass es möglich ist, mit den aus diesen beiden Untersuchungen gewonnenen Erkenntnissen die Wirkungsmechanismen und Entscheidungsregeln in der Güterverkehrsentstehung anhand von agentenbasierten Simulationen nachzubilden, verstehen und prognostizieren zu können. Die Ergebnisse der Simulation der verkehrlichen und wirtschaftlichen Wirkungen sollen in zukünftigen Zyklen in die Entscheidungen des Agenten eingehen. Dabei sollen langfristige Produktionsumstellungen bis zu räumlichen Verlagerungen sowie kurz- und langfristige Veränderungen der Logistik abbildbar werden. Durch Szenarien können darüber hinaus denkbare Umstellungen auf neue Logistikkonzepte und technische Innovationen vorgegeben und ihre Auswirkungen untersucht werden. Die diskrete Abfolge vieler Zyklen ermöglicht die zeitliche Fortentwicklung in der Simulation.

Das hier vorgestellte mikroskopische Modell wird nach seiner Fertigstellung mit bereits existierenden Anwendungen ergänzt, so dass die modellierten Güterverkehre auf die Verkehrsträger umgelegt, auf das Netz verteilt und die Routenwahl simuliert werden können.

## Literatur

BACKHAUS, Klaus et al. (1992): Marketingstrategien für den schienengebundenen Güterfernverkehr. Göttingen. (= Beiträge aus dem Institut für Verkehrswissenschaft an der Universität Münster, Heft 126)

BERTRAM, Heike (2005): Neue Anforderungen an die Güterverkehrsbranche. In: NEIBERGER, C. und H. BERTRAM (Hrsg.): Waren um die Welt bewegen. Strategien und Standorte im Management globaler Warenketten. Mannheim. S. 17-31 (= Studien zur Mobilitäts- und Verkehrsforschung, Bd. 11)

BOERKAMPS, Jeroen H.K., Arian J. VAN BINSBERGEN und Piet H. L. BOVY (2000): Modeling Behavioral Aspects of Urban Freight Movement in Supply Chain. In: Transportation Research Record 1725, S. 17ff, Paper No. 00-0563

BUCHHOLZ, Jonas (2000): Zukünftige strategische Ausrichtung im Schienengüterverkehr. In: Eisenbahntechnische Rundschau Heft 7/8, Juli/August 2000, S. 527 ff.

*Bundesamt für Strassenbau* (1991): Erhebungen zum Güterverkehr. Zürich

*Deutscher Bundestag* (2002) (Hrsg.): Globalisierung der Weltwirtschaft. Schlussbericht der Enquete-Kommission. Opladen

DONNELLY, Rick (2005): Microsimulation, www.trb-forecasting.org/5%20DONNELLY%20-%20Microsimulation.pdf

HEINISCH, Roland (1988): Der kombinierte Verkehr – wichtiger Baustein jeder Güterverkehrsstrategie der Bahn. Berlin. (= Güterverkehr und Transportketten, Band 5, Forschung und Technologien im Verkehr)

KLEIN, Heinz L. und Sieghart Scheiter (1988): Die Marktchancen des Kombinierten Verkehrs. München. (= FKV-Schriftenreihe Band 1)

KRACKE, Rolf (1990): Kriterien und Anforderungsprofile als Planungs- und Bewertungsgrundlage für Güterverkehrszentren in Nordrhein-Westfalen, Endbericht. Hannover

KRACKE, Rolf (1991): Landesentwicklung in Norddeutschland – Untersuchung über mögliche Standorte von Güterverkehrszentren in Norddeutschland, Endbericht. Hannover

LAMMERS, Stephan und Micha NEUBAUR (2005): Integrale Logistik-Konzepte in Europa am Beispiel der Firma Philips Consumer Electronics GmbH. In: NEIBERGER, C. und H. BERTRAM (Hrsg.): Waren um die Welt bewegen. Strategien und Standorte im Management globaler Warenketten. Mannheim. S. 47-54 (= Studien zur Mobilitäts- und Verkehrsforschung, Bd. 11)

MAYRING, Philipp (2003): Qualitative Inhaltsanalyse. Grundlagen und Techniken. 8. Aufl. Weinheim, Basel

SCHNEIDER, Klaus M. (1995): Analyse des Güterversandes österreichischer Unternehmen. Wien

SPAHN, Michael (2007): Mikroskopische Modellierung des Güterverkehrs - von der Theorie zur Praxis. In: CLAUSEN, U. [Hrsg.]: Wirtschaftsverkehr 2007, Trends - Modelle - Konzepte, Praxiswissen, Dortmund (im Druck)

*Statistisches Bundesamt* (2005): Verkehr - Deutschland - Beförderte Personen, Beförderte Güter / Beförderungsmenge. URL: http://www.destatis.de/basis/d/verk/verktab4.php

SWITAISKI, Bernhard und Paul A. MÄCKE (1985): Untersuchung der Verkehrsteilung im Güterverkehr zur Verbesserung und Quantifizierung vorliegender Modellansätze. Bonn. (= Forschung Straßenbau und Straßenverkehrstechnik (FGSV), Heft 437)

VARSCHEN, Christian, Astrid GÜHNEMANN und Barbara LENZ (2005): Produktionsveränderungen und Güterverkehrsnachfrage – Ergebnisse von Einzelfallanalysen. In: CLAUSEN, U. [Hrsg.]: Wirtschaftsverkehr 2005. Trends - Modelle - Konzepte, Praxiswissen. Dortmund. S. 33-47 (=Reihe Logistik, Verkehr und Umwelt)

# Entwicklung eines kleinräumigen Wirtschaftsverkehrsmodells

*Theo Janßen & Reiner Vollmer (Aachen)*

## Zusammenfassung

Im Rahmen des Forschungsvorhabens „Kleinräumige Wirtschaftsverkehrsmodelle" wurde ein möglichst verständliches und einfach zu bedienendes Modell entwickelt und in eine PC-lauffähige Software mit einer anwenderfreundlichen Oberfläche umgesetzt.

Auf der Grundlage einer zu Beginn des Forschungsvorhabens durchgeführten Literaturrecherche wurden zunächst die vorhandenen Modellansätze zusammengestellt und im Hinblick auf die verwendeten Grundlagen und die implementierten Modellansätze analysiert.

Das Modellsystem mit den drei Teil-Modellen: Personenwirtschaftsverkehr, Lkw-/Güterverkehr und „Sonderverkehr" ist so ausgelegt, dass es sich als ein weiterer Baustein in den „Verkehrsplaner-Arbeitsplatz" einfügt. Es wurden entsprechende Schnittstellen vorgesehen, die es erlauben, den Modellansatz in bereits vorliegende Programmsysteme zu integrieren und damit die Anwendungsmöglichkeiten auszuweiten.

Durch Berechnungen für die drei Modellstädte Bonn, Bremen und Dortmund wurde die praktische Anwendung des erarbeiteten Modells überprüft.

## Summary

Within the framework of the research project "Kleinräumige Wirtschaftsverkehrsmodelle" [*local/regional commercial traffic*], a comprehensible and easily operable model was developed and transposed into PC-executable software with a user-friendly interface.

On the basis of a search of the literature carried out at the start of the research project, the available modelling approaches were collected and analysed with regard to their basic principles and implementation.

The design of the model system with the three sub-models "commercial passenger traffic", "lorry/goods traffic" and "special traffic" is such that it can be integrated into the "traffic planner workplace" as an additional module. Corresponding interfaces are created, which will allow the modelling approach to be incorporated into existing program systems and therefore increase the number of possible applications.

The practical application of the developed model was checked by means of calculations for the three model cities Bonn, Bremen and Dortmund.

# 1 Ausgangslage

Das Verkehrsgeschehen in den Städten wird sowohl durch den Pkw-Verkehr als auch durch den Lkw-Verkehr bestimmt. Beide Verkehrsmittel werden dabei mehr oder weniger intensiv für den Transport von Personen oder Gütern benutzt. Während sich in der Vergangenheit die Verkehrsforschung in überwiegendem Maß mit dem (privaten) Personenverkehr sowie flankierend auch mit dem Reisezweck Geschäft/Dienstleistung befasst hat, wurde der Bereich des Wirtschaftsverkehrs, zu dem der gesamte Güterverkehr und der Personenwirtschaftsverkehr zählt, nur selten betrachtet. Im Gegensatz zum Personenverkehr sind dementsprechend für den Wirtschaftsverkehr – insbesondere für den Lkw-Verkehr – bisher nur einige wenige Modellansätze entwickelt und in sehr geringem Umfang angewandt worden.

Nur in wenigen Fällen – beispielsweise im Rahmen des von der Ingenieurgruppe IVV durchgeführten Forschungsvorhabens COST 321 (HOHLE, JANßEN u. VOLLMER 1999) – wurden bis heute die Auswirkungen von Maßnahmen zur Beeinflussung des Wirtschaftsverkehrs umfassend quantifiziert und bewertet.

Um diesen Mangel zu beheben und die Möglichkeiten einer zielgerichteten integrierten Verkehrsplanung, die alle Verkehrsmittel und alle Reise-/Transportzwecke berücksichtigt, zu schaffen, wurde im Rahmen des vom BMVBW beauftragten Forschungsvorhabens "Kleinräumige Wirtschaftsverkehrsmodelle" (JANßEN; VOLLMER 2005) ein von vielen anwendbares Instrumentarium geschaffen, das es erlaubt, die komplette Verkehrsnachfrage des städtischen Wirtschaftsverkehrs (in Abhängigkeit aller relevanten Einflussfaktoren) zu berechnen. Mit Hilfe von Verkehrsumlegungs- und Wirkungsberechnungsmodellen können hieraus die Belastungen und Wirkungen von Maßnahmen zur Beeinflussung des städtischen Wirtschaftsverkehrs ermittelt werden.

# 2 Aufgabenstellung und Zielsetzung

Mit dem im Rahmen des Forschungsvorhabens zu erstellenden Modellinstrumentarium zur Bestimmung der Verkehrsnachfrage im kleinräumigen Wirtschaftsverkehr war ein Handwerkszeug bereit zu stellen, das es dem Planer erlaubt, für kleinräumige und räumlich begrenzte regionale Untersuchungsräume weitgehend abgesicherte quantitative Aussagen zu erarbeiten. Eine wesentliche Bedingung hierbei ist eine gute Handhabbarkeit, wobei dies gleichermaßen den für die Bearbeitung der Verkehrsnachfrage erforderlichen Aufwand als auch die Möglichkeit der Datenbeschaffung betrifft.

Dementsprechend war ein möglichst verständliches und einfach zu bedienendes Modell zu entwickeln und in eine PC-lauffähige Software mit einer anwenderfreundlichen Oberfläche umzusetzen. Das Simulationsprogramm war so aufzubauen, dass es mit der heute in der Regel vorhandenen Hardware-Ausstattung (PC, Drucker, Plotter) auskommt und für alle kommunalen und regionalen Planungsräume einsetzbar ist.

Der Modellansatz zur Ermittlung der Verkehrsnachfrage muss berücksichtigen, dass in der Regel nur in begrenztem Umfang auf räumlich und sachlich ausreichend differen-

zierte Strukturgrößen (wie Einwohner, Beschäftigte, Kfz-Bestand u. a.) zurückgegriffen werden kann und damit das Spektrum der nutzbaren Eingangsgrößen beschränkt ist.
Es war ein maßnahmenreagibles Modell zu erarbeiten. Das heißt, es muss die Veränderungen hinsichtlich der Siedlungs- und Nutzungsstrukturen im Untersuchungsgebiet, der Verkehrsangebotssituation im Straßen- und Wegenetz sowie im öffentlichen Liniennetz und punktuelle Nutzungsveränderungen hinsichtlich ihrer Auswirkungen erfassen und darauf reagieren können. In diesem Zusammenhang gilt auch, dass es prognosefähig sein muss, so insbesondere unter dem Aspekt möglicher Veränderungen in den Verhaltensweisen der Bevölkerung und den betrieblichen Abläufen im Wirtschaftsverkehr. Hierunter sind auch die Einflüsse zu verstehen, die sich aus Veränderungen der Fahrzeugflotte, den logistischen Abläufen und den betrieblichen und städtebaulichen Zielsetzungen ergeben.

Als eine weitere wesentliche Anforderung an das zu erstellende Verkehrsmodell zur Bestimmung der Verkehrsnachfrage im kleinräumigen Wirtschaftsverkehr gilt seine Eingliederungsfähigkeit in den allgemeinen Modellablauf der städtischen Verkehrsplanung. Da der Wirtschaftsverkehr nur ein Segment des gesamtstädtischen Verkehrs ausmacht, muss das zu erstellende (Teil-) Modell in den Modellablauf zur Abbildung des gesamten Verkehrsgeschehens integrierbar sein. Dementsprechend ist der neue Modellansatz so auszulegen, dass er über entsprechende Schnittstellen in den Gesamtrahmen einer integrativen Verkehrsplanung einfügbar ist. Als spezielle Voraussetzung gilt dabei, dass die heute bereits vorliegenden Nachfragemodelle für den Personenverkehr so definiert werden, dass der Personenwirtschaftsverkehr als eigenständiger Block behandelt werden kann und auch der Güterwirtschaftsverkehr (mit Lkw) als weitere eigenständige dritte Komponente eingefügt werden kann.

# 3 Modellentwicklung – Abgrenzungen, Anforderungen, Modellansätze

## 3.1 Literaturrecherche

Auf der Grundlage einer zu Beginn des Forschungsvorhabens durchgeführten Literaturrecherche wurden zunächst die vorhandenen Modellansätze zur Ermittlung des Wirtschafts-/Güterverkehrs zusammengestellt und im Hinblick auf die verwendeten Grundlagen und die implementierten Modellansätze analysiert.

Die existierenden Modelle können entweder nach ihrem räumlichen Bezug (großräumig oder kleinräumig/städtische Räume) oder nach der Art des Ergebnisbezuges (Güterströme oder Fahrzeugströme) unterteilt werden (vgl. MACHLELT-MICHAEL 2000).

Im Prinzip zeigt sich, dass die Modelle, die die Verkehrsmengen über den Zwischenschritt der Güterströme bestimmen, neben dem Straßengüterverkehr auch andere Verkehrsträger berücksichtigen können. Sie sind jedoch aufgrund ihrer Ausrichtung auf den Fern-/Regionalverkehr den großräumigen/regionalen Modellen zuzuordnen. Weiterhin ist festzuhalten, dass diese Modelle lediglich einen Teil des Wirtschaftsverkehrs abbilden, da der Personenwirtschaftsverkehr nicht über Güterströme erfasst werden kann.

Aufgrund des großräumigen/regionalen Bezuges sind diese Modelle jedoch grundsätzlich nicht für die Anwendung im städtischen Raum geeignet.

Die zweite Gruppe der Modellansätze erzeugt gezielt Fahrzeugströme (Kfz). Damit ist die Möglichkeit zur Berücksichtigung des Modal-Split im Bereich des Güterverkehrs nicht mehr oder zumindest nur noch eingeschränkt möglich. Da der tatsächliche Einfluss des Modal-Split im kleinräumigen Güterverkehr wegen der nur bedingt zu Verfügung stehenden Verkehrsmittelalternativen (Bahn, Schiff, Flugzeug) nur von untergeordneter Bedeutung ist und generelle Einschätzungen im Rahmen vorgezogener flankierender Modal-Split-Betrachtungen vorgenommen werden können, erweist sich der Verzicht auf detaillierte Modal-Split-Berechnungen beim Güterverkehr als durchaus vertretbar.

Im Personenwirtschaftsverkehr hingegen sind entsprechende Ergänzungen vorzusehen, da dieser auch im kleinräumigen Verkehr den vielfältigen Verkehrsmittelangeboten unterworfen ist.

Die kleinräumigen Modelle lassen sich weiter unterteilen. Zum einen sind mikroskopisch aufgebaute Systeme zu nennen. Diese Modelle erfordern sehr detaillierte Eingangsdaten, die nur für sehr kleine Räume mit relativ viel Aufwand beschafft werden können. Daher sind diese Modellansätze für die Betrachtung des gesamten städtischen Raumes inklusive der Stadt-Umlandbeziehungen, wie es z. B. für die Netzplanungen notwendig ist, nicht praktikabel.

Demgegenüber stehen makroskopische Ansätze, die die Verkehrsverflechtungen für das gesamte Stadtgebiet bzw. die betrachtete Region ausgeben. Diese Modellansätze entsprechen am ehesten den Anforderungen der im Rahmen des Forschungsvorhabens zu entwickelnden Modellansätze.

Als die wesentlichen Vertreter dieser Gruppe erwiesen sich die folgend aufgelisteten Modelle zur Generierung des Wirtschaftsverkehrs:
- WIVER
  Entwickelt von IVU, umgesetzt von IVU zusammen mit PTV (SONNTAG; MEIMBRESSE; CASTENDIEK 1995)
- VENUS
  Entwickelt und umgesetzt von der Ingenieurgruppe IVV (VOLLMER 1999, JANßEN 2000).
- VISEVA
  Entwickelt von der Fakultät Verkehrswissenschaften der TU Dresden (LOHSE; et al. 2000)
- Fahrtenkettenmodell (Einzelfahrzeugbezogen)
  Entwickelt im Rahmen der Dissertation von S. MACHLEDT-MICHAEL (am IVS der TU Braunschweig) (MACHLELT-MICHAEL 2000)

Sie sind entweder in ein umfassendes Modell eingebettet oder benötigen Schnittstellen zu weiteren Modellen, um Eingangsgrößen wie Widerstände (Zeiten/Kosten) zwischen Verkehrszellen bzw. Wirkungen (z. B. Netzbelastungen) darstellen zu können.

Die oben beschriebenen Modelle lassen sich hinsichtlich der Verkehrserzeugung in zwei Kategorien aufteilen:
- Strukturklassenbezogene Modelle
- Fahrzeugbezogene Modelle

Während WIVER, VENUS und auch VISEVA zur ersten Kategorie zu zählen sind, gehört das Fahrtenkettenmodell in die zweite Kategorie. Die gleiche Einteilung zeigt sich, wenn nach deterministischem und stochastischem Ansatz unterschieden wird.

Eine weitere Unterscheidungsmöglichkeit zeigt sich bei der Verwendung der Grundlagendaten. So werden z. B. Tourenzahl und Anzahl Stopps sowohl bei WIVER als auch im Fahrtenkettenmodell als direkte Erzeugungsparameter bei der Generierung des Fahrtenaufkommens verwendet, wohingegen VENUS die Anzahl Stopps sowie die Tourenzahl als Eich-/Vergleichsgröße nutzt, um die über Potentialauslastungen zusammen mit dem Fahrzeitbudget als Randbedingung generierte Tourensätze zu kontrollieren.

Grundsätzlich haben alle Modelle das Problem, dass lokale Besonderheiten, z. B. (regelmäßige) Pendelfahrten zwischen großen Produktionsstätten und einem fest zugeordneten Außenlager/Zulieferer/Umschlagplatz, nicht bzw. nur sehr beschränkt abgebildet werden.

Weiterhin stellen „Sonderfahrten" wie die Einsatzfahrten der Notfalldienste und nicht erhobene Teile des Wirtschaftsverkehrs (z. B. Müllentsorgung) spezielle Anforderungen, die durch die bisherigen Modellansätze nicht ausreichend zu berücksichtigen sind.

Wichtig für die Nutzung der Modellergebnisse aus den Nachfrageberechnungen in Umlegungsmodellen ist die Möglichkeit, verschiedene Zeitbereiche abbilden zu können, da gerade im städtischen Verkehr oft Fragestellungen mit Bezug auf Spitzenstunden (-gruppen) auftauchen. Dies ist bei allen Modellen möglich. Durch die Auswahl/ Zuordnung der Abfahrtszeit je Fahrt bzw. Tour ist auch die Verwendung für dynamische Umlegungsverfahren möglich. Hier ergeben sich jedoch aufgrund der Qualität der Erhebungsdaten Einschränkungen in der erreichbaren Feinheit. So zeigen die Zeitangaben in den Erhebungen eine Tendenz zu „runden" Werten (vgl. auch MACHLELT-MICHAEL 2000).

Grundsätzlich ist mit allen Modellen die Generierung des Verkehrsgeschehens im Wirtschaftsverkehr möglich, wobei allen Modellen gemeinsam ist, dass die gewünschte Differenzierung der Fahrzeugarten für ein kleinräumiges Wirtschaftsverkehrsmodell und die Einbeziehung des Modal-Split im Personenwirtschaftsverkehr nicht im ausreichenden Maße erfolgt.

## 3.2 Anforderungen

Aufbauend auf der Literaturrecherche und unter Einbeziehung/Auswertung der mit den Erhebungen „KID – Kraftverkehr in Deutschland" (WERMUTH; et al. 2003) und „MID – Mobilität in Deutschland" (*INFAS; DIW* 2003) sowie den Daten des *KBA* (*KBA* 2005) vorliegenden Datenbestände wurden die zentralen Anforderungen an das zu entwickelnde Modell abgeleitet und die weiter zu verfolgenden Modellansätze herausgearbeitet. Die wesentlichen Anforderungen sind:

- Nahtloser Übergang des Wirtschaftsverkehrsmodells (Personenwirtschaftsverkehr und Lkw-/Güterverkehr) und des Modells für den (privaten) Personenverkehr
  Es dürfen weder Lücken noch Überlappungen hinsichtlich der erzeugten Nachfrage entstehen. Die Ergebnisse müssen kompatibel sein und im gleichen Umlegungssystem auf das Verkehrsnetz umlegbar sein (Zellenzuordnung, Dimension)
- Praxisgerechte Anforderungen an die Eingangsdaten
  Die notwendigen Eingangsdaten müssen sowohl hinsichtlich der räumlichen als auch der strukturellen Differenzierung abgesichert und mit vertretbarem Aufwand verfügbar gemacht werden können.
- Prognosefähigkeit
  Die Eingangsdaten (Strukturen und Verhaltensdaten) müssen entweder direkt prognostizierbar oder aus prognostizierbaren Daten ableitbar sein.
  Das Modell muss auf Veränderungen (z. B. Netz, Struktur, Verhalten) sinnvoll reagieren.
- Abbildung des Modal-Split im Personenwirtschaftsverkehr
  Vor dem Hintergrund der Bedeutung des ÖV im Personenwirtschaftsverkehr ist für dieses Teilsystem auch die Betrachtung des Modal-Split notwendig. Insbesondere im Regional- und Fernverkehr, aber auch in Großstädten stellt der ÖPNV auch für den Personenwirtschaftsverkehr eine sinnvolle Alternative dar.
- Sinnvolle Fahrzeugarten
  Die verwendeten Kfz-Arten sollten mindestens den in „Standard-Verkehrszählungen" verwendeten Abgrenzungen folgen, um die Eichung von Umlegungsergebnissen zu vereinfachen. Um maßnahmenreagible Umlegungen durchführen zu können, sind StVO-konforme Kfz-Arten erforderlich (Gesamtgewicht, Fahrzeuggröße (Höhe)). Die Einteilung der im Modell verwendeten Kfz nach Arten muss den Ansprüchen der weitergehenden Wirkungsberechnungen (z. B. Lärm, Schadstoffe) genügen.

Entsprechend der o. g Anforderungen wurden die für die Verkehrsplanung relevanten Fahrzeugbezugsgrößen, die zu betrachtenden Fahrzeugklassen und die maßgebenden Eingangsgrößen definiert. Dabei wurden auch die Möglichkeiten zur späteren Nutzung der Ergebnisse (z. B. zur Ermittlung von Umweltauswirkungen) beachtet. Die sich hieraus ergebenden relevanten Fahrzeugarten sind nachfolgend dargestellt.

Abb. 1: Betrachtete Fahrzeugarten

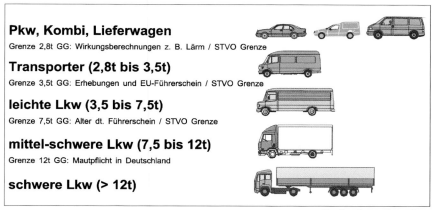

**Pkw, Kombi, Lieferwagen**
Grenze 2,8t GG: Wirkungsberechnungen z. B. Lärm / STVO Grenze

**Transporter (2,8t bis 3,5t)**
Grenze 3,5t GG: Erhebungen und EU-Führerschein / STVO Grenze

**leichte Lkw (3,5 bis 7,5t)**
Grenze 7,5t GG: Alter dt. Führerschein / STVO Grenze

**mittel-schwere Lkw (7,5 bis 12t)**
Grenze 12t GG: Mautpflicht in Deutschland

**schwere Lkw (> 12t)**

*Quelle: eigene Darstellung*

Die Verknüpfung/Integration der existierenden Modelle zur Abbildung des privaten Personenverkehrs einerseits und dem zu entwickelnden Modell für den kleinräumigen Wirtschaftsverkehr andererseits setzt voraus, dass beide Modelle auf die gleiche, kleinräumige Zelleneinteilung zurückgreifen. Ebenso sollten sich die für die Verkehrserzeugung verwendeten Strukturgrößen ohne allzu großen Aufwand beschaffen lassen und sich hinsichtlich der Differenzierung nicht zu sehr von den für den privaten Personenverkehr genutzten Daten unterscheiden. Dementsprechend ist bei der Modellierung des kleinräumigen Wirtschaftsverkehrs auch die Nutzung der Kenngrößen
- Einwohner,
- Erwerbstätige,
- Beschäftigte je Sektor bzw. zu Gruppen verknüpfte Wirtschaftszweige
- Kfz-Bestand (differenziert nach Pkw und Lkw)

sinnvoll. Eine weitergehende Differenzierung des Kfz-Bestandes nach Fahrzeugarten ist nicht zielführend. Wie Auswertungen für die Modellstädte Bonn, Bremen, Dortmund ausweisen, ergeben sich dann jeweils nur sehr geringe Fahrzeugbesätze je Verkehrszelle, so dass qualitativ abgesicherte Aussagen schwerlich möglich sind.

Die Verkehrserzeugung des Wirtschaftsverkehrs über den Fahrzeugbestand – selbst mit der zusätzlichen Differenzierung nach den gewerblichen und privaten Haltern der Fahrzeuge – ist auch insofern problematisch, als der Wirtschaftsverkehr auch mit privaten Fahrzeugen durchgeführt wird und umgekehrt auch die Fahrzeuge gewerblicher Halter für den privaten Verkehr eingesetzt werden. So zeigt die Auswertung der Daten von KID (WERMUTH; et al. 2003) dass die Fahrleistung im gewerblichen Verkehr durch die Pkw gewerblicher Halter und durch die Pkw privater Halter auf gleichem Niveau liegt.

Erschwerend kommt hinzu, dass der Meldeort, der Standort und der Startort des Fahrzeugs in vielen Fällen nicht identisch sind, so dass eine Erzeugung über den Meldeort – dieser ist i. d. R. in den *KBA*-Statistiken (*KBA* 2005) hinterlegt – zu räumlichen Verzerrungen führt. Auch die in der KBA-Statistik hinterlegte Zuordnung der Halter zu den Wirtschaftszeigen ist nach Auswertungen der KID-Daten (WERMUTH; et al. 2003) vielfach nicht identisch mit der Angabe des Wirtschaftszweigs durch den Halter des Fahrzeuges selbst.

Aus diesen Gründen wurde ein Modellansatz gewählt, der die Verkehrserzeugung je Verkehrszelle im Wirtschaftsverkehr mit Hilfe von Strukturdaten (Einwohner-/Erwerbstätigenzahlen sowie Beschäftigtenzahlen) ermöglicht.

## 3.3 Modellaufbau

Das Modellsystem für die Abbildung des kleinräumigen Wirtschaftsverkehrs (JANßEN; VOLLMER 2005) wird in die zwei zentralen Teil-Modelle

- Personenwirtschaftsverkehr und
- Lkw-/Güterverkehr

untergliedert, da sich beide Modelle – trotz vieler Parallelitäten – an zentralen Stellen unterscheiden. So wird beim Personenwirtschaftsverkehr – anders als im Lkw-/Güterverkehr – ein Modul zur Abbildung des Modal-Split integriert. Beim Personenwirtschaftsverkehr wird als relevante Kfz-Fahrzeugart nur der Pkw/Lieferwagen betrachtet, während im Lkw-/Güterverkehr alle definierten Fahrzeugarten verwendet werden.

Hinzu kommt noch ein weiteres Teilmodell zur Abbildung der „Sonderverkehre". Dabei handelt es sich um Fahrten, die von Verkehrserzeugern mit eher zufällig verteilten oder temporär und räumlich oft differierenden Zielen erzeugt werden (z. B. Rettungsdienste, Müllabfuhr etc.).

Der gewählte Aufbau gliedert sich in mehrere Stufen und kann wie in Abbildung 2 dargestellt für die Teilmodelle (Personenwirtschaftsverkehr, Lkw-/Güterverkehr, Sonderverkehr) zusammengefasst werden.

Das **Verkehrsaufkommen** der einzelnen Verkehrszellen wird in Form von Start- und Stopppotenzialen getrennt für die Aktiv- und die Passivseite auf der Basis von spezifischen Erzeugungsraten für die einzelnen Strukturgrößen ermittelt. Die Zuordnung der Strukturgrößen zur Aktiv-/Passivseite kann Abbildung 3 entnommen werden.

Abb. 2: Aufbau des Wirtschaftsverkehrsmodells und der Teilmodelle

| Teilmodell 1: <br>Personenwirtschaftsverkehr<br>(PWV) | Teilmodelle 2 und 3: <br>Güterverkehr/Sonderverkehr<br>(GV/SoV) |
|---|---|
| Verkehrsaufkommen<br>(Start-/Stopppotenziale) | Verkehrsaufkommen<br>(Start-/Stopppotenziale) |
| Verkehrsmittelwahlsituation<br>(IV- / ÖV-Gebundene / Wahlfreie) | Fahrzeugzuordnung<br>(Bindungsraten) |
| Verknüpfung der Potenziale (Gravitation) | Verknüpfung der Potenziale (Gravitation) |
| Modal-Split (ÖV/MIV)<br>(Nutzenmaximierungsmodell) | |
| Tourengenerierung<br>(Savingsalgorithmus) | Tourengenerierung<br>(Savingsalgorithmus) |
| Tageszeiten/Stundengruppen<br>(Abfahrtszeiten/Zeitscheiben) | Tageszeiten/Stundengruppen<br>(Abfahrtszeiten/Zeitscheiben) |
| Übergabe an Umlegungsmodelle<br>(Matrizen oder Fahrtensätze)<br>(Personenfahrten an ÖV-Modell,<br>Pkw-Fahrten an IV-Modell) | Übergabe an Umlegungsmodelle<br>(Matrizen oder Fahrtensätze)<br>(Kfz-Fahrten je Fahrzeugart an IV-Modell) |

*Quelle: eigene Darstellung*

Abb. 3: Zuordnung der Strukturgrößen zur Aktiv-/Passivseite

| Aktivseite (Startpotenziale) | Passivseite (Stopppotenziale) |
|---|---|
| Handel (WS III-H) | Verbraucher (=Einwohner + Beschäftigte) |
| Verkehr und Nachrichten (WS III VN) | Beschäftigte sekundär |
| Bau-/Ausbaugewerbe (WS II-B) | Beschäftigte tertiär |
| Restl. Sekundärer Sektor (WS II-Rest) | Flächenpotenziale (Bau) |
| Erwerbstätige (nur Personenwirtschaftsv.) | [Einwohner = privater (Lkw-)Transport] |
| [Einwohner = privater (Lkw-)Transport] | |

*Quelle: eigene Darstellung*

Exemplarisch sei hier die Generierung des Verkehrsaufkommens im Personenwirtschaftsverkehr dargestellt:

$$VA_Q = \sum_{Vz=1}^{n} \sum_{Vm=1}^{3} \sum_{Vk=1}^{5} \sum_{Stm=1}^{8} (X_{(Vz,Stm)} * ER_{Q(Vk,Stm)} * BR_{Q(Vm,Vk,Stm)} * NF_{(Vz,Vk)})$$

$$VA_Z = \sum_{Vz=1}^{n} \sum_{Vm=1}^{3} (\sum_{Vk=1}^{5} \sum_{Stm=1}^{8} (X_{(Vz,Stm)} * ER_{Z(Vk,Stm)} * BR_{Z(Vm,Vk,Stm)} * NF_{(Vz,Vk)}) + Y_{FZBau_{(Vz,Vm)}})$$

$X_{(Vz,Stm)}$ = Größe des Strukturmerkmals (Stm) in der Verkehrszelle (Vz)

$ER_{Q(Vm,Vk,Stm)}$ = Erzeugungsrate in Abhänigkeit vom Verkehrsmittel, des Verkehrszwecks und des Strukturmerkmals

$BR_{Q(Vm,Vk,Stm)}$ = Bindungsrate Verkehrsmittel in Abhänigkeit vom Verkehrsmittel (Vm), des Verkehrszwecks und des Strukturmerkmals

$NF_{(Vz,Stm)}$ = Nutzungsfaktor in der Verkehrszelle (Vz) durch das Strukturmerkmal (Stm) in Abhängigkeit vom Verkehrszwecks

$Y_{FZBau(Vz,Vm)}$ = Stoppotentiale aus Flächenpotentialen für den Verkehrszweck "Bau" in der Verkehrszelle (Vz) in Abhängigkeit vom Verkehrsmittel (Vm)

VA = Verkehrsaufkommen
Vz = Verkehrszelle
Vm = Verkehrsmittel
Vk = Verkehrszweck
Stm = Strukturmerkmal
Q = Startpotenziale (Aktivseite)
Z = Stopppotenziale (Passivseite)

Die Generierung des Verkehrsaufkommens im Lkw-Güterverkehr erfolgt in analoger Weise (vgl. JANßEN; VOLLMER 2005) getrennt für die einzelnen Transportzwecke und Fahrzeugarten mit speziellen Erzeugungsraten.

Die Berechnungen zur Verkehrsmittelwahl im Rahmen der Nachfrageermittlungen für den Personenwirtschaftsverkehr erfolgen auf der Basis eines kombinierten Modal-Split-Verfahrens. Dieses – auch bei den Modellen zur Bestimmung der Personenverkehrsnachfrage gebräuchliche – Verfahren stellt eine Kombination aus dem Trip-End-Modal-Split und dem Trip-Interchange-Modal-Split dar, bei dem der Verkehrsmittelbezug für Personen ohne objektive oder subjektive Entscheidungsmöglichkeit bereits in der Aufkommensberechnung und für Personen mit Entscheidungsmöglichkeit nach der Verteilungsrechnung vorgenommen wird. Dieser **Modal-Split I** wird bereits durch die Bindungsraten in der Verkehrsaufkommensberechnung berücksichtigt (s. o.).

Die räumliche **Verkehrsverteilung** des Wirtschaftsverkehrs erfolgt unter Nutzung eines Gravitationsmodells, mit dessen Hilfe die nach Verkehrs- bzw. Transportzweck und Verkehrsmittelwahlsituation bzw. Fahrzeugart differenzierten Start- und Stoppotenziale zu räumlich definierten Verkehrsbeziehungen (Relationen) verknüpft werden.

Der Ansatz für das Gravitationsmodell im Personenwirtschaftsverkehr lautet:

$$F_{ij,t,(Vm,Vk)} = k \times Q_{i,t,(Vm,Vk)} \times Z_{j,t,(Vm,Vk)} \times \frac{1}{f(w_{i,j})_{(Vm,Vk)}}$$

Hierin bedeuten:

$F_{ij,t,(Vm,Vk)}$ — Fahrten von i nach j im Zeitausschnitt t für einen Verkehrszweck Vk in einer bestimmten Verkehrsmittelwahlsituation Vm (IV-/ ÖV-gebunden oder wahlfrei)

$k =$ Gravitationsfaktor, der aus den Randbedingungen

$$Q_i = \sum_j F_{ij} \quad \text{und}$$

$$Z_j = \sum_i F_{ij} \quad \text{bestimmt wird.}$$

$\dfrac{1}{f(w_{i,j})_{(Vm,Vk)}} =$ Attraktionsfunktion ( reziproke Widerstandsfunktion ), die abhängig vom Verkehrszweck Vk und von der Verkehrsmittelwahlsituation Vm ist.

Die Festlegung der nach Verkehrszwecken und Verkehrsmittelwahlsituationen differenzierten Attraktionsfunktion (Gravitationskurven) erfolgt auf der Grundlage von Reiseweitenverteilungen, die aus Erhebungsmaterialien abgeleitet wurden.

Die räumliche Verteilung des Verkehrsaufkommens im Lkw-Güterverkehr erfolgt in analoger Weise mit Hilfe eines Gravitationsmodells (vgl. JANßEN; VOLLMER 2005) jedoch mit eigenen, nach Transportzwecken und Fahrzeugart differenzierten Attraktionsfunktionen (Gravitationskurven).

Im Personenwirtschaftsverkehr erfolgt danach die Bestimmung des **Modal-Split II**, bei dem die Wahlfreien auf die Verkehrsmittel IV und ÖV aufgeteilt werden. Da die Entscheidungen von einzelnen Personen aufgrund ihrer Einschätzung getroffen werden und sich Einschätzungen der Personen je nach Verkehrszweck signifikant unterscheiden, wird bei der die Simulation des Verkehrsverhaltens der Wahlfreien nach den fünf Verkehrszwecken differenziert. Hierbei wird davon ausgegangen, dass die Personen bezüglich eines Verkehrszweckes in bestimmten Entscheidungssituationen ein ähnliches

Verhalten bei der Verkehrsmittelwahl zeigen und spezifische Bewertungen der Angebotssituation (Nutzenmaximierung) vornehmen. Die Nutzenzuordnung ist allerdings nicht einheitlich, sondern schwankt mehr oder minder um einen Mittelwert. Diese beschriebene Systematik ist schon in den bestehen Modellen für den Personenverkehr mehrfach erprobt und lange Zeit im Einsatz. Daher wurden hier auf die existierenden Ansätze und die Daten/Parameter der betrachteten Modellstädte zurückgegriffen.

Abb. 4: Verteilung der Nachfrage im Raum in 2 Schritten

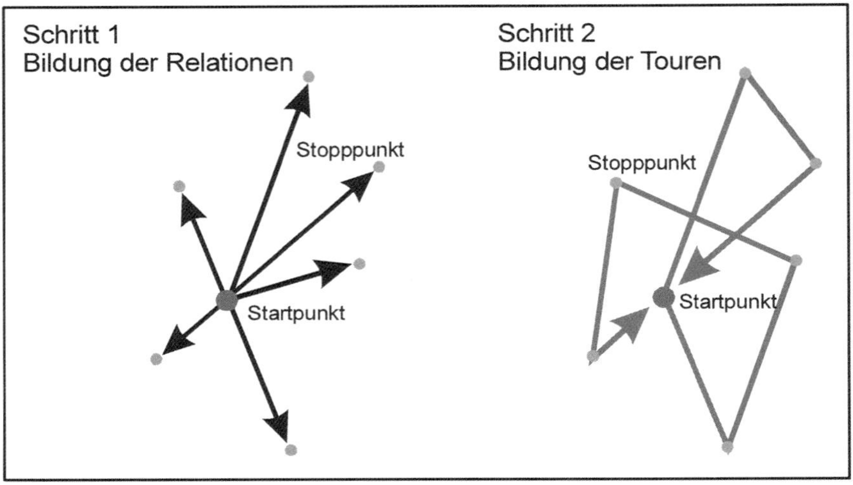

*Quelle: eigene Dateien*

Sowohl für die Start-Stopp-Beziehungen des Pkw-Verkehrs als auch des Lkw-Verkehrs erfolgt unter Verwendung des Savingsalgorithmus eine **Tourengenerierung**. Dabei werden in Abhängigkeit von den spezifischen Tourenparametern:
- Zeitbudget je Tour,
- Aufenthaltszeiten je Stopp und
- Stoppzahlen je Tour

die je Fahrzeugart und Verkehrs- bzw. Transportzweck ermittelten Relationen zu Touren verknüpft. Dabei ist das Zeitbudget ebenso wie die Stoppzahl je Tour ein Abbruchkriterium bei der Tourenbildung. Die Aufenthaltszeiten je Stopp dienen der Berechnung der jeweils nach einem Stopp erreichten Dauer der Tour, die sich aus den Fahrzeiten zu den Stopppunkten und den Aufenthaltszeiten an den Stopppunkten zusammensetzt.

Bei der Tourengenerierung wird für die berechneten Relationen k ➔ i und k ➔ j die Ersparnis der direkten Fahrt von i nach j ins Verhältnis zur Rückfahrt von i nach k plus der erneuten Hinfahrt von k nach j gesetzt. Dazu wird die Savingsfunktion

$$Sav = \frac{dist(i,k) + dist(k,j) - dist(i,j)}{dist(i,k) + dist(k,j)}$$

definiert. Sie liefert stets Werte zwischen 0 und 1. Ein hoher Wert bedeutet einen hohen Einsparungseffekt durch die Verknüpfung der beiden Ziele.

## 4 Das Simulationstool und dessen Einpassung in den Verkehrsplaner-Arbeitsplatz

Der Modellansatz zur Bestimmung der Verkehrsnachfrage im kleinräumigen Wirtschaftsverkehr wurde in eine PC-geeignete EDV-Software mit benutzerfreundlicher Oberfläche umgesetzt.
Das Programmsystem besteht aus den folgenden Einzelkomponenten:
- Editor
  Bearbeitung der Eingangsdaten, Einstellung und Start sowie Koordination der Rechenläufe, Darstellung der (Zwischen-)Ergebnisse
- Rechenkern
  Durchführung der Berechnungen
- Zusatztools
  Matrizenbearbeitung und -auswertung, Import- und Exportmöglichkeiten.

Auch bei der Umsetzung in das Simulationstool wurden die bereits definierten Grundforderungen an das Modell (s. o.) berücksichtigt:
- Nahtloser Übergang des Wirtschaftsverkehrsmodells und des Modells für den (privaten) Personenverkehr
- Praxisgerechte Anforderungen an die Eingangsdaten
- Prognosefähigkeit
- Sinnvolle Fahrzeugarten
- Abbildung des Modal-Splits im Personenwirtschaftsverkehr

Das Programmsystem ist so ausgelegt, dass es sich als ein voll integrierter Baustein in den „Verkehrsplaner-Arbeitsplatz" (beispielsweise die Modellfamilie VENUS) einfügt. Weitere Bausteine des „Verkehrsplaner-Arbeitsplatz" sind:
- die Erzeugung des privaten Personenverkehrs,
- die Belastungsermittlung für das Straßennetz (Umlegung der Verkehrsnachfrage mit Berücksichtigung der Interaktion zwischen privatem Verkehr und Wirtschaftsverkehr) und
- die Belastungsermittlung für das öffentliche Liniennetz.

Es wurden Schnittstellen vorgesehen, die es erlauben, den entwickelten Modellansatz zur Abbildung der Verkehrsnachfrage im kleinräumigen Wirtschaftsverkehr in bereits vorliegende Programmsysteme anderer Anbieter zu integrieren und damit die Anwendungsmöglichkeiten auszuweiten. Das bedeutet, dass sowohl die parallele Bearbeitung des privaten Personenverkehrs durch den Einsatz anderer Verkehrserzeugungsmodelle als auch die Umlegung der generierten Verkehrsnachfrage auf die Netzmodelle der Programmsysteme verschiedener Anbieter erfolgen kann. Ebenfalls zu erwähnen ist in diesem Zusammenhang die Übernahme von Widerstandsmatrizen aus diesen Netzmodellen.

Abb. 5: Schematische Verknüpfung der einzelnen Module des Verkehrsplaner-Arbeitsplatzes

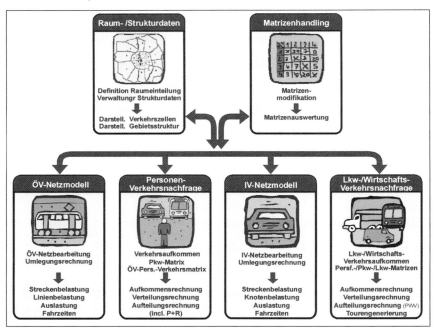

*Quelle: eigene Darstellung*

## 5 Modellanwendung für die Städte Bonn, Bremen und Dortmund

Durch die Einbeziehung der Städte Bonn, Bremen und Dortmund wurde die praktische Anwendung des erarbeiteten Modells überprüft. Für alle drei Modellstädte wurde eine komplette Verkehrsnachfrage- und Belastungsberechnung durchgeführt, so dass hiermit die Funktionstüchtigkeit des Modells für verschiedene Städte geprüft werden konnte.

Für den Abgleich der simulierten Daten wurden dabei örtliche Erhebungen der drei Modellstädte herangezogen. Die Kontrollrechnungen erfolgten auf den beiden Ebenen
- Kontrolle der erzeugten Matrizen durch Eckwerteabgleich
- Kontrolle der erzeugten Matrizen durch Umlegungsrechnungen

Zunächst wurden die erzeugten Verflechtungsmatrizen hinsichtlich der Aufkommenseckwerte ausgewertet und mit den Erhebungsdaten abgeglichen. So zeigte sich beispielsweise, dass in den drei Modellstädten der Anteil des Personenwirtschaftsverkehrs an den mit dem Pkw abgewickelten Personenfahrten zwischen 11 % in Bonn und knapp 13 % in Dortmund liegt. Im ÖV schwanken die entsprechenden Anteile des Personenwirtschaftsverkehrs an allen Personenfahrten im ÖV zwischen 3 % in Bremen und gut 5 % in Bonn. Diese Anteilswerte decken sich mit den aus den Erhebungsdaten abgeleiteten Kontrollwerten der drei Städte.

Neben dem Abgleich der Aufkommenseckwerte wurden auch die Weitenverteilungen für die einzelnen Fahrzeugarten ermittelt, indem die Verflechtungsmatrizen mit den für die Modellstädte vorliegenden Entfernungsmatrizen verschnitten wurden. Diese wurden anhand der vorliegenden Weitenverteilungen kalibriert.

Weiterhin wurden die ermittelten Lkw- und Pkw-Verflechtungsmatrizen des Wirtschaftsverkehrs anhand von Umlegungsrechnungen kontrolliert. Dazu wurden diese Matrizen zusammen mit der Pkw-Matrix des Personenverkehrs auf das Straßennetz der Modellstädte umgelegt. Hierbei fand ein Umlegungsmodell mit widerstandsabhängiger Belastungskorrektur (Capacity-Restraint) Anwendung, bei dem der Pkw- und Lkw-Verkehr schrittweise (in jeweils 10 Schritten) umgelegt wurde. Die Umlegung erfolgte unter Berücksichtigung detaillierter Strecken- und Knotenwiderstände bis hin zu Fahrverboten, wobei diese für Pkw und Lkw (differenziert nach den 5 erzeugten Fahrzeugarten) speziell definiert wurden.

Zum Abgleich wurden zunächst eine Gegenüberstellung der Belastungen und der Zähldaten in Netzzusammenhang vorgenommen. Diese ist nachfolgend am Beispiel der Stadt Bonn für den (mittleren) Werktag dargestellt (Abb. 6). Dabei wurden die beiden Fahrzeuggruppen Pkw (als Summe der privaten Pkw und der Pkw des Wirtschaftsverkehrs) und Schwerverkehr unterschieden, da hierfür entsprechende Zählwerte vorliegen.

Darüber hinaus wurde auch eine Gegenüberstellung der simulierten Belastungen und der Zähldaten mit Hilfe von Regressionsrechnungen vorgenommen. Die Gegenüberstellung der jeweiligen Wertesätze verdeutlicht, dass die Belastungssituation im gesamten Pkw-Verkehr, d. h. im privaten Pkw-Verkehr und Personenwirtschaftsverkehr zusammengenommen gut abgebildet wird. Im Vergleich von gezählten und modelltechnisch bestimmten Querschnittsbelastungen ergibt sich beispielsweise für die Städte Bremen und Bonn ein Bestimmtheitsmaß von 0,97. Die Steigung der durch den Nullpunkt verlaufenden Regressionsgeraden ergibt sich in Bremen zu 1,07 und in Bonn zu 0,95.

Die Gegenüberstellung der simulierten und gezählten Belastungen für den Schwerverkehr (Lkw über 3,5 t Gesamtgewicht) erlaubt einen direkten Vergleich und damit eine eindeutige Ergebnisbewertung. Hier führt die Gegenüberstellung der Wertesätze zu dem Ergebnis, dass die anhand des entwickelten Modellansatzes für die Verkehrsnachfrage im kleinräumigen Wirtschaftsverkehr abgeleiteten Belastungsergebnisse im Schwerverkehr mit den erhobenen Belastungen gut übereinstimmen. Das Bestimmtheitsmaß liegt für die Stadt Bremen bei 0,97 und bei den Städten Bonn und Dortmund bei 0,94.

Abb. 6: Gegenüberstellung der simulierten und der im Rahmen von Verkehrszählung gewonnenen Belastungswerte am Beispiel der Stadt Bonn

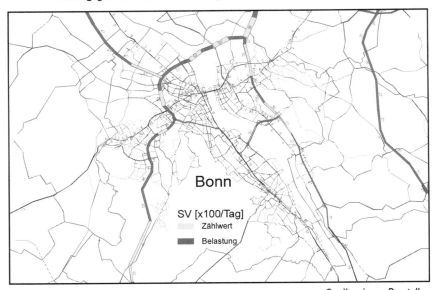

*Quelle: eigene Darstellung*

Bei der Bewertung dieser Ergebnisse darf jedoch nicht außer Acht gelassen werden, dass auch Zählergebnisse temporären Schwankungen unterliegen und immer nur eine Augenblicksituation repräsentieren. Dies gilt für simulierte Datensätze nicht. Diese beziehen sich in der Regel – so auch im vorliegenden Fall – auf einen "normalen Werktag" bzw. auf die Nachmittagsstundengruppe eines "normalen Werktags" und sind demzufolge nicht durch zufällige Ereignisse beeinflusst.

## 6 Einsatzmöglichkeiten des Modellinstrumentariums

Mit dem durchgeführten Forschungsvorhaben "Kleinräumige Wirtschaftsverkehrsmodelle" wird ein direkt einsetzbares Instrumentarium geschaffen, das es erlaubt, die komplette Verkehrsnachfrage des kleinräumigen Wirtschaftsverkehrs zu berechnen, so dass diese anschließend unter Nutzung (vorliegender) Verkehrsumlegungsmodelle zur Ermittlung der Auswirkungen (z. B. auf das Straßennetz) herangezogen werden kann. Das bedeutet, dass durch die verbesserte Möglichkeit der modellmäßigen Berechnung der Verkehrsnachfrage des gesamten Verkehrsgeschehens (privater Verkehr und Wirtschaftsverkehr) aussagekräftige Grundlagen für alternative Planungsstrategien erarbeitet und die für ihre Bewertung notwendigen Auswirkungsanalysen vorgenommen werden können.

Es ist ein praktikabler Modellansatz entwickelt worden, wobei die Praktikabilität sich sowohl auf die Handhabbarkeit (benutzerfreundliche Bedienung) als auch auf die Beschaffung der für die Berechnungen notwendigen Eingabedaten (Siedlungsstruktur, Kfz-Verteilung, Verkehrsangebotssituation) bezieht. Als wesentliche Forderung wurde ferner berücksichtigt, dass die zu entwickelnden Modellansätze maßnahmenreagibel und prognosefähig sind. Nur so ist gewährleistet, dass die mit Hilfe des entwickelten Modellalgorithmus erarbeiteten Daten zur Verkehrsnachfrage für Auswirkungsanalysen der gegenwärtigen und zukünftig möglichen Situationen geeignet sind.

Mit dem neuen Modellansatz zu Bestimmung der Verkehrsnachfrage im kleinräumigen Wirtschaftsverkehr ergeben sich vielfältige Anwendungsmöglichkeiten zur Erkundung der Auswirkungen von Veränderungen

- der Siedlungsstruktur
- der Verkehrsangebotsstruktur
- der Verhaltensmuster
- der technischen/technologischen Entwicklungen
- der betrieblichen/logistischen Entwicklungen
- der rechtlichen Entwicklungen sowie
- der kostenmäßigen Entwicklungen

auf das Verkehrsgeschehen. Alle vorgenannten Komponenten wirken sich letztlich auch auf die Verkehrsnachfrage aus, so dass die Möglichkeit der Quantifizierung des Einflusses für die Beurteilung einzelner oder mehrerer Komponenten von großer Bedeutung ist. Hervorzuheben ist dabei die Tatsache, dass die Flexibilität der Einsatzmöglichkeiten sowohl die Überprüfung von Untersuchungsbeispielen für die gegenwärtige Verkehrssituation im kleinräumigen Wirtschaftsverkehr als auch prognostische Betrachtungen zulässt. Der Modellaufbau wurde so konzipiert, dass mit Hilfe der implementierten Modellparameter auch die heute bereits absehbaren Entwicklungstendenzen abgebildet werden können.

## Literatur

HOHLE, Peter, Theo JANßEN und Reiner VOLLMER (1999): Stadtverträglicher Güterverkehr - Ermittlung von Maßnahmenwirkungen zur umweltfreundlichen Führung des Güterverkehrs in städtischen Straßennetzen. Aachen

JANßEN, Theo (2000): Modellierung des Lkw-Verkehrs in Städten – Von der Entwicklung bis zum Einsatz in der Praxis. Aachen (= Schriftenreihe Stadt Region Land, ISB Aachen, 69)

JANßEN, Theo und Reiner VOLLMER (2005): Kleinräumige Wirtschaftsverkehrsmodelle. Aachen

LOHSE, Dieter et al. (1997): Ermittlung von Verkehrsströmen mit n-linearen Gleichungssystemen - Verkehrsnachfragemodellierung. Dresden

MACHLEDT-MICHAEL, Sonja (2000): Fahrtenkettenmodell für den städtischen und regionalen Wirtschaftsverkehr. Braunschweig

SONNTAG, Herbert; Bertram MEIMBRESSE, und Uwe CASTENDIEK (1995): Entwicklung eines Wirtschaftsverkehrsmodells. Berlin

VOLLMER, Reiner (1999): Simulation der Verkehrsnachfrage und Belastungssimulation mit besonderer Berücksichtigung des Lkw-Verkehrs unter Anwendung des Modellsystems VENUS. Aachen

WERMUTH, Manfred; et al. (2003): Kraftverkehr in Deutschland. Braunschweig

*infas (=Institut für angewandte Sozialforschung GmbH)* und *DIW (= Deutsches Institut für Wirtschaftsforschung)* (2003): Mobilität in Deutschland. Bonn, Berlin

*KBA (= Kraftfahrt Bundesamt)* (2005): Kfz-Bestand in Deutschland. Flensburg

# Güterverkehr zwischen Wachstum und Nachhaltigkeit[1]

*Jürgen Deiters (Osnabrück)*

## Zusammenfassung

Die Frage, ob eine nachhaltige Entwicklung mit fortwährendem Wirtschaftswachstum vereinbar ist, gilt prinzipiell auch für die Entwicklung des Güterverkehrs. Zumindest die Entkoppelung von Verkehrs- und Wirtschaftswachstum gilt als wesentliche Voraussetzung für eine nachhaltige Güterverkehrspolitik. Unter den klassischen Handlungsfeldern Verkehrsvermeidung, Verkehrsverlagerung und Verkehrsoptimierung kommt der Herbeiführung eines nachhaltigen Modal Split zentrale Bedeutung zu. Eine weitgehende Internalisierung der externen Kosten des Verkehrs mit der Folge relativer Verteuerung des Straßengüterverkehrs ist der für ein marktwirtschaftliches System adäquate Ansatz. Als dafür geeignetes Instrument hat sich im Europäischen Wirtschaftsraum die fahrleistungsbezogene Erhebung von Straßenbenutzungsgebühren durchgesetzt. Szenarios und erste empirische Befunde zeigen die Wirksamkeit dieses Instruments. Die Anhebung der Transportkosten im Straßenverkehr führt jedoch nicht nur zur Verkehrsverlagerung auf Bahn und Binnenschiff, sondern durch Verringerung der Transportweiten, Optimierung der Lagerhaltung und bessere Auslastung der Fahrzeuge auch zur Verkehrsvermeidung.

## Summary

The decoupling of transport from economic growth is a prerequisite for a sustainable freight transport policy. The need to establish a sustainable modal split plays a central role in the classical approaches of traffic and transport optimization, traffic avoidance, and modal shift. The internalisation of external costs of transport, leading to a rise of costs for road freight transport, is an adequate approach in a market based economy. For this approach road pricing and tolls, based on the kilometric performance, have become a widely accepted instrument throughout the European Union. Scenario research and first empirical findings show the effectiveness of this instrument. Increasing transport costs in road transport does not only lead to a shift from road transport to rail and inland shipping. It also contributes to traffic avoidance by reducing the average

---

1   Überarbeitete und erweiterte Fassung des Vortrags „Mehr Nachhaltigkeit im Güterverkehr – was kann die Geographie dazu beitragen?" auf der Jahrestagung des Arbeitskreises Verkehr der Deutschen Gesellschaft für Geographie (DGfG) am 11. und 12. März 2005 in Berlin

length of hauls, changing warehousing strategies and improving capacity use of vehicles.

## 1 Einführung

„Was kostet Verkehr?" titelte der Verkehrsclub Deutschland VCD e.V. Heft 1/2005 seiner Mitgliederzeitschrift „fairkehr". In den Beiträgen zum Schwerpunktthema erfährt der Leser, dass in Sachsen die externen (von der Allgemeinheit getragenen) Kosten des Verkehrs jährlich 6,5 Mrd. Euro betragen (mit der Folge beträchtlicher Fehlsteuerung des Verkehrssystems und vermeidbarer Belastungswirkungen), dass in Stuttgart die verdeckten Subventionen für den motorisierten Individualverkehr deutlich höher sind als die offiziellen Zuschussleistungen für den öffentlichen Personennahverkehr, dass Grunderwerbssteuer und Pendlerpauschale eine ökologisch bedenkliche Siedlungs- und Verkehrsentwicklung begünstigen und dass kostspielige Infrastrukturprojekte (auch der Bahn) nicht selten eine realistische Abwägung von Kosten und Nutzen (Reisezeitgewinn) vermissen ließen (*VCD* 2005, S. 5 u. 12 ff.). Die Beiträge legen den Schluss nahe, dass mehr Nachhaltigkeit im Verkehr ein Umsteuern der staatlichen und kommunalen Finanzierungssysteme im Verkehrsbereich – auch der indirekt wirkenden Maßnahmen – erfordert.

Auf den Güterverkehr sind solche Einsichten nur zum Teil anwendbar. Anders als beim Personenverkehr, bei dem individuelle Mobilitäts- und Verkehrsmittelwahlentscheidungen und deren Beeinflussbarkeit im Vordergrund stehen, handelt es sich beim Güterverkehr im Grunde um eine „abgeleitete Nachfrage" (ABERLE 2003b, S. 5 f.): Die Gütermobilität und speziell der Verkehrsmitteleinsatz ergeben sich im Wesentlichen aus den Anforderungen der verladenden Wirtschaft im Rahmen internationaler Lieferverflechtungen. Die Güterströme folgen dabei den Standortentscheidungen und Organisationsprinzipen für Produktion und Absatz (vgl. hierzu den Beitrag von Markus HESSE in diesem Band). Speditionsunternehmen weisen jedoch darauf hin, dass sie zur Erfüllung eines Transportauftrages im Grunde frei in der Wahl des Verkehrsmittels (z. B. Lkw oder Bahn) seien.

Eine zweite Besonderheit des Güterverkehrs besteht in seiner hohen Wachstumsdynamik. Während im Personenverkehr die Verkehrsleistung bis 2015 (bezogen auf 1997) um voraussichtlich 20 % ansteigt, wird im Güterverkehr mit einer Zunahme von über 60 % gerechnet. Die vom wachsenden Güterverkehr ausgehenden Belastungen für Mensch und Umwelt werden noch dadurch verstärkt, dass der Straßengüterverkehr mit nahezu 80 % überproportional anwächst, während die als umweltfreundlich eingestuften Verkehrsträger Bahn und Binnenschiff weiterhin Marktanteile verlieren werden (*ITP, BVU* und *Planco* 2001; vgl. DEITERS 2002, S. 11 ff.). In den für einen Wettbewerb zwischen Straße und Schiene relevanten Marktsegmenten bestanden bis zur Einführung der Lkw-Maut in Deutschland Wettbewerbsverzerrungen hinsichtlich der Wegekosten. Während die Bahn für die Benutzung der Schienenwege Trassenpreise zahlen muss, war das Autobahnnetz (abgesehen von der Eurovignette für den Schwerverkehr) frei zugänglich. Es kommt hinzu, dass der Straßengüterverkehr in Europa bereits 1998 vollständig liberalisiert wurde (mit freiem Marktzutritt und freier Preisbildung), während die Marktöffnung für die europäischen Eisenbahnen noch immer nicht einheitlich vollzogen ist. In Deutschland steht trotz formaler Trennung von Netz und Betrieb (Bahnreform 1994) der Verbleib der Schieneninfrastruktur bei der DB AG dem Wettbewerb mit privaten Eisenbahnunternehmen entgegen.

Dem verschärften Preiswettbewerb auf der Straße mit der Folge sinkender Frachtraten sind die Eisenbahnen nicht gewachsen. Würde man den Verkehrsträgern die Kosten für die Umweltbelastung anlasten, wären Bahn und Binnenschiff im Vorteil. Denn deren externe Kosten pro Tonnenkilometer betragen in Deutschland nur 20-25 % derjenigen des Straßengüterverkehrs (*INFRAS* und *IWW* 2004, S. 79). Im Weißbuch zur europäischen Verkehrspolitik bis 2010 fordert die EU-Kommission daher „Kostenwahrheit" für die Verkehrsteilnehmer durch Maßnahmen, die den Anstieg der Verkehrsleistung deutlich vom BIP-Wachstum abkoppeln und „darauf abzielen, die derzeit dem Verkehrssystem auferlegten Steuern schrittweise durch Instrumente zu ersetzen, die die Infrastrukturkosten und die externen Kosten am wirksamsten internalisieren." (*Europäische Kommission* 2001, S. 82 f.).

Das Umweltbundesamt sieht als wesentliche Handlungsfelder einer *nachhaltigen Güterverkehrspolitik* (vgl. HUCKESTEIN 2004)
- Verkehrsvermeidung (durch Regionalisierung von Wirtschaftskreisläufen, Bündelung von Transporten, bessere Auslastung der eingesetzten Ladekapazitäten),
- Verlagerung von Transporten auf umweltverträglichere Verkehrsträger,
- Verkehrsoptimierung (durch effizientere Tourenplanung, Verkehrsleitsysteme zur Stauvermeidung u. dgl.) sowie
- Minderung verkehrsbedingter Schadstoff- und $CO_2$-Emissionen (Klimaschutz).

Im Folgenden soll zunächst geklärt werden, welche Konsequenzen sich aus dem Ziel nachhaltiger Entwicklung für die Erklärung und Steuerung des weiteren Verkehrswachstums ergeben. Sodann werden anhand ausgewählter Nachhaltigkeitsstrategien und -programme Ziele und Indikatoren diskutiert, die Richtung und Ausmaß der jeweils angestrebten Veränderungen auf dem Güterverkehrsmarkt beschreiben. Im Mittelpunkt des Interesses stehen Szenarios zur Abschätzung der Wirksamkeit von Instrumenten und Maßnahmen zur Vermeidung und Verlagerung des Güterverkehrs. Es zeigt sich, dass die nachhaltige Entwicklung von Mobilität und Verkehr einen neuen gesellschaftlichen Grundkonsens erfordert. Der vorliegende Beitrag geht von der Erwartung aus, dass nur die weitgehende Internalisierung der externen Kosten des Verkehrs mit der Folge einer relativen Verteuerung des Straßenverkehrs dazu führen wird, das Verkehrswachstum zu dämpfen und einen nachhaltigen Modal Split herbeizuführen.

## 2 Begriffliche und konzeptionelle Grundlagen

### 2.1 Zum Begriff der Nachhaltigkeit

Die UN-Konferenz "Umwelt und Entwicklung" in Rio de Janeiro 1992 legte als neues Entwicklungsziel der Weltgemeinschaft *sustainable development* fest, was – nicht ganz zutreffend – mit *„nachhaltige Entwicklung"* übersetzt wurde (es müsste eigentlich dauerhaft durchhaltbare bzw. aufrecht zu erhaltende Entwicklung heißen). Der Sachverständigenrat für Umweltfragen (SRU) hatte sich in seinem Jahresgutachten 1994 dafür eingesetzt, als Übersetzung *"dauerhaft umweltgerechte Entwicklung"* zu verwenden. Für die vom BUND und von Misereor in Auftrag gegebene Studie über den deutschen Beitrag zu einer global nachhaltigen Entwicklung wurde der Begriff *"zukunftsfähige Entwicklung"* gewählt, um damit über die umweltpolitische Diskussion hinauszuweisen (*BUND* und *Misereor* 1996, S. 24). Die genannten Begriffe werden als synonym betrachtet.

Grundlage der Beschlüsse der UN-Konferenz in Rio de Janeiro war der Bericht der 1983 eingesetzten Weltkommission für Umwelt und Entwicklung, der nach ihrer Vorsitzenden als Brundtland-Report bezeichnet wurde. Darin findet sich die inzwischen populär gewordene, wenngleich unscharfe Definition: "Dauerhafte Entwicklung ist Entwicklung, die die Bedürfnisse der Gegenwart befriedigt, ohne zu riskieren, dass künftige Generationen ihre eigenen Bedürfnisse nicht befriedigen können" (*Weltkommission* 1987, S. 46). Das Leitziel nachhaltiger Entwicklung soll danach den Umwelt- und Ressourcenschutz mit dem Anspruch sozialer Verträglichkeit (Verteilungsgerechtigkeit) und einer Wirtschaftsentwicklung verbinden, die den Erhalt der natürlichen Lebensgrundlagen nicht in Frage stellt (Zieldreieck der Nachhaltigkeit). Weder für die Entwicklungsländer noch für die Industrieländer wird eine Wachstumsbegrenzung für notwendig gehalten.

## 2.2 Entkoppelung von Wirtschaftswachstum und Verkehr?

Im Hinblick auf eine nachhaltige Entwicklung des Güterverkehrs spielt die Forderung nach Entkoppelung der Verkehrszunahme vom Wirtschaftswachstum eine wichtige Rolle (DEITERS 2002, S. 16 ff.; vgl. ROMMERSKIRCHEN 1999 u. ZACHCIAL 2000). Sie beruht zum einen auf der Erwartung, dass es künftig – als Antwort auf die Herausforderung der Globalisierung – zur Wiederbelebung und Stärkung regionaler Produktions- und Distributionsstrukturen mit der Folge abnehmender Transportweiten kommt. Zum anderen soll der notwendige Güterverkehr umweltverträglicher abgewickelt werden, worunter in der Regel dessen Verlagerung auf weniger belastende Verkehrsträger verstanden wird. ABERLE (2003b) misst in diesem Zusammenhang der Veränderung des Modal Split zugunsten von Eisenbahn und Binnenschifffahrt eine herausragende Bedeutung bei.

Voraussetzungen und Notwendigkeit einer Entkoppelung von Wirtschaftswachstum und Verkehr werden von Verkehrsökonomen unterschiedlich beurteilt. So haben ECKEY und STOCK (2000, Tab. 2) gezeigt, dass entgegen der verbreiteten Meinung, dass vermehrter Wohlstand den Güterverkehr überproportional anwachsen lässt, die *Transportelastizitäten* (als Quotient aus den Wachstumsraten der Verkehrsleistung und der Bruttowertschöpfung) zwischen 1961 und 1990 um den langfristig stabilen Mittelwert von 0,7 schwanken. Wachstumsschwächen im vereinten Deutschland haben bewirkt, dass dieser Index in den letzten Jahren gegen 1 tendiert (eigene Berechnungen nach: Verkehr in Zahlen 2004/2005). Unter den zwölf Güterhauptgruppen erwiesen sich nur

Verbrauchsgüter sowie Nahrungs- und Futtermittel als aufkommenselastisch, d. h. deren Transportelastizität liegt im Durchschnitt 1971-1990 bei 2,5 bzw. 2,1, was Zuwachsraten der Transportleistung (Tonnenkilometer) entspricht, die das Wirtschaftswachstum um mehr als das Doppelte übertreffen. Demgegenüber entwickelten sich Transporte von Massengütern (vorrangig mit Bahn und Binnenschiff) völlig unelastisch (ECKEY und STOCK 2000, Tab. 6).

WILLEKE (2002) setzt sich vehement für Wirtschaftswachstum als Voraussetzung für eine nachhaltige Entwicklung ein und kritisiert die Mehrdeutigkeit des Begriffs „Entkoppelung", der für ordnungspolitisch konträre Positionen Verwendung finde. Zum einen könne man darin „ein ganz natürliches Ergebnis der fortlaufenden Wettbewerbsprozesse" mit der Folge einer ständig verbesserten Faktorkombination sehen (S. 56). Zum anderen werde Entkoppelung „als Aufgabe einer interventionistischen Verkehrspolitik" verstanden (S. 58), die abzulehnen sei. Weder die staatliche Ordnungspolitik noch administrative Eingriffe in das Marktgeschehen seien in der Lage, jene Verkehrsentlastungen zu erzielen, die der durch Wettbewerb ausgelöste Kostendruck und der Zwang zu innovativen Lösungen bewirken würden. Als Beispiele nennt WILLEKE (2002, S. 54 ff.) die Verringerung des Kraftstoffnormverbrauchs für Pkw 1990-2000 um 20 % (die jedoch wegen der gleichzeitigen Erhöhung der durchschnittlichen Motorleistung der zugelassenen Pkw um 10 % nur zur Hälfte der effektiven Verbrauchsminderung zugute kam) und die Entkoppelung der Fahrleistungen im Straßengüterverkehr. Tatsächlich sind in den achtziger und neunziger Jahren die Fahrzeugkilometer um den Faktor 1,5 langsamer gestiegen als die Tonnenkilometer (Verkehrsleistung), was vor allem auf den Einsatz größerer Fahrzeuge, bessere Auslastung der Ladekapazitäten und die Reduktion von Leerfahrten zurückzuführen ist (ZACHCIAL 2000, S. 31). Doch hat dieser Effizienzgewinn keine Umweltentlastung erbracht, weil er durch die Mengeneffekte des Verkehrswachstums wieder aufgefressen wurde.

## 2.3 Nachhaltigkeit, Wachstum und Ressourcenverbrauch

Schon die Klassiker der Nationalökonomie bezweifelten die Möglichkeit andauernden Wirtschaftswachstums angesichts endlicher Naturressourcen. „Die Umweltbelastungen einer wachsenden Volkswirtschaft (oder Weltwirtschaft) können nur dann konstant gehalten werden, wenn sie – ceteris paribus – durch sinkende Bevölkerungszahl oder durch steigende Ressourcenproduktivität kompensiert werden" (PRIEBE 2002, S. 15). Letzteres hängt vom umwelttechnischen Fortschritt ab; darüber hinaus kann sektoraler Strukturwandel zur Umweltentlastung beitragen. Das ist der Fall, „wenn wenig Naturressourcen verbrauchende Sektoren schneller wachsen als ‚schmutzige' Sektoren" (PRIEBE 2002, S. 13). Ein makabres Beispiel dafür ist die Stilllegung zahlreicher Braunkohlekraftwerke und Industrieanlagen in Ostdeutschland Anfang der neunziger Jahre und die Modernisierung der verbleibenden sowie der Aufbau neuer Produktionskapazitäten. Zwei Drittel der zwischen 1990 und 2002 erzielten $CO_2$-Minderung in Deutschland (–15 %) sind diesem Strukturwandel zu verdanken.

Für den Straßenverkehr zeichnet sich ab, dass die Energieressourcen (inkl. nachwachsende Rohstoffe) und die Schadstoffbelastungen (inkl. $CO_2$-Emissionen) zum begrenzenden Faktor werden, da sie in einer wachsenden Wirtschaft nicht beliebig optimierbar sind. Angesichts des überproportionalen Anstiegs des Straßengüterverkehrs muss man sich fragen, unter welchen Bedingungen die Nachfrage nach Verkehrsleistungen dahingehend beeinflusst werden kann, dass Verkehrsträger mit geringerem Ressourcenverbrauch und geringerer Umweltbelastung verstärkt in Anspruch genommen werden.

Die Antwort auf diese Frage liefert die *Umweltökonomie*. Sie befasst sich vorrangig mit dem optimalen Einsatz der natürlichen Ressourcen im Produktionsprozess (als Umweltgüter) und erklärt deren Übernutzung als Marktversagen, was zu Umweltbelastungen und -schäden führt. Güter und Leistungen, deren Produktion oder Konsum Umweltschäden hervorruft, werden tendenziell zu stark nachgefragt, weil die einzelwirtschaftlichen (betrieblichen) von den gesamtwirtschaftlichen (volkswirtschaftlichen) Kosten abweichen und das Preissystem die Knappheiten der Güter und Faktoren nicht richtig widerspiegelt (BINDER 1999, S. 1 f.).

Im Mittelpunkt umweltökonomischer Analyse steht die Bestimmung der Umweltschadens- und Vermeidungskosten (für Umweltschutzmaßnahmen), um so die externen Umweltkosten optimal internalisieren, d. h. dem Verursacher anlasten, zu können (ROGALL 2002, S. 45 ff.). Der neoklassische, auf zweckrationales Verhalten und vollständige Berechenbarkeit der Handlungsalternativen gerichtete Ansatz der Umweltökonomie wird jedoch der komplexen Aufgabenstellung der Nachhaltigkeit als Abwägung ökologischer, ökonomischer und sozial-kultureller Belange nicht gerecht. ROGALL (2002, S. 86 ff.) hat daher vorgeschlagen, Elemente dieses Ansatzes (wie Erklärung von Umweltproblemen, Umweltschutzinstrumente) mit Grundsätzen der Ökologischen Ökonomie (wie Anerkennung selbständiger Schutzrechte der Natur, das Gerechtigkeitsprinzip und die Berücksichtigung gesellschaftlicher Akteure) zu einer *Neuen Umweltökonomie* zu verschmelzen.

## 3 Ziele und Indikatoren, Konzepte und Maßnahmen zur Nachhaltigkeit

Qualitäts- und Handlungsziele im Rahmen strategischer Konzepte und Programme zur nachhaltigen Entwicklung bedürfen der Konkretisierung durch ein Indikatorensystem. Nachhaltigkeitsindikatoren haben nach ROGALL (2002, S. 180) eine Öffentlichkeits- und Orientierungsfunktion (zur Diskussion über Richtung und Ausmaß der angestrebten Veränderung), eine Mess- und Warnfunktion (zum Nachweis des Erreichten und zur Bestimmung des weiteren Handlungsbedarfs) und eine Wettbewerbsfunktion (im Rahmen interregionaler bzw. internationaler Vergleiche). Auf Indikatoren gestützte Szenarios dienen dazu, die Auswirkungen bestimmter Maßnahmen quantitativ abzuschätzen und im Hinblick auf die verfolgten Ziele zu beurteilen. Anhand ausgewählter Strategien und Konzepte zur nachhaltigen Entwicklung von Mobilität und Verkehr in Deutschland soll aufgezeigt werden, welche Konzepte und Maßnahmen dazu beitragen, den Güterverkehr auf einen nachhaltigen (umweltgerechten) Entwicklungspfad zu lenken.

## 3.1 Die Nachhaltigkeitsstrategie der Bundesregierung

Im April 2002 hat die Bundesregierung unter dem anspruchsvollen Titel „Perspektiven für Deutschland" ihre Strategie für eine nachhaltige Entwicklung verabschiedet. Darin wurden aus allen Ressorts Ziele und Maßnahmen zusammengetragen und vier Handlungsfeldern (Energie und Klimaschutz, Mobilität, Ernährung und Landwirtschaft, Globale Verantwortung) zugeordnet. Kernstück der Nachhaltigkeitsstrategie sind 21 sog. Schlüsselindikatoren, die dazu dienen, die gesetzten Ziele zu konkretisieren und den bisher erreichten Stand aufzuzeigen (*Bundesregierung* 2002). Im Fortschrittsbericht 2004 wurden eine erste Bilanz gezogen und neue Schwerpunkte gesetzt (*Bundesregierung* 2004).

Das Handlungsfeld „Mobilität sichern – Umwelt schonen" ist mit lediglich zwei Indikatoren vertreten. Zum einen soll die Transportintensität als Indikator für Entkoppelung der Verkehrsleistung von der Bruttowertschöpfung (1999 = 100) bis 2010 bzw. 2020 im Personenverkehr auf 90 bzw. 80 und im Güterverkehr auf 98 bzw. 95 zurückgeführt werden. Zum anderen soll der Anteil der Bahn an der gesamten Güterverkehrsleistung bis 2015 auf 25 % ansteigen (2002: 14,2 %). Konkrete Umsetzungsstrategien fehlen. Satt dessen wird auf „ökonomische Anreize", auf die neue Lkw-Maut, auf die Notwendigkeit leistungsfähiger europäischer Eisenbahnunternehmen und auf Förderprogramme für den kombinierten Verkehr und die Binnenschifffahrt verwiesen (*Bundesregierung* 2004, S. 88 ff.). Ergänzen lassen sich die verkehrsbezogenen Nachhaltigkeitsziele durch solche des Klimaschutzes (Reduktion der Treibhausgas-Emissionen) und der sparsamen Flächennutzung (Verringerung des Flächenverbrauchs für Siedlung und Verkehr). Zu beiden Anforderungen hat der Verkehrssektor bisher nichts beigetragen.

## 3.2 Mobilität und Verkehr in einem integrativen Konzept nachhaltiger Entwicklung

Im Rahmen des integrativen Nachhaltigkeitskonzepts der Helmholtz-Gemeinschaft Deutscher Forschungszentren (HGF) wurden im Institut für Verkehrsforschung der DLR Kriterien und Umsetzungsstrategien für eine nachhaltige Entwicklung im Handlungsfeld „Mobilität und Verkehr" erarbeitet (KEIMEL et al. 2004). Dazu werden Leitziele nachhaltiger Entwicklung über eine Reihe von Mindestanforderungen (als Handlungsmaximen) zu Indikatoren konkretisiert, anhand derer – gestützt auf entsprechende Zielwerte – Nachhaltigkeitsdefizite aufgezeigt werden. Die Reduktionsziele zu den Problembereichen Energie- und Rohstoffverbrauch, Schadstoffemissionen, Bodenbelastung, Gesundheitsbeeinträchtigung sowie Flächeninanspruchnahme orientieren sich zumeist an Programmen und Selbstverpflichtungen der Bundesregierung.

Dabei erfolgt die Zuordnung von Einstellungen, Entwicklungen und Maßnahmen zu drei gesellschaftlichen, vom Gesamtprojekt vorgegebenen Rahmenszenarios (S. 59 ff.):
- Szenario 1: Dominanter Markt (angebotsorientierte Wirtschaftspolitik im Rahmen der Liberalisierung und Globalisierung der Märkte)
- Szenario 2: Modernisierung (Durchsetzung ökologischer und sozialer Mindeststandards im Marktprozess)
- Szenario 3: Regionalisierung und Gemeinwohlorientierung (Rückbesinnung auf lokale, regionale und nationale Zusammenhänge; Umbau des Sozialstaates)

Für diese Szenarios wurden die Auswirkungen unterschiedlicher Rahmenbedingungen und Maßnahmen auf die Entwicklung von Mobilität und Verkehr bis 2020 (Basisjahr 2000) mit Hilfe des Umweltökonomischen Simulationsmodells PANTA RHEI abgeschätzt. Bei einer Gesamtzunahme der Güterverkehrsleistung zwischen 51 % (Szenario 1) und 16 % (Szenario 3) bewegen sich die prognostizierten Zuwächse des Straßengüterverkehrs zwischen 64 % (Szenario 1) und 15 % (Szenario 3), die des Schienengüterverkehrs zwischen 18 % (Szenario 1 bzw. 3) und 28 % (Szenario 2) und die der Binnenschifffahrt zwischen 17 bis 25 %. Die Tendenzen im Personenverkehr sind ähnlich: Während die Zunahme des motorisierten Individualverkehrs im Szenario 3 auf 17 % (gegenüber 40 % im Szenario 1) begrenzt wird, nehmen ÖPNV und Bahn um 40 % zu (unter Status-quo-Bedingungen würden sie 6 % verlieren). Der verkehrsbedingte Endenergieverbrauch nimmt im Szenario 1 um 22 % zu, während er im Szenario 2 um 12 % und im Szenario 3 um 30 % abnimmt (KEIMEL et al. 2004, S. 101 ff., Tab. A5 u. A6 Anhang). Die Entwicklungstendenzen für die verkehrsbedingten $CO_2$-Emissionen sind ähnlich.

Die Ergebnisse zeigen, dass weder die gegenwärtig verfolgte Politik zur Durchsetzung sozialer und ökologischer Mindeststandards im Globalisierungsprozess (Szenario 2) noch eine rein angebotsorientierte Wirtschaftspolitik (Szenario 1) in der Lage sind, zentrale Nachhaltigkeitsprobleme zu lösen. Am ehesten werden die in Szenario 3 zugrunde gelegten Wertvorstellungen und Handlungsmaximen den Kriterien für eine nachhaltige Entwicklung des Güterverkehrs gerecht (KEIMEL et al. 2004, S. 133 ff.).

## 3.3 Nachhaltiges Verkehrsszenario für das Nationale Klimaschutzprogramm

Langfristszenarios des Umweltbundesamtes zur quantitativen Bewertung der im Nationalen Klimaschutzprogramm festgelegten Maßnahmen zur $CO_2$-Reduktion beziehen sich auch auf den Verkehrssektor, der vom Deutschen Institut für Wirtschaftsforschung (DIW) bearbeitet wurde. Die dabei untersuchten Instrumente und Maßnahmen sind nahezu identisch mit den eingangs erwähnten Ansatzpunkten für eine nachhaltige Güterverkehrspolitik, weshalb das sog. Nachhaltigkeitsszenario des DIW (bis 2020) für unsere Problemstellung besonders aufschlussreich ist (*UBA* 2005, S. 405 ff.). Die wichtigsten Annahmen für den Güterverkehr sind: Die Kraftstoffpreise steigen jährlich um durchschnittlich 3 % (auf Grund steigender Rohölpreise und Anhebung der Mineralölsteuer); die Lkw-Maut wird nach Schweizer Vorbild (s. unten) auf das gesamte Straßennetz ausgedehnt und die Mautsätze auf 20, 30 bzw. 50 Cent pro km (für Lkw bis 12, 18 bzw. 40 Tonnen) angehoben; es findet ein qualitativer und quantitativer Ausbau der Eisenbahninfrastruktur statt. Maßstab zur Beurteilung der Wirksamkeit der unterstellten Maßnahmen ist eine Trendentwicklung (Basis 1997), wonach die Güterverkehrsleistung bis 2020 um 66 % und der Anteil des Straßengüterverkehrs von 69 auf 74 % (Bahnanteil 13 %) steigen würden.

Die Maßnahmen zur Nachhaltigkeit würden bewirken, dass es bei nahezu gleichem Gesamtzuwachs des Güterverkehrs wie im Trendszenario zu einer deutlichen Verschiebung im Modal Split kommt. Während der Anteil des Straßengüterverkehrs auf 65 % (Trend 74 %) absinkt, erhöhen Eisenbahnen und Binnenschifffahrt ihre Marktanteile gegenüber dem Trend (13 % bzw. 12 %) auf 20 % bzw. 15 %. Dieser Strukturwandel ist im Wesentlichen auf die relative Verteuerung des Straßengüterverkehrs zurückzuführen. Zwar müsste auch unter solchen Bedingungen mit einem erheblichen Anstieg der $CO_2$-Emissionen des Güterverkehrs bis 2020 (um nahezu 40 %) gerechnet werden, doch bedeutet dies gegenüber der Trendentwicklung mit über 70 % Zunahme schon eine beträchtliche Abschwächung.

### 3.4 Dauerhaft umweltgerechter Verkehr – Fallstudie zum EST-Projekt der OECD

Im Vergleich zum Nachhaltigkeitsszenario des DIW, dessen Annahmen über die künftige Höhe der Transportkosten im Straßengüterverkehr bereits erhebliche Akzeptanzprobleme auslösen, stellt die deutsche Fallstudie zum OECD-Projekt „Environmentally Sustainable Transport (EST)" einen geradezu radikalen Gegenentwurf dar (vgl. *UBA, Wuppertalinstitut* und *IWW* 2001). Bis zum Jahr 2030 soll – bezogen auf 1990 – der Schadstoffausstoß (inkl. Kohlendioxid) um mindestens 80 % reduziert werden, der Verkehrslärm 65 dB(A) nicht überschreiten und keine weitere Zerschneidung der Landschaft durch Verkehrswegebau stattfinden. Dem Status-quo-Szenario „business as usual" (BAU) werden drei Nachhaltigkeits-Szenarios gegenüber gestellt. Dem Technologie-Szenario (EST1) liegt die Annahme zugrunde, dass die gesetzten Ziele allein mit technische Maßnahmen (Strom aus regenerativen Quellen, mit Wasserstoff betriebene Lkw und Busse) erreichbar sind. Im Verkehrsmanagement-Szenario (EST2) wird unterstellt, dass allein Verkehrsminderungs- und -verlagerungsstrategien zu den erwünschten Entlastungen führen. Das Kombinations-Szenario (EST3) verbindet beide Optionen miteinander.

Die errechneten Reduktions- und Verlagerungseffekte sind beeindruckend. So würde der Schienengüterverkehr auf das 4,5fache anwachsen (Szenario EST3) und damit jene Position einnehmen, die bisher und unter Status-quo-Bedingungen (Szenario BAU) auch künftig der Straßengüterverkehr besitzt (rund 70 % Marktanteil). Dieser würde unter der Zielsetzung der Nachhaltigkeit auf ein Drittel seiner 1990 erbrachten Verkehrsleistung zurückgehen. Die Binnenschifffahrt bliebe weitgehend unbeeinflusst von den unterschiedlichen Maßnahmen zur Nachhaltigkeit.

## 3.5 Konsequenzen für eine nachhaltige Güterverkehrspolitik

Verkehrsvermeidung zur Abschwächung des Mengenwachstums im Güterverkehr ist ein wichtiger Bestandteil der Nachhaltigkeitspolitik. Doch weisen Prognosen selbst unter der Annahme einer grundlegenden „Verkehrswende" wie im Projekt EST der OECD nur geringe Minderungseffekte auf: im Szenario EST3 fällt das Wachstum bis 2030 lediglich 6 % niedriger als im Trend (Szenario BAU) aus. Im Vergleich zum Personenverkehr, der unter Status-quo-Bedingungen um 77 % anwachsen, in der Nachhaltigkeitsstrategie jedoch um 9 % abnehmen würde, erscheint das wenig plausibel. Das gilt auch für das Nachhaltigkeits-Szenario des DIW (siehe 3.3), wonach die Gesamtzunahme des Güterverkehrs bis 2020 trotz erheblicher Verteuerung des Straßengüterverkehrs nur um 2,6 % geringer als unter Status-quo-Bedingungen ausfällt.

Allein das integrative Nachhaltigkeitskonzept der Helmholtz-Gemeinschaft (siehe 3.2) weist neben den Verlagerungseffekten im Güterverkehr deutliche Unterschiede des Gesamtwachstums bis 2020 auf. Bei weiter fortgesetzter Marktliberalisierung würden die Verkehrsleistungen gegenüber 2000 um 51 %, im Modernisierungs-Szenario um 27 % und im Regionalisierungs-Szenario lediglich um 16 % zunehmen. Der Vorzug dieses integrativen Ansatzes zur Nachhaltigkeit besteht darin, dass die verkehrs- und umweltpolitischen Steuerungsinstrumente und Maßnahmen nicht isoliert, sondern im Kontext unterschiedlicher gesellschaftlicher Leitbilder und Zielvorstellungen betrachtet werden. Das verleiht den Ergebnissen innere Geschlossenheit und Plausibilität.

Im Hinblick auf das Ziel, die Belastungswirkungen des Straßengüterverkehrs zu reduzieren und die Wettbewerbsposition der Eisenbahnen und Binnenschifffahrt zu stärken, kommt nur das dritte Szenario in Betracht. Bei der Beurteilung der dort errechneten Vermeidungs- und Verlagerungseffekte im Güterverkehr darf nicht übersehen werden, dass die unterstellte weitere Erhöhung der Mineralölsteuer und die Ablösung der Ökosteuer durch eine $CO_2$-Steuer ab 2010 dazu führt, dass sich die Kraftstoffpreise auf 2,91 Euro (Benzin) bzw. 2,69 Euro (Diesel) erhöhen. Hinzu kommt die Lkw-Maut in Höhe von 0,26 Euro pro km für schwere und 0,08 Euro für leichte Lastkraftfahrzeuge.

## 4 Nachhaltigkeit durch Internalisierung externer Kosten

### 4.1 Die externen Kosten des Güterverkehrs

Es ist unstrittig, dass die überproportionale Zunahme des Straßengüterverkehrs und die damit einhergehenden Belastungen von Mensch und Umwelt eng mit dem Problem der externen Kosten des Verkehrs zusammenhängen. Würde man solche Kosten weitgehend den Verkehrsteilnehmern als Verursacher anlasten, müssten sich die Transportpreise im Straßenverkehr deutlich gegenüber Bahn und Binnenschiff erhöhen und damit die erhofften Vermeidungs- und Verlagerungseffekte auslösen. Doch bestehen bisher noch große Unterschiede bei der Quantifizierung der externen Effekte des Verkehrs in Abhängigkeit von den gewählten Berechnungsverfahren und Internalisierungsmethoden (vgl. ABERLE 2003a, Kap. VI). Strittig ist die Einbeziehung von Staukosten. Im Weißbuch der Europäischen Kommission werden die externen Kosten und Infrastrukturkosten des Güterverkehrs in einer Spanne von durchschnittlich 8 bis 36 Euro pro 100 km Lkw-Autobahnfahrt angegeben (*Europäische Kommission* 2001, S. 84).

Die bisher umfassendste und mehrfach aktualisierte Ermittlung der externen Kosten des Verkehrs stammt von INFRAS (Zürich) und dem Institut für Wirtschaftsforschung und Wirtschaftspolitik (Karlsruhe) und bezieht sich auf die früheren 15 Mitgliedstaaten der EU zuzüglich Norwegen und Schweiz. Im Jahr 2000 betrugen die externen Kosten des Straßen- und Schienenverkehrs, der Binnenschifffahrt und des Luftverkehrs (ohne Staukosten) 650 Mrd. Euro (*INFRAS* und *IWW* 2004). Der größte Anteil entfällt dabei auf die Klimaveränderung (30 %), gefolgt von den Luftverschmutzungs- und Unfallfolgekosten mit 27 % bzw. 24 %. Zwei Drittel der externen Kosten werden durch den Personenverkehr, ein Drittel durch den Güterverkehr verursacht (vgl. DEITERS 2001). Auf die Transportleistung bezogen liegen sie beim Straßengüterverkehr mit 87,80 Euro pro 1.000 Tonnenkilometer um das Vier- bis Fünffache über den Durchschnittskosten von Bahn (17,90 Euro) und Binnenschiff (22,50 Euro).

## 4.2 Die Lkw-Maut in Deutschland im Rahmen der europäischen Verkehrspolitik

Bereits im Weißbuch 1998 hatte die Europäische Kommission festgestellt, dass eine der Hauptursachen für Ungleichgewichte und Ineffizienzen des europäischen Verkehrssystems darin bestehe, dass die Nachfrage nach Verkehrsleistungen in dem Maße überhöht sei, wie die Preise nicht die gesellschaftlichen Gesamtkosten des Verkehrs wiedergeben. „Faire Preise" im Güterverkehr sollten daher alle vom Straßenbenutzer verursachten Kosten „unter Berücksichtigung ökologischer und anderer externer Auswirkungen" enthalten (*Europäische Kommission* 1998, S. 3). Mit der sog. Wegekostenrichtlinie (Richtlinie 1999/62/EG) wurden 1999 die Grundlagen für einheitliche Straßenbenutzungsgebühren in der EU geschaffen. Deren Erhebung soll sich auf Autobahnen sowie auf Fahrzeuge des Güterkraftverkehrs ab 12 Tonnen beziehen und in Abhängigkeit von der zurückgelegten Wegstrecke und dem Fahrzeugtyp erfolgen.

Das deutsche Autobahnmautgesetz vom 5. April 2002 basiert auf dieser Richtlinie. Im sog. Wegekostengutachten für das Bundesministerium für Verkehr, Bau- und Wohnungswesen wurde ermittelt, dass die auf einen schweren Lkw entfallenden Kosten für Bau und Instandhaltung der Bundesautobahnen 0,15 Euro pro km betragen (*IWW* und *Prognos AG* 2002, S. Z-10). Damit würde der Straßengüterverkehr eine dem Trassenpreis im Schienengüterverkehr entsprechende Beteiligung an den Wegekosten leisten. Mit Einführung der Lkw-Maut am 1. Januar 2005 wurde der Mautsatz allerdings bis zum 30.9.2006 (Umsetzung von Harmonisierungsmaßnahmen) auf durchschnittlich

12,4 Cent pro km abgesenkt (je nach Schadstoffklasse und Anzahl der Achsen zwischen 0,09 und 0,14 Euro/km). Im Juli 2003 legte die Europäische Kommission eine Richtlinie zur Änderung der Richtlinie 1999/62/EG vor, die deutlich über die bisherigen Regelungen hinausgeht. So sollen künftig Lkw ab 3,5 Tonnen sowie die nicht gedeckten Unfallkosten (als Teil der externen Kosten des Verkehrs) in die Mauterhebung einbezogen und die Mauteinnahmen ausschließlich zur Finanzierung der Verkehrsinfrastruktur verwendet werden. Beide Grundsätze wurden inzwischen durch Beschluss der EU-Verkehrsminister vom 21.4.2005 gelockert, doch ist die Einbeziehung externer Kosten in die Mauterhebung (nach Schweizer Vorbild) zwischen Ministerrat und EU-Parlament weiterhin strittig.

Seit Aufnahme des Wirkbetriebs am 1. Januar arbeitet das technisch anspruchsvolle Mautsystem in Deutschland ohne Probleme. Die Mauteinnahmen für 2005 werden auf 3 Mrd. Euro geschätzt, die überwiegend dem Verkehrsinfrastrukturausbau zufließen sollen. Hierauf und auf die Nutzerfreundlichkeit der Mauterfassung wird die hohe Akzeptanz der Lkw-Maut im In- und Ausland zurückgeführt (RUIDISCH et al. 2005). Auch wenn es noch zu früh ist, über mautbedingte Verkehrsverlagerungen auf Bahn und Binnenschiff quantitative Aussagen zu treffen, so lassen Experteninterviews des Bundesamtes für Güterverkehr doch erkennen, dass die Alternativen zum Straßengüterverkehr verstärkt wahrgenommen und genutzt werden. Da die Umstellung betrieblicher Logistiksysteme auf die Nutzung des kombinierten Verkehrs zeit- und kostenintensiv ist, kann 2006 mit spürbaren Verlagerungen von der Straße auf die Schiene gerechnet werden (BAG 2005, S. 19 f.). Eigenen Beobachtungen zufolge hat der erhöhte Kostendruck der Lkw-Maut bei Transport- und Logistikunternehmen dazu geführt, durch veränderte Tourenplanung und Lagerhaltung im Rahmen kooperativer Lösungen die Auslastung der eingesetzten Fahrzeuge zu erhöhen, was ebenfalls zur Verkehrsentlastung beiträgt.

Branchenfachleute sind allerdings der Meinung, dass die Lkw-Maut in Deutschland zu niedrig ist, um nachhaltige Verlagerungseffekte auszulösen. Eine frühere Analyse hatte ergeben, dass bei Anhebung des Mautsatzes von 0,13 auf 0,20 Euro pro km und Ausbau des Schienengüterverkehrs bis 2010 ein Rückgang der Verkehrsleistung auf Autobahnen um knapp 6 % und eine Zunahme der Bahntransporte um 14 % zu erwarten sei. Würde man nach dem Vorbild der Schweiz die Maut für Lkw ab 3,5 Tonnen auf allen Straßen erheben und den schon jetzt hohen Mautsatz bis 2010 verdoppeln (auf bis zu 0,70 Euro/km), so wäre mit einem Rückgang der Transportleistung auf Autobahnen um 30 %, auf den übrigen Straßen um 11 % zu rechnen, während die Bahn einen Zuwachs von 38 % erreichen würde (ROTHENGATTER und DOLL 2001, Anlage 3 „Schweizer Szenario").

## 4.3 Die Schweizer LSVA – Vorbild für eine nachhaltige Güterverkehrspolitik?

In der Schweiz wird die Lkw- Maut, die LSVA (leistungsabhängige Schwerverkehrsabgabe) genannt wird, ab 1.1.2001 für Lkw ab 3,5 Tonnen auf allen Straßen des Landes erhoben. Die Sätze wurden zum 1.1.2005 um durchschnittlich 50 % erhöht und betragen seitdem je nach Emissionsklasse zwischen 2,15 und 2,88 Rappen pro Tonnenkilometer. So entfallen z. B. auf einen Lkw der Euronorm 2 mit 40 t höchstzulässigem Gesamtgewicht 1,01 CHF bzw. 0,65 Euro pro Kilometer Fahrstrecke. Zum 1.1.2008 erfolgt eine nochmalige Anhebung der Gebührensätze. Die Schweizer LSVA stellt damit die mit Abstand höchste Straßenbenutzungsgebühr für Lkw in Europa dar. Sie kommt der Nachhaltigkeitsforderung nach weitgehender Internalisierung der externen Kosten des Verkehrs sehr nahe. Hat die LSVA erkennbar zu einem Rückgang des Straßengüterverkehrs beigetragen?

Im Auftrag der schweizerischen Bundesämter für Raumentwicklung, Straßen und Verkehr führte Ecoplan eine empirische Untersuchung zu den Auswirkungen der LSVA und der ebenfalls zum 1.1.2001 erfolgten Anhebung des zulässigen Gesamtgewichts für Lkw von 28 auf 34 Tonnen für die Jahre 2001 bis 2003 durch (*ARE* et al. 2004). Diese Maßnahmen wie auch die nochmalige Anhebung auf die in Europa zulässige Höchstgrenze von 40 Tonnen in diesem Jahr sind Bestandteil der Vereinbarungen im Landverkehrsabkommen der Schweiz mit der Europäischen Union, das 1999 unterzeichnet und im Mai 2000 vom Schweizer Volk genehmigt wurde. Die Mauteinnahmen dienen im Wesentlichen zur Finanzierung der beiden NEAT-Projekte (Basistunnel St. Gotthard und Lötschberg-Simplon), nach deren Fertigstellung der alpenquerende Güterverkehr nahezu vollständig auf die Bahn verlagert werden soll.

Nach dem Anstieg der Lkw-Fahrleistung in der Schweiz von 1998 bis 2000 um jährlich 5,5 % (Höchststand 2000 mit knapp 2,2 Mrd. Fzkm) konnte bis ins Jahr 2002 ein Rückgang von über 10 % (auf 1,9 Mrd. Fzkm) festgestellt werden. Im Jahr 2003 verharrte die Fahrleistung auf diesem Niveau. Diese Entwicklung beruht aber nur zum Teil auf den Auswirkungen des neuen Verkehrsregimes, weil es zugleich zu einer Konjunkturabschwächung gekommen war. Ecoplan hat errechnet, dass 14 % (2001) bis 33 % (2003) der Fahrleistungsreduktion der Konjunkturabschwächung zuzuschreiben sind, dass jedoch der Hauptteil (67 bis 86 %) des Verkehrsrückgangs durch die LSVA und die Anhebung der Tonnagebegrenzung verursacht wurde. Innerhalb der Maßnahmen des neuen Verkehrsregimes überwiegt mit 52 bis 55 % der Einfluss der LSVA. Bei den Verkehrsleistungen sind die Effekte weniger stark ausgeprägt. Doch auch hier trägt die LSVA am stärksten der Verkehrsminderung bei (*ARE* et al. 2004, S. 75 ff.).

Die Verlagerung des Güterverkehrs von der Strasse auf die Schiene war nicht Gegenstand der zitierten Untersuchung. Doch berichtete der Leiter der BLS Lötschbergbahn AG Mathias Tromp beim Schweizer Tag der transport logistic 2005 in München darüber, dass die Verkehrsverlagerung im Alpentransit weiter fortschreite; so hätten die Bahnen 2004 mit 11 % einen deutlich höheren Zuwachs als der Straßengüterverkehr (5 %) erzielen können. Damit habe sich der Bahnanteil auf 65 % (Straße 35 %) erhöht.

Auf der Lötschbergachse konnte das Verkehrsaufkommen in Transitzügen gegenüber 2000 sogar verdoppelt werden (BLS Profil 2005/2006, www.bls.ch). Es wird vermutet, dass die Zulassung von Lkw bis 40 Tonnen die Tendenz zur Verkehrsverlagerung noch verstärkt, weil sich der Wettbewerb zwischen Straße und Schiene dann zunehmend auf Versendungsgrößen bezieht, die für die Bahn wirtschaftlich sind. Die Erfolge der Schweizer Bahnen werden im Wesentlichen darauf zurückgeführt, dass seit Öffnung der Schienennetze für Dritte (nach Grundsätzen der EU) Wettbewerb auch im Schienengüterverkehr stattfindet, so dass heute jeder dritte Zug durch die Schweizer Alpen nicht mehr von der Staatsbahn SBB gefahren wird.

Zur Beurteilung der Ökoeffizienz von Transportketten verschiedener Verkehrsträger spielt die Auslastung der eingesetzten Transportkapazitäten eine wichtige Rolle. Die jeweils erbrachte Transportleistung (Tonnenkilometer) ist als Bezugsgröße für Ökobilanzen unzureichend. Sie sollte mindestens um die Merkmale Kosten und Transportqualität (wie Zuverlässigkeit, Flexibilität, Dauer und Häufigkeit der Transporte) ergänzt werden, um die unterschiedlichen Leistungsprofile des Straßen- und Bahntransports bei der Ermittlung der Ökoeffizienz von Transportketten zu berücksichtigen (BAUMGARTNER et al. 2001). Die Lärmbelastung durch den Straßen- und Schienengüterverkehr stellt ein weiteres, methodisch nicht hinreichend gelöstes Problem der Ökobilanzierung dar. Lärmbilanzen für ausgewählte Transportketten von Unternehmen in der Region Zugersee (Schweiz) zeigen, dass die Bahn dem Lkw nur dann überlegen ist, wenn die Züge gut ausgelastet sind und die Streckenführung im Vergleich zum Straßenverlauf keine größeren Umwege (mit zusätzlichen Rangiervorgängen) erzwingt (PFISTER et al. 2001).

## 5 Schlussfolgerungen

Das Beispiel der Schweiz zeigt, dass auch unter Bedingungen liberalisierter Verkehrsmärkte Steuerungsmöglichkeiten des Marktgeschehens bestehen, die das weitere Wachstum des Straßengüterverkehrs begrenzen und zu einem nachhaltigen Modal Split beitragen. Annahmen und Modellrechnungen der zuvor vorgestellten Szenarios lassen erkennen, dass unter den marktwirtschaftlichen Instrumenten für mehr Nachhaltigkeit solche am wirksamsten sind, die zu einer deutlichen Verteuerung des Straßengüterverkehrs und damit zu besseren Voraussetzungen für einen fairen Leistungs- und Preiswettbewerb der Verkehrsträger führen. Die Internalisierung der externen Kosten des Verkehrs kann neben der Erhebung von Straßenbenutzungsgebühren auch über steuerliche Maßnahmen (wie Erhöhung der Mineralölsteuer oder Erhebung einer $CO_2$-Steuer) erfolgen. Simulationen und empirische Analysen unterschätzen zumeist Effekte der Verkehrsvermeidung durch solche Maßnahmen. Erhöhte Transportkosten führen auch dazu, die Wirtschaftlichkeit bestimmter Formen der internationalen bzw. interregionalen Arbeitsteilung zu überprüfen, die auf Unterschieden der Arbeitskosten beruhen. Solche Effekte sind freilich schwer zu quantifizieren und stellen sich erst mittel- bis langfristig ein, wenn die Richtung der Verkehrspolitik (wie in der Schweiz) klar ist. Welche Rolle Straßenbenutzungsgebühren (als Bestandteil der Transportkosten) bei der Abwägung mit anderen Entscheidungskriterien zur Verkehrsmittelwahl spielen, zeigt Tobias HANEKLAUS (in diesem Band) anhand unterschiedlicher Mautsätze und Transportweiten im Hinblick auf den Wettbewerb zwischen Straße und Schiene (kombinierter Verkehr). Seine Analyse tritt der weit verbreiteten Vorstellung entgegen, Spediteure und Verlader hätten diesbezüglich zu geringe Handlungsspielräume.

## Literatur

ABERLE, Gerd (2003a): Transportwirtschaft. 4. Aufl., München/Wien
ABERLE, Gerd (2003b): Sustainability of Transport. The Role of Modal Split. Univ. Gießen (Manuskript), Vortrag zur Europäischen Verkehrsministerkonferenz (CEMT) am 30.10.2003 in Budapest
*ARE (=Bundesamt für Raumentwicklung), ASTRA (= Bundesamt für Straßen)* und *BAV (= Bundesamt für Verkehr)* (Hrsg.) (2004): Entwicklung des Straßengüterverkehrs nach Einführung von LSVA und 34t-Limite, Analyse wichtiger Einflussfaktoren. Bern (ausschl. im Internet: www.are.ch)
*BAG (=Bundesamt für Güterverkehr)* (2005): Marktbeobachtung Güterverkehr – Sonderbericht über die Auswirkungen der streckenbezogenen Lkw-Maut. Köln
BAUMGARTNER, Thomas, Thomas METTIER und Sabine PFISTER (2001): Die Ökoeffizienz von Transportketten. In: MIEG, Harald A. et al. (Hrsg.): Zukunft Schiene Schweiz 2: Ökologisches Potenzial des Schienengüterverkehrs am Beispiel der Region Zugersee. Zürich, S. 89-112
BINDER, Klaus Georg (1999): Grundzüge der Umweltökonomie. München
*BUND* und *Misereor* (Hrsg.) (1996): Zukunftsfähiges Deutschland. Ein Beitrag zu einer global nachhaltigen Entwicklung. Studie des Wuppertal Instituts für Klima, Umwelt, Energie GmbH. Basel/Boston/Berlin
*Bundesregierung* (2002): Perspektiven für Deutschland. Unsere Strategie für eine nachhaltige Entwicklung. Berlin
*Bundesregierung* (2004): Perspektiven für Deutschland. Unsere Strategie für eine nachhaltige Entwicklung. Fortschrittsbericht 2004. Berlin
DEITERS, Jürgen (2001): Die externen Kosten des Verkehrs. In: *Institut für Länderkunde* (Hrsg.): Nationalatlas Bundesrepublik Deutschland. Band 9: Verkehr und Kommunikation, Leipzig, S. 142-145
DEITERS, Jürgen (2002): Verkehrswachstum und Umweltbelastungen des Verkehrs – Perspektiven für die Vermeidung und Verlagerung von Gütertransporten. In: DEITERS, Jürgen (Hrsg.): Umweltgerechter Güterverkehr. Osnabrück (= Osnabrücker Studien zur Geographie, 20), S. 9-24
ECKEY, Hans-Friedrich und Wilfried STOCK (2000): Verkehrsökonomie. Wiesbaden
*Europäische Kommission* (1998): Faire Preise für die Infrastrukturbenutzung (Weißbuch). Berlin
*Europäische Kommission* (2001): Die europäische Verkehrspolitik bis 2010: Weichenstellungen für die Zukunft (Weißbuch). Luxemburg
HUCKESTEIN, Burkhard (2004): Anforderungen an eine nachhaltige Güterverkehrspolitik in Deutschland. (http://www.fluesse-verbinden.net, Website der Heinrich-Böll-Stiftung)
*Infras* und *IWW (= Institut für Wirtschaftsforschung. u. Wirtschaftspolitik Karlsruhe)* (2004): External Costs of Transport. Update Study. Final Report. (deutsche Kurzfass.: Externe Kosten des Verkehrs. Aktualisierungsstudie). Zürich/Karlsruhe
*ITP (= Intraplan Consult), BVU (= Beratergruppe Verkehr+Umwelt)* und *Planco Consulting* (2001): Verkehrsprognose 2015 für die Bundesverkehrswegeplanung. München/Freiburg/Essen

*IWW (= Institut für Wirtschaftsforschung. u. Wirtschaftspolitik Karlsruhe)* und **Prognos AG** (2002): Wegekostenrechnung für das Bundesfernstraßennetz unter Berücksichtigung der Vorbereitung einer streckenbezogenen Autobahnbenutzungsgebühr. Basel/Karlsruhe

KEIMEL, Hermann, Ralf BERGHOF, Jens BORKEN und Uwe KLANN (2004): Nachhaltige Mobilität integrativ betrachtet. Berlin (= Global zukunftsfähige Entwicklung – Perspektiven für Deutschland, 9)

PFISTER, Sabine, Thomas BAUMGARTNER und Thomas METTIER (2001): Lärm im Gütertransport – Ökobilanzierungen. In: MIEG, Harald A. et al. (Hrsg.): Zukunft Schiene Schweiz 2. Zürich, S. 181-202

PRIEWE, Jan (2002): Begrenzt ökologische Nachhaltigkeit das Wirtschaftswachstum? In: Zeitschrift für Umweltpolitik und Umweltrecht, S. 153-172 (zitiert nach: http://www.f3.fhtw-berlin.de/Professoren/Priewe/Priewe%20101%202002.pdf)

ROGALL, Holger (2002): Neue Umweltökonomie – Ökologische Ökonomie. Opladen

ROMMERSKIRCHEN, Stefan (1999): Entkoppelung des Wachstums von Wirtschaft und Verkehr? In: Internationales Verkehrswesen 51, S. 231-236

ROTHENGATTER, Werner und Klaus DOLL (2001): Anforderungen an eine umweltorientierte Schwerverkehrsabgabe für den Straßengüterverkehr. Berlin (= UBA-Texte 57/01)

RUIDISCH, Peter, Gerhard SCHULZ und Bernd TÖRKEL (2005): Lkw-Maut: Erste Erfahrungen in Deutschland. In: Internationales Verkehrswesen 57, S. 311-314

*UBA (= Umweltbundesamt)* (2005): Klimaschutz in Deutschland bis 2030. Endbericht zum Forschungsvorhaben Politikszenarien III. Berlin (= Climate Change 03/05)

*UBA (=Umweltbundesamt), Wuppertalinstitut* und *IWW (= Institut für Wirtschaftsforschung u. Wirtschaftspolitik Karlsruhe)* (2001): Dauerhaft umweltgerechter Verkehr. Deutsche Fallstudie zum OECD Projekt Environmentally Sustainable Transport (EST), Berlin

*VCD (= Verkehrsclub Deutschland e.V.)* (Hrsg.) (2005): Was kostet Verkehr? In: fairkehr 1/2005, Magazin für Umwelt, Verkehr, Freizeit und Reisen

*Weltkommission für Umwelt und Entwicklung* (1987): Unsere gemeinsame Zukunft. Der Brundtland-Bericht der Weltkommission für Umwelt und Entwicklung. Greven

WILLEKE, Rainer (2002): Nachhaltigkeit durch Wachstum. (Hrsg.: Institut der Deutschen Wirtschaft Köln), Köln (= Kölner Texte & Thesen, 66)

ZACHCIAL, Manfred (2000): Das Beziehungsgefüge zwischen Wirtschaft und Verkehr. In: *Bremer Gesellschaft für Wirtschaftsforschung* (Hrsg.): Engpass Verkehr – Der Verkehrssektor in Deutschland – eine Wachstumsbremse? Frankfurt a.M., S. 15-35

# Mehr Nachhaltigkeit im Güterverkehr?

## Ein Kommentar zum Beitrag von Jürgen Deiters „Güterverkehr zwischen Wachstum und Nachhaltigkeit"

*Martin Lanzendorf (Leipzig)*

## Zusammenfassung

Dieser Beitrag will die Gedanken von DEITERS zu nachhaltigem Güterverkehr mit einigen Überlegungen ergänzen. Erstens wird argumentiert, dass Forschung und Praxis für einen nachhaltigeren Güterverkehr in ihr Verständnis von Nachhaltigkeit neben ökologischen auch soziale und ökonomische Aspekte integrieren müssen. Insbesondere tragen gesellschaftliche Produktions- und Konsumweisen wesentlich zur Entstehung des Güterverkehrs bei. Zweitens wird die Einbeziehung externer Kosten als wesentliches Instrument zur nachhaltigeren Gestaltung des Güterverkehrs angesehen. Allerdings sind planerische und andere Instrumente wichtig, um unerwünschte Nebeneffekte zu vermeiden. Drittens werden nicht-rationale Entscheidungsmuster, eine stärkere Nachfrageorientierung sowie eine integrierte Planung als zukünftige Forschungsthemen identifiziert. Schließlich sollte die geographische bzw. raumwissenschaftliche Verkehrsforschung Teil eines transdisziplinären Forschungskontexts zum Güterverkehr sein.

## Summary

This contribution refers to DEITER's article on a more sustainable freight transport system in this book. First, it is argued to assess the sustainability of freight transport not only by its environmental but also its social and economic impacts. Second, it is widely acknowledged that the internalisation of external costs plays the most prominent role for attaining a more sustainable freight transport system. However, the integration of planning and other instruments is necessary to reduce unintended effects. Third, non-rationale decision-making, research on the demand side of freight transport and integrated planning were identified as future research tasks. Finally, the geographical and spatial transportation research should become part of a transdisciplinary research context on freight transport.

## 1 Einleitung

Die Gestaltung von mehr Nachhaltigkeit im Güterverkehr ist das Thema mehrerer Beiträge in diesem Sammelband. Der vorliegende Beitrag will, aufbauend auf den Ausführungen von DEITERS (vgl. Beitrag in diesem Band), einige Punkte zu diesem Thema ergänzen[1]: erstens wird zunächst auf den Nachhaltigkeitsdiskurs verwiesen, um zu hinterfragen, ob die damit verbundenen Zielvorstellungen über die früheren Ziele eines umweltverträglichen Güterverkehrs hinausgehen. Insbesondere werden fehlende soziale und ökonomische Aspekte von Nachhaltigkeit bemängelt (Abschnitt 2). Zweitens wird den für eine nachhaltige Entwicklung des Güterverkehrs notwendigen planerischen und politischen Instrumenten nachgegangen. Hier wird auf das zentrale Instrument der Internalisierung externer Kosten, seine Umsetzbarkeit, aber auch auf die Notwendigkeit weiterer begleitender Maßnahmen eingegangen. Des Weiteren wird nach der Steuerbarkeit einer „Geographie der Distribution" gefragt (Abschnitt 3). Drittens werden vier Forschungsthemen hervorgehoben, die in der bisherigen wissenschaftlichen Diskussion noch unterbelichtet sind (Abschnitt 4). Im Ausblick wird schließlich auf die Rolle der geographischen bzw. raumwissenschaftlichen Forschung im Kontext der Güterverkehrsforschung eingegangen.

## 2 Nachhaltigkeit im Güterverkehr? Thesen zur bisherigen Erforschung des Güterverkehrs

Bei allen Kontroversen zur Gestaltung von „Nachhaltigkeit" besteht weitgehende Einigkeit bei der Bezugnahme auf die Brundlandt-Definition, wonach eine nachhaltige Entwicklung sich durch intra- und intergenerationelle Gerechtigkeit auszeichnet (*World Commission on Environment and Development*, 1987). Ein nachhaltiges Verkehrssystem wird darauf aufbauend als ein solches bezeichnet, welches gegenwärtige Verkehrs- und Transportbedürfnisse erfüllt ohne diejenigen zukünftiger Generationen zu beeinträchtigen (BLACK, 1996). Zudem wird Nachhaltigkeit häufig weniger als ein statischer Zustand, den es zu erreichen gilt, als vielmehr als ein dynamischer Entwicklungsprozess aufgefasst, in dem die Möglichkeiten und Ziele zur Erreichung inter- und intragenerationeller Gerechtigkeit verfolgt werden (OTT, 2003).

Ein häufiger Weg zur Konkretisierung und Operationalisierung von nachhaltiger Entwicklung ist die Bezugnahme auf Drei- oder Vier-Säulenmodelle (*Deutscher Bundestag*, 1998), welche im Wesentlichen ökologische, ökonomische und soziale Teilziele einer nachhaltigen Entwicklung – gelegentlich noch um institutionelle Teilziele als vierte Dimension ergänzt – benennen. Konsequenterweise werden dann Indikatoren zur Beschreibung von Nachhaltigkeit in jeder dieser Teildimensionen abgeleitet (*Organisation for Economic Cooperation and Development*, 1997; BECKER et al., 1999; *SUMMA - SUstainable Mobility policy Measures and Assessments*, 2004). Eine alternative Herangehensweise ist die Ableitung von Handlungszielen unmittelbar auf der Grundlage des

---

[1] Dieser Beitrag ist eine Ausarbeitung des ursprünglich mündlichen Kommentars zu dem Vortrag von DEITERS auf der Jahrestagung 2005.

Ziels einer nachhaltigen Entwicklung (COENEN und GRUNWALD, 2003). Über die Herausarbeitung von Teilzielen werden anschließend geeignete Indikatoren abgeleitet (HARTMUTH et al., 2004; JAIN, 2005). Für den Güterverkehr scheint eine Konkretisierung von Nachhaltigkeitszielen bisher jedoch noch wenig erfolgt zu sein (vgl. *Department of the Environment Transport and the Regions,* 1999; Ansätze für Nachhaltigkeitsziele finden sich in *UIC,* 2002).

Nachfolgend wird in vier Thesen die wissenschaftliche Beschäftigung mit Güterverkehr beleuchtet, um daraus Schlussfolgerungen zur Rolle der Nachhaltigkeitsziele und zur Bedeutung der sozialen und ökonomischen Teilziele zu ziehen. Erstens wird hier die These vertreten, dass die wissenschaftliche Beschäftigung mit Güter- im Vergleich zu Personenverkehr ungleich mehr technik-, ingenieurs- und wirtschaftswissenschaftlich dominiert ist. Gab es im Personenverkehr bereits seit Anfang der 1970er Jahre eine sozialwissenschaftlich fundierte Auseinandersetzung mit Fragen der Verkehrsentstehung und -planung aus Individuen- und Haushaltsperspektive (KUTTER, 1973; JONES, 1979), so hat eine vergleichbare Betrachtungsweise für den Güterverkehr erst deutlich später und weniger intensiv eingesetzt (LÄPPLE, 1993). Während bei der Verkehrsteilnahme von Individuen und Haushalten der Einbezug des sozialen Umfelds oder der Alltagsorganisation nahe liegt, unterliegen im Güterverkehr die Akteure anderen Handlungsmustern. Häufig werden hier kosten-rationale Akteure angenommen, die ihre Transporte unter Kostengesichtspunkten optimieren wollen.

Durch das weitgehende Fehlen sozialwissenschaftlicher Perspektiven – so die zweite These – wird Güterverkehr häufig alleine als eine Abwicklung notwendiger Verkehrsströme thematisiert ohne grundsätzliche Fragen nach den Ursachen der Verkehrsentstehung sowie zur Entwicklung von Produktions- und Distributionssystemen in ihrer gesellschaftlichen Verwurzlung zu stellen (vgl. als Gegenbeispiel etwa die schon klassische Arbeit zum Erdbeer-Joghurt von BÖGE, 1995).

Drittens fokussiert die Betrachtung der Umweltfolgen des Güterverkehrs auf wenige Teilaspekte, z. B. Indikatoren wie Güterverkehrsaufwand oder -aufkommen. Damit werden zwar globale Umweltfolgen wie z. B. $CO_2$-Emissionen, Energieverbrauch, Unfälle oder Transportintensität (vgl. Beitrag DEITERS in diesem Band), nicht aber eher lokale Folgen wie z. B. Lärm, Luftschadstoffe oder die Beeinträchtigung urbaner Aufenthaltsqualitäten betrachtet. So konnten zum Beispiel MIEG et al. (2001) mittels einer vergleichenden Ökobilanz des Gütertransports per Schiene und per Lkw zeigen, dass Lärmwirkungen einen erheblichen Einfluss auf die ökologische Bewertung haben (vgl. auch WEINBERGER 1992 zu einer Möglichkeit der gesamtwirtschaftlichen Bewertung von Lärm).

Schließlich – so die vierte These – wird nachhaltiger Güterverkehr im bisherigen Diskurs weitgehend mit umweltverträglichem Güterverkehr gleich gesetzt, d. h. es folgt letztlich eine Reduzierung auf eine der drei oben angesprochenen Nachhaltigkeitssäulen. Wird die Beschreibung nachhaltigen Güterverkehrs auf die ökologische Dimension eingeschränkt, werden jedoch wesentliche ökonomische und soziale Folgen veränderter Produktions- und Distributionssysteme, der „Geographie der Distribution" (HESSE und

RODRIGUE, 2004), ausgeblendet, die durch regulative und ökonomische Instrumente beeinflusst werden können. Zur Bewertung der Nachhaltigkeit dieser alternativen Produktions- und Distributionssysteme bedarf es geeigneter Bewertungsmaßstäbe, die über die Umweltfolgen des Güterverkehrs hinausgehen. Aus ökonomischer Perspektive gehören hierzu etwa die regionalökonomische Entwicklung oder die Bedeutung regionaler Wirtschaftskreisläufe, aus sozialer Perspektive unter anderem veränderte Arbeitsplatzangebote oder die nahräumliche Erreichbarkeit von Versorgungseinrichtungen.

## 3 Instrumente für einen nachhaltigeren Güterverkehr

Bereits seit Jahrzehnten ist die Verlagerung von Güterverkehr von der Straße auf die Schiene ein wichtiges verkehrspolitisches Ziel in Deutschland (*Bundesministerium für Verkehr Bau- und Wohnungswesen*, 2000). Auch die aktuelle Nachhaltigkeitsstrategie der Bundesregierung zielt auf eine Verdopplung des Schienenanteils an den Güterverkehrsleistungen von 1997 bis 2015 ab, was in 2015 einem Anteil von 24,3% der Bahn am gesamten Güterverkehr entspricht (*Die Bundesregierung*, 2004). Weitgehend ungeklärt bleibt jedoch, wie die Bundesregierung dieses ambitionierte Ziel erreichen will. Zwar sind die Netzkapazitäten für eine solche Verdopplung des Schienenverkehrs im Wesentlichen vorhanden (vgl. Beitrag KNITSCHKY in diesem Band), jedoch sind die Schienenverkehrsanteile an den transportierten Gütern in den vergangenen Jahrzehnten entgegen den politischen Zielen gesunken (*Bundesministerium für Verkehr Bau- und Wohnungswesen*, 2004). Der Rückgang der Schienenverkehrsanteile kann im Wesentlichen mit vier Ursachen erklärt werden (DEITERS, 2002): erstens ein Güterstruktureffekt, insbesondere ein Bedeutungsverlust von Massengütern im Vergleich zu anderen Gütern; zweitens ein Logistikeffekt mit der Schwierigkeit des Schienenverkehrs den Anforderungen moderner Logistik- und Produktionskonzepte (z. B. Outsourcing, Just-in-Time-Produktion) zu genügen; drittens ein Integrationseffekt, die Wettbewerbsnachteile des Schienen- gegenüber dem Lkw-Verkehr durch vermehrte internationale Arbeitsteilung und einen wachsenden europäischen Güterverkehrsmarkt sowie viertens schließlich ein Preiseffekt, die ungenügende Anrechnung externer Kosten, wodurch der Schienen- gegenüber dem Lkw-Verkehr benachteiligt wird (*Infras* und *IWW*, 2004).

### *Externe Kosten internalisieren – aber wie?*

Weitgehende Einigkeit scheint in der fachlichen Diskussion über die Bedeutung preislicher Instrumente zur Beeinflussung des Güterverkehrs zu bestehen (GATHER, 2002). So könnte über die Einbeziehung externer Kosten eine verursacherbezogene Anlastung ökologischer Schäden erfolgen und damit eine verbesserte Kostenwahrheit hergestellt werden. Kostenwahrheit liefert ökonomische Anreize zum Umstieg auf ökologisch verträglichere Verkehrsmittel und kann dazu beitragen, die Notwendigkeit von Transportvorgängen bzw. die Organisation von Distributions- und Produktionssystemen hinsichtlich der verursachten Transporte kritisch zu hinterfragen und somit letztlich zur Gestaltung eines „nachhaltigeren" Produktionssystem beitragen. Gleichwohl stößt die Umsetzung des aus ökologischer Sicht wünschenswerten Instruments auf vielfältige Widerstände, die mit ökonomischen, sozialen oder politischen Interessen begründet werden (vgl. die politischen Diskussionen in Deutschland zur Lkw-Maut, zur Übertragbarkeit auf eine Pkw-Maut oder zur Weiterführung einer ökologischen Steuerreform in den vergangenen Monaten). Mit der Einführung der City-Maut in London (EICHINGER und KNORR, 2004) sowie der Lkw-Maut auf deutschen Autobahnen sind in der jüngeren Zeit zwei wesentliche Vorhaben zur stärkeren Nutzung preislicher Instrumente zur Verkehrssteuerung umgesetzt worden. Die Verkehrspolitik hat damit zwar noch nicht das ökologische Gebot der Internalisierung externer Kosten erreicht, erprobt jedoch bereits die dazu notwendigen Instrumente.

Eine deutliche Erhöhung der Mineralölsteuern – insbesondere auch eine Reduzierung der Steuervorteile für Dieselkraftstoffe – gilt in Deutschland wegen politischer Widerstände in naher Zukunft als wenig wahrscheinlich. Auch sind Ausweichreaktionen der KonsumentInnen zu erwarten, die den erhofften Effekten der Steuererhöhungen zum Teil entgegen laufen. So reagierten die VerbraucherInnen auf die Mineralölsteuererhöhungen der vergangenen Jahre zum einen mit einem vermehrten Tanken im Ausland sowie – insbesondere Vielfahrer – mit einem vermehrten Kauf von verbrauchsärmeren und zugleich steuerlich begünstigten Diesel-Fahrzeugen (KLOAS et al., 2004).

Streckenbezogene Nutzungsgebühren haben gegenüber den Mineralölsteuern den Vorteil, dass sie nicht durch ein Tanken im Ausland umgangen werden können. Die Erfahrungen mit der Einführung einer Lkw-Maut in Deutschland haben zudem gezeigt, dass zumindest der politische Widerstand dagegen – obwohl in erheblichem Maße vorhanden – überwunden werden kann. Allerdings sind auch hier Ausweichreaktionen zu befürchten, wie die Nutzung anderer, mautfreier Strecken, die parallel zur Autobahn verlaufen (KUMMER und NAGEL, 2005). Auch ist die Maut auf Lkw ab 12 Tonnen zulässigen Gesamtgewichts beschränkt, so dass eine vermehrte Verlagerung von Sendungen auf kleinere Fahrzeuggrößen zu befürchten ist. Zudem sind einer Ausweitung des Maut-Erfassungssystems auf weitere Straßenkategorien technische Grenzen gesetzt.

Inwiefern eine veränderte Preisgestaltung alleine, bei ansonsten also unveränderten Rahmenbedingungen, zu einem umweltverträglicheren Güterverkehr führen kann, ist ungeklärt. Im Folgenden wird der Frage nach den Gestaltungsoptionen durch planerische Instrumente nachgegangen.

### *Planerische Gestaltung – Ist die „Geographie der Distribution" steuerbar?*

Die Steuerbarkeit der „Geographie der Distribution" (vgl. Beitrag HESSE in diesem Band) bzw. die hierfür verfügbaren Gestaltungsspielräume sind eine wesentliche Voraussetzung für weitergehende Überlegungen zur Verlagerung von Güterverkehr von der Straße auf die Schiene. Dies betrifft erstens die Ausgestaltung der Produktions- und Distributionsnetze, welche aufgrund vielfältiger Einflussfaktoren im globalen Wettbewerb ausgestaltet werden und insofern nur teilweise dem Einfluss nationaler oder europäischer

Politikfelder unterliegen. Gleichwohl wird eine Erhöhung der (Güter-) Transportkosten nicht ohne Einfluss auf die Produktions- und Distributionsstrukturen bleiben und regionale Produktionsmuster eher stärken. Zweitens sind die Standorte der Gateways und Distributionszentren zum Teil durch gewachsene historische Strukturen bereits vorgegeben. Zugleich zeigt die Entwicklung der jüngeren Vergangenheit jedoch auch, dass es hier zu erheblichen Veränderungen – z. B. durch den internet-basierten Buchhandel (HESSE, 2002) – kommen kann. Standortentscheidungen zugunsten eines Schienenanschlusses oder zugunsten der Nähe von Absatzmärkten zu beeinflussen, ist denkbar – wenn auch unter regionalökonomischen und sozialen Überlegungen zur weiteren Entwicklung peripherer Räume nicht unproblematisch. Unklar ist hier auch, inwiefern die ländlichen Distributionszentren zu einer lokal nachhaltigen Entwicklung beitragen oder eventuell sogar ganz im Gegenteil lokal wichtige und dezentrale Strukturen (Einzelhandel, Dienstleistungen) stören zugunsten einer stärker überregional gesteuerten und zentralisierten Entwicklung. Hinsichtlich planerischer Instrumente gilt es hier sorgsam Handlungsspielräume aufzuzeigen.

## 4 Konsequenzen für die weitere Forschung

Aus der Darstellung zum Stand der bisherigen Güterverkehrsforschung (vgl. Abschnitt 2) folgt, dass eine stärkere Orientierung der Forschungen an Zielen einer nachhaltigen Entwicklung neue Impulse geben kann. Hierzu gehört ein stärkerer Einbezug sozialer und ökonomischer Kriterien für die Bewertung der Nachhaltigkeit von Güterverkehr sowie eine Erforschung der Ursachen der wachsenden (Güter-) Verkehrsentstehung. Auch Fragen einer „nachhaltigeren" Gestaltung von Produktions- und Konsummustern – als Verursacher des Güterverkehrs – gilt es zu diskutieren. Für weitere Forschungen zum Güterverkehr werden im Folgenden vier Punkte von Interesse hervorgehoben: die Nicht-Rationalität von Entscheidungen, eine weniger starke Fokussierung auf die Angebotsperspektive, eine stärkere Nachfrageorientierung des Schienenverkehrs sowie eine integrierte Planung.

### *Nicht-Rationalität von Entscheidungen*

Während in klassischen Theorien das Verkehrshandeln alleine aus monetären und zeitlichen Kosten-Nutzen-Überlegungen erklärt wird, wird diese Vorstellung in jüngerer Vergangenheit verstärkt in Zweifel gezogen. So haben zumindest für den Personenverkehr Entscheidungsaspekte an Bedeutung gewonnen, die über die klassischen hinaus gehen, wie z. B. die Bedeutung von Gewohnheiten (HARMS, 2003; GÄRLING und AXHAUSEN, 2003), personenspezifische Orientierungen, Einstellungen oder Mobilitätsstile (HUNECKE et al., 2005; HARMS, 2003; GÖTZ et al., 1997; LANZENDORF, 2001; FLIEGNER, 2002) sowie intrinsische Motive des Unterwegsseins (MOKHTARIAN und SALOMON, 2001). Gerade letzteres, also dass die Fortbewegung nicht allein zur Erledigung eines Zwecks am Zielort dient („derived demand"), sondern auch z. B. mit Spaß am Unterwegssein oder Entspannung auf der Fahrt verbunden ist, geht mit einer deutlichen Abwendung von der reinen Nutzenbetrachtung einher.

Auch wenn der Güterverkehr wesentlich stärker als der Personenverkehr nach Kosten-Nutzen-Überlegungen organisiert ist – schließlich dient er ja der Erfüllung eines ökonomisch begründeten Transportbedarfs und gerade der für den Personenverkehr typische Selbstzweck der Fortbewegung entfällt –, so gibt es auch hier Anzeichen für im monetären Sinne „Nicht-Rationalitäten". So ist seit langem für Unternehmen bekannt, dass neben den neo-klassischen Kosten-Modellen weitere Kriterien für die Standortentscheidungen relevant sind (HARVEY, 1982; MASSEY, 1977; SAYER, 1982), was auch für die Logistik- und Transportkonzepte mit den hierfür relevanten Standort- und Transportmittelentscheidungen zu erwarten ist. So orientieren sich die Distributionsstandorte im Wesentlichen an bestehenden Distributionsnetzen und deren Persistenz beeinflusst die weitere Standortentwicklung (HESSE und RODRIGUE, 2004). Auch wurde in einer Fallstudie gezeigt, dass Güterkunden den Lkw- dem Schienentransport bei gleichen Qualitätsmerkmalen (Transportkosten und -zeiten, Flexibilität, Zuverlässigkeit und Häufigkeit) vorziehen, was als Hinweis auf weitere Unterschiede, wie z. B. die Kundennähe oder die Marktorientierung der Anbieter von Verkehrsdienstleistungen, interpretiert wird (MAGGI et al. 1999). Für die weitere Erforschung des Güterverkehrs erscheint eine Bezugnahme auf nicht-monetäre Handlungsrationalitäten der Akteure hilfreich zur realistischeren Einschätzung ihres Handelns sowie zu dessen Beeinflussung mit geeigneten politischen Instrumenten.

### *Zu starke Fokussierung auf die Angebotsperspektive*

Die Wirkung von Maßnahmen zur Steuerung des Güterverkehrs wird häufig aus einer angebotsseitigen Perspektive erforscht und bleibt dann häufig bei einer theoretischen Potenzialabschätzung stehen. Zwar spielt die Betrachtung der wesentlichen Akteure (Speditionen, Logistiker, Unternehmen, Kommunen, etc.) mittlerweile eine wesentliche Rolle in der modernen Güterverkehrsforschung (vgl. die Beiträge in diesem Band), jedoch richten sich die Forschungsthemen weitgehend auf einzelne – zumeist neue oder verbesserte – Angebotsformen (z. B. kombinierter Verkehr, Güterverkehrszentren, neue Technologien).

Hierdurch besteht die Tendenz zu sehr auf das Potenzial des jeweils betrachteten Angebots zu fokussieren. Die Unternehmen werden zwar häufig nach der Akzeptanz dieser Angebote gefragt, ihre Transportbedürfnisse und Handlungsspielräume bzw. -barrieren sind jedoch nur am Rande von Interesse. Folglich werden die Potenziale des jeweiligen Angebots vor dem Hintergrund der tatsächlichen Transportbedürfnisse leicht überschätzt. So verbleibt etwa in dem Beitrag von HANEKLAUS in diesem Band – trotz des theoretisch nachgewiesenen Potentials für den Kombinierten Verkehr – eine nur wenig erklärte Kluft zu dem tatsächlich realisierten Potential. Allerdings werden in dem Beitrag die Unflexibilität, Trägheit oder fehlende Kundenorientierung der Schienenangebote als wesentliche Hemmnisse für eine Nutzung des kombinierten Verkehrs gegenüber dem Lkw-Verkehr genannt.

## Fehlende Nachfrageorientierung des Schienenverkehrs

Eine wesentliche Rolle für den Misserfolg des Schienenverkehrs im Vergleich zum Straßengüterverkehr ist dessen fehlende Nachfrageorientierung. Während der Straßengüterverkehrsmarkt zwischen nationalen und internationalen Anbietern hart umkämpft ist, ist der Schienenverkehrsmarkt trotz der zwischenzeitlichen Liberalisierung immer noch zu großen Teilen unter staatlicher Kontrolle. Um im intermodalen Wettbewerb bestehen zu können, werden hier erhebliche organisatorische und wettbewerbsrechtliche Anstrengungen zur Herstellung gleicher Bedingungen nötig sein. Wie dies geschehen kann und wie auch Schienenverkehr und Binnenschifffahrt stärker nachfrageorientierte Produkte anbieten können, z. B. über ein Güter-Mobilitätsmanagement analog zu den Instrumenten des Mobilitätsmanagements im Personenverkehr (*MOMENTUM/ MOSAIC*, 2000; MÜLLER, 2004), scheint eine lohnende Herausforderung für weitere Forschungen zu sein.

## Integrierte Planung

Eine nachhaltigere Entwicklung des Güterverkehrs stellt eine hochkomplexe Herausforderung dar, die integrierte Ansätze von Politik und Wissenschaften notwendig macht. So ist das Erfordernis einer integrierten Planung im Wesentlichen unbestritten, wird gleichwohl aber hinsichtlich der damit einhergehenden Komplexität von Entscheidungen und potenziellen Handlungsunfähigkeiten thematisiert (vgl. den Beitrag von Flämig in diesem Band). Im Wesentlichen lässt sich die Forderung nach mehr Integration auf drei Dimensionen beziehen: des zu betrachtenden wissenschaftlichen Gegenstands, der Instrumente sowie der disziplinären Perspektiven.

Erstens erfordert der Gegenstand den Einbezug der gesamten Wertschöpfungsketten inklusive der damit sowohl auf der Distributions- als auch auf der Konsumseite verbundenen Verkehre. Die potenzielle Substituierbarkeit des einen durch den anderen – z. B. des Einkaufsverkehrs durch den Lieferverkehr beim E-Commerce oder die Feindistribution von Waren an Einzelhandelsgeschäfte innerstädtisch durch mehr Personenverkehr zu Shopping-Centern am Stadtrand – erhöht die Komplexität des Forschungsobjekts und erschwert die Bewertung ökologischer, ökonomischer und sozialer Folgen. Des Weiteren sind auch die gesellschaftlichen Lebens-, Produktions- und Konsumweisen zu beachten, womit weit über den nur verkehrlichen Gegenstand hinausgegangen wird. Zweitens müssen verschiedene Instrumente (Preise, Planung, Angebote, etc.) miteinander „integriert" werden, damit ihre Wirkungen sich verstärken und unerwünschte Wirkungen möglichst vermieden werden. Auch Instrumente, die nicht unmittelbar auf den Güterverkehr abzielen – sondern z. B. auf die Produktionsstrukturen –, gilt es in die integrierte Planung ein zu beziehen. Drittens schließlich kann die Integration vielfältiger disziplinärer Perspektiven sowie von Forschung und Praxis in einem transdisziplinären Ansatz die Erforschung und Gestaltung des Güterverkehrs wesentlich voran bringen.

# 5 Ausblick: Rolle der geographischen Verkehrsforschung?

Welche Rolle spielt nun die geographische bzw. raumwissenschaftliche Forschung zu Güterverkehr bzw. welche Rolle sollte sie spielen? Sozial-räumliche Prozesse, z. B. die Veränderung von Produktions-, Distributions- und Konsumstandorten, und ihre Wechselwirkungen mit Verkehr sind ein zentraler Gegenstand der raumwissenschaftlichen Verkehrsforschung. Die raumwissenschaftliche Verkehrsforschung kann damit die Erforschung des Güterverkehrs bereichern. Zugleich begründet sich daraus jedoch weniger eine eigenständige Teildisziplin Verkehrsgeographie. Vielmehr – und dies gilt gleichermaßen für die Erforschung des Güter- wie auch des Personenverkehrs – ist die geographische Verkehrsforschung integraler Bestandteil eines transdisziplinären Projekts zur Erforschung von Verkehrsentstehung, -folgen und Möglichkeiten der Steuerung (LANZENDORF und SCHEINER, 2004). Dafür muss die geographische Verkehrsforschung im Austausch mit anderen Disziplinen an einer gemeinsamen transdisziplinären Theorieentwicklung mitwirken. Es handelt sich also gleichermaßen um Grundlagenforschung, die sich am wissenschaftlichen Erkenntnisinteresse orientiert, wie um angewandte Forschung, die vor dem Hintergrund des normativen Paradigmas der Gestaltung eines nachhaltigen Güterverkehrs versucht, hierfür praxisrelevantes Wissen zu generieren.

## Literatur

BECKER, Udo, Regine GERIKE und Andreas VÖLLINGS (1999): Gesellschaftliche Ziele von Verkehr. Dresden

BLACK, William R. (1996): Sustainable transportation: a US perspective. In: Journal of Transport Geography 4, S. 151-159

BÖGE, Stefanie (1995): Erfassung und Bewertung von Transportvorgängen: Die produktbezogene Transportkettenanalyse. In: LÄPPLE, Dieter (Hrsg.): Güterverkehr, Logistik und Umwelt. Analysen und Konzepte zum interregionalen und städtischen Verkehr. Berlin, S. 113-168

*Bundesministerium für Verkehr Bau- und Wohnungswesen* (2000): Integrierte Verkehrspolitik. Unser Konzept für eine mobile Zukunft. Verkehrsbericht 2000 (http://www.bmvbw.de/Anlage/original_2718/Vekehrsbericht-2000-Teil-2.pdf, 6.6.2005). Berlin

*Bundesministerium für Verkehr Bau- und Wohnungswesen* (2004): Verkehr in Zahlen 2003/2004. Berlin

COENEN, Reinhard und Armin GRUNWALD (Hrsg.) (2003): Nachhaltigkeitsprobleme in Deutschland - Analyse und Lösungsstrategien. Global zukunftsfähige Entwicklung - Perspektiven für Deutschland, Bd. 5. Berlin

DEITERS, Jürgen (2002): Verkehrswachstum und die Umweltbelastungen des Verkehrs - Perspektiven für die Vermeidung und Verlagerung von Gütertransporten. In: DEITERS, Jürgen (Hrsg.): Umweltgerechter Güterverkehr. Osnabrücker Studien zur Geographie 20. Osnabrück, S. 9-24

*Department of the Environment Transport and the Regions* (1999): Sustainable Distribution: A Strategy

(http://www.dft.gov.uk/stellent/groups/dft_freight/documents/page/dft_freight_5038 91.hcsp, 6.6.2005)
*Deutscher Bundestag* (1998): Abschlussbericht der Enquete-Kommission "Schutz des Menschen und der Umwelt - Ziele und Rahmenbedingungen einer nachhaltig zukunftsverträglichen Entwicklung", Drucksache 13/11200 vom 26. 6. 1998
*Die Bundesregierung* (2004): Perspektiven für Deutschland. Unsere Strategie für eine nachhaltige Entwicklung (http://www.bmu.de/files/pdfs/allgemein/application/pdf/nachhaltigkeit_strategie.pdf, 6.6.2005)
EICHINGER, Andreas und Andreas KNORR (2004): Congestion Charging - das Beispiel London. In: Internationales Verkehrswesen 56, S. 366-371
FLIEGNER, Steffen (2002): Car Sharing als Alternative? Mobilitätsstilbasierte Potenziale zur Autoabschaffung. Mannheim
GÄRLING, Tommy und Kay W. AXHAUSEN (2003): Introduction: Habitual travel choice. In: Transportation 30, S. 1-11
GATHER, Matthias (2002): Szenarien einer umweltgerechten Güterverkehrspolitik - Handlungsoption oder Schimäre? In: DEITERS, Jürgen (Hrsg.): Umweltgerechter Güterverkehr. Osnabrücker Studien zur Geographie 20. Osnabrück, S. 25-36
GÖTZ, Konrad, Thomas JAHN und Irmgard SCHULTZ (1997): Mobilitätsstile - ein sozialökologischer Untersuchungsansatz. Arbeitsbericht Subprojekt 1 des CITY:mobil Forschungsverbundes. Freiburg: Öko-Institut (=Forschungsbericht stadtverträgliche Mobilität Bd.7)
HARMS, Sylvia (2003): Besitzen oder Teilen. Sozialwissenschaftliche Analyse des Car Sharing. Zürich: Rüegger
HARTMUTH, Gerhard, Katja HUBER und Dieter RINK (2004): Nachhaltige Entwicklung im lokalen Kontext - Schritte zur Entwicklung eines kommunalen Nachhaltigkeits-Indikatorensystems. UFZ-Diskussionspapiere 6/2004. Leipzig
HARVEY, David (1982): The limits to capital. Oxford
HESSE, Markus (2002): Shipping news: the implications of electronic commerce for logistics and freight transport. In: Resources, Conservation and Recycling 36, S. 211-240
HESSE, Markus und Jean-Paul RODRIGUE (2004): The transport geography of logistics and freight distribution. In: 12, S. 171-184
HUNECKE, Marcel, Steffi SCHUBERT und Frank ZINN (2005): Mobilitätsbedürfnisse und Verkehrsmittelwahl im Nahverkehr. Ein einstellungsbasierter Zielgruppenansatz. In: Internationales Verkehrswesen 57, S. 26-33
*Infras* und *IWW (= Institut für Wirtschaftsforschung. u. Wirtschaftspolitik Karlsruhe)* (2004): External Costs of Transport - Update Study. Studie im Auftrag der International Union of Railways (UIC), Final Report. Zürich, Karlsruhe
JAIN, Angela (2005): Beurteilung der Nachhaltigkeit von Freizeitverkehrsangeboten (http://www.verkehrsforschung-online.de/ausgabe/ausgabe_pdf.php?PHPSESSID= d71ba31287aa5a6ecc7cb9a9dd58d24d&artikel_id=29, 6.6.2005). In: Verkehrsforschung Online 1, S. 1-28
JONES, Peter M. (1979): New approaches to understanding travel behavior: the human activity approach. In: HENSHER, David A. und Peter R. STOPHER (Hrsg.): Behavioral travel modelling. London, S. 55-80
KLOAS, Jutta, Hartmut KUHFELD und Uwe KUNERT (2004): Straßenverkehr: Eher Ausweichreaktionen auf hohe Kraftstoffpreise als Verringerung der Fahrleistungen. In: Wochenbericht des DIW Berlin 2004, S. 602-612
KUMMER, Sebastian und Philipp NAGEL (2005): Mautausweichverkehre. In: Internationales Verkehrswesen 57, S. 10-15
KUTTER, Eckhard (1973): Aktionsbereiche des Stadtbewohners. Untersuchungen zur Bedeutung der territorialen Komponente im Tagesablauf der städtischen Bevölkerung. In: Archiv für Kommunalwissenschaften 12, S. 69-85

LANZENDORF, Martin (2001): Freizeitmobilität. Unterwegs in Sachen sozial-ökologischer Mobilitätsforschung. Trier

LANZENDORF, Martin und Joachim SCHEINER (2004): Verkehrsgenese als Herausforderung für Transdisziplinarität - Stand und Perspektiven der Forschung. In: DALKMANN, Holger, Martin LANZENDORF und Joachim SCHEINER (Hrsg.): Verkehrsgenese - Entstehung von Verkehr sowie Potenziale und Grenzen der Gestaltung einer nachhaltigen Mobilität. Studien zur Mobilitäts- und Verkehrsforschung 5. Mannheim, S. 11-38

LÄPPLE, Dieter (1993): Güterverkehr, Logistik und Umwelt. Analysen und Konzepte zum interregionalen und städtischen Verkehr. Berlin

MASSEY, Doreen (1977): Towards a critique of industrial location theory. In: PEET, Richard (Hrsg.): Radical geography: alternative viewpoints on contemporary social issues. London, Methuen, Chicago, S. 181-196

MIEG, Harald E., Peter HÜBNER, Michael STAUFFACHER, Marianne E. BALMER und Sandro BÖSCH (Hrsg.) (2001): Zukunft Schiene Schweiz 2 - Ökologisches Potenzial des SBB-Bahngüterverkehrs für die Region Zugersee. ETH-UNS Fallstudie 2000. Zürich: Rüegger

MOKHTARIAN, Patricia.L. und Ilan SALOMON (2001): How derived is the demand for travel? Some conceptual and measurement considerations. In: Transportation Research A 35, S. 695-719

*MOMENTUM / MOSAIC* (2000): Handbuch Mobilitätsmanagement. Bern

MÜLLER, Guido (2004): Mobilität organisieren. Rahmenbedingungen für ein effektives Mobilitätsmanagement. In: Internationales Verkehrswesen 56, S. 371-378

*Organisation for Economic Cooperation and Development* (1997): Towards Sustainable Transportation. The Vancouver Conference. Paris

OTT, Konrad (2003): Zu einer Konzeption "starker" Nachhaltigkeit. In: BOBBERT, Monika, Marcus DÜWELL und Kurt JAX (Hrsg.): Umwelt - Ethik - Recht. Tübingen, S. 202-229

SAYER, Andrew (1982): Explanation in economic geography. In: Progress in Human Geography 6, S. 68-88

*SUMMA - SUstainable Mobility policy Measures and Assessments* (2004): Operationalising sustainable transport and mobility: the system diagram and indicators (http://www.summa-eu.org/control/reports/SUMMA-D3-1-1-pdf.zip, 7.6.2005)

*UIC – Union Internationale des Chemins de fer* (2002): The sustainable mobility action plan (http://www.uic.asso.fr/environnement/sustainable-mobility.html, 30.8.2005)

WEINBERGER, Marius (1992): Gesamtwirtschaftliche Kosten des Lärms in der Bundesrepublik Deutschland. In: Zeitschrift für Lärmbekämpfung 39, S. 91-99

*World Commission on Environment and Development* (1987): Our common future. Oxford

## Verzeichnis der Autorinnen und Autoren

*Dipl.-Ing. Wulf-Holger Arndt*
Technische Universität Berlin, Institut für Land- und Seeverkehr, Fachgebiet Integrierte Verkehrsplanung, Sekr. SG 4, Salzufer 17-19, D-10587 Berlin
e-mail: wulf-holger.arndt@tu-berlin.de

*Prof. Dr. Jürgen Deiters*
Universität Osnabrück, Fachgebiet Geographie, D-49069 Osnabrück
e-mail: jdeiters@t-online.de

*Prof. Dr.-Ing. Heike Flämig*
Technische Universität Hamburg-Harburg, Institut für Verkehrsplanung und Logistik, B-9, D-21071 Hamburg
e-mail: flaemig@tu-harburg.de

*Anja Gerads M.A.*
Universität Duisburg-Essen, Institut für Geographie, Abteilung Wirtschaftsgeographie, insbes. Verkehr und Logistik, D-45117 Essen
e-mail: anja.gerads@uni-due.de

*Dr. Astrid Gühnemann*
University of Leeds, Institute for Transport Studies, Faculty of Environment, Leeds LS2 9JT, UK
e-mail: a.guehnemann@its.leeds.ac.uk

*Dipl.-Geogr. Tobias Haneklaus*
HaCon Ingenieurgesellschaft mbH, Lister Straße 15, D-30163 Hannover
e-mail: tobias.haneklaus@hacon.de

*Dipl.-Geogr. Christof Hertel*
Technische Universität Hamburg-Harburg, Institut für Verkehrsplanung und Logistik, B-9, D-21071 Hamburg
e-mail: c.hertel@tu-harburg.de

*PD Dr. Markus Hesse*
Freie Universität Berlin, Institut für Geographische Wissenschaften, Malteserstr. 74-100, D-12249 Berlin
e-mail: mhesse@zedat.fu-berlin.de

*Dipl.-Ing. Theo Janßen*
Ingenieurgruppe IVV GmbH & Co. KG, Oppenhoffallee 171, D-52066 Aachen
e-mail: jan@ivv-aachen.de

*PD Dr. Rudolf Juchelka*
Universität Duisburg-Essen, Institut für Geographie, Abteilung Wirtschaftsgeographie, insbes. Verkehr und Logistik, D-45117 Essen
e-mail: rudolf.juchelka@uni-due.de

*Dipl.-Volkswirt Gunnar Knitschky*
Deutsches Zentrum für Luft- und Raumfahrt e.V., Institut für Verkehrsforschung, Rutherfordstr. 2, D-12489 Berlin
e-mail: gunnar.knitschky@dlr.de

*Dr. Martin Lanzendorf*
Helmholtz-Zentrum für Umweltforschung GmbH – UFZ, Arbeitsgruppe Nachhaltige Mobilität, Permoserstraße 15, D-04318 Leipzig
e-mail: *martin.lanzendorf@ufz.de*

*Prof. Dr. Barbara Lenz*
Deutsches Zentrum für Luft- und Raumfahrt e.V., Institut für Verkehrsforschung, Rutherfordstr. 2, D-12489 Berlin
e-mail: barbara.lenz@dlr.de

*Dipl.-Ing. Andreas Lischke*
Deutsches Zentrum für Luft- und Raumfahrt e.V., Institut für Verkehrsforschung, Rutherfordstr. 2, D-12489 Berlin
e-mail: andreas.lischke@dlr.de

*Dr. Torsten Luley*
explanandum GmbH, Gesellschaft für empirische Sozialforschung, Schlüsselwiesen 23A, D-70186 Stuttgart
e-mail: torsten.luley@explanandum.de

*Claudia Nobis M.A.*
Deutsches Zentrum für Luft- und Raumfahrt e.V., Institut für Verkehrsforschung, Rutherfordstr. 2, D-12489 Berlin
e-mail: claudia.nobis@dlr.de

*Dipl.-Geogr. Bianca Rodekohr*
Regionalagentur Westfälisches Ruhrgebiet, c/o Wirtschaftsförderungsgesellschaft für den Kreis Unna mbH, Friedrich-Ebert-Str. 19, D-59425 Unna
e-mail: br@wfg-kreis-unna.de

*Dr.-Ing. Bernd Sewcyk*
Ingenieurgesellschaft für Verkehrs- und Eisenbahnwesen mbH, Vahrenwalder Platz 3, D-30165 Hannover
e-mail: bernd.sewcyk@ivembh.de

*Dipl.-Phys. Michael Spahn*
Deutsches Zentrum für Luft- und Raumfahrt e.V., Institut für Verkehrsforschung, Rutherfordstr. 2, D-12489 Berlin
e-mail: michael.spahn@dlr.de

*Dr.-Ing. Imke Steinmeyer*
Technische Universität Berlin, Institut für Land- und Seeverkehr, Sekr. SG 12, Salzufer 17-19, D-10587 Berlin
e-mail: steinmeyer@vsp.tu-berlin.de

*Christian Varschen M.A.*
Deutsches Zentrum für Luft- und Raumfahrt e.V., Institut für Verkehrsforschung, Rutherfordstr. 2, D-12489 Berlin
e-mail: christian.varschen@dlr.de

*Dipl.-Ing. Reiner Vollmer*
Ingenieurgruppe IVV GmbH & Co. KG, Oppenhoffallee 171, D-52066 Aachen
e-mail: vor@ivv-aachen.de

# Studien zur Mobilitäts- und Verkehrsforschung

*Herausgegeben von M. Gather, A. Kagermeier und M. Lanzendorf*

Band 1: *Gather, Matthias & Andreas Kagermeier (Hrsg.):*
**Freizeitverkehr – Hintergründe, Probleme, Perspektiven**
2002, 140 Seiten, 47 Abbildungen und 17 Tabellen
15,50 €, ISBN: 3-936438-00-5

Band 2: *Kagermeier, Andreas, Thomas J. Mager & Thomas W. Zängler (Hrsg.):*
**Mobilitätskonzepte in Ballungsräumen**
2002, 306 Seiten, 121 Abbildungen, 30 Tabellen und 12 Fotos
25,- €, ISBN 3-936438-01-3

Band 3: *Fliegner, Steffen:*
**Car Sharing als Alternative?**
**Mobilitätsstilbasierte Potenziale zur Autoabschaffung**
2002, 290 Seiten, 33 Abbildungen und 44 Tabellen
23,50 €, ISBN 3-936438-02-1

Band 4: *Hautzinger, Heinz (Hrsg.):*
**Freizeitmobilitätsforschung – Theoretische und methodische Ansätze**
2003, 120 Seiten, 34 Abbildungen und 21 Tabellen
15,00 €, ISBN 3-936438-04-8

Band 5: *Dalkmann, Holger, Martin Lanzendorf & Joachim Scheiner (Hrsg.):*
**Verkehrsgenese – Entstehung von Verkehr sowie Potenziale und Grenzen**
**der Gestaltung einer nachhaltigen Mobilität**
2004, 282 Seiten, 43 Abbildungen und 25 Tabellen
30,00 €, ISBN 3-936438-05-6

Band 6: *Feldkötter, Michael:*
**Das Fahrrad als städtisches Verkehrsmittel.**
**Untersuchungen zur Fahrradnutzung in Düsseldorf und Bonn**
2003, 216 Seiten, 37 Abbildungen, 37 Tabellen und 4 Karten
25,50 €, ISBN 3-936438-06-4

Band 7: *Schiefelbusch, Martin (Hrsg.):*
**Erfolgreiche Eventverkehre: Analysen und Fallstudien**
2004, 262 Seiten, 66 Abbildungen, 24 Tabellen und 18 Fotos
30,00 €, ISBN 3-936438-07-2

Band 8: *Monheim, Heiner (Hrsg.):*
**Fahrradförderung mit System.**
**Elemente einer angebotsorientierten Radverkehrspolitik**
2005, 326 Seiten, 56 Abbildungen, 33 Tabellen und 16 Fotos
38,00 €, ISBN 3-936438-08-0

Band 9: *Gronau, Werner:*
**Freizeitmobilität und Freizeitstile.**
Ein praxisorientierter Ansatz zur Modellierung des Verkehrsmittelwahlverhaltens an Freizeitgroßeinrichtungen
2005, 166 Seiten, 58 Abbildungen und 18 Tabellen
28,00 €, ISBN 3-936438-09-9

Band 10: *Kagermeier, Andreas (Hrsg.):*
**Verkehrssystem- und Mobilitätsmanagement im ländlichen Raum.**
2004, 422 Seiten, 134 Abbildungen, 42 Tabellen und 17 Fotos
45,00 €, ISBN 3-936438-10-2

Band 11: *Neiberger, Cordula & Heike Bertram (Hrsg.):*
**Waren um die Welt bewegen.**
Strategien und Standorte im Management globaler Warenketten
2005, 128 Seiten, 32 Abbildungen und 5 Tabellen
22,00 €, ISBN 3-936438-11-0

Band 12: *Poppinga, Enno:*
**Auf Nebenstrecken zum Kunden.**
Verkehrliche und wirtschaftliche Impulse für den ländlichen Raum in Deutschland durch Markenführung im regionalen Schienenverkehr
2005, 200 Seiten, 12 Abbildungen 9 Tabellen und 2 Karten
32,00 €, ISBN 3-936438-12-9

Band 13: *Freitag, Elke:*
**Bedeutung und Chancen von Freizeitverkehrsangeboten des ÖPNV**
– dargestellt am Beispiel von Fahrradbuslinien in Deutschland
2005, 254 Seiten, 96 Abbildungen und 20 Tabellen
34,00 €, ISBN 3-936438-13-7

Band 14: *Nobis, Claudia & Barbara Lenz (Hrsg.):*
**Wirtschaftsverkehr: Alles in Bewegung?**
2007, 262 Seiten, 52 Abbildungen und 20 Tabellen
36,00 €, ISBN 978-3-936438-14-7

Band 15: *Glogger, Andrea Felicitas:*
**Telearbeit und Mobilitätsverhalten.**
2006, 146 Seiten, 33 Abbildungen und 38 Tabellen
24,00 €, ISBN 3-936438-15-3

Band 16: *Martin, Niklas:*
**Einkaufen in der Stadt der kurzen Wege?**
Einkaufsmobilität unter dem Einfluss von Lebensstilen, Lebenslagen, Konsummotiven und Raumstrukturen
2006, 282 Seiten, 54 Abbildungen, 29 Tabellen und 14 Karten
38,00 €, ISBN 3-936438-18-8

---

Die Bände der Reihe „Studien zur Mobilitäts- und Verkehrsforschung"
sind zu beziehen über:

**MetaGIS - Systems**
Raumbezogene Informations- und Kommunikationssysteme
Wissenschaftlicher Fachbuchladen im WWW
Enzianstr. 62 – D-68309 MANNHEIM
E-Mail: info@metagis.de
Online: www.metagis.de – www.fachbuchladen.info
Tel.: +49 621 72739120 – Fax.: +49 621 72739122